Economia do Setor Público

Uma abordagem introdutória

O GEN | Grupo Editorial Nacional, a maior plataforma editorial no segmento CTP (científico, técnico e profissional), publica nas áreas de saúde, ciências exatas, jurídicas, sociais aplicadas, humanas e de concursos, além de prover serviços direcionados a educação, capacitação médica continuada e preparação para concursos. Conheça nosso catálogo, composto por mais de cinco mil obras e três mil e-books, em www.grupogen.com.br.

As editoras que integram o GEN, respeitadas no mercado editorial, construíram catálogos inigualáveis, com obras decisivas na formação acadêmica e no aperfeiçoamento de várias gerações de profissionais e de estudantes de Administração, Direito, Engenharia, Enfermagem, Fisioterapia, Medicina, Odontologia, Educação Física e muitas outras ciências, tendo se tornado sinônimo de seriedade e respeito.

Nossa missão é prover o melhor conteúdo científico e distribuí-lo de maneira flexível e conveniente, a preços justos, gerando benefícios e servindo a autores, docentes, livreiros, funcionários, colaboradores e acionistas.

Nosso comportamento ético incondicional e nossa responsabilidade social e ambiental são reforçados pela natureza educacional de nossa atividade, sem comprometer o crescimento contínuo e a rentabilidade do grupo.

Economia do Setor Público
Uma abordagem introdutória

6ª Edição

FLÁVIO RIANI

Economista pela Universidade Federal de Juiz de Fora
Mestre em Economia pelo CEDEPLAR-UFMG
M.Phil. pela University of Leicester, Inglaterra
Professor de Economia na Universidade de Itaúna-MG e na PUC-MG, em Belo Horizonte

O autor e a editora empenharam-se para citar adequadamente e dar o devido crédito a todos os detentores dos direitos autorais de qualquer material utilizado neste livro, dispondo-se a possíveis acertos caso, inadvertidamente, a identificação de algum deles tenha sido omitida.

Não é responsabilidade da editora nem do autor a ocorrência de eventuais perdas ou danos a pessoas ou bens que tenham origem no uso desta publicação.

Apesar dos melhores esforços do autor, do editor e dos revisores, é inevitável que surjam erros no texto. Assim, são bem-vindas as comunicações de usuários sobre correções ou sugestões referentes ao conteúdo ou ao nível pedagógico que auxiliem o aprimoramento de edições futuras. Os comentários dos leitores podem ser encaminhados à **LTC — Livros Técnicos e Científicos Editora** pelo e-mail ltc@grupogen.com.br.

Direitos exclusivos para a língua portuguesa
Copyright © 2016 by
LTC — Livros Técnicos e Científicos Editora Ltda.
Uma editora integrante do GEN | Grupo Editorial Nacional

Reservados todos os direitos. É proibida a duplicação ou reprodução deste volume, no todo ou em parte, sob quaisquer formas ou por quaisquer meios (eletrônico, mecânico, gravação, fotocópia, distribuição na internet ou outros), sem permissão expressa da editora.

Travessa do Ouvidor, 11
Rio de Janeiro, RJ — CEP 20040-040
Tels.: 21-3543-0770 / 11-5080-0770
Fax: 21-3543-0896
ltc@grupogen.com.br
www.ltceditora.com.br

Capa: Rejane Megall
Editoração Eletrônica: Imagem Virtual Editoração Ltda.

CIP-BRASIL. CATALOGAÇÃO NA PUBLICAÇÃO
SINDICATO NACIONAL DOS EDITORES DE LIVROS, RJ

R363e
6. ed.

Riani, Flávio
Economia do setor público : uma abordagem introdutória / Flávio Riani. - 6. ed. - Rio de Janeiro : LTC, 2016.
il. ; 28 cm.

Inclui bibliografia e índice
ISBN 978-85-216-3124-8

1. Finanças públicas - Brasil. 2. Administração financeira - Brasil. 3. Administração pública - Brasil. I. Título.

16-32357   CDD: 336.01281
                       CDU: 336.13(81)

*Este trabalho é fruto daqueles que compartilham comigo as tristezas
e, principalmente, as alegrias.
A Juliana pelo amor e carinho, a Flávio Henrique, Mateus, Felipe e Camila
e agora a Ernesto pelo companheirismo de sempre e pelo prazer de viver com eles.*

Um agradecimento, em particular, à convivência especial com minha mãe, e ao meu pai, vô Nico, vó Conceição e Tia Célia, pela memória do afeto e do carinho que comigo tiveram.

Amor

Quatro letras que não se repetem
Mas revelam sentimentos mil
Que refletem no abrir dos olhos
Na manhã ensolarada
No canto dos pássaros
No choro ou no sorriso de uma criança
Na angústia de uma mãe aflita
No apito do trem que parte
Na troca diária do sol pela lua
Na beleza de um corpo de mulher
Na sutileza que ela apresenta
No abraço de um amigo do peito
No beijo de um filho querido
Na sombra de uma mulher companheira
Na emoção de um time querido
Na certeza de que após um dia sofrido
Comprido
O sono tudo apaga
Afaga
Impulsiona a caminhada da gente
Na manhã que retorna
Trazendo um novo passo à vida.

Sumário

Prefácio xi
Introdução xiii

1 INTERVENÇÃO DO GOVERNO NA ECONOMIA 1
1.1 Antecedentes Históricos 2
1.2 Situação Ótima — Equilíbrio Geral 6
    1.2.1 Eficiência no consumo 7
    1.2.2 Eficiência na produção 8
    1.2.3 Eficiência na produção e no consumo — equilíbrio geral 10
1.3 Falhas do Sistema de Mercado e Necessidade da Intervenção do Governo 13
    1.3.1 Indivisibilidade do produto 13
    1.3.2 Externalidades 14
    1.3.3 Custos de produção decrescentes e mercados imperfeitos 17
    1.3.4 Riscos e incertezas na oferta dos bens 19
1.4 Objetivos da Política Orçamentária 20
    1.4.1 Ajustamento na alocação de recursos 20
    1.4.2 Ajustamento na distribuição da renda e da riqueza 22
    1.4.3 Ajustamento visando à estabilização econômica 22
1.5 Intrumentos de Políticas Disponíveis ao Governo 23
1.6 Comentários Finais 25
Bibliografia Básica 26
Apêndice ao Capítulo 1 — Processo de Intervenção do Governo na Economia Brasileira 28

2 TEORIA DOS BENS SOCIAIS — ANÁLISE PARCIAL E GERAL 49
2.1 Os Bens Sociais e as Falhas do Mercado 50
2.2 Teorias dos Bens Sociais 51
    2.2.1 Teoria de Musgrave 51
    2.2.2 Teoria de Lindahl 54
    2.2.3 Teoria dos bens coletivos de Samuelson 56
    2.2.4 Bens sociais e modelo de Tiebout 58
2.3 Comentários Finais 59
    Bibliografia Básica 60

3 GASTOS PÚBLICOS 61
3.1 Conceito e Classificação dos Gastos Públicos 62
    3.1.1 Despesas agregadas 62
    3.1.2 Despesas por categorias 63
    3.1.3 Despesas por funções 64

3.2   Medidas e Crescimento dos Gastos Públicos   65
3.3   Modelos de Gastos Públicos   66
    3.3.1   Modelos macroeconômicos de crescimento dos gastos públicos   66
    3.3.2   Modelos microeconômicos dos gastos públicos   72
3.4   Comentários Finais   75
Bibliografia Básica   75
Apêndice ao Capítulo 3 — Gastos Governamentais no Brasil   77

4 FINANCIAMENTO DOS GASTOS PÚBLICOS   117

4.1   Conceito e Princípios da Tributação   119
    4.1.1   Conceitos de tributação   119
    4.1.2   Princípios da tributação   120
4.2   Categorias de Tributação   124
    4.2.1   Tributos diretos e indiretos   125
4.3   Sistemas de Tributação   126
    4.3.1   Sistema proporcional   126
    4.3.2   Sistema progressivo   126
    4.3.3   Sistema regressivo   127
    4.3.4   Efeitos da aplicação dos sistemas de tributação   128
4.4   Efeitos de um Imposto sobre a Renda e sobre a Demanda da Economia   129
4.5   Análise do Equilíbrio Parcial da Tributação   132
    4.5.1   Tributação sobre o produto   132
    4.5.2   Tributos gerais e seletivos   138
4.6   O Governo e o Controle sobre o Monopólio   140
    4.6.1   Controle por meio do preço   140
    4.6.2   Controle por intermédio da tributação   141
4.7   Demonstrativo das Receitas do Governo   143
    4.7.1   Estrutura contábil   143
    4.7.2   Disponibilidade de caixa   143
4.8   Comentários Finais   144
Bibliografia Básica   144
Apêndice ao Capítulo 4 — Carga Tributária no Brasil: Evolução, Composição e Distribuição por Nível de Governo   146

5 INDICADORES DE AVALIAÇÃO FINANCEIRA   191

5.1   Estrutura Básica de Receitas   192
5.2   Estrutura Básica de Despesas   196
5.3   Construção de Indicadores   198
    5.3.1   Indicadores do ajuste fiscal (cumprimento de metas)   198
    5.3.2   Indicadores da Lei de Responsabilidade Fiscal   199
    5.3.3   Conceitos e indicadores financeiros básicos   201
    5.3.4   Indicadores dinâmicos ou de *performance*   206
Bibliografia Básica   207

6 POLÍTICA FISCAL — ANÁLISE DOS AGREGADOS   209

6.1   A Introdução do Setor Governo   210
6.2   Política Fiscal   212
    6.2.1   Modelos de política fiscal   213
6.3   Comentários Finais   223
Bibliografia Básica   223

7 ASPECTOS FISCAIS DA PARTICIPAÇÃO DO GOVERNO NA ECONOMIA BRASILEIRA 225

- 7.1 Antecedentes da Reforma Tributária de 1966 226
  - 7.1.1 Considerações sobre o sistema tributário de 1966 226
  - 7.1.2 Efeitos do sistema tributário de 1966 sobre as estruturas de receita dos vários níveis do governo 228
  - 7.1.3 Consequências do sistema fiscal nas estruturas de receitas dos estados e dos municípios 230
  - 7.1.4 Sistema de transferências intergovernamental no sistema tributário de 1966 233
  - 7.1.5 Papel das transferências após a Reforma Tributária de 1966 236
  - 7.1.6 Sistema tributário de 1966 — objetivos iniciais e entraves 238
- 7.2 Sistema Tributário na Constituição de 1988 239
  - 7.2.1 Distribuição da carga tributária bruta entre os níveis do governo 240
  - 7.2.2 Mecanismos de transferências e recursos efetivamente disponíveis em cada nível 245
- 7.3 Situação Fiscal do Governo: Dívida Pública e a Sangria de Recursos 264
  - 7.3.1 A questão da dívida pública 267
- 7.4 Comentários Finais 270

Bibliografia Básica 270

Bibliografia Complementar 273

Apêndice ao Capítulo 7 — Dados sobre Transferências Constitucionais e Voluntárias 274

Índice 283

Material Suplementar

Este livro conta com o seguinte material suplementar:

- Ilustrações da obra em formato de apresentação (restrito a docentes).

O acesso ao material suplementar é gratuito, bastando que o leitor se cadastre em: http://gen-io.grupogen.com.br.

GEN-IO (GEN | Informação Online) é o repositório de materiais suplementares e de serviços relacionados com livros publicados pelo GEN | Grupo Editorial Nacional, maior conglomerado brasileiro de editoras do ramo científico-técnico-profissional, composto por Guanabara Koogan, Santos, Roca, AC Farmacêutica, Forense, Método, Atlas, LTC, E.P.U. e Forense Universitária. Os materiais suplementares ficam disponíveis para acesso durante a vigência das edições atuais dos livros a que eles correspondem.

Prefácio

A exemplo das edições anteriores, incorporei neste trabalho informações estatísticas temporais e atualizadas com o objetivo de destacar a participação do governo na economia em geral e, em particular, no Brasil, principalmente no que se refere aos aspectos fiscais relacionados com os gastos e com as receitas públicas.

Em diversas situações são destacadas algumas informações relativas a outros países na tentativa de obter parâmetros que permitam uma avaliação comparativa preliminar da situação do país com esses países, principalmente no que se refere aos gastos públicos e à carga tributária.

Ao longo dos últimos anos têm havido aprimoramentos, mudanças metodológicas e ampliação das informações relacionadas com os gastos e com as receitas públicas no Brasil. Em diversos casos, adotam-se metodologias diferentes de divulgação que dificultam a comparabilidade temporal. Por essa razão, nesta edição estão destacadas informações com novas metodologias de apresentação, atualizadas, porém, em alguns casos com estruturas diferentes das de anos passados, destacados na edições anteriores.

É importante mencionar que os instrumentos de políticas disponíveis ao governo são amplos e complexos e muitos deles são objeto de disciplinas específicas do curso de Ciências Econômicas como é o caso da Economia Monetária, Economia Internacional, etc. Em função disso, este trabalho concentrou suas avaliações no conjunto das Políticas Fiscais, abordando aspectos relacionados especificamente com os gastos governamentais e com as suas formas de financiamento.

Por último, registro o agradecimento pelos incentivos e sugestões recebidas de amigos e profissionais da área que muito contribuíram para as alterações feitas nesta edição, na esperança de que elas tragam contribuições adicionais àqueles que se interessam pelo estudo deste assunto tão árduo e complexo, porém de suma importância na vida de uma nação e de seus indivíduos.

O Autor

Introdução

O capitalismo moderno é um sistema econômico misto, no qual grande parte da produção nacional é produzida ou comprada pelo setor público.

A participação desse setor na economia vem sendo discutida há vários anos. O nível das atividades econômicas desenvolvidas por ele deveria, segundo Adam Smith, ser pouco mais do que o *laissez-faire* permitiria. Essa posição reflete, de certa forma, o sentimento de sua era, contrária ao papel econômico do governo, e suas restrições ao mercantilismo. De qualquer forma, ele enumerou quatro funções básicas a serem desenvolvidas pelo governo: defesa nacional; administração e justiça; provisão e manutenção de trabalho e instituições públicas; e garantia da soberania do país.

Para sua época, essas funções assumiriam importância menor dentro do contexto político-econômico que a caracterizava. Porém, nos dias de hoje, elas compõem uma parcela significativa da renda nacional que é gerenciada pelo setor público. Na maioria dos países capitalistas, as atividades que eram tradicionalmente desenvolvidas pelo setor privado, via sistema de mercado, têm sido gradativamente incorporadas ao elenco de funções prestadas pelo setor público. Em países como Inglaterra, Austrália, Nova Zelândia, na Europa em geral e nos países da América do Norte e do Sul, educação, saúde, serviços de bem-estar, seguro social, serviços de proteção etc. têm sido adicionados às funções socioeconômicas do governo. Em alguns, as atividades governamentais incluem até mesmo trabalhos ligados aos transportes, eletricidade, siderurgia etc. Isso tem feito com que a participação do setor público atinja percentuais que variam de 20 % a 50 % do PIB (Produto Interno Bruto) na maioria desses países. Como consequência, as atividades desempenhadas pelo setor público repercutem significativamente sobre a alocação de recursos no setor privado e sobre o padrão de distribuição do bem-estar e da riqueza por toda a sociedade. Em função disso, este livro se propõe a explicar a *rationale* da intervenção do governo na economia, analisar os instrumentos que lhe são disponíveis para atingir os objetivos dessa intervenção e avaliar os efeitos das políticas por ele adotadas sobre o nível de renda da economia.

Em um total de sete capítulos, o livro tem a preocupação básica de mostrar as principais razões que justificam a intervenção do governo na economia: a indivisibilidade de determinados bens e serviços, as externalidades, a existência dos custos decrescentes e dos mercados imperfeitos, e as incertezas e os riscos na oferta de certos bens e serviços.

Nos Capítulos 3 e 4, procura-se avaliar a eficácia e a eficiência dos mecanismos de tributação e dos gastos públicos como instrumentos disponíveis para que o governo atinja seus objetivos primordiais. Analisam-se os principais componentes desses dois instrumentos de política fiscal do governo, bem como seus comportamentos e evoluções ao longo do tempo.

Já nos Capítulos 5 e 6, apresenta um conjunto de indicadores, cuja finalidade é apresentar uma série de informações que possibilitem uma avaliação mais detalhada acerca da situação financeira das unidades da federação e de suas perspectivas ao longo do tempo, e visa estudar os impactos causados no nível de renda da economia quando o governo altera seus padrões de gastos e de tributação.

No Capítulo 7, o autor examina os aspectos fiscais da participação do setor público na economia brasileira. O objetivo dessa parte é avaliar a estrutura tributária implantada no país em 1965 no que se refere a seus aspectos de competência tributária e de distribuição da arrecadação fiscal entre os três níveis de governo. Ela atualiza, também, uma série de dados que possibilitam uma avaliação preliminar dos principais efeitos nas finanças públicas da União, Estados e Municípios, resultantes das reformas tributárias realizadas na Constituição de 1988.

Por fim, vale ressaltar que esta edição teve o objetivo básico de atualizar uma série de informações acerca dos gastos e das receitas públicas que permitissem uma melhor avaliação do grau, da forma de atuação do governo e da situação das finanças públicas no Brasil. Além disso, procurou-se, também, fazer algumas alterações nos conteúdos e na forma de apresentação de alguns pontos que fazem parte do campo teórico discutido.

Economia do Setor Público
Uma abordagem introdutória

Intervenção do Governo na Economia

INTRODUÇÃO

Este capítulo tem por objetivo apresentar, de forma sucinta, a discussão sobre o processo da participação e/ou intervenção do governo na economia, buscando respostas para as seguintes questões: A discussão sobre a participação do governo na economia é mais recente? Por que o setor público existe? Quais os principais objetivos a serem alcançados com sua intervenção? Por que na quase totalidade dos países o governo tem uma ação ativa nas atividades econômicas e sociais? Por que o sistema de economia de mercado, sem intervenção do governo, não oferece à sociedade todos os bens e serviços que ela necessita ou deseja consumir/utilizar? Quais são as principais funções a serem exercidas pelo governo? Que tipos de serviço devem ser prestados à sociedade com a interferência do governo? Etc.

Além de buscar respostas para essas questões, é apresentada no anexo deste capítulo uma breve descrição sobre o processo da inserção do governo brasileiro nas atividades econômicas do país, bem como o volume de recursos que hoje ele manuseia para financiar os gastos com os serviços que ele presta à sociedade.

1.1 ANTECEDENTES HISTÓRICOS

Adam Smith[1] defendia a ideia de que a intervenção do Estado nos assuntos econômicos e no mercado em geral deveria ser a mínima possível. Em sua visão, o mercado deveria funcionar livremente e as forças e ações de seus agentes o ajustariam de maneira automática. Em sua concepção, haveria a chamada "mão invisível", por ele chamada de divina providência, pela qual a ação de cada indivíduo, buscando atingir seus próprios interesses, acabaria resultando num funcionamento perfeito do mercado.

Smith acreditava que não haveria necessidade da intervenção do governo nos mercados, seja como influenciador ou até mesmo como manipulador. Para ele, a interferência do Estado atrapalharia seu perfeito funcionamento e, portanto, o mercado deveria funcionar no regime do *laissez-faire*.

Apesar dessa visão, Smith defendia a intervenção do Estado no mercado quando os indivíduos violavam as leis e a justiça e quando iam em busca de seus próprios interesses a qualquer custo. Nesse caso, o mercado já não agiria sozinho, mas garantido pela autoridade política do Estado, que faz prevalecer as leis e a justiça, delimitando o comportamento das pessoas e do próprio Estado. Ele já admitia, por exemplo, que, para proteger uma indústria interna, o país deveria regulamentar incentivos e procurar taxar produtos externos, a fim de evitar a concorrência desleal, defendendo, portanto, a indústria nacional.

Smith também enumerou um conjunto de funções que deveriam ser desenvolvidas pelo Estado: defesa nacional, justiça, serviços públicos e manutenção da soberania.

As funções de defesa nacional e soberania relacionam-se a tarefas que tenham por finalidade garantir a liberdade e a independência do país perante outras nações. A função de justiça trataria da montagem de uma estrutura interna que garantisse a justiça social no país. A prestação de serviços públicos relaciona-se à ideia de que não se esperaria que atividades dessa natureza fossem oferecidas ou mantidas por qualquer indivíduo ou por um pequeno número de indivíduos. Assim, sendo elas de interesse da sociedade, o governo deveria manter instituições públicas que as oferecessem.

Na realidade, pode-se perceber que, para sua época, as funções de governo por ele listadas absorveriam uma estrutura de governo muito reduzida. Como consequência, menores seriam as tarefas do governo e menor o volume de seus gastos. Trazendo-as para a atualidade, fica evidente que a diversidade de tarefas desenvolvidas hoje pelo governo, o seu grau de envolvimento nestas e a complexidade que elas envolvem, exigem dele uma participação cada vez maior e mais ativa, resultando em uma interferência maior em função da retirada de recursos do setor privado através da tributação e também dos impactos no mercado através de seus gastos.

Seguindo a mesma linha de Smith, David Ricardo,[2] defendendo interesses dos capitalistas, também acreditava que o mercado deveria caminhar livremente, e automaticamente suas forças o equilibrariam.

Para ele, a liberdade das ações individuais faria com que se obtivesse o máximo de bem-estar social, algo que provavelmente não aconteceria se houvesse uma regulação do processo produtivo, na qual a taxa de lucro tenderia a ser menor à medida que a sociedade progredisse, existindo um limite para o bem-estar social.

---

[1] SMITH, A. *Investigação sobre a natureza e as causas da riqueza das nações*. Londres: Methuen, 1961.
[2] RICARDO, D. *Princípios da economia política e tributação*. Londres: R. M. Hartwell: Penguin Books, 1971.

Ricardo acreditava que haveria na economia um mecanismo de autorregulação, o que faria com que não existisse a intervenção do Estado e evitaria diminuir a liberdade dos indivíduos em sua ambição natural de obtenção da plena maximização dos recursos disponíveis.

Segundo Ricardo, as despesas realizadas pelo governo não teriam nenhum resultado prático no desenvolvimento econômico; pelo contrário, seriam um entrave ao processo natural de acumulação do capital. Para ele, toda vez que parte do capital fosse retirado da economia pelo governo, via tributos ou qualquer outro mecanismo, o resultado prático seria uma diminuição dos investimentos privados, o que afetaria negativamente o crescimento da economia. Os impostos representariam uma transferência de recursos dos indivíduos para o Estado, tornando-se um gasto improdutivo. Por essa razão, ele defendia a não interferência governamental, a fim de que fossem geradas uma taxa de lucro e uma natural acumulação do capital. As despesas públicas deveriam restringir-se ao mínimo possível para financiar algumas funções residuais do Estado.

Para Ricardo, a forma da tributação tem papel importante no crescimento da economia e exerce um impacto negativo menor do que aquele causado pelos gastos governamentais. Sua preocupação era minimizar os impactos dos tributos sobre o processo de acumulação e, para tanto, eles deveriam recair mais fortemente sobre os rendimentos individuais do que no processo produtivo. Isso porque o tributo recaindo sobre o capital provocaria um decréscimo na produção, tanto pela retirada dos recursos do processo produtivo quanto pelos gastos improdutivos do governo.

Para Ricardo, o capitalismo traria uma harmonia de interesses, de modo que todos obteriam o máximo de benefícios e, portanto, não haveria necessidade da interferência do governo, pois as próprias forças do mercado o impulsionariam e o regulariam.

Leon Walras[3] também era inicialmente contrário à intervenção do governo na economia. Alegava que não haveria necessidade de o Estado intervir na economia, seja interagindo ou regulando os investimentos privados. Em sua percepção, a livre concorrência conduziria ao dinamismo autorregulador da economia.

Walras, porém, passou a considerar a atuação do governo nos mercados em que não houvesse a livre concorrência. Nesse caso, o Estado teria a função de organizar e defender a livre concorrência, que, em sua visão, era fundamental para o funcionamento do mercado e para seu equilíbrio.

Para Walras, as três classes fundamentais (proprietários de terra, trabalhadores e capitalistas) procurariam trabalhar em harmonia, na oferta e demanda por bens e serviços, o que resultaria na maximização da utilidade de troca e de produção, não havendo, portanto, necessidade da intervenção do governo.

Alfred Marshall[4] entendia que a melhoria da eficiência dos mecanismos de produção resultaria inevitavelmente numa concentração das atividades, criando mercados diferentes da livre concorrência. Segundo ele, a produção em larga escala, decorrente da eficiência produtiva, criaria monopólios e oligopólios e, com isso, provocaria o favorecimento de um grupo de indivíduos em detrimento de outros. Nesses casos,

---

[3] WALRAS, L. *Elements of pure economics*. Londres: George Allen and Unwin, 1954.
[4] MARSHALL, A. *Principles of economics*. 8. ed. Londres: Macmillan, 1930.

Marshall entendia ser de suma importância a intervenção governamental para regulamentar e controlar as ações desses agentes, de forma que eles não prejudicassem o livre funcionamento do sistema econômico.

John Stuart Mill[5] dá à participação do governo na economia uma amplitude maior. Em sua visão, o governo deveria assumir a responsabilidade por atividades de interesse geral, não porque o setor privado não seria capaz de provê-las, mas simplesmente porque ele não o faria. Mill argumentava que o governo deveria prover estradas, escolas, hospitais, asilos e outros serviços públicos. Em suma, o governo deveria executar todas as atividades que fossem suporte para melhoria geral da qualidade de vida da população.

A. C. Pigou[6] usou os princípios da teoria marginalista para justificar e mensurar o grau de envolvimento do governo. Em sua percepção, ele argumentava que da mesma forma que um indivíduo obtém mais satisfação por meio de sua renda, mantendo um balanço entre diferentes tipos de gastos, a comunidade deveria também tentar fazer o mesmo mediante o governo. Isso significa que o que determinaria a participação do governo seria um balanço entre o custo marginal da retirada de recursos dos indivíduos via tributação e o retorno marginal da satisfação (benefícios) oriundos da prestação de serviços pelo governo.

John Maynard Keynes[7] viveu numa época de grandes turbulências e crise do sistema capitalista. Por essa razão, o Estado foi visto em uma economia com altos níveis de desemprego e, portanto, de crises cíclicas. Em função desse fato, acreditava-se na falência do "capitalismo harmônico" e da crença no mercado autorregulador. Por essa razão, Keynes acreditava que a economia deixada sozinha seria vítima de suas próprias crises. Ele via a necessidade de incorporar ações de governo como forma de estabilizar a economia. Isso porque sendo o capitalismo um mecanismo complexo e instável de acumulação de capital, o livre-arbítrio acabaria por torná-lo uma vítima de suas próprias especificidades.

Para Keynes, o regime de *laissez-faire*, com cada um buscando atingir seus objetivos individuais, não conseguiria atender aos interesses coletivos. Por essa razão, defendia uma ação inteligente do Estado na condução econômica do país em convivência com a livre iniciativa privada. Em sua visão, o bem-estar e o progresso econômico só seriam alcançados se o capitalismo fosse dirigido inteligentemente e se o poder estatal ocupasse o lugar de regulador, não podendo as iniciativas individuais. Nesse processo, caberia ao Estado assumir funções que estivessem fora do âmbito individual e que somente ele o faria.

Assim, caberia ao Estado tomar certas decisões de controle da moeda, do crédito e do nível de investimentos, com o objetivo de eliminar grandes males econômicos de seu tempo (desigualdade de riqueza, desemprego, decepção de expectativa dos empresários, redução da eficiência e da produção), frutos do risco e das incertezas, da ignorância e da especulação financeira. Segundo Keynes, essas atitudes resultariam no aperfeiçoamento das técnicas do capitalismo moderno e não seriam incompatíveis com a essência do capitalismo, que é a dependência de uma intensa atração entre os instintos de ganhar e de amor ao dinheiro dos indivíduos como principal força motivadora dos mecanismos econômicos.

---

[5] MILL, J. S. *Principles of political economy*. Londres: W. J. Ashley, Longmans, Green, 1921.
[6] PIGOU, A. C. *A study in public finance*. Londres: Macmillan, 1928.
[7] KEYNES, J. M. *The general theory of employment, interest and money*. New York: Harcourt, Brace and Company, 1936.

Para Keynes, o controle da oferta e demanda por moeda e dos juros não seria suficiente para se obter completa estabilização e pleno emprego dos recursos. Para ele, em situação de declínio econômico, o governo deveria elevar seus investimentos para a manutenção do pleno emprego. O Estado deveria aumentar seus gastos em obras públicas, onde não houvesse interesse do setor privado, para gerar investimentos. Haveria, portanto, socialização dos investimentos com aumento do setor público em detrimento do privado, e uma reversão com a retomada do crescimento do investimento privado devido às ações do governo. Keynes argumentava ainda que ao Estado caberia aplicar recursos em áreas que atendessem aos interesses coletivos, como escolas, hospitais, parques etc., aumentando o bem-estar da sociedade. Na realidade, esses gastos contribuiriam para elevar a renda nacional e o emprego e se materializariam em atividades importantes para a sociedade, nas quais o setor privado não teria interesse em investir.

A teoria marxista e seus seguidores entendem a ação do Estado como uma função paliativa dos conflitos e resultados negativos gerados pelo próprio processo capitalista.

Nesse raciocínio, as funções do Estado são vistas sem nenhum objetivo transformador, mas sim de manutenção da classe dominante. O *welfare state* apenas absorve e ameniza os conflitos do sistema capitalista, evitando que haja um conflito de classes ainda maior, não havendo por parte das classes de renda mais baixa qualquer organização reivindicatória mais bem estruturada.[8]

Os adeptos da chamada Escola da Escolha Pública (*Public Choice*)[9] argumentam que a ação do Estado, em vez de corrigir as falhas existentes no mecanismo de mercado, acaba, na realidade, aumentando-as. Segundo essa corrente, o Estado está sujeito a incorrer em mais falhas e por essa razão sua participação deve ser a mínima (Estado mínimo), restringindo ao setor privado muitas ações desenvolvidas pelo próprio Estado. Para eles, as possíveis "falhas" do mecanismo de mercado não deveriam servir de justificativas para a intervenção do Estado, já que não há nenhuma garantia de que ele irá corrigi-las.

O fato é que, independentemente desses posicionamentos, observa-se uma presença cada vez mais significativa do Estado nas economias capitalistas modernas, principalmente a partir dos anos 1930. Das situações nas quais o governo tinha uma participação residual nas atividades econômicas, existem hoje países cujas ações do governo, na área fiscal e produtiva, absorvem mais da metade da renda gerada por eles.

Dessa forma, as análises seguintes procuram mostrar as situações nas quais o sistema de livre iniciativa privada não é capaz de atender aos interesses coletivos da sociedade, gerando "falhas no sistema de mercado", cujas características mostram a possibilidade de correção ou de minimização de seus efeitos negativos através de ações e interferência do Estado.

---

[8] Dentro dessa linha, veja: HIRSH, J. Observações teóricas sobre o estado burguês e sua crise. In: POULANZAS, N. (Org.). *O estado em crise*. Rio de Janeiro: Graal, 1977; O'CONNOOR, J. *A crise do Estado capitalista*. Rio de Janeiro: Paz e Terra, 1977; PRZEWORSKY, A. *Estado e economia no capitalismo*. Rio de Janeiro: Relume Dumará, 1995; OFFE, C. Capitalismo avançado e welfare state. In: CARDOSO, F. H.; MARTINS, C. E. *Política e sociedade*. São Paulo: Cia. Editora Nacional, 1982, v. 2.

[9] Sobre essa linha de pensamento, veja: BUCHANAN, J. M. Politics withouth romance: a sketh of positive public choice theory and its normative implications. *HIS-Journal* 3, Viena, Áustria, 1979. p. 1-11. HARTLE, D. G. The theory of rent seeking: some reflections. *Canadian Journal of Economics/Revue Canadienne d'Économie*, Canadá, nov. 1983, XVI, n. 4.

1.2 SITUAÇÃO ÓTIMA — EQUILÍBRIO GERAL

O processo e o grau de interferência do setor público na geração de bens e serviços poderiam ser residuais caso existisse uma perfeita alocação dos recursos na economia. Denomina-se "Teoria do Equilíbrio Geral" a situação na qual os bens e os recursos são alocados perfeitamente, obtendo-se como consequência a situação ótima do mercado, com os indivíduos tendo todas as suas necessidades e desejos satisfeitos e conciliados através da oferta e demanda.

Léon Walras formulou, no século XIX, a teoria do equilíbrio geral baseado no conceito marginalista e no conceito de utilidade. Mais tarde, Vilfredo Pareto desenvolveu o modelo do equilíbrio geral, considerando os pressupostos da concorrência perfeita, cujos principais pontos são:

a. muitos compradores e muitos vendedores na indústria, seja no mercado de fatores ou de produtos;
b. perfeito conhecimento do mercado por parte dos compradores e dos vendedores no que se refere ao mercado de produtos e de fatores;
c. perfeita mobilidade dos recursos produtivos; e
d. busca da maximização do lucro por parte das firmas e da maximização da utilidade por parte dos consumidores.

Embora esses quatro pressupostos sejam suficientes para demonstrar o equilíbrio geral, deve-se considerar, ainda, que todos os bens são divisíveis e que não existem externalidades. Assim, dados esses parâmetros, pode-se explicar graficamente as condições necessárias à obtenção do equilíbrio geral ou o ótimo de Pareto.

O objetivo da análise de Pareto é mostrar as condições para que o bem-estar ótimo da sociedade seja obtido. Com algumas pressuposições lógicas, Pareto mostra como se obtém o bem-estar econômico ou a situação ótima. Para isso, deve-se assumir que:

- A e B são os consumidores;
- X e Y são os bens;
- L e K são os fatores de produção (trabalho e capital);
- $W = W(u^A, u^B)$ é a utilidade máxima, que é função da utilidade individual de A e B.

Quantidade constante dos fatores:

$$K = K^x + K^y$$
$$L = L^x + L^y$$

Tecnologia constante:

$$X^A + X^B = X = X(K^x, L^x)$$
$$Y^A + Y^B = Y = Y(K^y, L^y)$$

Gosto constante:

$$U^A = U^A(X^A, Y^A)$$
$$U^B = U^B(X^B, Y^B)$$

Deve-se ainda considerar que:

- L, K são utilizados na produção de X e de Y;
- A, B consomem ambos os bens (X e Y);

➥ a produção de *X* e *Y* é independente;
➥ medida ordinal da utilidade, o que possibilita dizer que um indivíduo está melhor ou pior do que o outro, embora não se possa quantificar tais diferenciações.

Com base nas condições estabelecidas, pode-se, então, desenvolver o modelo de equilíbrio geral. Isso será feito a seguir com o objetivo de mostrar em que pontos esse modelo não atende às reais necessidades da economia e da sociedade, justificando, então, a alocação de recursos via setor público, a fim de que o bem-estar da sociedade seja maximizado.

1.2.1 Eficiência no consumo

Utilizando os conceitos e os instrumentos da teoria microeconômica, pode-se mostrar como o equilíbrio geral seria alcançado. Entretanto, para se chegar a esse ponto, deve-se inicialmente obter a eficiência no consumo. A análise desse ponto será feita com base na Figura 1.1, que mostra a situação onde o indivíduo obtém a utilidade máxima.

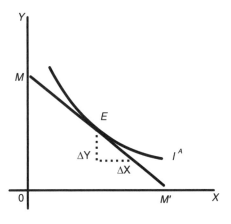

Figura 1.1

Como foi mencionado anteriormente, *X* e *Y* representam os bens no mercado. Na Figura 1.1, I^A representa a curva de indiferença do indivíduo *A* e *MM'*, sua linha de orçamento. Este indivíduo irá maximizar sua utilidade no ponto *E*, onde a taxa marginal de substituição (TMS^A) se iguala ao preço relativo P_y/P_x.[10] O equilíbrio, portanto, é determinado pelo ponto de tangência da linha de orçamento com a curva de indiferença, onde a máxima utilidade é alcançada. Qualquer outra situação diferente de *E* mostra que o ponto máximo não será obtido, já que a TMS$_{xy}$ será diferente de P_y/P_x.

O mesmo raciocínio é válido para o indivíduo *B*. Assim, sua utilidade máxima será também determinada pelo ponto de tangência da sua curva de indiferença com a sua linha de orçamento, ou seja, em que TMS^B = P_y/P_x.

Uma vez determinados os mapas de preferências dos indivíduos *A* e *B*, pode-se, através do diagrama de Edgeworth, estabelecer a eficiência no consumo ou o Ótimo

---
[10]TMSxy representa a taxa marginal de substituição de *X* por *Y*, isto é, o montante de *X* que o consumidor terá de substituir para que uma unidade a mais de *Y* seja consumida, tal que ele permaneça na mesma curva de indiferença. Por outro lado, P_y/P_x representa a proporção entre o preço dos produtos *X* e *Y*.

de Pareto entre os dois indivíduos. Tal análise é feita com base na Figura 1.2, sendo OA e OB as origens dos consumidores A e B, respectivamente.

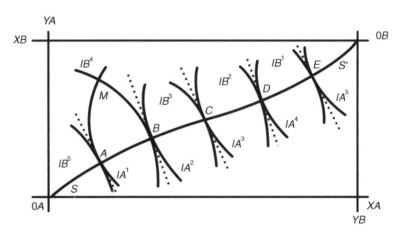

Figura 1.2

Os mapas de preferência ou as curvas de indiferença dos indivíduos A e B são, respectivamente, representados por IA^1, IA^2, IA^3, IA^4, IA^5 e IB^1, IB^2, IB^3, IB^4 e IB^5, enquanto SS' representa a curva de contrato. Embora o ponto M mostre uma situação passível de ocorrer, ela não corresponderia a uma alocação perfeita, haja vista que o indivíduo B poderia mover-se para uma curva de indiferença que lhe desse uma utilidade maior, tipo IB^5, por exemplo, onde essa curva tangencia a curva de indiferença IA^1, do indivíduo A. Assim, somente nos pontos A, B, C, D e E, onde as curvas de indiferença dos dois indivíduos se tangenciam, é que a situação de equilíbrio ou de eficiência no consumo seria alcançada. Nesses pontos tem-se que:

$$\text{TMS}_{XY}^A = \text{TMS}_{XY}^B = \frac{dU^A/_{dx}(X^A,Y^A)}{dU^A/_{dy}(X^A,Y^A)} = \frac{dU^B/_{dx}(X^B,Y^B)}{dU^B/_{dy}(X^B,Y^B)}$$

ou seja, a taxa marginal de substituição de X por Y para o consumidor A iguala-se à do consumidor B. Essa situação determina o Ótimo de Pareto, que mostra uma alocação de recursos de forma que nenhum membro da comunidade poderá ter sua situação melhorada se não houver uma piora na situação de outro membro. Com as variáveis aqui utilizadas, isso equivale a dizer que o indivíduo A só poderia ter sua utilidade aumentada se houvesse uma redução na utilidade de B e vice-versa.

1.2.2 Eficiência na produção

Uma análise similar à anterior pode ser desenvolvida para mostrar como a produção máxima seria alcançada. Isso será feito com base na Figura 1.3, em que L e K representam os fatores de produção, I^P mostra a isoquanta ou o mapa de produção de X e NN' a isocusto.

Na Figura 1.3, a situação de equilíbrio é determinada pelo ponto P, em que TMST iguala-se a PK/PL.[11] Nesse ponto, a isoquanta tangencia a isocusto e o máximo de pro-

---

[11] TMST_{LK} representa a taxa marginal de transformação. No caso em questão, ela mostra a quantidade do fator L que será substituído por uma unidade adicional de K, tal que o nível da produção permaneça constante. No ponto P, por exemplo, a taxa marginal de transformação entre K e L é representada pela inclinação da tangente NN': mais precisamente, essa inclinação é determinada por DL/DK. PK/PL, por outro lado, mostra a proporção ou a produtividade marginal relativa entre os fatores K e L.

dução de X é obtido. Qualquer outro ponto diferente mostrará um nível de produção inferior a P ou uma situação na qual não se poderia alcançar a produção desejada (no caso de uma isoquanta superior a I^P, por exemplo). O mesmo raciocínio tem que ser desenvolvido para o produto Y, e a eficiência da sua produção ocorrerá quando a TMST = PK/PL.

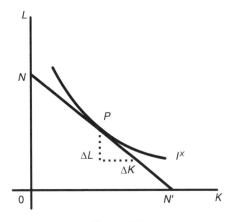

Figura 1.3

Uma vez estabelecidas as situações de eficiência dos dois produtos, pode-se, então, determinar a ótima alocação paretiana. Isto é feito com base na Figura 1.4, em que Q_1X, Q_2X, Q_3X e Q_1y, Q_2y, e Q_3y representam as quantidades produzidas dos bens X e Y, respectivamente, e TT' mostra os pontos de eficiência.

A Figura 1.4 mostra que, embora N seja uma possível combinação da produção de X e Y, ela não seria uma situação ótima na versão de Pareto. Isso porque, a partir desse ponto, a quantidade do produto X poderia ser aumentada sem diminuir a de Y. Na Figura 1.4, isso significaria, por exemplo, que poderia haver uma mudança (aumento) na produção de X, de N para B, sem que o nível de Y fosse alterado, já que não há alteração na sua isoquanta. Assim, somente nos pontos A, B e C as isoquantas de X e Y se tangenciam, e pela inclinação tem-se que:

$$\text{TMST}_{LK}^{X} = \text{TMST}_{LK}^{Y}$$

$$\frac{dX/_{dL}(k^X, L^X)}{dX/_{dk}(k^A, L^X)} = \frac{sY/_{dL}(k^Y, L^L)}{dY/_{dk}(k^Y, L^Y)}$$

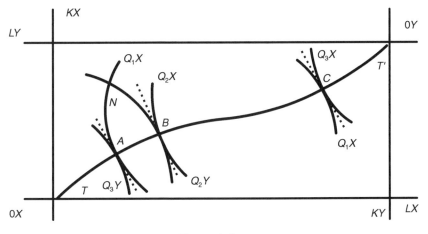

Figura 1.4

ou seja, as taxas marginais de substituição técnica de L por K para X e Y são iguais e ambas se igualam à produtividade marginal relativa. Esta situação estabelece a alocação ótima de Pareto, já que a quantidade produzida de um bem só poderá ser aumentada se houver uma diminuição na produção do outro (no caso X e Y).

1.2.3 Eficiência na produção e no consumo — equilíbrio geral

A solução eficiente será encontrada quando se analisarem conjuntamente as preferências no consumo e na produção. Entretanto, algumas condições básicas devem ser consideradas para que a solução de equilíbrio geral seja encontrada. As condições principais e necessárias para se alcançar o ótimo de Pareto são:
   a. eficiência requer que se obtenha o máximo de produção dos bens X e Y;
   b. $\text{TMS}_{XY} = \text{TMS}_{YX}$
   c. $\text{TMST}_{XY} = \text{TMST}_{YX}$
   d. $\text{TMS}_{XY} = \text{TMST}_{XY}$

ou seja, a taxa marginal de substituição entre X e Y tem de ser igual à taxa marginal de transformação técnica entre X e Y. Assim, a taxa pela qual os indivíduos estariam dispostos a substituir X por Y deve ser igual à taxa na qual Y pode ser transformado em X. Se essas condições não fossem satisfeitas, o ótimo de Pareto não seria obtido, uma vez que, através de uma realocação de recursos entre a produção de X e Y, um indivíduo poderia ter sua situação melhorada sem que houvesse piora na de outro.

Uma vez satisfeitas as condições mencionadas anteriormente, a alocação ótima dos recursos, dentro da eficiência de Pareto e do modelo de equilíbrio geral, poderá ser obtida analisando-se conjuntamente as preferências no consumo e na produção. Antes, porém, de se chegar ao diagrama final do equilíbrio geral, é oportuno introduzir outras duas figuras que serão fundamentais na análise final do modelo. As Figuras 1.5 e 1.6 mostram, respectivamente, a Curva de Possibilidade de Produção e a Curva de Contrato.

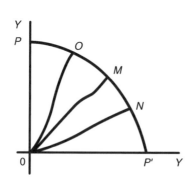

Figura 1.5

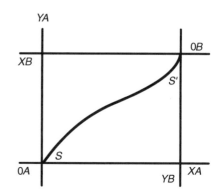

Figura 1.6

A Curva de Possibilidade de Produção, dada por PP' na Figura 1.5, mostra as diferentes combinações possíveis de produção dos bens X e Y. Cada ponto nessa curva, tais como O, M e N, representa possíveis combinações da produção de X e Y e estabelece uma Curva de Contrato para cada opção.

Na Figura 1.6, a Curva de Contrato SS' mostra a distribuição de determinado montante de X e Y (estabelecido por um dos pontos da Curva de Possibilidade de Produção) a ser consumido pelos indivíduos A e B, de acordo com suas preferências.

Finalmente, com o auxílio da Figura 1.7, pode-se então estabelecer a melhor solução dentro dos pressupostos paretianos da alocação ótima dos recursos e do equilíbrio geral.

A fronteira de possibilidade de produção é dada por FG. Com a produção do bem X medida pelo eixo vertical e com a produção de Y medida pelo eixo horizontal, FG mostra o máximo que pode ser produzido desses bens com a disponibilidade de recursos existentes. O máximo possível da produção de X é dado por OF, enquanto OG mostra o máximo possível de Y que pode ser produzido se todos os recursos forem aplicados somente na produção de X ou de Y. Supondo que a combinação ótima é dada por OH (onde a curva de indiferença da comunidade tangencia a curva de possibilidade de produção), tem-se que as quantidades das produções de X e Y são dadas por OI e OJ, respectivamente. Pelo diagrama de Edgeworth, dado por $OIHJ$, podem-se, então, ver as possibilidades da distribuição da produção de X e Y entre os indivíduos A e B. As preferências desses indivíduos por X e Y são dadas por IA^1, IA^2, IA^3 e IA^4 e IB^1, IB^2, IB^3 e IB^4, respectivamente. Nos pontos da curva de contrato OH, onde essas curvas de indiferenças se tangenciam, mostram-se as possíveis soluções ótimas. Assim, qualquer alteração entre esses pontos mostrará diminuição na satisfação de um indivíduo e aumento na satisfação do outro. Pelo que já foi analisado anteriormente, na curva de contrato OH, nos pontos onde as curvas de indiferenças se tangenciam, tem-se que as taxas marginais de substituição (TMS) são as mesmas para A e B. Pode-se observar, também, que, considerando que a TMS dos consumidores é indicada pela inclinação das curvas de indiferença, tem-se, por dedução, que ela é igual à taxa marginal de substituição (TMST) dada pela inclinação de MM'. Assim, dentro dos pressupostos da análise desenvolvida, tem-se que o equilíbrio geral é obtido na Figura 1.7, uma vez que os recursos são alocados eficien-

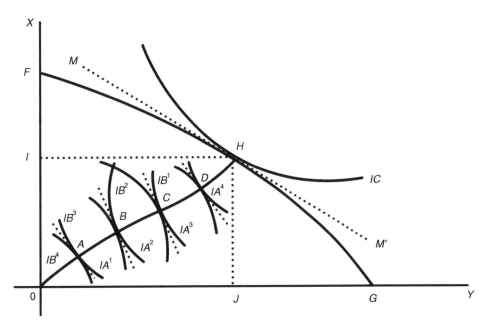

Figura 1.7

temente, obtendo-se o máximo de produção de X e Y e satisfazendo às preferências da sociedade, maximizando sua utilidade. Uma figura final pode mostrar o nível de utilidade obtido pelos indivíduos A e B; a determinação do máximo *welfare* é dada por $W = W(U^A, U^B)$.

Como foi visto anteriormente, cada ponto na curva de possibilidade de produção estabelece uma curva de contrato ou a curva de utilidade. Foi também demonstrado que cada ponto da curva de contrato determina o ótimo de Pareto e satisfaz a todas as condições marginais. Na Figura 1.8, W_1, W_2 e W_3 referem-se aos diferentes níveis de bem-estar, U^A e U^B fornecem as utilidades dos indivíduos A e B, OH representa a curva de utilidade e N' mostra um ponto em OH. Por essas variáveis, pode-se verificar que há alternâncias de perdas e ganhos para os indivíduos A e B à medida que movimentos são feitos ao longo de OH. A escolha do ponto ideal depende da função do bem-estar social revelada pelos valores dos níveis de bem-estar dos indivíduos A e B, mostrados na Figura 1.8 por W_1, W_2 e W_3. Uma vez que se determinaram a curva de utilidade e a função do bem-estar social, a máxima curva de indiferença da sociedade possível é dada por N', em que essas duas curvas se tangenciam e a melhor de todas as soluções é encontrada, determinando, então, o máximo de bem-estar dentro dos critérios de eficiência do modelo de Pareto.

Como foi mencionado no começo dessa análise, o modelo de ótimo de Pareto e o do equilíbrio geral são desenvolvidos através de alguns pressupostos lógicos embutidos dentro do modelo de mercado perfeito. Assim, o que se tem por trás do estabelecimento do equilíbrio geral é uma situação na qual se obtém o máximo de produção, satisfazendo às demandas e às necessidades dos consumidores, a fim de que eles maximizem seu bem-estar. Acontece, porém, que muitas críticas podem ser feitas em alguns dos seus pressupostos. Pode-se criticar as condições marginalistas e a determinação do equilíbrio em que o preço se iguala ao custo marginal, a individualidade do modelo, a suposição de que o bem-estar da comunidade é a soma do bem-estar de cada um, a medida ordinal da utilidade e as comparações interpessoais etc. O fato é que existe uma série de pontos que tornam frágil esse modelo a ponto de não se poder admitir que haveria a maximização e a eficiência da alocação de recursos que ele procura determinar. Embora esses pontos já fossem o bastante para demonstrar as dificuldades encontradas no sistema de mercado para que se obtenha a eficiência na alocação dos recursos, existem, ainda, quatro características do mundo real que justificam a intervenção do governo na alocação dos recursos com o objetivo de maximizar o bem-estar da sociedade. Essas características serão analisadas no item 1.2.

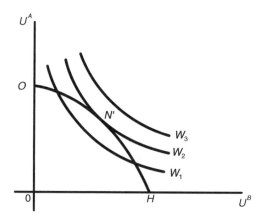

Figura 1.8

1.3 FALHAS DO SISTEMA DE MERCADO E NECESSIDADE DA INTERVENÇÃO DO GOVERNO

No mundo real existem quatro características principais que dificultariam, ou até mesmo impossibilitariam, a obtenção da produção ótima através do setor privado. Assim, o governo emerge como um elemento capaz de intervir na alocação de recursos, que atua paralelamente ao setor privado, procurando estabelecer a produção ótima dos bens e serviços que satisfaçam às necessidades da sociedade. As quatro características que podem ser consideradas como falhas do mecanismo de mercado em atender às necessidades da sociedade são:

↳ indivisibilidade do produto;
↳ externalidades;
↳ custos de produção decrescentes e mercados imperfeitos;
↳ riscos e incertezas na oferta dos bens.

1.3.1 Indivisibilidade do produto

Os bens indivisíveis são aqueles cujos benefícios não podem ser individualizados, tornando ineficaz o estabelecimento dos preços via sistema de mercado. Esses bens têm como características principais a não exclusividade e a não rivalidade.

A não exclusividade se deve ao fato de que, como esses bens não seriam vendidos através do sistema de mercado, via preços, a eles não se aplica o direito de propriedade. A impossibilidade de serem estabelecidos preços para os bens indivisíveis está ligada à inviabilidade econômica da oferta desses bens pelo setor privado. Tome-se, por exemplo, o caso da defesa nacional. Nos dias de hoje é indiscutível a necessidade de o país ter um aparato bélico que dê segurança a sua população e mantenha a sua soberania. Para esse serviço, porém, não haveria a possibilidade de serem estabelecidos preços no mercado, porque, com a universalização do benefício, parte da população poderia não estar disposta a pagar por ele, embora usufruísse do seu benefício. Assim, um bem com essas características dificilmente seria oferecido à sociedade pelo setor privado em função dos riscos e das incertezas quanto suas vendas. Assim, bens e serviços com essas características só seriam oferecidos à sociedade através da interferência do governo. Isso porque ele dispõe de mecanismos de financiamento das ofertas de seus bens e serviços, não se utilizando do mecanismo de preço de venda. Ele o faria principalmente através do mecanismo da tributação.

A não rivalidade significa que o acesso de mais pessoas no consumo dos bens e serviços não implicaria um acréscimo de seus custos. Voltando ao exemplo anterior, se houver um crescimento da população de um país, isso não significa que necessariamente teria de haver um aumento nos gastos com a defesa nacional.

Quando se trata dos bens econômicos, os indivíduos estarão excluídos do seu consumo se não dispuserem de renda para adquiri-los no mercado via preço. Por outro lado, no caso dos bens indivisíveis, todos os indivíduos são beneficiados igualmente com a sua oferta, independentemente da sua disponibilidade de renda e capacidade de compra, não se excluindo, portanto, aqueles indivíduos que não puderem pagar para tê-los.

Os bens indivisíveis são classificados como bens públicos puros. Esses bens, pelas suas características, só seriam oferecidos pelo governo, que pode, compulsoriamente, obter recursos para financiá-los. Assim, a condição de que todos os bens devem ser completamente divisíveis, requerida na alocação ótima paretiana, não será satisfeita quando se tratar de bens públicos puros.

Dada a característica da indivisibilidade dos bens públicos puros, pode-se observar que eles só seriam oferecidos por intermédio do governo, já que para esses bens não há possibilidade de se estabelecerem preços através do sistema de mercado. Assim, se alguns bens necessários e úteis à sociedade tiverem as características dos bens públicos puros, sua produção através da intervenção do governo torna-se social e economicamente desejada. Nesses casos, fica evidente a impossibilidade de esses bens serem oferecidos pelo sistema de mercado tradicional, através do setor privado, sem a interferência do governo. Isso caracteriza, também, a falha do modelo ótimo de Pareto e do bem-estar desenvolvido anteriormente. Assim, a existência dos bens públicos puros mostra a impossibilidade de o sistema de mercado atender a todas as necessidades da sociedade e se apresenta como uma das justificativas da intervenção do governo na economia.

1.3.2 Externalidades

A condição necessária de que os custos privados e os benefícios de qualquer ação para o indivíduo, medida pelo preço de mercado, se refletiriam nos custos e nos benefícios para a sociedade é básica no modelo de equilíbrio geral e do bem-estar. Acontece, porém, que na realidade as ações de determinada unidade poderão acusar perdas ou ganhos nas ações de outras unidades. Esses são os efeitos externos que podem existir tanto nas unidades de consumo quanto na de produção e podem ser negativos ou positivos. Os efeitos no consumo são medidos em termos dos benefícios, enquanto na produção eles são avaliados em termos da quantidade produzida e dos custos. Os efeitos retidos dentro da unidade que iniciou a atividade econômica são denominados efeitos internos, enquanto denominam-se efeitos externos os casos em que não há retenção dos efeitos dentro da unidade iniciante da atividade, ocorrendo, portanto, uma interferência nas outras unidades. Ambos os casos são constituídos por perdas ou ganhos: em termos coletivos, porém, há repercussão maior quando ocorrem os efeitos externos.

Quando os efeitos externos surgem, há uma desigualdade entre o custo marginal e a receita marginal ou o preço, tendo como consequência a não obtenção do ótimo de Pareto. Isso significa que não estaria ocorrendo uma eficiência em termos de alocação e de distribuição do consumo, porque na avaliação feita na versão do ótimo de Pareto são considerados apenas os custos e os benefícios individuais, não se computando, portanto, os efeitos externos.

As externalidades podem ser consequência da ação da produção sobre o consumo, da produção sobre a produção ou o consumo e do consumo sobre o consumo. Vejamos, pois, cada um desses casos.

1.3.2.1 *Efeitos da produção sobre o consumo*

O exemplo mais comum desse caso é a poluição. Embora a externalidade possa surgir em termos de perdas ou ganhos, no caso da poluição, seu efeito sobre o consumo é frequentemente negativo. Tal situação pode ser mostrada com a ajuda da Figura 1.9, onde *A* representa o valor da recreação para o indivíduo e *B* representa a quantidade de celulose produzida. Pode-se observar pela Figura 1.9, atra-

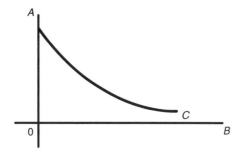

Figura 1.9

vés da curva *C*, que a poluição reduz o valor da recreação à medida que aumenta a produção de celulose.

Embora a produção de celulose cause um efeito externo negativo no consumo da recreação, ela causará, também, um efeito positivo no consumo de celulose. Assumindo que *D* representa o consumo de celulose e que *C* é o efeito negativo causado no consumo de recreação, tem-se que o efeito "líquido" da produção de celulose é dado por *D* – *C*, como mostra a Figura 1.10.

Uma vez assumido que os custos para a firma e para a sociedade são dados pela curva de oferta, observa-se, então, que a alocação ótima dos recursos na versão paretiana não é obtida quando há externalidades. Isto porque, no exemplo analisado, na quantidade de produção que maximiza o lucro (q), o custo marginal será maior que o benefício líquido marginal de produção.

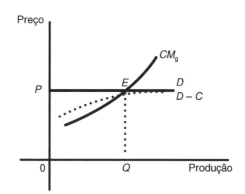

Figura 1.10

1.3.2.2 Efeitos da produção sobre a produção

A produção pode também causar efeitos sobre a produção. Considerando o exemplo anterior, pode-se analisar esse caso considerando a poluição causada no rio onde se despejam os detritos da fábrica de celulose. Na Figura 1.10, *E* representa o valor da perda da produção de peixe correspondente à variação marginal da produção de celulose.

Considerando que o efeito da produção de celulose sobre a produção de peixes é negativa, o valor total da variação marginal da produção de celulose é representado pela soma vertical de *E* e *D*, como mostra a Figura 1.11.

Na Figura 1.12, tem-se que *F* determina o nível social ótimo de produção dado por q_0, onde o valor líquido da produção de celulose se iguala ao custo marginal. Por outro lado, *G* mostra a produção ótima da firma dada por q_1. Uma vez mais, observa-se que, com a existência da externalidade, o ótimo de Pareto não é obtido.

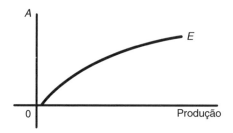

Figura 1.11

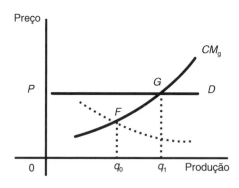

Figura 1.12

1.3.2.3 Efeitos externos do consumo

As externalidades no consumo podem ser causadas também pelo próprio consumo. Neste caso, o nível de utilidade de alguns indivíduos seria afetado pelo consumo de outros indivíduos.

Considerando dois indivíduos A e B e dois produtos X e Y, tem-se que, sem as externalidades, as utilidades desses indivíduos seriam representadas por $U^A = U^A(X^A, Y^A)$ e $U^B = U^B(X^B, Y^B)$, respectivamente. Introduzindo as externalidades, as utilidades de cada indivíduo seriam, então, afetadas pelo consumo dos outros indivíduos. Nesse caso, as utilidades de A e B seriam afetadas não somente por suas ações, mas também pelas ações de outros indivíduos. Assim, no exemplo dado, com a ocorrência das externalidades, as utilidades de A e B seriam representadas por $U^A = U^A(X^A, Y^A), \pm X^B, \pm Y^B$ ou $\pm X^B \pm Y^B$ e $U^B = U^B(X^B, Y^B, \pm X^A, \pm Y^A$ ou $\pm X^A \pm Y^A)$, respectivamente. Em ambos os casos, esses efeitos podem ser negativos ou positivos.

1.3.2.4 Considerações finais sobre externalidade

Os exemplos apresentados a respeito das externalidades deixam claro que o envolvimento do governo nessa área se faz necessário, devido principalmente aos aspectos sociais envolvidos. Dessa forma, o governo pode atuar na questão das externalidades das formas mais diversas.

Do ponto de vista da correção dos efeitos negativos causados pelas externalidades, percebe-se que a atuação do governo terá um caráter punitivo ou de orientação básica para que os elementos causadores desses efeitos sejam atingidos. Dessa forma, uma empresa, ao poluir um rio ou o ar, os automóveis, ao dificultarem a locomoção de transportes coletivos, a poluição sonora e ambiental causada pelos veículos, o tráfico de drogas e uma série de outras externalidades negativas desse tipo só serão eliminadas, total ou parcialmente, através da participação do governo, por intermédio de legislação específica, de multas e de um grande trabalho de conscientização. Com raríssimas exceções esses tipos de situação se constituirão em preocupação para o setor privado.

O governo poderá também, através dos mecanismos de incentivo e de gasto, contribuir para a diminuição das externalidades negativas e criar um grupo de atividades que propicie à sociedade uma série de externalidades positivas. Investimentos feitos, por exemplo, na área de educação trarão à sociedade como um todo maiores benefícios, que por sua vez causarão externalidades positivas à medida que se tem uma sociedade mais educada, instruída e com melhores opções de emprego. Da mesma forma, atividades produtivas que criem mais empregos, mais renda, que ajudem no combate aos desequilíbrios regionais que, enfim, tragam melhorias significativas à qualidade de vida da população devem ser também incentivadas e/ou até mesmo desenvolvidas pelo setor público. Quando se pensa que, em geral, toda atividade produtiva ou não cause efeitos diretos ou indiretos sobre a sociedade, percebe-se que a externalidade está muito mais presente no nosso cotidiano do que se imagina. Assim, a participação do governo nessa área se faz necessária para que possa haver um ente maior, com poder de atuação efetiva, que aja com firmeza no combate às externalidades negativas e incentive as atividades que gerem benefícios diretos e indiretos à sociedade. Isso como base, percebe-se que também nessa área a atuação do governo não terá limite, a não ser o imposto pela própria sociedade.

Assim, as avaliações anteriores evidenciam que a externalidade pode ser causada por uma mesma unidade ou por unidades diferentes. A existência dos efeitos externos normalmente afeta o interesse público e as unidades econômicas envolvidas. A dificuldade de se mensurar externalidades é um dos motivos pelos quais ela não pode ser eliminada ou compensada através do sistema de preços do mercado. Como foi visto, a presença da externalidade afeta as condições para que se obtenha a ótima alocação de recursos que, por sua vez, impossibilita a obtenção do ótimo de Pareto. Nos casos em que as externalidades fossem mensuráveis, poder-se-ia estabelecer um mecanismo pelo qual os indivíduos afetados contribuíssem financeiramente pelos efeitos causados. Como na maioria dos casos, as externalidades, além de serem negativas, são ainda imensuráveis, uma vez mais a presença do governo é requerida para utilizar de mecanismos que direcionem a sociedade para o melhor nível de bem-estar possível. Assim, o governo, através de legislações ou mesmo de esquemas tributários específicos, pode tentar atuar sobre o problema da externalidade negativa. Por exemplo, o governo, ao impor um tributo sobre o petróleo e sobre os veículos, pode estar, indiretamente, tentando tirar uma contribuição desses setores para combater as externalidades que eles estão causando, como a poluição, o congestionamento, o próprio desgaste das rodovias etc. Por outro lado, o governo pode também incentivar atividades que venham a causar externalidades socialmente desejáveis à população. Assim, a oferta pública de saúde e educação, por exemplo, pode ser justificada na base da importância dos benefícios externos de se ter uma sociedade mais saudável e educada.

1.3.3 Custos de produção decrescentes e mercados imperfeitos

A participação do governo no sentido de prover a sociedade daqueles bens desejáveis que as empresas privadas não seriam capazes de oferecer lucrativamente já era defendida há tempos pelos economistas. Esses tipos de bens são, por natureza, essencialmente de custos decrescentes.

Como foi visto anteriormente, o equilíbrio geral reflete o mundo da competição perfeita. É sabido, porém, que o alto nível tecnológico associado à especialização e à divisibilidade produz economias de grande escala de produção em muitas firmas. Esse desenvolvimento tecnológico traz consigo a concentração de mercado com algumas firmas dominando alguns mercados regionais e nacionais. Assim, tem-se que o alto nível tecnológico causa economias de escala que, por sua vez, trazem o decréscimo do custo de produção, tendo como consequência a concentração do mercado. Isso causa uma situação de imperfeição no mercado, que será composto de poucos vendedores, quebrando assim uma das condições básicas do mercado de concorrência perfeita e, por conseguinte, o equilíbrio geral.

No mercado imperfeito (oligopólio, monopólio e competição monopolística), a firma também maximizará seu lucro no nível de produção onde o custo marginal se iguala à receita marginal. No mercado imperfeito, porém, diferentemente do mercado perfeito, a firma atua num nível de produção em que o preço seja superior ao custo médio, já que é ela quem detém o controle sobre o preço. Assim, como mostra a Figura 1.13, a alocação eficiente por parte da firma será diferente da alocação ótima para a sociedade.

Na Figura 1.13, o ponto N determina o nível de produção de equilíbrio para a firma. Observa-se que, nele, a receita marginal se iguala ao custo marginal. Assim, no nível de produção OX o preço de venda do produto é igual a p, dado pelo ponto N' na curva de demanda, e a firma estará maximizando o seu lucro. A melhor alocação, porém, por parte da sociedade é dada pelo ponto P, onde o preço se iguala ao custo marginal no nível de produção OX'. De acordo com essas posições, observa-se que há um hiato, representado por $OX' - OX$, entre o que seria a melhor alocação dos recursos (produção) por parte da sociedade e por parte da firma. Nesse caso, uma vez mais a eficiência paretiana estaria violada, e a participação do governo se tornaria desejável para influenciar e levar a produção ao nível ótimo (no caso OX'). Isto poderia ser feito através da alocação direta de recursos por parte do governo na atividade produtiva ou por intermédio da utilização de mecanismos de incentivos e/ou subsídios. Isso seria justificável desde o momento em que o objetivo é obter o máximo de satisfação para a sociedade.

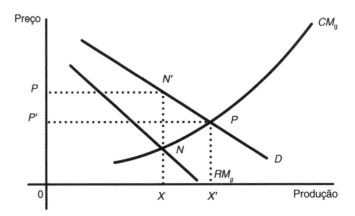

Figura 1.13

A situação pode tornar-se mais complicada a partir do momento em que o custo médio de produção for superior ao custo marginal e ao preço que determina a alocação ótima para a sociedade, como mostra a Figura 1.14. Sob essas condições, o ponto de alocação ótima teria como resultado um prejuízo.

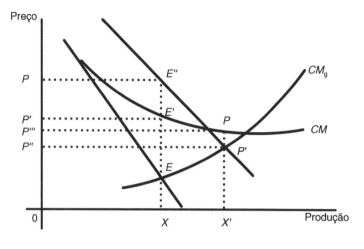

Figura 1.14

Na Figura 1.14, o custo marginal iguala-se à receita marginal no ponto E, com o nível de produção OX, com o preço dado por E'' e o custo médio por E'. Neste nível de produção, a firma estaria maximizando seu lucro, no montante de $X(p-p')$. Por outro lado, a alocação ótima para a sociedade é dada por P no nível de produção OX'. Assim, haveria, portanto, uma desigualdade na produção ótima da firma e da sociedade dada por $OX' - OX$. Como pode ser visto, para a firma não seria economicamente viável a produção de OX', pois nesse caso ela obteria prejuízo. Como, a longo prazo, tal perda não poderia ser sustentada, o provável é que, do ponto de vista econômico, essa produção não se realizaria. Porém, se esse bem fosse necessário e desejável, o setor público poderia assegurar (através de subsídios ou da própria produção) que a alocação ótima para a sociedade fosse obtida. Esta situação em que a alocação ótima para a sociedade e para a firma são diferentes, viola, também, a alocação ótima de equilíbrio geral. Assim, se um bem não é público puro, mas é necessário e desejado pela sociedade, o governo deve influenciar a alocação de recursos tal que a produção desse bem se realize.

1.3.4 Riscos e incertezas na oferta dos bens

A falta de conhecimento perfeito por parte dos vendedores e dos compradores relacionados com os riscos do mercado, a falta da perfeita mobilidade dos recursos, a incerteza quanto à maximização dos lucros por parte das firmas e a escassez de determinados recursos produtivos, particularmente os recursos naturais, são características do mundo real que mostram a inviabilidade do atendimento de alguns dos pressupostos requeridos para se atingir a produção ótima de todos os bens econômicos necessários e desejados pela sociedade.

A falta de conhecimento perfeito do mercado poderia fazer com que um bem econômico (necessário e desejado) não fosse produzido pelo mercado; o risco e a incerteza poderiam resultar na inexistência de determinadas atividades, embora elas fossem necessárias e desejáveis. A incerteza sobre a lucratividade de determinadas atividades é uma forma de revelar o não perfeito conhecimento do mercado e, por conseguinte, a dificuldade de se obter alocação ótima de acordo com as preferências da sociedade e os interesses dos produtores. Em outros casos os investimentos necessários envolvem volumoso montante financeiro não disponível ao setor privado e há situações nas quais são longos os períodos de maturação do projeto.

Existem determinadas atividades que são indispensáveis ao desenvolvimento do País ou ao bem-estar da sociedade, que, pelas razões apresentadas anteriormente, não seriam oferecidas no mercado se não houvesse a intervenção do governo. Isso não significa que somente o governo deve produzir esses recursos diretamente, já que, através de outros mecanismos, tais como incentivos, subsídios etc., ele pode fazer com que recursos privados sejam alocados nessas atividades a fim de que haja uma melhora no bem-estar da sociedade. Assim, os riscos e as incertezas são características que violam os pressupostos da concorrência perfeita, justificando, portanto, a participação do governo na alocação dos recursos na economia ou na sociedade.

1.4 OBJETIVOS DA POLÍTICA ORÇAMENTÁRIA

As análises anteriores tiveram como objetivo mostrar as razões pelas quais o governo, através dos diversos instrumentos de políticas à sua disposição, surge como alternativa para a intervenção na alocação de recursos da economia a fim de contribuir para que a sociedade alcance o maior nível de bem-estar possível. Foi visto que as características da indivisibilidade dos produtos, das externalidades, dos custos decrescentes e a formação do mercado imperfeito, os riscos e as incertezas se colocam como principais obstáculos à obtenção da alocação ótima dos recursos por intermédio do sistema de mercado, justificando, portanto, a intervenção do governo. As análises seguintes destacam as funções que poderão ser desenvolvidas pelo governo, visando corrigir ou minimizar as falhas ocorridas no sistema de mercado, buscando atender, de forma mais universalizada, às demandas que compõem o conjunto de bens e serviços da sociedade.

Musgrave[12] estabeleceu três funções básicas a serem exercidas pelo governo cujos objetivos seriam:

↪ assegurar o ajustamento na alocação de recursos;
↪ assegurar o ajustamento na distribuição da renda e da riqueza;
↪ assegurar a estabilização econômica.

1.4.1 Ajustamento na alocação de recursos

Esta função visa assegurar o necessário ajustamento da alocação dos recursos no mercado.

O mecanismo de preços do mercado atua razoavelmente e assegura a oferta de uma série de produtos no mercado. Porém, como foi analisado anteriormente, o mecanismo de mercado não é capaz de alocar eficientemente os recursos da economia, havendo, portanto, a necessidade da intervenção governamental a fim de que se obtenha a mais eficiente alocação dos recursos.

---

[12] MUSGRAVE, R. A. *The theory of public finance*. New York: McGraw-Hill, 1959.

A alocação dos recursos por parte do governo tem como objetivo principal a oferta de bens e serviços necessários e desejados pela sociedade e que não são providos pelo sistema privado. Assim, o governo, utilizando os recursos e os instrumentos de políticas a ele disponíveis, alocará recursos visando à complementação dos bens não disponibilizados pelo setor privado ou de acesso excludente. Esse conjunto de bens refere-se aos "bens públicos puros", "bens sociais ou quase públicos" e/ou também bens econômicos.

A alocação dos recursos na oferta dos "bens públicos puros" só ocorrerá através da interferência governamental. A característica da indivisibilidade desses bens inviabiliza sua oferta pelo setor privado, que seguramente não conseguiria vendê-los no mercado. Dessa forma, sendo eles necessários e desejados pela sociedade, sua oferta poderá ser viabilizada com a oferta direta do governo ou através de mecanismos de incentivos à alocação dos recursos na sua oferta pelo setor privado.

Outra tarefa da função de alocação de recursos por parte do governo refere-se à oferta dos bens sociais ou quase públicos. Esses bens diferenciam-se dos bens públicos puros e, devido a seu caráter social, requerem alocação adicional de recursos na sua oferta através do governo. Em geral, nesses casos, na maioria das vezes, o governo complementa a oferta desses bens feita pelo setor privado. Tal complementação ocorre em função da oferta insuficiente pelo setor privado e pela exclusão da grande parte da população que não dispõe de recursos para adquiri-los no mercado. Como são bens socialmente importantes, cabe, portanto, ao governo a tarefa de minimizar os problemas relacionados com sua oferta. Enquadram-se nessas situações os serviços como saúde, educação, habitação etc.[13]

Outro conjunto de atividades da função de alocação de recursos relaciona-se com os bens econômicos. Em seções anteriores foi mostrado que, devido à formação dos mercados imperfeitos e dos riscos das incertezas, muitas atividades básicas importantes para a sociedade e para o desenvolvimento do país podem não ser oferecidas pelo setor privado. Muitas das atividades relacionadas com a infraestrutura enquadram-se neste caso. Por isso, atividades ligadas à energia elétrica, à siderurgia, ao transporte etc. têm participação relevante do governo na sua oferta. A diferença é que, nesses casos, a ação do governo é semelhante à do setor privado, uma vez que ele produz e vende esses bens e serviços no mercado. Muitas dessas atividades, seja pelo volume de recursos financeiros necessários para desenvolvê-las, seja pela incerteza da sua lucratividade, pelos seus riscos financeiros, pelo período de maturação do projeto etc., acabam não sendo oferecidas pelo setor privado. Contudo, devido a sua importância social e econômica, a alocação de recursos por parte do governo nessas atividades torna-se altamente desejável justificável.

Um ponto importante a ser mencionado refere-se à maneira pela qual a função de alocação de recursos é feita por parte do governo. Para assegurar uma alocação mais eficiente dos recursos, o governo não precisa estar produzindo ou gerando diretamente o bem ou os serviços. Ele poderá fazê-lo ou induzir a oferta pelo setor privado. Na realidade, existem quatro possibilidades de atuação do governo nesses casos:

→ o governo poderá alocar diretamente recursos na produção e oferta dos bens. Por exemplo, os serviços de defesa nacional e segurança pública são os mais próximos desse caso;

---

[13] Alguns desses bens são oferecidos pelo governo e podem não refletir as preferências dos consumidores. Musgrave qualificou esses bens de meritórios. Veja MUSGRAVE, R. A. Op. cit. p. 11.

- o governo poderá adquirir os produtos de empresas privadas e oferecê-los à sociedade. Exemplo: medicamentos, merenda escolar etc.;
- através de subsídios e incentivos diversos o governo poderá induzir o setor privado a investir recursos na produção, o que não aconteceria sem a sua interferência. Nesses casos os bens e serviços seriam produzidos e vendidos no mercado pelo setor privado; e
- o governo poderá investir recursos na instalação de empresas públicas com o objetivo de gerar e/ou produzir bens e serviços necessários e não oferecidos pelo setor privado. Esses casos enquadram-se na produção de bens econômicos por parte do governo, ou seja, esses bens seriam vendidos no mercado.

A diferença fundamental nas opções de execução da função de alocação está na sua forma de financiamento. Atividades relacionadas à oferta de bens públicos puros e bens sociais deveriam ser financiadas por recursos tributários, enquanto as atividades produtivas em geral deveriam ter seus custos financiados com os recursos de suas vendas.

1.4.2 Ajustamento na distribuição da renda e da riqueza

Fatores como oportunidade educacional, mobilidade social, habilidade individual, mercado de trabalho, propriedades dos fatores de produção etc. levam, dentro de uma economia de livre mercado, a desigualdades na apropriação da renda e da riqueza gerada pelo sistema econômico. Assim, uma vez mais, o governo poderá utilizar seus diversos instrumentos para interferir neste processo, melhorando a distribuição da renda e da riqueza e criando oportunidade de ascensão social.

De maneira geral, os instrumentos de política fiscal são mais apropriados para tratarem dessa questão de forma mais eficaz.

Contribuem para melhoria na apropriação da renda um sistema de tributação com cargas mais elevadas para as camadas mais ricas da sociedade, um mecanismo adequado de transferências de renda pessoal e regional, subsídios e incentivos que diminuem o custo de acesso a certos bens e serviços, leis regulatórias de proteção a um salário mínimo de subsistência, proteção tarifária, além dos gastos públicos em atividades que permitam a utilização dos bens e serviços por uma camada da sociedade carente de recursos para obter esses bens no mercado privado.

O mercado funcionando livremente sem a interferência do governo não se preocupará com a concentração da renda e da riqueza, uma vez que as atividades econômicas alcancem seus objetivos, atingindo frações segmentadas da sociedade detentoras de recursos para suas compras. Assim, a possibilidade espontânea da desconcentração da renda torna-se ilusória. Dessa forma, um melhor ajustamento na distribuição da renda e da riqueza na sociedade só poderia ser feito por intermédio da participação do governo, já que somente ele pode compulsoriamente estabelecer mecanismos que de maneira efetiva contribuam para o combate às desigualdades.

1.4.3 Ajustamento visando à estabilização econômica

A função de estabilização do governo utiliza instrumentos macroeconômicos para manter certo nível de utilização de recursos e estabilizar o valor da moeda. Assim, essa função surge para assegurar um desejável nível de pleno emprego e estabilidade dos

Intervenção do Governo na Economia **23**

preços, que não são automaticamente controlados pelo sistema de mercado. Assim, quando a economia está num período de desemprego e/ou inflação, a função de estabilização do governo atua no sentido de minimizar esses problemas, procurando manter um nível tolerável de emprego e de estabilidade nos níveis de preços.

Quando o desemprego prevalece, o governo aumenta o nível de demanda no mercado, elevando seus gastos ou diminuindo seus tributos, recolocando a produção no pleno emprego. Por outro lado, se há inflação, o governo poder reduzir o nível da demanda no mercado, ajustando seus gastos e tributos, reduzindo assim o nível da demanda e preços.

1.5 INSTRUMENTOS DE POLÍTICAS DISPONÍVEIS AO GOVERNO

Para o exercício das funções mencionadas, o governo dispõe de um conjunto complexo de instrumentos de políticas que, dependendo de seu uso, poderá causar efeitos negativos e positivos nos diversos segmentos sociais, econômicos e políticos dos países.

Em geral, o uso desses instrumentos envolve questões relevantes que devem ser observadas tanto pelos administradores públicos que os utilizam quanto por aqueles que os analisam.

Dentre as questões mais relevantes pode-se destacar as seguintes:

→ Processo de escolha do instrumento a ser utilizado e da sua forma de uso.

Como será apresentado a seguir, o governo dispõe de um grande número de instrumentos a serem utilizados nas suas políticas e alguns deles podem gerar o mesmo efeito e serem ao mesmo tempo conflitantes.

Por exemplo, no combate à inflação o governo poderá elevar a taxa de juros ou diminuir a disponibilidade de moeda. Os dois afetam diretamente a demanda, reduzindo o poder de compra, mas causam impactos diferentes em outros segmentos da economia.

→ Necessidade de análises dos custos e dos benefícios decorrentes do instrumento usado e de sua forma de uso.

É um procedimento necessário ao processo de tomada de decisão que deverá avaliar os benefícios e os custos de cada instrumento, a fim de optar por aquele no qual prevaleçam os benefícios sobre os custos.

→ Interferências políticas naturais do processo de escolha.

O processo decisório nos governos é sempre complexo e influenciado por diferentes forças políticas. Tal característica interfere diretamente na escolha do instrumento, contribuindo para que ocorram situações nas quais haveria outra ou outras alternativas mais adequadas para tratar a escolha feita.

→ Dificuldades de compatibilização dos instrumentos.

Dado o grande número de instrumentos de política que o governo pode utilizar, torna-se difícil a compatibilização de todos em prol de um objetivo ou meta predeterminada. Por exemplo, como compatibilizar a tributação com a política de juros, de incentivos, de preços etc.

Em relação aos instrumentos de política econômica, pode-se utilizar um critério básico de agrupamento como o destacado a seguir, onde eles estão distribuídos em função de suas temáticas e objetivos característicos:

→ Instrumentos de política fiscal.

Além de tratar da questão financeira do governo, são utilizados também como importantes instrumentos de política econômica e social.

Enquadram-se nesse grupo:
- gastos governamentais;
- mecanismos de transferências de renda constitucionais ou voluntários;
- incentivos fiscais;
- incentivos financeiros;
- mecanismos de financiamento dos gastos governamentais.

→ Instrumentos de política monetária.

Referem-se, entre outras coisas, à política de financiamento através de crédito e de controle sobre a movimentação monetária no país.

Em relação a esse grupo pode-se destacar:
- controle sobre as taxas de juros;
- controle sobre mecanismos de crédito: modalidade, prazo etc.;
- controle sobre a quantidade de moeda em circulação na economia.

→ Instrumentos de política externa.

Referem-se ao controle e uso das variáveis que podem interferir nas relações econômicas do país com o exterior. Eles envolvem questões relacionadas com:
- controle sobre a taxa de câmbio;
- políticas de restrição ou incentivo à exportação de bens e serviços;
- políticas de incentivo à captação de recursos do exterior, seja através de financiamento, seja em investimentos produtivos.

→ Instrumentos de políticas de rendas.

Trata-se das mais diversas ações que podem ser tomadas pelo governo visando melhorar o acesso e/ou a elevação no nível de renda dos indivíduos na sociedade. Apesar de envolver um amplo leque de instrumentos específicos para esse objetivo, ele é, ainda, influenciado indiretamente por diversas outras ações tomadas pelo governo.

Como exemplos desses instrumentos pode-se destacar:
- políticas salariais;
- políticas de preços;
- políticas voltadas à geração de empregos;
- políticas tributárias;
- incentivos fiscais e creditícios;
- etc.

→ instrumentos de políticas setoriais

Também se constitui em um complexo conjunto de instrumentos que além de ser, por natureza, de difícil compatibilização, exige tratamento diferenciado em função das características dos setores e das atividades envolvidas nesse processo.

Esses instrumentos definem a forma pela qual o governo tratará os diversos segmentos econômicos produtivos na sociedade, envolvendo agropecuária, indústria e serviços.

No caso da agropecuária, o governo terá que definir como usar seus instrumentos para incentivar a produção agrícola e como serão tratadas as atividades da pecuária. Por exemplo, que o tratamento tributário será dado à soja, importante segmento exportador brasileiro, ao feijão, ao milho, ao arroz etc.

Situação semelhante ocorre na indústria. Por exemplo, quais os tratamentos tributário e financeiro serão dados aos diferentes segmentos industriais. O setor siderúrgico terá o mesmo tratamento que o setor automotivo, que o setor têxtil, que o setor alimentício etc.?

Em relação ao segmento de serviços, hoje gerador de mais de 60 % do Produto Interno Bruto (PIB), como serão tratados cada um de seus componentes como os bancos, o comércio, os serviços autônomos etc.

O fato é que, no que se refere ao governo, além das discussões sobre as razões que justificam sua participação na economia, a discussão sobre sua forma de atuação e sobre o uso dos seus diversos instrumentos de política envolve subjetividade e juízo de valor, que a torna tão ou mais complexa do que a primeira.

1.6 COMENTÁRIOS FINAIS

Este capítulo teve como objetivo destacar uma série de situações que mostram a incapacidade do sistema de mercado em atender os desejos e anseios de consumo dos indivíduos na sociedade. Essa "incapacidade" relaciona-se com o fato de haver interesses específicos das atividades cuja motivação visa exclusivamente à obtenção de maiores lucros. Dessa forma, o setor privado só criará benefícios à sociedade se for traduzido em maiores lucros para sua atividade. Assim, é de se esperar que o setor privado dificilmente atuará de outra maneira a não ser aquela que amplie sua rentabilidade.

O governo surge, então, como alternativa para criar mecanismos que redistribuam o fruto gerado pela atividade produtiva do país.

Assim, a atuação do governo só é justificada a partir do momento em que suas atividades melhorarem a qualidade de vida da população. Isso se obtém através das ofertas de serviços públicos básicos decentes, tais como saúde, educação, transporte, segurança, habitação etc., e mesmo através da atuação do governo em atividades produtivas que propiciem melhores salários e oportunidades de acesso ao consumo de produtos essenciais à população em quantidade e qualidade compatíveis com o nível mínimo de sobrevivência da sociedade.

A definição dos papéis e das atividades a serem desenvolvidas e/ou incentivadas pelo governo dependerá essencialmente da forma pela qual a sociedade se organiza social e politicamente. Em um regime social em que a população se organiza de forma desigual, a atuação do governo acaba por privilegiar as camadas mais bem organizadas que se fazem representar em todas as decisões do governo em assuntos de seu interesse.

Finalmente, o que se percebe é que, dadas as imperfeições existentes no sistema de produção, de distribuição da riqueza e no acesso aos bens essenciais, há uma série de justificativas para a intervenção e atuação do governo. Se houvesse uma justiça maior na distribuição das riquezas geradas pelas atividades produtivas, haveria uma necessidade cada vez menor da participação do governo. Como esse não é o caso, o governo acaba ampliando cada vez mais o seu leque de atividades. O limite dessa participação, a forma, os mecanismos de participação, os instrumentos de políticas utilizados, os benefícios gerados e sua apropriação pelas diversas camadas da sociedade serão fruto do processo de participação da população nas decisões e nos controles das ações governamentais.

BIBLIOGRAFIA BÁSICA

BAER, W. et al. As modificações no papel do estado na economia brasileira. *Pesquisa e Planejamento Econômico*, Rio de Janeiro, 1973.

BAUMOL, W. J. *Welfare economics and the theory of the state.* Cambridge: Massachusetts, Harvard University Press, 1952.

BUCHANAN, J. M. Politics withouth romance: a sketh of positive public choice theory and its normative implications. *HIS-Journal 3*, Viena, Áustria, 1979, p. 1-11.

FERGUSON, C. E. *Microeconomia*. 5. ed. Rio de Janeiro: Forense Universitária, 1983.

GEORGE, K. D.; SHOREY, J. *The allocation of resources theory and policy*. Londres: George Allen & Unwin, 1978.

HARTLE, D. G. The theory of rent seeking: some reflections. *Canadian Journal of Economics/Revue Canadienne d'Économie*, Canadá, Nov. 1983, XVI, n. 4.

HIRSH, J. Observações teóricas sobre o estado burguês e sua crise. In: POULANZAS, N. (Org.). *O estado em crise*. Rio de Janeiro: Graal, 1977.

KEYNES, J. M. *The general theory of employment, interest and money*. New York: Harcourt, Brace, 1936.

LAIDLER D. *Introduction to microeconomics*. Oxford: Phillip Allan Publishers, 1979.

LAYARD, P. R. G.; WALTERS, A. A. *Microeconomic theory*. New York: McGraw-Hill, 1978.

LIPSEY, R. G. *Positive economics*. 5. ed. Londres: Butler and Tanner, 1976.

LITTLE, I. M. D. *A critique of welfare economics*. 2. ed. Oxford: Oxford University Press, 1973.

MARSHALL, A. *Principles of economics*. 8. ed. Londres: Macmillan, 1930.

MUSGRAVE, R. A. *The theory of public finance*. New York: McGraw-Hill, 1958.

____; MUSGRAVE, P. B. *Public finance in theory and practice*. New York: McGraw-Hill, 1958.

NILL, J. S. *Principles of political economy*. Londres: W. J. Ashley, Longmans, Green, 1921.

O'CONNOOR, J. *A crise do estado capitalista*. Rio de Janeiro: Paz e Terra, 1977.

OFFE, C. Capitalismo avançado e welfare state. In: CARDOSO, F. H.; MARTINS, C. E. *Política e sociedade*. São Paulo: Cia. Editora Nacional, 1982, v. 2.

PIGOU, A. C. *A study on public finance*. Londres: Macmillan, 1928.

PRESTON, M. *Public goods and the public sector*. Londres: Macmillan, 1972.

PRZEORSKY, A. *Estado e economia no capitalismo*. Rio de Janeiro: Relume Dumará, 1995.

Revista *Quem É Quem*, 1987.

RICARDO, D. *Princípios da economia política e tributação*. Londres: R. M. Hartwell, Penguin Books, 1971.

SILVA, F. A. R. *A produção pública na economia brasileira*. Rio de Janeiro: Dados, 1978.

SMITH, A. *Investigação sobre a natureza e as causas da riqueza das nações*. Londres, 1776. (Republicado em 1961 por Methuen and Co.)

WALRAS, L. *Element of pure economics*. Londres: George Allen and Unwin, 1954.

Apêndice ao Capítulo 1
Processo de Intervenção do Governo na Economia Brasileira

INTRODUÇÃO

O processo de intervenção do governo na economia brasileira ocorre de forma gradativa pelo menos até o meado do século XX. Todo o envolvimento do governo nas atividades econômicas é feito, inicialmente, de forma bastante desordenada em função da própria estrutura econômica predominante no país nas suas várias etapas de crescimento.

Até o Governo de Getúlio Vargas as poucas investidas do governo nas atividades econômicas limitavam-se à concessão de favores e de empréstimos especiais que favorecessem e incentivassem algum setor industrial como forma de garantia de rentabilidade. Isso aconteceu, principalmente, em relação às indústrias estrangeiras ligadas à construção de ferrovias. O fato é que, até 1949, o governo federal controlava apenas 30 unidades, 12 das quais eram ligadas ao setor de energia elétrica, cinco pertenciam ao setor financeiro e seis eram ligadas ao setor de transporte. No setor industrial, havia apenas seis unidades, sendo duas da área siderúrgica (Cia. Siderúrgica Nacional e Cia. Aços Especiais Itabira), uma da indústria química (Cia. Nacional de Álcalis), uma ligada à mineração (Cia. Vale do Rio Doce), uma ao ramo automotivo (a Fábrica Nacional de Motores) e uma ligada à gráfica (a Empresa Nacional). Além dessas unidades, havia também outras 40 empresas ligadas aos governos estaduais. A partir de 1950 há uma completa alteração na política econômica do país, e na década de 1970 o setor público contava mais de 567 unidades.[14]

A.1 ETAPAS DE INTERVENÇÃO DO GOVERNO

Até Getúlio Vargas, o governo foi relativamente não intervencionista nos assuntos econômicos. A explicação básica desse fato se deve sobretudo à própria estrutura econômica do país. No início do século XX, a economia brasileira era voltada única e exclusivamente para o comércio exterior, principalmente para a produção e exportação de café. Dessa forma, a estrutura tributária do país era extremamente simples e se

---

[14] Para mais detalhes veja REZENDE, F. A. *A produção pública na economia brasileira*. Rio de Janeiro: Dados, 1978, n. 18, p. 83-100; e BAER, W.; KEISTENETZKY I.; VILLELA, A. V. As modificações no papel do Estado na economia brasileira. *Pesquisa e Planejamento Econômico*, v. 3, n. 4, 1973.

preocupava apenas com os impostos de exportação e importação. Por esse mecanismo, o governo formulava toda sua política de participação na atividade econômica através da prática de concessão de favores e incentivos às empresas nascentes. A participação direta do governo na atividade econômica se concentrava no setor financeiro, como no caso do Banco do Brasil e da Caixa Econômica. Nos primeiros 30 anos do século XX, a atuação do governo se limitou, portanto, aos seguintes fatores mais relevantes:

- por meio dos impostos do comércio exterior, que eram a base tributária do país, o governo estabeleceu uma política de isenções e concessões para beneficiar as indústrias nascentes;
- o setor financeiro do Estado, inicialmente com o Banco do Brasil e posteriormente com os bancos estaduais, atuava única e exclusivamente com o objetivo de ajudar o setor agrícola, que era a atividade econômica básica do país;
- a intervenção mais direta do governo no comércio exterior ocorreu por pressão dos estados produtores de café (São Paulo, Minas Gerais e Rio de Janeiro) que, a fim de minimizar a crise do setor cafeeiro, assinaram o Convênio de Taubaté, que estabelecia políticas de controle de produção e de preços mínimos;
- finalmente, a necessidade de se criarem condições favoráveis para a exportação fez com que o governo procurasse implantar e expandir os meios de transporte. Como a maioria das ferrovias não era lucrativa, começou a haver um grande desinteresse do setor privado nessa área (que era predominantemente estrangeira). Assim, dá-se início no país o processo de nacionalização/estatização.

A crise do setor cafeeiro e a depressão mundial no final dos anos 1920/30 fizeram com que acendesse no país a chama da industrialização. Na realidade, esses dois episódios dão início ao processo de substituição das importações, e o Estado começa a expandir e mudar seu papel na economia do país. Através da criação de autarquias e institutos, o governo amplia sua intervenção no setor açucareiro, pesca, pinho etc. Através de acordo com os produtores, estabelecem-se regras de controle de produção e preços e esquemas de financiamento para a construção de armazéns. Nessa época, cria-se também o primeiro mecanismo efetivo de controle de preços com a fixação das tarifas de eletricidade.

Nesse período, o que se observou foi que o interesse pelo crescimento e pela diversificação econômica era muito maior por parte do governo do que pelo próprio setor privado. Isso é evidente quando se analisam as ações do governo e percebe-se que ele criou uma série de mecanismos de proteção e de financiamento ao setor privado. Cria-se nessa época, por exemplo, uma carteira de crédito agrícola no Banco do Brasil, cujo objetivo era fornecer financiamentos de longo prazo aos estabelecimentos industriais.

Dois episódios, porém, marcaram o envolvimento mais direto do governo na economia do país nesse período. O primeiro refere-se à criação do Conselho Federal do Comércio Exterior, composto pelas principais expressões econômicas da época, que procuravam traçar medidas de políticas econômicas visando à intensificação do comércio exterior e ao desenvolvimento industrial do país. O segundo episódio que marca definitivamente a intervenção ou a participação direta do governo na economia foi a criação da Cia. Siderúrgica Nacional. Dada a importância desse setor para o processo de substituição de importação, o governo se viu obrigado a investir nesse programa. Isso porque, embora ela compusesse a infraestrutura básica do processo de industrialização que se pretendia para o país, não houve na época interesse do capital privado em investir em um empreendimento de grandes riscos e que demandava um volume considerável de recursos financeiros. Assim, com esse episódio o governo marca, de fato, o início do processo de participação na atividade econômica do país.

Após a Segunda Guerra Mundial, a atuação do governo voltava-se principalmente para atividades que resguardassem a segurança nacional. A criação da Fábrica Nacional de Motores (FNM), em 1943, é um exemplo disso, já que era seu objetivo tentar garantir ao país a produção e a manutenção de máquinas e motores que haviam se escasseado com o advento da Segunda Guerra Mundial. Além disso, o governo criou também a Cia. Nacional da Álcalis e a Cia. Vale do Rio Doce. A primeira tinha por objetivo garantir a oferta de barrilha que era extremamente importante dentro do processo industrial da época. A segunda visava, sobretudo, à soberania nacional sobre a produção e a comercialização de minério de ferro. A Cia. Vale do Doce tornou-se a empresa que, ainda hoje, embora não mais de propriedade do governo, domina a produção e a exportação do minério de ferro no país, principalmente mediante suas atividades em Carajás.

O processo de intervenção do governo na economia brasileira toma pulso, de fato, após o surto de industrialização dos anos 1950 e 1960. A necessidade de criar mecanismos de financiamento para novos empreendimentos industriais dá origem à criação do BNDE (Banco Nacional de Desenvolvimento Econômico). Esse banco tinha por objetivo inicial fornecer recursos ao setor privado que não dispunha de capital financeiro suficiente capaz de satisfazer à demanda por volumosos investimentos que algumas atividades de infraestrutura básica exigiam. Dessa forma, com a criação do Banco de Desenvolvimento, o governo procura suprir a falta de recursos financeiros de um país economicamente atrasado em relação aos avanços já alcançados pela economia europeia. Dessa forma, o BNDE cumpre um papel importante que foi o de financiar o suprimento da infraestrutura econômica básica no país. Por meio desse mecanismo, há uma considerável expansão da indústria siderúrgica brasileira, que era de extrema importância dentro do programa de industrialização do país. Devido à incapacidade do setor privado em alocar recursos nessas atividades, há um envolvimento cada vez maior do governo nesse processo. A criação da Usiminas e da Cosipa marca também a ampliação do setor público na área siderúrgica, já com uma nova característica, que foi o envolvimento maior também dos governos estaduais.

O objetivo de garantir o abastecimento interno de petróleo e as ideias nacionalistas prevalecentes na época fez com que o governo criasse, em 1953, a Petrobras. A Petrobras passa então a ter o monopólio da exploração do petróleo e com isso o governo criou uma barreira para evitar que os recursos não substituíveis do subsolo fossem explorados por companhias estrangeiras.

A preocupação de criar infraestrutura básica para o processo de industrialização deu espaço para que o governo expandisse suas atividades, sobretudo nas áreas financeiras e de utilidade pública. Além do BNDE, criou-se também, na década de 1950, o Banco do Nordeste do Brasil, expandiam-se o Banco do Brasil, o Banco do Estado de São Paulo, o de Minas Gerais e outros. O controle e a ampliação de atividades de serviços de utilidade pública tornam-se também cada vez mais significativos. O mecanismo de controle de preços dos serviços de utilidade pública fez com que o governo interviesse cada vez mais nesses setores, e, gradualmente, a geração e distribuição de energia elétrica, o transporte público e as telecomunicações se incorporaram às atividades básicas do governo, através das Centrais Elétricas do São Francisco (Chesf), das Centrais Elétricas de Minas Gerais (Cemig), da Cia. Energética de São Paulo (Cesp), da Cia. de Eletricidade da Bahia (Coelba), de Furnas e outras de menor porte. Com essas companhias, o governo praticamente monopoliza o setor de energia e passa a exercer um forte controle sobre seus preços. Além disso, dá-se também início à expansão das atividades das próprias empresas estatais. A CVRD, por sua vez, amplia sua ação e passa a controlar cerca de 24 empresas nas atividades de reflorestamento, papel e celulose, fertilizante e transporte. A Petrobras, por outro lado, expandiu as atividades nas suas áreas básicas, criando uma subsidiária na área de petroquímica (Petroquisa) e a Braspetro, a fim de participar na área de prospecção e assistência técnica no mercado internacional.[15]

A criação do Conselho Interministerial de Preços (CIP), em 1968, surge como uma tentativa de se adotar um mecanismo de controle e de combate à inflação. Com esse conselho, o governo passa a controlar o preço de setores-chave da economia.

O processo da intervenção do governo na economia se faz presente não somente pelas atuações diretas no setor produtivo, mas também por meio do sistema fiscal, do Banco do Brasil e do Banco Central, que começam a exercer rígidos controles sobre o crédito, através dos bancos estaduais de crédito e de desenvolvimento e de uma série de órgãos da administração indireta que ampliam significativamente as atividades do governo. Tal fato faz com que aumentem substancialmente os gastos do governo. Excluídas as atividades das empresas governamentais, os gastos do governo em relação ao PIB aumentam de menos de 10 %, no início do século XX, para mais de 30 % nas décadas de 1970/1980.

De maneira geral, o que se percebe hoje é um envolvimento do governo na economia brasileira extremamente complexo e abrangente. Esse processo de intervenção teve seu ponto máximo de envolvimento após a revolução de 1964. Dentro do modelo econômico implantado, o estado passa a exercer um papel-chave dentro do processo de crescimento. Ele se torna a mola propulsora do crescimento, assumindo para si a responsabilidade de desenvolver uma série de projetos, cujo montante de recursos financeiros necessários estava aquém da capacidade do setor privado. Com isso, o estado brasileiro, além de ter um envolvimento grande na área financeira, de crédito, de controle de preços e de prestações de serviços públicos básicos (saúde, educação, saneamento etc.), se envolve também, na década de 1970, prioritariamente na atividade produtiva. Nesse período, a atividade produtiva do setor público brasileiro era composta pelos seguintes segmentos básicos: Petrobras (petróleo), Cia. Vale do Rio Doce (minério), Siderbras *(holding* que controla todas as siderúrgicas governamentais produtoras de aço), Eletrobras (eletricidade), Telebras (telecomunicações), Rede Ferroviária Federal (ferrovia), Portobras (portos) e Nuclebras (energia nuclear). Esses setores são responsáveis hoje por 75 % do orçamento das estatais. De acordo com as informações disponíveis da Secretaria de Controle das Estatais, existiam, em 1984, aproximadamente 317 empresas estatais no Brasil; desse total, 62 % tinham suas atividades voltadas para o setor produtivo. Os 38 % restantes compõem os órgãos da administração indireta do governo e exercem funções típicas, tais como as universidades federais, a Previdência Social, o Departamento Nacional de Estradas de Rodagem etc.

---

[15] REZENDE, F. A. Op. cit. p. 86.

A.1.1 Processo das privatizações

Na década de 1980, iniciou-se, principalmente na Inglaterra e nos Estados Unidos, um processo de privatização das empresas públicas que foi seguido por diversos outros países.

Esse processo consubstancia uma tomada de decisão política em cada nação e, por essa razão, nem sempre baseada em avaliações técnicas ou teóricas. Essa decisão envolve também uma série de outros elementos, inclusive o nível de soberania ou de dependência entre países, que, dependendo da situação, poderá sofrer ingerências externas em seu processo decisório.

No caso específico do Brasil, a ideia da privatização inicia-se no começo da década de 1990, e foi um ponto marcante no período recente, em que o PSDB esteve à frente da administração do governo brasileiro.

Ao observar o fluxo de privatizações ocorridos no país nesse período, percebe-se que esse processo deveria ser mais discutido com a sociedade e deveria buscar de forma mais incisiva a verdadeira vontade popular. Isso porque uma avaliação crítica do processo de privatização no Brasil deixa dúvidas em relação a todo o processo de vendas das empresas públicas, principalmente sobre os efetivos benefícios trazidos à sociedade brasileira. Além disso, como mostram as relações das empresas privatizadas nas Tabelas A.1 e A.2, pode-se perceber que os setores privatizados, além de serem extremamente rentáveis, constituem-se em serviços essenciais e estratégicos para o país. Na relação apresentada pelos estados, nota-se que o país, com as privatizações, transferiu quase todo o setor elétrico para o setor privado.

De acordo com o Boletim do Banco Central de 1999, de 1991 até o final de 1999, o programa de privatização brasileiro gerou cerca de R$ 72 bilhões, sendo

Tabela A.1 Programa nacional de desestatização

Discriminação	1993	1994	1995	1996	1997	1998	1999
Empresas Privatizadas	6	9	8	11	4	7	2
Setor siderúrgico	3	0	0	0	0	0	0
Sistema petroquisa	2	6	7	5	0	0	0
Fertilizantes	1	1	0	0	0	0	0
Setor elétrico	0	0	1	1	0	1	0
Setor ferroviário	0	0	0	5	1	1	0
Outros*	0	2	0	0	3	5	2
Receitas (US$ milhões)	3.027	620	1.123	4.231	3.955	1.656	554
Setor siderúrgico	2.680	0	0	0	0	0	0
Sistema petroquisa	141	411	604	212	0	0	0
Fertilizantes	206	11	0	0	0	0	0
Setor elétrico	0	0	519	2.509	0	880	0
Setor ferroviário	0	0	0	1.477	15	206	0
Participações minoritárias	0	0	0	33	190	421	62
Outros	0	198	0	0	3.790	149	492
Passivos transferidos aos compradores (US$ milhões)	1.561	349	624	670	3.559	1.082	0
Setor siderúrgico	1.539	0	0	0	0	0	0
Sistema petroquisa	2	84	622	84	0	0	0
Fertilizantes	20	2	0	0	0	0	0
Setor elétrico	0	0	2	586	0	1.082	0
Setor ferroviário	0	0	0	0	0	0	0
Outros	0	263	0	0	3.559	0	0

Fonte: BNDES – Boletim do Banco Central, 1999.
* Inclui concessões de empresas-espelho de telecomunicações e ofertas aos empregados de ações do Sistema Telebras.

Intervenção do Governo na Economia **33**

R$ 47 bilhões de empresas federais e R$ 25 bilhões de empresas estaduais. Agregando-se a esses valores os débitos das empresas privatizadas, o total atingiu R$ 89,7 bilhões. Esses valores representam uma média anual de R$ 9,8 bilhões, e o montante equivale mais ou menos ao total dos juros da dívida pública pago apenas no ano de 1999.[16]

O número e os setores das empresas estatais privatizadas pelo governo federal no período de 1993 a 1999 e pelos estados no período de 1996/1999 estão destacados na Tabela A.1 e na Tabela A.2, respectivamente.

Tabela A.2 Programas estaduais de desestatização — Empresas privatizadas — 1996/1999 (US$ milhões)

Empresas Privatizadas	Setor	Estado	Ano	Preço de Venda	Dívida Transferida
Cerj	Elétrico	RJ	1996	587	364
Ferroeste	Ferroviário	PR	1996	25	–
Part. minoritárias				794	–
Banerj	Financeiro	RJ	1997	289	–
Riogás	Gás	RJ	1997	146	–
CEG	Gás	RJ	1997	430	–
Coelba	Elétrico	BA	1997	1.598	213
Credireal	Financeiro	MG	1997	112	–
Cachoeira Dourada	Elétrico	GO	1997	714	140
CEEE-CO	Elétrico	RS	1997	1.372	64
CEE-N/NE	Elétrico	RS	1997	1.486	149
CPFL	Elétrico	SP	1997	2.731	102
Enersul	Elétrico	MS	1997	565	218
Cia. União Seg. Gerais	Seguros	MS	1997	45	–
Cemat	Elétrico	MT	1997	353	461
Energipe	Elétrico	SE	1997	520	40
Cosern	Elétrico	RN	1997	606	112
Metrô Rio de Janeiro	Transporte	RJ	1997	262	–
Part. minoritárias				2.388	–
Conerj	Transporte	RJ	1998	29	–
Coelce	Elétrico	CE	1998	868	378
Eletropaulo Metropolitana	Elétrico	SP	1998	1.777	1.241
CRT	Telecomunicações	RS	1998	1.018	822
Celpa	Elétrico	PA	1998	388	116
Flumitrens	Transporte	RJ	1998	240	–
Elektro	Elétrico	SP	1998	1.273	428
Bemge	Financeiro	MG	1998	494	–
EBE – Empresa Bandeirante de Energia	Elétrico	SP	1998	860	375
Terminal Garagem M. Côrtes	Transporte	RJ	1998	67	–
Bandepe	Financeiro	PE	1998	153	–
Part. minoritárias				330	–
Comgás	Gás	SP	1999	988	88
Baneb	Financeiro	BA	1999	147	–
Cesp – Paranapanema	Elétrico	SP	1999	682	482
Cesp – Tietê	Elétrico	SP	1999	472	–
Gás Noroeste	Gás	SP	1999	143	–
Part. minoritárias				216	–
Total				**25.168**	**6.461**

Fonte: BNDES, Relatório do Banco Central, 1999, p. 104.

---

[16]BACEN. *Relatório Anual*, 1999, p. 102.

O processo de privatização no Brasil teve início no governo de Fernando Collor de Mello e foi intensificado nos dois governos do então presidente da república Fernando Henrique Cardoso, do PSDB.

Itamar Franco, substituto do ex-presidente Fernando Collor de Mello após o processo de *impeachment*, não via a privatização com muito entusiasmo, desacelerou esse processo no período de seu governo que, apesar disso, ainda privatizou a Companhia Siderúrgica Nacional (CSN) e a Embraer, que era o modelo da indústria aeronáutica brasileira.

A Tabela A.3 destaca a movimentação do processo de privatização no Brasil no período de 1990/1994.

Nesse período foram privatizadas 33 empresas, gerando um volume de recursos equivalente a US$ 11,9 bilhões. A Tabela A.3 mostra também que o processo de privatização se deu em áreas de suma importância à infraestrutura produtiva brasileira, mais especificamente os setores siderúrgico e petroquímico.

Tabela A.3 Brasil — Resultado das vendas das privatizações por setor — 1990/1994 (US$ milhões)

Setores	Número de Empresas	Receita das Vendas	Dívida Transferida	Total
Siderúrgico	8	5.562	2.625	8.167
Petroquímico	15	1.882	296	2.178
Fertilizantes	5	418	75	493
Outros	4	350	269	619
Decreto 1.068	-	396	-	396
Total	**33**	**8.608**	**3.266**	**11.874**

Fonte: 50 Anos BNDES – 1990/1992 – julho-2002.

É importante avaliar também a composição do conjunto dos investidores nesse processo. No período de 1990/1994, o investidor estrangeiro teve participação de apenas 5 % no total das privatizações realizadas no período, como mostra a Tabela A.4.

Tabela A.4 Brasil — Resultado das vendas das privatizações por investidor — 1990/1994 (US$ milhões)

Tipo de Investidor	Receita das Vendas	%
Empresas Nacionais	3.116	36
Instituições Financeiras	2.200	25
Pessoas Físicas	1.701	20
Fundos de Pensão	1.193	14
Investidor Estrangeiro	398	5
Total	**8.608**	**100**

Fonte: 50 Anos BNDES – 1990/1992 – julho-2002.

A partir de 1995, com o início do governo de Fernando Henrique Cardoso, priorizou-se o processo de privatização como política de governo.

Muitas dessas privatizações são questionadas ainda hoje, tanto nos aspectos relacionados à necessidade e às conveniências das privatizações realizadas quanto ao processo financeiro das privatizações.

Intervenção do Governo na Economia 35

O fato é que, no governo de FHC, a privatização foi intensificada e envolveu uma série de empresas e atividades cujos setores e valores realizados estão descritos na Tabela A.5.

Chama a atenção a privatização de setores estratégicos importantes priorizados pelo governo nesse período. Pela Tabela A.5, percebe-se a intensidade da participação do setor elétrico, das telecomunicações e da mineração. A Cia. Vale do Rio Doce, que se constituía e ainda se apresenta como uma das maiores empresas produtoras e exportadoras de minério de ferro do mundo, teve um processo de valorização para privatização bastante obscuro e confuso, e tudo leva a crer ter havido subestimação do seu valor de venda à época.

Tabela A.5 Brasil — Resultado das vendas das privatizações por setor — 1995/2002 (US$ milhões)

Setores	Receita das Vendas	Dívida Transferida	Resultado Total
Indústria	**10.852**	**4.265**	**15.117**
Petroquímica	816	706	1.522
Petróleo	4.840	0	4.840
Mineração	5.196	3.559	8.755
Infraestrutura/serviços	**63.281**	**10.545**	**73.826**
Financeiro	6.329	0	6.329
Elétrico	22.238	7.510	29.748
Transporte	2.321	0	2.321
Portuário	421	0	421
Gás/Saneamento	2.111	88	2.199
Telecomunicações	29.811	2.947	32.758
Informática	50	0	50
Participações minoritárias	**4.481**	**0**	**4.481**
Decreto 1.068	753	0	753
Estaduais	3.728	0	3.728
Total	**78.614**	**14.810**	**93.424**

Fonte: 50 Anos BNDES - 1990/1992 - julho-2002.

Outro fato marcante nesse novo período das privatizações refere-se ao aumento na participação do investidor estrangeiro. Pela Tabela A.6 nota-se que o investidor estrangeiro teve participação relativa de 53 % nas privatizações realizadas entre 1995/2002, ante os 5 % do período anterior (Tabela A.4).

Ainda nesse período de administração do PSDB, alguns governadores aliados ao governo federal também desenvolveram um significativo processo de privatização, principalmente na área dos bancos estaduais, como Banerj, Banespa e Bemge, dentre outros.

Na área dos transportes houve, no período, um total desmonte das estatais ferroviárias, com o prejuízo de ter, entre outras coisas, o transporte ferroviário de longa distância.

Na gestão do presidente Luiz Inácio Lula da Silva, o programa de privatização deu grande ênfase à concessão de estradas federais à iniciativa privada. Os parâmetros para essas concessões passaram a ter maior conotação social, sendo concedidas às empresas que apresentassem menor preço para o pedágio.

As Parcerias Público-Privadas caracterizaram o programa de privatização do governo da presidenta Dilma Rousseff, mantendo o enfoque de prioridades às tarifas sociais incorporadas ao processo de licitação.

Tabela A.6 Brasil — Resultado das vendas das privatizações por investidor — 1995/2002 (US$ milhões)

Tipo de Investidor	Receita das Vendas	%
Investidor Estrangeiro	41.737	53
Empresas Nacionais	20.777	26
Setor Financeiro Nacional	5.158	7
Pessoas Físicas	6.316	8
Entidades de Previdência Privada	4.626	6
Total	**78.614**	**100**

Fonte: 50 Anos BNDES – 1990/1992 – julho-2002.

O governo Dilma Rousseff tem tido grande concentração de privatização nos transportes aeroviários, passando a iniciativa privada a administração dos Aeroportos de Guarulhos, Viracopos, Galeão e Confins.

A relação da quantidade de elementos privatizados e a lista deles no período de 1991 a 2013 estão destacadas na Tabela A.7.

Tabela A.7 Brasil — Privatizações por governo — 1991/2013

Presidentes	Quantidade	Setores/Atividades
Fernando Collor de Mello	12 Empresas	Usiminas, Mafersa, Celma Cosinor, SNBP, AFP Petrofelx, Copesul, Alcanorte, CNA, CST e Fosfértil
Itamar Franco	9 Empresas 1 Concessão rodoviária	Goiasfértil, Acesita, CSN, Ultrafértil, Cosipa, Acominas, PQV, Caraíba, Embraer e Ponte Rio-Niterói
Fernando Henrique Cardoso	10 Empresas 5 Concessões rodoviárias 7 Concessões ferroviárias	Escelsa, Via Dutra, BR-040 (J. Fora-Rio de Janeiro), BR-116 (Além Paraíba-Teresópolis), Light, Malhas da Rede Ferroviária Federal, Vale do Rio Doce, Banco Meridional, BR-290 (Osório-PA), Malha NE da Rede Ferroviária Federal, Telebras, Gerasul, BR-116 (RS), Malha Paulista da Rede Ferroviária Federal, Datamec, Banespa, Banco do Estado de Goiás, Banco do Estado do Amazonas
Luiz Inácio Lula da Silva	2 Empresas 8 Concessões rodoviárias	Banco do Estado do Maranhão e do Ceará, Rodovia Régis Bittencourt, dois trechos da BR-116, Rod. Fernão Dias, BR-101 (RJ-Nordeste), Rodovia Transbrasiliana, Rodovia do Aço e BR-116 (BH)
Dilma Rousseff	2 Concessões rodoviárias 5 Concessões de aeroportos	BR-101 (ES), BR-050 (MG-Goiás), Aeroporto de Cumbica, Aeroporto Viracopos, Aeroporto Juscelino Kubitscheck, Aeroporto do Galeão e Aeroporto de Confins

Fonte: www.folha.uol.com.br.

Finalmente, o Gráfico A.1 demonstra a evolução anual das receitas das privatizações no período de 1991 a 2002, onde fica evidente a prioridade dada a esse processo no governo de FHC.

Gráfico A.1 Brasil — Evolução anual das receitas das privatizações — 1991/2002 (US$ bilhões)

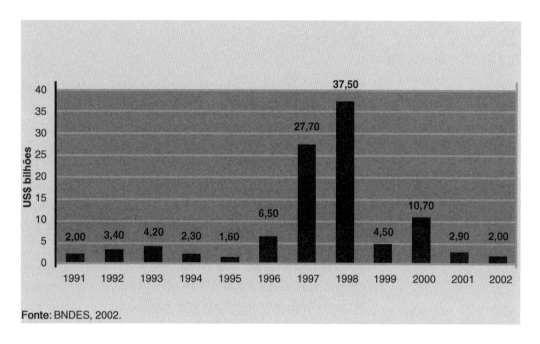

Fonte: BNDES, 2002.

Levando-se em consideração o período de 1990 a 2013, as receitas das privatizações à época da gestão de FHC corresponderam a 87,7 % do valor total das vendas das privatizações.

A estimativa é a de que, nesse período, o governo tenha recebido US$ 78,6 bilhões. O argumento básico desse processo era o de que o recurso seria utilizado no pagamento da dívida pública. Tal argumento era falacioso na medida em que o estoque da dívida era superior a esse montante, e o seu montante, que era de R$ 60 bilhões em 1994, já atingia R$ 245 bilhões em 1998.

O resultado das vendas das privatizações no período de 1990 a 2013 está destacado nas informações que compõem a Tabela A.8.

Tabela A.8 Resultado das vendas das privatizações — Atualizado em 5/11/2011 (US$ milhões)

Setores	Receita das Vendas	Dívidas Transferidas	Resultado Total
Desestatizações Federais	59.980,50	11.326,40	71.306,60
Empresas de Telecomunicações	29.049,50	2.125,00	31.174,50
Privatizações	30.824,20	9.201,40	40.025,60
Concessões	106,50	-	106,50
Privatizações Estaduais	27.948,80	6.750,20	34.699,00
Total	87.929,30	18.076,60	106.005,60

Fonte: BNDES.

O resultado total das vendas das privatizações alcançou, entre 1990 e 2013, o montante de R$ 106.005,60. Desse montante, conforme destacado no parágrafo anterior, 87,7 % foram realizados no período do governo FHC.

Setorialmente, os dados da Tabela A.9 revelam o peso das telecomunicações e da energia no processo recente de privatização no Brasil. Do total apurado nas vendas, 32 % foram originários das privatizações nas telecomunicações e 30 % no setor de energia, perfazendo um total de 62 % apenas nesses dois setores.

A.1.2 Situação atual

Apesar do processo de privatização mencionado, as tabelas seguintes mostram dois pontos importantes: o primeiro é que, apesar da privatização, o governo brasileiro ainda é responsável por um conjunto de atividades-chave e básicas aos processos de sustentação da economia, principalmente no que se refere à geração de energia; o segundo ponto relevante refere-se ao fato de que boa parte das empresas privatizadas pelo governo brasileiro continua despontando como as mais importantes do país em qualquer *ranking* que se apresente. Tal fato merece uma reflexão para avaliar se o processo de privatização trouxe benefícios efetivos para a sociedade brasileira ou apenas os privatizou.

As informações que compõem as tabelas seguintes foram extraídas da revista *Exame*[17] que destaca indicadores das 50 maiores empresas privadas e públicas em 2013. Através delas, perceber-se-á que, mesmo com as privatizações, o governo ainda detém um conjunto razoável de empresas que desenvolvem importantes papéis na infraestrutura do país, principalmente na geração de energia.

Inicialmente, a Tabela A.9 apresenta a relação das 50 maiores empresas estatais em volume de vendas, existentes em 2013, destacando os setores nos quais elas atuam, o volume de suas vendas, o lucro líquido e o valor de seu patrimônio líquido.

No conjunto destacado na Tabela A.9 percebe-se predominância da atuação das empresas estatais na área de geração de energia, seguido pelo setor de serviços. As demais empresas têm suas atividades distribuídas nos setores de química e petroquímica, indústria digital e transportes.

Tal distribuição serve para mostrar que a atuação do governo vem se concentrando em atividades básicas de infraestrutura, importantes para o país e com pouca participação do setor privado.

---

[17] *Exame*. Melhores e Maiores – Ed. Abril, Junho-2014.

Intervenção do Governo na Economia

Tabela A.9 As 50 maiores empresas estatais no Brasil — 2013

Empresas	Setor	Vendas	Lucro*	Patrimônio*
		\multicolumn{3}{c}{US$ milhões}		
Petrobras	Energia	104.250,8	10.906,1	155.238,9
BR Distribuidora	Atacado	38.021,8	830,0	5.163,3
ECT	Serviços	6.496,1	95,3	1.601,4
Sabesp	Serviços	4.969,0	1.024,8	5.926,5
Cemig Distribuição	Energia	4.042,6	207,1	1.100,8
Itaipu Binacional	Energia	3.800,4	NI	NI
Copel	Energia	2.617,9	-63,8	1.470,3
TAG	Energia	2.572,8	792,2	3.587,2
Transpetro	Transporte	2.568,4	408,4	2.146,6
Cemig GT	Transporte	2.296,7	792,6	1.720,8
Celesc	Energia	2.099,1	48,6	662,4
Eletronorte	Energia	2.015,7	500,8	5.240,9
Furnas	Energia	1.884,8	-445,5	4.878,0
Chesf	Energia	1.799,8	-371,6	4.857,9
Cesp	Energia	1.714,4	5,1	4.241,8
Copasa MG	Energia	1.631,3	213,6	2.399,6
Cedae	Serviços	1.554,3	221,7	2.302,2
Infraero	Serviços	1.331,1	-1.147,3	-356,6
Celg	Serviços	1.312,3	25,1	-429,6
Casa da Moeda	Energia	1.300,2	327,0	790,9
Liquigás	Diversos	1.272,9	8,9	380,5
Eletrobras	Energia	1.247,2	-3.779,1	25.825,4
Copel GET	Energia	1.194,7	437,0	3.018,5
Eletrobras Amazonas	Energia	1.190,7	-579,8	-1.513,4
Embasa	Energia	1.075,0	31,3	2.152,9
Sanepar	Serviços	1.040,8	214,4	1.615,4
CEEE	Serviços	994,1	-100,2	201,0
Metrô-SP	Energia	878,2	-12,1	9.100,6
CPTM	Transporte	864,7	-111,0	3.565,4
Corsan	Transporte	795,8	95,1	493,5
Eletronuclear	Serviços	754,4	-249,7	2.646,4
Serpro	Energia	736,5	13,9	463,4
Bahiagás	Ind. Digital	722,7	49,2	196,4
Compesa - PE	Energia	712,4	45,3	1.527,7
Saneago GO	Serviços	687,5	25,1	1.059,6
CEB Distribuição	Serviços	678,8	-56,1	108,3
Innova	Química e Petroquímica	625,5	74,2	253,7
Caesb	Serviços	534,0	44,0	477,2
Comlurb	Serviços	528,8	6,6	-158,4
Gasmig - MG	Serviços	528,3	60,5	404,0
Eletrobras - Rondônia	Energia	470,6	-132,2	-76,7
Eletrobras Distribuição PI	Energia	447,4	-181,5	-89,2
Dataprev	Energia	444,2	74,2	292,7
HCPA - RS	Ind. Digital	437,4	6,0	203,0
Eletrosul	Serviços	414,5	70,1	2.380,9
Eletrobras Distribuição AL	Energia	404,6	-57,3	- 6,6
Cagece - CE	Energia	384,9	32,5	755,8
Petrobras Biocombustível	Serviços	365,7	-172,3	907,3
Terracap - DF	Energia	363,4	NI	NI
Codevasf - DF	Serviços	354,0	-135,5	381,5
Total		**209.429,2**	**10.091,7**	**259.110,1**

Fonte: *Exame.* Melhores e Maiores, As 1.000 Maiores Empresas do Brasil, ed. abril, julho 2014.
* Valores ajustados.
NI - Não informou.

No total essas 50 maiores empresas estatais brasileiras geraram um montante de vendas equivalente a US$ 209 bilhões, com destaque para a Petrobras e a BR Distribuidora que, no conjunto, foram responsáveis por 67 % das vendas realizadas.

Os dados mostram, ainda, o significativo peso relativo dessas duas empresas quando se considera o valor do patrimônio líquido e dos resultados.

Os gráficos a seguir destacam duas outras informações relevantes sobre as empresas estatais. O Gráfico A.2 mostra o peso relativo das empresas estatais, das empresas nacionais e das estrangeiras no total das 500 maiores empresas situadas no Brasil.

Gráfico A.2   Brasil — Nº de empresas entre as 500 maiores — 2013

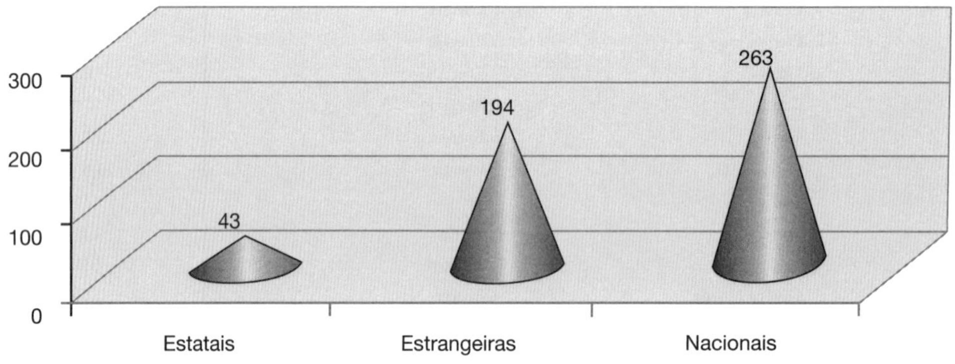

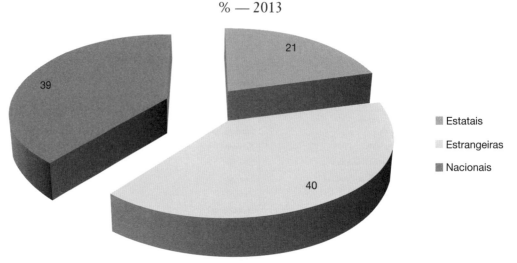

Fonte: *Exame*, edição especial — junho/2014, p. 72.

Por outro lado, os dados do Gráfico A.3 apresentam o peso relativo dessas empresas no total das vendas realizadas em 2013.

Gráfico A.3   Brasil — Participação nas vendas das 500 maiores empresas — % — 2013

Fonte: *Exame*, edição especial — junho/2014, p. 72.

Os dados do Gráfico A.3 mostram que as empresas estatais, que compõem o quadro das 500 maiores empresas no Brasil, foram responsáveis por um volume de vendas equivalente a 21 % do total realizados por essas empresas.

As informações constantes das tabelas seguintes destacam a posição relativa das empresas estatais no *ranking* das 20 maiores empresas no que se refere a geração de empregos, pagamento de tributos, patrimônio líquido e pagamento de salários.

A posição das empresas estatais em relação ao número de empregados em 2011, entre as 20 maiores empresas empregadoras do país, é mostrada na Tabela A.10.

Tabela A.10 Empresas entre as 20 maiores empregadoras no Brasil em 2011

Empresa	Setor	Controle	Empregados
Construtora Odebrecht	Ind. construção	Brasileiro	125.750
ECT	Serviços	Estatal	125.420
BRF	Bens de consumo	Brasileiro	105.956
Construtora OAS	Ind. construção	Brasileiro	98.125
Atento	Serviços	Espanhol	88.000
Via Varejo	Varejo	Brasileiro	67.590
GPA	Varejo	Francês	66.191
Petrobras	Energia	Estatal	62.692
Vale	Mineração	Brasileiro	50.985
Prosegur	Transporte	Espanhol	48.301
McDonald's	Varejo	Argentino	43.895
GR	Serviços	Inglês	39.311
BRF/Sadia	Bens de consumo	Brasileiro	37.637
SPDM	Serviços	Brasileiro	33.078
Cencosud Brasil	Varejo	Chileno	30.509
Tivit	Serviços	Americano	28.476
Grendene	Têxtil	Brasileiro	28.039
Raízen Energia	Energia	Bras.-Anglo-Hol.	24.060
Lojas Riachuelo	Varejo	Brasileiro	24.000
Magazine Luiza	Varejo	Brasileiro	23.672
Total de empregados			1.151.687
Total de empregados na estatal			188.112
% Estatal no total			16,3

Fonte: *Exame* - edição especial - junho/2014.

O governo tem apenas duas empresas entre as 20 maiores, que são responsáveis por 16,3 % do total de empregos gerados neste conjunto. Ou seja, sob esta variável, essas duas estatais geraram 188.112 de 1.151.687 empregos gerados pelas 20 maiores empresas geradoras de emprego em 2013.

Por sua vez, a Tabela A.11 destaca a relação das 20 maiores empresas pagadoras de tributos no Brasil em 2013.

Tabela A.11 Empresas entre as 20 que pagaram mais tributos em 2013
(US$ milhões)

Empresa	Setor	Controle	Tributos
Petrobras	Energia	Estatal	33.908,9
Vale	Mineração	Brasileiro	9.034,6
BR Distribuidora	Atacado	Estatal	7.098,5
Souza Cruz	Bens de consumo	Inglês	4.603,9
Telefônica	Telecomunicações	Espanhol	3.798,3
CRBS	Bens de consumo	Belga	1.847,4
Cemig Distribuição	Energia	Estatal	1.542,2
Light Sesa	Energia	Brasileiro	1.520,0
BRF	Bens de consumo	Brasileiro	1.485,8
AES Eletropaulo	Energia	Amer. Brasileiro	1.425,0
Gerdau Aços Longos	Sider. e metalurgia	Brasileiro	1.361,6
Samsung	Eletroeletrônico	Coreano	1.297,0
Copel Dist.	Energia	Estatal	1.157,6
Votorantim Cimentos	Ind. construção	Brasileiro	1.070,8
OI	Telecomunicações	Português	1.028,5
ECT	Serviços	Estatal	1.018,2
Via Varejo	Varejo	Brasileiro	972,0
CPL Paulista	Energia	Brasileiro	963,4
Celesc	Energia	Estatal	921,7
Cielo	Serviços	Brasileiro	891,5
Montante de tributos pagos			76.946,9
Total de tributos pagos pelas estatais			45.647,1
% Estatal no total			59,3

Fonte: *Exame* - edição especial - junho/2014.

Os dados da Tabela A.11 revelam que 6 empresas estatais geraram 59,3 % do total dos impostos pagos pelas 20 maiores empresas pagadores de impostos no Brasil em 2013.

As 20 maiores empresas em patrimônio líquido no Brasil em 2013 estão listadas na Tabela A.12.

Tabela A.12 Empresas entre as 20 maiores em patrimônio líquido em 2013
(US$ milhões)

Empresa	Setor	Controle	Patrimônio
Petrobras	Energia	Estatal	155.238,9
Vale	Mineração	Brasileiro	64.719,6
Eletrobras	Energia	Estatal	25825,4
Telefônica	Telecomunicações	Espanhol	18798,4
Gerdau Cosigua	Sider. e metalurgia	Brasileiro	12.971,4
JBS	Bens de consumo	Brasileiro	9.694,6
Metrô	Transporte	Estatal	9.100,6
BM&F Bovespa	Serviços	Pulverizado	8.529,6
Telemar	Telecomunicação	Brasileiro	8.364,6
Usiminas	Sid. e metalurgia	Japonês	7.375,7
Redecard	Serviços	Brasileiro	6.532,3
BRF	Bens de consumo	Brasileiro	6.506,7
ArcelorMittal Braisil	Sid. e metalurgia	Aglo-indiano	6.403,8
Fibria	Papel e celulose	Brasileiro	6.378,9
Namisa	Mineração	Brasileiro	6.260,8
Sabesp	Serviços	Estatal	5.926,5
TIM	Telecomunicações	Italiano	5.914,4
Eletronorte	Energia	Estatal	5.240,9
BR Distribuidora	Atacado	Estatal	5.163,3
Claro	Telecomunicação	Mexicano	5.088,5
Montante de tributos pagos			380.034,9
Total de tributos pagos pelas estatais			206.495,6
% Estatal no total			54,3

Fonte: *Exame* - edição especial junho/2014.

Os valores destacados na Tabela A.12 mostram que seis empresas estatais se destacam entre as 20 maiores empresas com maiores patrimônios líquidos. O total do patrimônio dessas 20 empresas tem uma participação relativa de 54,3 % das empresas estatais.

Por fim, a Tabela A.13 destaca as 20 maiores empresas que pagaram maior volume de salários em 2013. No conjunto dessas empresas, seis são estaduais e as duas com maiores volumes são estatais: a Petrobras e a Empresa Brasileira de Correios e Telégrafos (ECT). No conjunto, o volume total de salários pagos por elas foi equivalente a 54,5 % do total pago pelas 20 maiores empresas pagadoras de salários.

Tabela A.13 Empresas entre as 20 maiores pagadoras em 2013 (US$ milhões)

Empresa	Setor	Controle	Salários
Petrobras	Energia	Estatal	8.348,8
ECT	Serviços	Estatal	4.314,6
Vale	Mineração	Brasileiro	1.684,9
BRF	Bens de consumo	Brasileiro	1.440,6
Construtora Odebrecht	Ind. construção	Brasileiro	1.267,3
Via Varejo	Varejo	Brasileiro	1.132,1
Embraer	Autoindústria	Pulverizado	889,5
SPDM	Serviços	Brasileiro	835,1
GPA	Varejo	Francês	804,5
Andrade Gutierrez	Ind. construção	Brasileiro	771,7
Camargo Corrêa	Ind. construção	Brasileiro	767,5
Prosegur	Transporte	Espanhol	734,1
Transpetro	Transporte	Estatal	716,9
Sabesp	Serviços	Estatal	646,7
Construtora OAS	Ind. construção	Brasileiro	637,4
Chesf	Energia	Estatal	592,0
Telefônica	Telecomunicações	Espanhol	588,5
Usiminas	Sider. e metalurgia	Japonês	562,1
Infraero	Serviços	Estatal	555,6
Raízen Energia	Energia	Bras.-Anglo-Hol.	546,2
Total pago de salários			27.836
Total de salários pagos pelas estatais			15.175
% Estatal no total			54,5

Fonte: *Exame* - edição especial - junho/2014.

A.2 COMENTÁRIOS FINAIS

Quando se analisa o processo de intervenção do governo na economia brasileira, nota-se uma semelhança muito grande com o ocorrido na maioria dos países capitalistas de economia mista. O que se observa é que há certa homogeneidade nas características das atividades produtivas levadas a cabo pelo governo em diversos países. Atividades ligadas aos transportes, à energia, à siderurgia etc. têm sido a base de atuação dos governos na área produtiva. Isso se deve, em grande parte, ao que foi exposto na parte inicial deste capítulo, onde se viu que a intervenção e os investimentos por parte do governo na economia são devidos, em parte, aos riscos de retorno de algumas dessas atividades e, em outros, devido ao elevado volume de investimentos requeridos, nem sempre disponíveis ao setor privado. Assim, o que se percebe, no geral, é que o processo de participação do governo na economia brasileira inicia-se de forma desordenada e despretensiosa e entra num período em que a presença do Estado nas atividades de infraestrutura básica é parte integrante do planejamento econômico.

As maiores distorções ocorridas no processo da participação do governo na economia brasileira deram-se a partir da revolução de 1964. O governo militar, que comandou o país por mais de 20 anos, foi caracterizado por um regime autoritário

Intervenção do Governo na Economia 45

e de exceção; grande parte dos investimentos e das atividades que o Estado implementou nesse período seguramente não teria sido levada à frente em um regime mais democrático. De qualquer forma, através dos programas de política econômica do governo, sobretudo na década de 1970, o Estado desempenhou um papel fundamental no processo de crescimento econômico. As altas taxas de crescimento obtidas no período foram, sem dúvida, fortemente influenciadas pela presença do Estado. Há também grandes questionamentos em relação a esse processo, visto que o governo, deliberadamente, optou pelo incentivo ao capital em detrimento do trabalho. Com isso, a economia cresceu a taxas extremamente altas para os padrões normais de crescimento do Brasil e de outros países na época. No entanto, o fruto desse crescimento tem sido questionado por diversos segmentos da sociedade, uma vez que contribuiu ainda mais para a concentração da renda no país e para a deterioração das atividades básicas do governo. Com a prioridade dada ao crescimento econômico e com os privilégios dados ao capital, o nível de pobreza da maioria da sociedade aumentou. Além disso, o Estado investiu pouco em suas áreas de atividades básicas (saúde, educação, segurança etc.), colaborando para que a oferta desses serviços fosse cada vez menor, menos eficiente e menos justa.

Independentemente desses aspectos, a presença do Estado na economia brasileira ainda se dá de forma marcante. Os dados apresentados revelam grande participação do governo no volume de vendas, no patrimônio e na geração de empregos.

O movimento pró-privatização, iniciado na Inglaterra no início da década de 1980, espalhou-se para alguns países em posições geográficas distintas e representa, na realidade, uma movimentação do capital financeiro internacional em busca de melhores alternativas de investimentos. Tanto é verdade, que a maioria das atividades nas quais ele participa, mediante processo de privatização, são atividades com baixas taxas de risco e ainda com o apoio governamental.

Na realidade, não existem mecanismos teóricos limitadores da atuação do Estado, tanto nas áreas relacionadas a seus serviços fundamentais quanto na área produtiva. Esse limite é estabelecido pelo arcabouço institucional do país, que, por meio de órgãos representativos, toma decisões em nome de todos os indivíduos da sociedade.

Em relação ao processo de privatização, avaliações mais críticas indicam que, na maioria dos casos, as justificativas apresentadas para a privatização e seus resultados não trouxeram nenhum benefício real para o governo e para a sociedade. Tome-se como exemplo o caso da privatização da Cia. Vale do Rio Doce, uma empresa lucrativa e de ponta na estrutura produtiva brasileira, com presenças de destaque nas relações econômicas do país com o exterior. Apesar disso, o governo optou por sua privatização, utilizando como mais um elemento de argumentação o fato de que, com os recursos de sua venda, ele conseguiria pagar e abater o estoque da dívida pública. Pois bem, a Cia. Vale do Rio Doce foi privatizada em 1997, por R$ 3,6 bilhões, e metade desses recursos, o próprio governo, por meio do BNDES, financiou seus compradores com taxas de juros subsidiadas. Naquela época, o estoque da dívida pública era de aproximadamente R$ 308 bilhões. Nesse período, as taxas de juros aplicadas no país foram as mais altas da história econômica brasileira, chegando a níveis de 50 % ao ano. Qualquer iniciante no estudo básico da matemática perceberá algo estranho na argumentação apresentada. Com esse estoque de dívida e com essa taxa de juros, os recursos obtidos com a privatização da Cia. Vale do Rio Doce não foram suficientes para pagar nem os encargos da dívida pública de apenas uma semana. Resta perguntar: valeu a pena? O que o governo e a sociedade ganharam com isso? Apesar disso, ela foi privatizada e hoje pertence a particulares, despontando-se como uma das empresas mais lucrativa do Brasil.

A discussão sobre a participação do governo na economia vem de longos anos. Conforme foi mencionado, existem razões para que haja a participação do governo num conjunto de atividades fundamentais para a sociedade.

Em países como o Brasil, o Estado ainda tem e terá um papel fundamental em seu processo econômico, na busca de melhorias no nível da qualidade de vida da população.

As críticas feitas em relação às empresas públicas normalmente têm um viés de origem, uma vez que representam interesses de grupos privados na busca de melhores aplicações para seus recursos. Na realidade, o problema da ação estatal não se concentra nas atividades que o Estado exerce, mas sim na forma de controle da sociedade sobre ele. Assim, seria muito mais benéfico para a sociedade buscar o aperfeiçoamento desses mecanismos do que transferir frutos públicos para grupos privados.

Por fim, vale ressaltar que as informações destacadas neste capítulo referem-se apenas às inserções do governo nas atividades de produção dos chamados bens econômicos. Porém, como foi discutido aqui, o governo exerce, ainda, uma série de outras atividades relacionadas com a produção de bens públicos puros, bens sociais e desempenha papel regulador importante nas atividades econômicas do país. Essas atividades são, em princípio, financiadas pela tributação cobrada à sociedade que, conforme mostra o Gráfico A.4, envolve substancial volume de recursos financeiros, representando, no caso do Brasil, 35,8 % de toda a produção gerada no ano de 2013.

Gráfico A.4 Brasil — Evolução da carga tributária — %

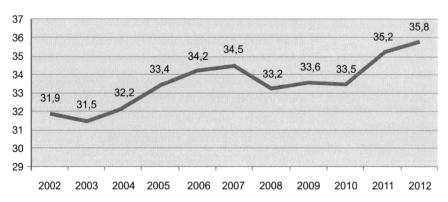

Fonte: Rec. Federal/M. Fazenda.

O manuseio de 35 % da renda gerada no país, os diversos mecanismos regulatórios estabelecidos pelo governo associados ao papel que ele exerce no setor produtivo do país são indicativos de grande interferência governamental nos assuntos econômicos.

Os aspectos relacionados com a carga tributária enquadram-se nos instrumentos de política fiscal e são um dos principais elementos a serem analisados ao longo dos demais capítulos.

BIBLIOGRAFIA BÁSICA

BAER, W. K.; VILLELA, A. V. As modificações do papel do Estado na economia brasileira. *Política e Programação Econômica*, v. 3, n. 4, 1973.

BACEN. *Relatório Anual*, 1999 e 2007.

BNDES. BNDES 50 Anos, Privatização no Brasil, jul. 2002.

EXAME. Melhores e Maiores. São Paulo: abr., ago. 2007 e jun. 2014.

REZENDE, F. A. A produção pública na economia brasileira. *Dados*. Rio de Janeiro, n. 18, 1978.

RECEITA FEDERAL. Carga Tributária no Brasil 2012, Estatísticas Tributárias, Brasília, jul. 2014.

SUZIGAN, W. As empresas do governo e o papel do Estado na economia brasileira. *Aspectos da Participação do Governo na Economia*, Rio de Janeiro: Ipea/Inpes, n. 26, 1976.

Teoria dos Bens Sociais – Análise Parcial e Geral

Neste capítulo serão analisadas as principais características dos bens sociais, bem como suas mais importantes teorias. Na primeira parte, serão discutidos alguns aspectos dos bens sociais que se apresentam como uma falha do sistema de mercado na satisfação do bem-estar da sociedade. Em seguida, serão destacados e analisados os principais pontos das teorias relativas à oferta dos bens sociais.

2.1 OS BENS SOCIAIS E AS FALHAS DO MERCADO

Os bens sociais constituem-se numa das principais razões que dão suporte às atividades do governo e são de fundamental importância para a economia do setor público. Embora a maioria das decisões sobre as políticas orçamentárias tenha forte conotação política, a importância da economia pública está em mostrar quais as melhores alternativas que podem ser utilizadas tal que a solução ótima seja obtida.

O sistema tradicional de economia de mercado revela que, sob certas condições, existe o uso eficiente dos recursos porque os consumidores revelarão suas preferências e os produtores tentarão maximizar seus ganhos, produzindo os bens que os consumidores estão dispostos a adquirir. Entretanto, a realidade mostra que fatores, tais como a competição imperfeita, a falta de perfeito conhecimento do mercado etc., fazem com que o mecanismo de mercado não atinja o máximo de eficiência, embora alguns resultados satisfatórios sejam obtidos. Isso evidencia que o sistema de mercado não é capaz de resolver todos os problemas econômicos, tais como a inflação, o pleno emprego etc. Além disso, algumas atividades que resultam em custo social, como as externalidades, não teriam seus efeitos eliminados ou minimizados por intermédio do preço de mercado, mas pela intervenção do setor público.

Outro problema surge quando determinados tipos de bens não podem ser limitados em seu consumo ou quando sua oferta não se vincula à demanda efetiva.

Como foi analisado no Capítulo 1, o princípio da exclusão é a principal característica do mecanismo de mercado. Assim, qualquer indivíduo estará excluído dos benefícios de determinados bens se não pagar para tê-los. A troca não existirá sem que haja o direito de propriedade, e esse direito envolve a exclusão. Assim, dada tal situação, o produtor produzirá, sob a pressão da competição, os bens cujas demandas são reveladas pelos mapas de preferências dos consumidores.

Esse processo, porém, pode funcionar razoavelmente em um mercado para os bens privados cujo consumo é individualizado por aqueles que podem adquirir esses bens. Nesse caso, os benefícios são internalizados e seu consumo é rival.

A oferta de determinados bens por meio do orçamento público torna-se necessária quando eles são não rivais ou quando, para esses bens, não se aplica o princípio da exclusão. Os bens sociais têm a característica da não rivalidade em seu consumo. Isto é, são bens cujo consumo por um indivíduo não reduz o consumo por parte de qualquer outro indivíduo, sendo ele igualmente consumido por todos na sociedade. Assim, desde que o consumo de um indivíduo não diminua o consumo e os benefícios de outros indivíduos, o princípio da exclusão não se aplica no caso desses bens.

O uso eficiente dos recursos requer que os preços se igualem ao custo marginal, mas como esse custo, no caso dos bens sociais, é igual a zero, assim deveria ser também o preço. Deve-se observar, ainda, que, dadas as características da não exclusividade, alguns consumidores não revelarão suas preferências, já que usufruirão dos mesmos benefícios sem que possam ser excluídos. Assim, para que um bem público puro seja oferecido à sociedade, ele terá de ser provido coletivamente, seja por intermédio de arranjos voluntários privados, seja publicamente via orçamento. Dada a característica de sua não exclusividade, não há meios pelos quais o setor privado possa oferecer esses bens lucrativamente. Isso porque, uma vez que esses bens sejam produzidos, não há como excluir indivíduos de seu consumo, já que para esses bens não há meios de estabelecer preços via sistema de mercado. No caso dos bens privados, devido ao direito de propriedade, uma pessoa que possui esses bens pode excluir outros indivíduos de usufruir de seus benefícios. Entretanto, como se analisou anteriormente, no caso dos bens públicos puros, a exclusividade desaparece, já que não se pode aplicar o direito da propriedade. Isso ocorre por duas razões principais: primeiro, porque não se pode excluir pessoas do consumo desses bens. Um bom exemplo é o caso da defesa nacional. Para esse bem não há como evitar que as pessoas se beneficiem de seus serviços. A segunda razão para o desaparecimento da exclusividade é que, embora seja possível, em alguns casos, excluir pessoas dos benefícios de certos bens, isso não ocorreria porque seria extremamente caro fazê-lo.

A Figura 2.1 mostra algumas das relações existentes entre a rivalidade e a exclusividade no caso dos bens públicos puros e dos bens privados.

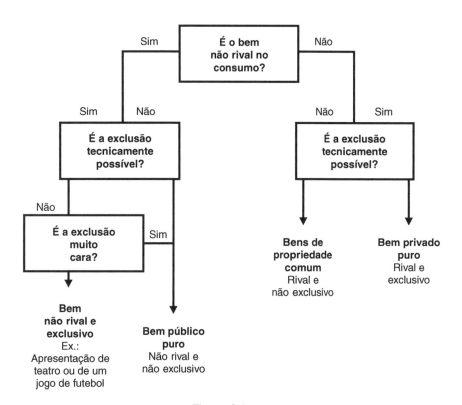

Figura 2.1

2.2 TEORIAS DOS BENS SOCIAIS

Nesta parte, serão analisadas as principais teorias dos bens sociais com o objetivo de mostrar suas características mais importantes, bem como determinar o equilíbrio parcial e geral através da interação entre bens sociais e bens privados.

2.2.1 Teoria de Musgrave

Nas seções anteriores já foram discutidos alguns conceitos dados por Musgrave.

O conceito de bem social foi definido por Musgrave como aquele bem cujo consumo é disponível a qualquer pessoa, isto é, o consumo por um indivíduo não exclui nem reduz o consumo de outra pessoa na sociedade. Assim, o consumo adicional não implicaria acréscimo do custo. Se o custo marginal é igual a zero, assim deveria ser também o preço. Por outro lado, os bens privados têm a principal característica de serem exclusivos, isto é, o consumo de um bem é internalizado por aqueles que pagam para tê-lo. Portanto, tem-se que, por um lado, os bens sociais são não rivais e não exclusivos, enquanto, por outro, os bens privados são exclusivos e rivais. Dadas essas características, o objetivo é determinar qual é o equilíbrio socialmente ótimo entre os bens sociais e os bens privados e como a alocação ótima dos fatores pode ser distribuída entre esses dois setores.

Assumindo as características básicas da análise do equilíbrio parcial da oferta e da demanda, pode-se estabelecer o preço e a quantidade de equilíbrio para cada bem.

A Figura 2.2 mostra as familiares curvas de demanda e de oferta para um bem privado.

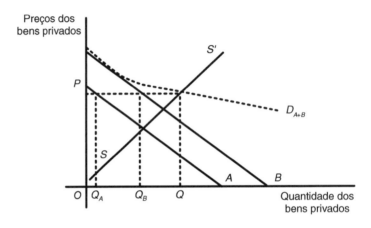

Figura 2.2

Por intermédio da Figura 2.2 pode-se verificar a tradicional situação de mercado para um bem privado. A e B representam as curvas de demanda de dois indivíduos, com certa distribuição da renda e dos preços para os outros bens. A curva de demanda do mercado, dada por D_{A+B}, é então obtida pela soma horizontal das curvas de demandas individuais, A e B. Essa curva mostra o limite máximo das compras dos dois indivíduos a qualquer preço estabelecido, SS' representa a curva de oferta, então o equilíbrio seria determinado pelo preço OP, onde a oferta e a demanda se igualam. A esse preço, Q representará a quantidade de equilíbrio determinada pela soma da demanda dos indivíduos A e B, dadas por Q_A e Q_B, respectivamente.

A situação de equilíbrio do bem social é mostrada por meio da Figura 2.3, onde as curvas de demanda dos indivíduos são dadas por A e B, consideradas certas condições da renda e dos preços de outros bens. Essas curvas, porém, representam a "pseudocurva de demanda", haja vista que está sendo assumido que os consumidores revelariam voluntariamente suas preferências.

A curva de demanda do mercado para o bem social é representada por D_{A+B}. Observa-se que essa curva é obtida somando-se verticalmente as curvas de demandas individuais A e B. Ela representa o preço da valorização individual da unidade marginal e o fato de que ambos os indivíduos consomem o mesmo montante desse bem. O custo total desse bem será dividido entre os dois indivíduos, de acordo com suas valorizações, de modo que a soma dos preços pagos por cada um cubra o custo da oferta desse bem.

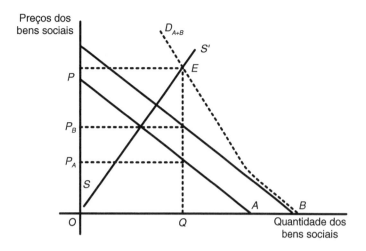

Figura 2.3

Assumindo que SS' representa a curva de oferta, o nível de equilíbrio do mercado para o bem social é dado por E, onde essa curva iguala-se à curva de demanda. Nesse ponto, a quantidade é dada por OQ, consumida igualmente pelos dois indivíduos. A pagaria OP_A e B pagaria OP_B. Isso mostra que, se A paga OP_B e B paga OP_A, a soma seria igual a OP, que representa a receita total obtida suficiente para cobrir os custos totais da oferta desse bem.

As duas análises desenvolvidas mostram as diferentes maneiras de se obter o equilíbrio dadas as características de cada bem. Enquanto para os bens sociais os indivíduos são tomadores da quantidade, para os bens privados eles são tomadores do preço. Assim, enquanto no mercado privado os indivíduos pagam o mesmo preço para obter diferentes quantidades do produto, no mercado dos bens sociais os indivíduos pagam preços diferentes e obtêm a mesma quantidade do bem. Analisando essas situações em termos marginais, tem-se que:

Bens privados

$$OP_A = OP_B = OP = CMg$$

Cada indivíduo paga o mesmo preço unitário, e o preço marginal iguala-se ao custo marginal.

Bens sociais

$$OP_A = OP_B = OP = CMg$$

Cada indivíduo espera pagar um preço diferente para obter a mesma quantidade do bem, e a soma dos preços unitários iguala-se ao custo marginal.

Essas análises mostram comportamentos diferentes pelas próprias características dos dois bens. Embora, nos dois casos, a análise seja de fácil compreensão, o mais difícil é aceitar a forma da determinação da curva da demanda para os bens sociais. Como foi visto, essa pseudocurva seria determinada pela revelação voluntária das disposições dos indivíduos no que se refere à quantidade desejada e ao preço que eles estariam dispostos a pagar por essas quantidades. Pelas análises anteriores desenvolvidas sobre os bens sociais (bens públicos puros), sabe-se que, por suas características, a determinação de sua curva de demanda é extremamente difícil.

Outros aspectos da teoria dos bens sociais de Musgrave relacionados com a oferta dos bens via setor público e/ou privado, com a não rivalidade dos bens e com os bens meritórios, já foram analisados no Capítulo 1. Musgrave, porém, aprofundou-se ainda mais nos estudos dos bens sociais, desenvolvendo algumas análises sobre os tipos de bens mistos. O que se desenvolveu, porém, nesta parte é suficiente para atingir o objetivo proposto neste livro. Ficam a critério do leitor investigações adicionais mais profundas sobre a teoria dos bens sociais de Musgrave.[1]

2.2.2 Teoria de Lindahl

Para o desenvolvimento da sua teoria, Lindahl também dividiu os bens em dois tipos. O primeiro tem a característica de que o consumo por um indivíduo subtrai o total disponível para outras pessoas na sociedade. Nesse caso, a curva de demanda do mercado para esses bens poderia ser derivada da soma das demandas individuais. Dadas as condições de preço no mercado, o indivíduo maximizaria sua utilidade de acordo com suas necessidades e suas disponibilidades de recursos.

Outra situação refere-se àqueles bens que têm a característica de que o consumo de uma pessoa não afetaria o total disponível para outro indivíduo. Nesse caso, a curva de demanda do mercado não pode ser derivada da soma das demandas individuais.

Sem a curva de demanda do mercado para os bens sociais, como seriam determinados o preço e a sua quantidade?

A solução dada por Lindahl é baseada na troca voluntária e no princípio dos benefícios do sistema da tributação. Assim, o indivíduo que esperasse obter um benefício maior teria uma contribuição mais elevada de acordo com o custo da oferta do bem em questão.

As Figuras 2.4 e 2.5 mostram diagramaticamente a solução dada por Lindahl, tomando-se por base apenas dois indivíduos na sociedade.

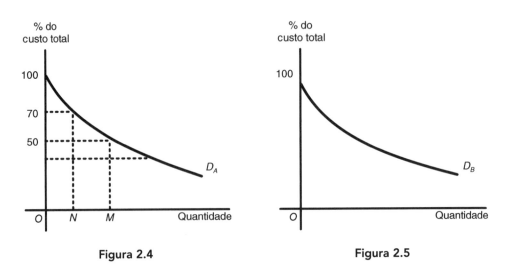

Figura 2.4   Figura 2.5

As Figuras 2.4 e 2.5 mostram os ganhos esperados pelos dois indivíduos, medidos pelas suas curvas de demanda. Essas curvas, na teoria mashalliana da demanda, representam as curvas de utilidade marginal para ambos os indivíduos, medidas em termos

---

[1] Veja, por exemplo, MUSGRAVE, R. A. Provision for social goods. In: MARGOLIS, J.; GUITTON, H. *Public economics*. Londres: MacMillan, 1969. p. 135.

monetários. O preço do bem é dado de acordo com a demanda individual. Assim, se o indivíduo A tivesse de pagar o valor total da oferta do bem (isto é, 100 %), a demanda seria zero. Entretanto, a procura poderia ser representada por ON ou OM se A se dispusesse a pagar respectivamente 70 % ou 50 % dos custos da oferta desse bem. As mesmas relações poderiam também ser aplicadas para o indivíduo B.

Feitas tais considerações, observa-se que o bem em questão não seria produzido se somente um indivíduo tivesse de pagar pelo seu custo total. Entretanto, esse bem poderia ser oferecido por intermédio de uma cooperação entre os dois indivíduos, tal que o custo total fosse dividido entre ambos. Assumindo-se que os indivíduos dividirão os custos, a posição de equilíbrio pode ser obtida. Inicialmente, deve-se inverter o diagrama do indivíduo B, conforme mostra a Figura 2.6.

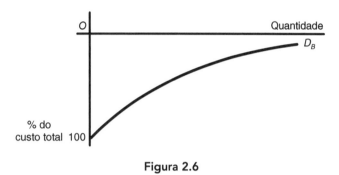

Figura 2.6

Colocando-se num mesmo diagrama as alternativas dos indivíduos A e B, pode-se, então, determinar a posição de equilíbrio, como mostra a Figura 2.7.

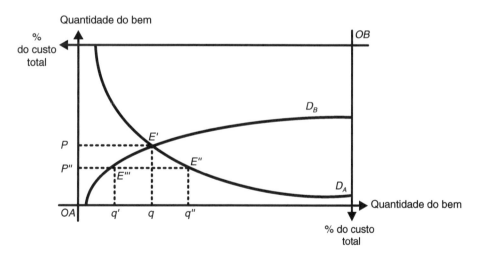

Figura 2.7

Pela Figura 2.7, OA e OB representam o ponto de origem dos indivíduos A e B, que obtêm o equilíbrio no ponto E', na quantidade do bem dada por q, dividindo o custo total, cada um contribuindo com um montante equivalente a P. Quantidades diferentes de q não gerariam o equilíbrio, pois os valores que os indivíduos estariam dispostos a pagar seriam diferentes. Como exemplo, pode-se apresentar o preço P'' pelo qual o indivíduo A está disposto a adquirir q'', enquanto o indivíduo B dispõe-se a adquirir q'.

Assim, feitas essas considerações, q representa o nível de produção de equilíbrio do bem público, sendo essa quantidade consumida igualmente pelos dois indivíduos. Nesse caso, o consumo de um indivíduo não estaria subtraindo o consumo do outro.

2.2.3 Teoria dos bens coletivos de Samuelson

Samuelson também dividiu os bens em duas categorias, usando as expressões "bens privados" e "bens coletivos".

Como nas teorias anteriores, ele também definiu como privados aqueles bens cujo consumo por um indivíduo reduz a sua disponibilidade para outros indivíduos. Por outro lado, considerou como coletivos aqueles bens cujo consumo por um indivíduo não afeta a sua disponibilidade para os outros indivíduos. As equações seguintes mostram as diferenças existentes entre os bens privados e os bens coletivos:

$X^A + X^B$ = totalidade dos bens privados consumidos em quantidades diferentes pelos indivíduos.

$G^A = G^B$ = totalidade dos bens coletivos produzidos e consumidos igualmente pelos indivíduos.

O modelo de Samuelson procura determinar o nível ótimo de produção dos bens coletivos. Samuelson utilizou algumas condições paretianas do bem-estar para estabelecer o equilíbrio entre os bens privados e coletivos. Para isso, assumiu, também, uma sociedade composta de dois indivíduos. Considerando que X e G representam, respectivamente, os bens privados e os bens coletivos, e que A e B representam os indivíduos, Samuelson estabeleceu o equilíbrio como mostra a Figura 2.8.

A Figura 2.8 é dividida em três seções:

Seção 1 – Mostra a curva de indiferença do indivíduo A para os bens X e G.
Seção 2 – Mostra a curva de indiferença do indivíduo B para os bens X e G.
Seção 3 – Mostra a curva de possibilidade da produção para a economia.

O objetivo desta análise é mostrar qual seria a máxima curva de indiferença de um indivíduo se fosse dado o mapa de preferência do outro. Assumindo que B_2, na seção 2, representa a curva de utilidade do indivíduo B, pode-se então derivar a curva de indiferença do indivíduo A, superpondo B_2 na curva de possibilidade de produção F' na seção 3. Considerando que o indivíduo B manterá sua curva de indiferença B_2, pode-se, então, determinar o conjunto possível de combinações dos bens públicos e privados disponível para o indivíduo A. Isso é mostrado pela curva de possibilidade de consumo de A dado por TT', na seção 1. Essa curva é derivada da subtração vertical de FF' menos B_2, na seção 3. Nessa seção, no ponto P, o indivíduo B consome G_1 unidades do bem público e OX_1 unidades do bem privado. Desde que B esteja consumindo todas as unidades disponíveis do bem privado, não há disponibilidade desse bem para o indivíduo A, e desde que o bem público G esteja disponível para ambos os indivíduos, no ponto P' o indivíduo A consumiria zero unidade do bem privado e G_1 unidades do bem público. O ponto Q' (seção 1) é derivado da mesma forma. Assim, observa-se que entre P' e Q' existe uma série de combinações dos bens públicos e privados disponíveis para o consumo de A.

A curva de possibilidade de consumo TT' mostra o conjunto de combinações dos dois bens para A, uma vez que o indivíduo B já teve sua satisfação maximizada. A função de utilidade máxima para o indivíduo A, dado que B permanecerá na curva

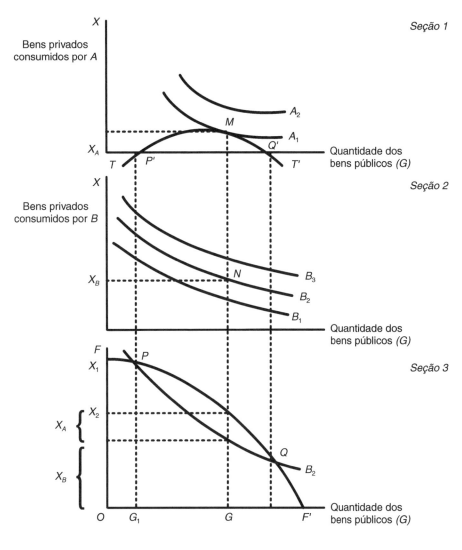

Figura 2.8

de indiferença B_2, será determinada pela tangência de seus mapas de preferências com a curva de possibilidade de consumo TT' (seção 1). Nessa seção, no ponto M, o indivíduo A consumirá X_A unidades do bem privado e G unidades do bem público. Por definição, o indivíduo B consumirá G unidades do bem público e X_B do bem privado, como mostra o ponto N, na seção 2. No ponto M (seção 1), para que o indivíduo A mude para uma curva de indiferença superior, terá de haver uma diminuição na utilidade do indivíduo B. Assim, as distribuições mostradas pelos pontos M e N representam uma combinação ótima de Pareto para os bens públicos e privados. No ponto M, tem-se que a inclinação da curva de possibilidade de produção é igual à inclinação de B_2 mais A_1, isto é, $\text{TMST} = \text{TMS}^A + \text{TMS}^B$, ou seja, a taxa marginal de transformação entre X e G iguala-se à soma da taxa marginal de substituição entre X e G para os indivíduos A e B.

A distribuição dos preços dos bens públicos entre os indivíduos A e B é mostrada pela Figura 2.9.

Na Figura 2.9, P representa os preços, G mostra as quantidades dos bens públicos e TMS^A e TMS^B representam as curvas de demanda dos indivíduos A e B por G. Somando verticalmente as duas curvas de demanda, obtém-se a curva total da demanda dada por Σ TMS. A quantidade ótima do bem público (G) é dada pela interseção entre a curva de demanda Σ TMS e a curva de custo marginal *CMg*. Essa situação é mostrada pelo nível de produção *OM*. Nesse nível, o indivíduo *B* pagaria *OP"* e o indivíduo *A* pagaria *OP'*. Assim, o custo total da produção de *OM* seria coberto pelo montante pago pelos dois indivíduos, ou seja, *OP = OP' + OP"*. Em termos marginais, observa-se que a igualdade entre os preços e os custos marginais dá-se de forma diferente entre os dois bens. Enquanto para os bens privados o total $X = X^A + X^B$ leva à condição marginal de igualdade simultânea $CMg = TMS^A = TMS^B$, para os bens públicos o total $X = X^A = X^B$ conduz à condição marginal $CMg = TMS^A + TMS^B$.

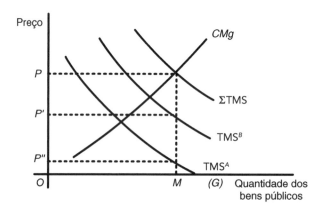

Figura 2.9

2.2.4 Bens sociais e modelo de Tiebout

Tiebout sugeriu que, se houvesse um número razoavelmente grande de governos locais e se cada comunidade oferecesse um conjunto diferente de bens públicos, então cada indivíduo poderia selecionar a localidade para fixar a residência que satisfizesse a sua escala de preferências. Assim, cada indivíduo revelaria simultaneamente sua preferência e seria conseguida a ótima alocação dos recursos no setor público.

O modelo de Tiebout dos gastos públicos tenta mostrar que é mais apropriado lidar com os dispêndios públicos em nível local do que em nível nacional, isso porque, no primeiro caso, os gastos refletiriam melhor as preferências dos indivíduos. Assim, diferentemente das teorias desenvolvidas até então, o modelo de Tiebout tenta mostrar que a alocação ótima dos recursos por parte do governo teria maior chance de ser obtida quanto maior fosse a aproximação dos indivíduos com os executores da política governamental. Daí sua preferência pelos gastos em nível local que, segundo ele, refletem melhor as reais preferências dos indivíduos.

Através de um mapa extensivo de argumentos, Tiebout tenta explicar as vantagens de seu modelo de dispêndios públicos em termos locais, cujos principais pontos são:

- possibilidade de migrações por parte dos indivíduos até que eles encontrem o governo local que ofereça os bens públicos que satisfaçam seus padrões de preferências;
- as diferenças entre os padrões de gastos e receitas seriam conhecidas pelos indivíduos;
- existe grande número de localidades entre as quais os indivíduos podem escolher uma para morar;

→ não haveria problemas sobre oportunidades de emprego, assumindo que não há problemas com a distribuição da renda;
→ não haveria externalidades entre as comunidades nos serviços públicos oferecidos;
→ o padrão e conjunto dos serviços a serem oferecidos pela comunidade seguiriam as preferências dos seus atuais residentes, não havendo, em princípio, um tamanho ótimo para a comunidade. Esse ótimo seria definido em relação ao número de residentes para os quais se procuraria oferecer os serviços públicos ao menor custo possível. Da mesma forma que nas atividades privadas, existiriam, também, na comunidade, alguns fatores fixos. Se não fosse assim, não haveria razões lógicas para se limitar o tamanho da comunidade, dado seu padrão de preferência. Da mesma forma que a firma tem um custo médio mínimo que pode ser alcançado também por outra firma, poderiam existir comunidades com estruturas de custos iguais. A suposição de que alguns fatores são fixos explica a limitação da comunidade em dobrar o seu tamanho pelo crescimento. Esse fator fixo pode ser, por exemplo, a área geográfica, e ele é necessário para determinar o número de comunidades;
→ o último pressuposto é o de que as comunidades abaixo do tamanho ótimo procurarão atrair novos residentes para diminuir seus custos médios. Situação oposta aconteceria com aquelas comunidades acima do tamanho ótimo. As que conseguissem obter os seus níveis ótimos tentariam mantê-los.

Destacadas essas condições, observa-se que o movimento migratório é de crucial importância dentro do modelo de Tiebout. Isso porque esse movimento mostra o quanto o consumidor espera ou está disposto a pagar por um bem e atua como um mecanismo pelo qual o indivíduo revela sua demanda pelos bens públicos. Nesse caso, cada estrutura financeira das comunidades refletirá os desejos dos seus residentes. Assim, o modelo de Tiebout dos gastos públicos em nível local tem como característica básica a mobilidade dos indivíduos entre as comunidades, até que encontrem, em uma delas, um conjunto de serviços compostos dos bens públicos e privados, que satisfaçam seus mapas de preferências. Dada a maior aproximação dos indivíduos dentro de determinada comunidade com o governo local, Tiebout acredita ser esse nível de governo o mais adequado à satisfação das necessidades dos indivíduos, o que levaria a uma alocação ótima dos recursos.

2.3 COMENTÁRIOS FINAIS

As teorias de Musgrave, Samuelson e Lindahl definem como públicos aqueles bens cujo consumo é feito no mesmo montante por todos os indivíduos. Isso implica que o consumo de uma pessoa não diminui as oportunidades de consumo de outra. Essas teorias tentam mostrar os mecanismos pelos quais os consumidores revelariam suas preferências pelos bens públicos puros, tal que o governo adaptasse suas cestas de bens e serviços ao padrão de consumo dos indivíduos. Os pressupostos, porém, de que haveria um somatório vertical das curvas de demanda para os bens públicos, revelados voluntariamente pelos indivíduos, constituem-se apenas numa solução conceitual. Isso porque é difícil encontrar um meio que force os indivíduos a revelarem suas verdadeiras preferências pelos bens públicos, já que o consumidor racional não revelaria sua verdadeira preferência, evitando, portanto, o pagamento de alguma contribuição e beneficiando-se, de qualquer forma, do bem oferecido à sociedade.

Nesses três modelos iniciais assume-se, também, que os gastos com os bens públicos seriam feitos pelo governo central. Na realidade, porém, grande parte dos serviços, tais como educação, saúde, segurança etc., envolve mais diretamente os governos locais. Este é um aspecto importante, haja vista que no processo de tomada de decisão existem influências das mais diversas que afetarão a quantidade e a qualidade dos serviços oferecidos. Em termos de padrões de preferências, a diferença principal entre a oferta dos bens públicos pelo governo central e/ou pelo governo local é que, no primeiro, o nível de preferência dos indivíduos é dado e o governo tenta ajustar essas preferências, ao passo que, nos vários governos locais, os padrões de preferências já são mais ou menos ajustados. Isso se aproxima, então, do modelo de Tiebout sobre os gastos ao nível do governo local. A suposição, porém, de que a migração contribuiria e seria de fundamental importância para a determinação do número de consumidores e o ajustamento do custo, tentando obter o custo médio mínimo para a oferta dos bens sociais, torna esse modelo vulnerável, porque, na realidade, existem outras variáveis que interferem na decisão dos indivíduos em mudar de localidade, e não somente o desejo de ajustar sua cesta de bens de acordo com o seu mapa de preferência, conforme apregoa esse modelo.

BIBLIOGRAFIA BÁSICA

BUCHANAN, J. M. *The demand and supply of public goods*. Chicago: Rand McNally, 1968.

LINDAHL, E. Just taxation. A positive solution. In: MUSGRAVE, R. A.; PEACOCK, A. T. *Classics in the theory of public finance*. Londres: Macmillan, 1967.

MARGOLIS, J. A. A comment on the pure theory of public expenditures. In: HOUGHTON, R. W. *Public finance*. Middlessex, Harmondsworth: Penguin Books, 1970.

MUSGRAVE, R. A. Provision for social goods. In: MARGOLIS, J. A.; GUITTON, H. (Ed.). *Public economics*. New York: St. Martins, 1969.

_____. *The theory of public finance*. New York: McGraw-Hill, 1958.

PRESTON, M. *Public goods and the public sector*. Londres: Macmillan, 1972.

SAMUELSON, P. Diagrammatic exposition of a theory of public expenditures. *Review of Economic and Statistic*, Nov. 1955.

_____. The pure theory of public expenditures. *Review of Economic and Statistic*, Nov. 1954.

TIEBOUT, C. M. A pure theory of local expenditure. In: HOUGHTON, R. W. *Public finance*. Middlessex, Harmondsworth: Penguin Books, 1970.

3

Gastos Públicos

INTRODUÇÃO

Os gastos públicos constituem-se na principal peça de atuação do governo. Por meio deles, o governo estabelece uma série de prioridades no que se refere à prestação de serviços públicos básicos e aos investimentos a serem realizados.

Dada a importância desse instrumento, este capítulo destacará as principais discussões acerca dos gastos públicos, com o objetivo de fornecer elementos que auxiliem em sua compreensão e interpretação.

Dessa forma, além dos aspectos conceituais, serão analisadas também suas diversas formas de apresentação. Além disso, serão destacados também alguns modelos macro e microeconômicos que permitirão melhor compreensão dos fenômenos que interferem em sua magnitude, em seu comportamento e em seu crescimento ao longo do tempo. No apêndice deste capítulo é feita também a apresentação de algumas variáveis e formas de apresentação dos gastos públicos no Brasil, com o objetivo de analisar seu crescimento, sua estrutura e sua distribuição, bem como de compará-las com a situação de outros países.

Nesta edição foram atualizadas e alteradas algumas informações e outras foram mantidas, uma vez que a composição nominal de seus itens não resultou em mudanças significativas nas suas estruturas relativas, como, por exemplo, as informações das estruturas de arrecadação dos municípios por tamanho de habitantes, em anexo neste capítulo.

3.1 CONCEITO E CLASSIFICAÇÃO DOS GASTOS PÚBLICOS

Os gastos públicos podem, em última instância, ser conceituados como uma escolha política dos governos no que se refere aos diversos serviços que eles prestam à sociedade. Representam o custo da quantidade e da qualidade dos serviços e bens oferecidos pelo governo. A interpretação mais usual dos gastos públicos considera o custo da provisão dos bens e serviços executados pelo setor público que aparece nas contas orçamentárias do governo.

No estudo das finanças públicas, tem que estar bastante claro qual o conceito de gastos com o qual se está trabalhando. Existe uma diferença básica entre os chamados gastos governamentais e os gastos públicos.

De maneira geral, consideram-se gastos governamentais apenas as despesas realizadas pelas unidades que compõem a administração governamental direta e indireta. Dessa forma, seriam englobados neste conceito apenas os gastos realizados pelas esferas de governo mais suas autarquias e fundações.

Por outro lado, considera-se gasto público a totalidade dos gastos governamentais mais as despesas do governo com suas atividades econômicas produtivas, incluindo-se aí as empresas estatais.

Em geral, os gastos são apresentados e classificados de acordo com sua finalidade, sua natureza e sua função, abrangendo apenas o governamental, desconsiderando os gastos das atividades econômicas do governo. Tal situação deve-se, entre outras coisas, à finalidade de cada bloco de atividades que caracterizam cada um deles e as suas formas de financiamento. Em geral, os gastos governamentais deveriam ser financiados através dos mecanismos fiscais, especialmente a tributação. Por outro lado, os gastos do governo com suas atividades produtivas devem ser financiados pelos recursos obtidos com a venda de seus bens e serviços.

Neste capítulo, são tratados apenas os gastos governamentais. Classificados de acordo com sua finalidade, tais gastos têm por objetivo destacar seus desmembramentos segundo as funções e os programas a serem executados pelo governo. Essa classificação é importante para a implantação efetiva do orçamento-programa, cujo objetivo é aumentar a eficiência e a eficácia na programação dos gastos do governo.

A apresentação dos gastos realizados pelo governo (administração direta e indireta) segue três formas básicas de composição, diferenciadas, entre outras coisas, pelo grau de detalhamento das informações. Nesse sentido, as despesas governamentais podem ser apresentadas em grandes agregados, por categorias econômicas e por funções.

3.1.1 Despesas agregadas

As despesas agregadas permitem uma avaliação macroeconômica das contas das administrações públicas. Por meio delas, é possível ter uma primeira ideia sobre os principais componentes de despesas do governo. Do ponto de vista de análise, esses dados são ainda muito superficiais, o que inviabiliza uma avaliação mais apurada e detalhada sobre sua real eficácia.

Essas despesas apresentam uma consolidação dos gastos totais realizados pelas diversas esferas que compõem a administração do país. No caso do Brasil, essas agregações são feitas para todo o governo e por níveis de governo (União, estados e municípios), destacando-se o governo federal, o agregado dos estados, do Distrito Federal e dos municípios. Nessa forma de apresentação, os gastos totais são distribuídos por componentes tais como pessoal e encargos, transferências, juros e amortizações da dívida, investimentos etc.

As despesas agregadas, por consolidarem gastos por esferas de governo e também gastos do governo como um todo, permitem apurar sua magnitude diante da renda gerada no país, sua composição por blocos de despesas e são também base para comparações internacionais preliminares. A essas informações se faz necessário a agregação de outras a fim de colaborarem para análises mais qualitativas dos gastos governamentais.

3.1.2 Despesas por categorias

Os gastos governamentais por categorias econômicas são apresentados nos balanços gerais de cada unidade que compõe a estrutura governamental. Sua grande vantagem é permitir análises financeiras mais apuradas acerca da unidade ou das unidades consideradas. Por meio dos gastos por categoria econômica, é possível:

- avaliar a situação financeira do governo, quando analisada conjuntamente com a receita;
- avaliar o peso relativo de cada componente na estrutura de gastos;
- apurar a capacidade de poupança do governo;
- apurar a capacidade de investimentos do governo;
- apurar como a rigidez da composição dos gastos restringe a margem de flexibilidade do governo, interferindo diretamente na sua política de gastos.

No caso brasileiro, a apresentação dos gastos por categorias econômicas é feita nos balanços gerais da União, dos Estados, do Distrito Federal e dos Municípios, de acordo com as normas estabelecidas pela portaria nº 42 e 163 a partir de 2001.[1] Com base nessas portarias, os gastos governamentais por *categorias econômicas são divididos em correntes e capital*.

As despesas correntes representam os gastos fixos ou indispensáveis sem as quais a máquina administrativa e de prestação de serviços do Estado não funcionaria. Incluem basicamente as despesas do governo com o pagamento de pessoal, com o consumo e a manutenção dos órgãos que compõem sua estrutura funcional. São incluídas também, nesse item, as despesas do governo relacionadas com o pagamento dos encargos da dívida pública e com as transferências de recursos, principalmente as intergovernamentais constitucionais.

Dessa forma, na análise das despesas do governo deve-se ter o cuidado com o volume dos gastos nestas duas categorias, uma vez que elas não representam efetivamente despesas com a prestação direta de serviços por parte do governo. Uma análise mais correta da eficiência dos gastos e suas relações com as prestações de serviços deve, portanto, pelas razões mencionadas, excluir tais montantes.

Por sua vez, as despesas de capital representam os gastos com investimentos realizados pelo governo. Esses investimentos constituem-se tanto em obras e instalações

---

[1] Portaria nº 42, de 14 de abril de 1999 — "Atualiza as discriminações de despesas por funções, publicada no Diário Oficial da União em 15/4/1999, e a Portaria Interministerial nº 163, de 4/5/2001, que dispõe sobre as normas gerais de consolidação das contas públicas no âmbito da União, dos estados, do Distrito Federal e dos municípios e dá outras providências, publicada no Diário Oficial da União nº 87-E, de 07/05/2001, seção 1, páginas 15 a 20.

quanto em integralização de capital de empresas públicas. As despesas com amortização de dívidas são também agregadas neste bloco.

Finalmente, vale ressaltar que, pelas características desses dois conceitos, fica evidente que, quanto maior for o volume de recursos gastos pelo governo com seus compromissos correntes, menor será sua capacidade de poupança e, como consequência, sua possibilidade de realizar investimentos.

3.1.3 Despesas por funções

As despesas por funções obedecem a uma classificação de forma agregada que reflete, de certo modo, as prioridades dadas pelo governo à alocação dos recursos que lhe são disponíveis. Apesar de haver certa complexidade na distinção e definição precisa da aplicação dos recursos neste nível, essa distribuição dos gastos é de suma importância para a análise das despesas públicas. Cada uma delas subdivide-se em função de seus diversos programas e dos subprogramas que as compõem.

Em geral, os gastos por funções obedecem à seguinte classificação:

Legislativo
Judiciário
Administração e planejamento
Defesa nacional e segurança pública
Educação e cultura
Habitação e urbanismo
Indústria, comércio e serviços
Saúde e saneamento
Trabalho
Assistência e previdência
Transportes
Agricultura
Energia e recursos minerais
Desenvolvimento regional
Comunicações

O peso de cada uma dessas funções e suas subdivisões dependerá de uma definição política do governo, no que se refere à aplicação dos recursos em cada uma dessas áreas.

É importante mencionar, ainda, que a análise dos dados por funções requer conhecimento mais detalhado acerca da forma pela qual eles são agrupados em cada uma delas. Alguns gastos têm a característica de se encaixarem em mais de uma função. Nem sempre, porém, é possível fazer a distribuição dos gastos em cada uma das funções. Nesses casos, eles são classificados apenas em uma função, o que, de certa forma, eleva o volume nela gasto. Nesse caso, a análise poderá ser distorcida para melhor ou para pior, dependendo da natureza da função. Como exemplo, tem-se as despesas com juros e amortizações, que são classificadas na função administração e planejamento, o que superestima os gastos característicos dessa função.

3.2 MEDIDAS E CRESCIMENTO DOS GASTOS PÚBLICOS

As estatísticas tradicionais têm mostrado que os gastos do setor governamental apresentam trajetória crescente, principalmente nas últimas quatro décadas.

Nem os economistas nem os cientistas políticos têm sido capazes de estabelecer um conjunto sistêmico de teorias que expliquem, com mais propriedade, tal fenômeno. Na realidade, o que existe é um conjunto de observações empíricas que descrevem o crescimento dos gastos públicos em alguns países, do qual procura-se inferir as razões que teriam levado o setor público a se envolver cada vez mais na economia, aumentando significativamente seus gastos. Dessa forma, a grande dificuldade de análise dos gastos públicos relaciona-se ao processo decisório que os definiu e à existência de limitações teóricas que possam contribuir para sua análise.

Independentemente desses problemas, o que se percebe é que, de uma forma ou de outra, o volume de recursos gastos pelos governos de diversos países cresceu significativamente nas últimas décadas. Embora seja possível apurar esse crescimento através da evolução dos valores reais dos gastos ou de seus valores *per capita*, a forma mais tradicional para tal mensuração é a comparação do valor das despesas públicas com o Produto Interno Bruto (PIB) dos países. A Tabela 3.1 destaca essa relação, entre 1870 e 1960, nos países onde existem informações disponíveis.

Tabela 3.1 Crescimento do gasto público (% PIB*)

Países	Final do Século XIX, em 1 Ano de 1870**	Período Prévio à 1ª Guerra Mundial, em 1 Ano de 1913**	Período Prévio à 2ª Guerra Mundial, em 1 Ano de 1920**	Período Prévio à 2ª Guerra Mundial, em 1 Ano de 1937**	1960
Alemanha	10,00	14,80	25,00	34,10	32,40
Austrália	18,30	16,50	19,30	14,80	21,20
Áustria	–	–	14,70	20,60	35,70
Bélgica***	–	13,80	22,10	21,80	30,30
Canadá	–	–	16,70	25,00	28,60
Espanha***	–	11,00	8,30	13,20	18,80
Estados Unidos	7,30	7,50	12,10	19,70	27,00
França	12,60	17,00	27,60	29,00	34,60
Holanda***	9,10	9,00	13,50	19,00	33,70
Irlanda	–	–	18,80	25,50	28,00
Itália***	11,90	11,10	22,50	24,50	30,10
Japão	8,80	8,30	14,80	25,40	17,50
Noruega	5,90	9,30	16,00	11,80	29,90
Nova Zelândia	–	–	24,60	25,30	26,90
Reino Unido	9,40	12,70	26,20	30,00	32,20
Suécia	5,70	10,40	10,90	16,50	31,00
Suíça	16,50	14,00	17,00	24,10	17,20
Média simples	10,50	11,95	18,24	22,37	27,95

* Governo geral.
** Valor referente ao ano mais próximo para o que se dispõe de dados depois de 1870, antes de 1913, depois de 1920 e antes de 1937.
*** Até 1937, dados referentes apenas ao governo central.
Fonte: TANZI, V. Fundo Monetário Internacional, The deminise of the Nation State, *IMF working paper*, WP/98/120, agosto 1998.
 Informações extraídas de GIAMBIAGI, F.; ALÉM, A. C. *Finanças públicas*: teoria e prática no Brasil. Rio de Janeiro: Campus, 1999. p. 26.

Os valores da Tabela 3.1 mostram claramente a trajetória crescente dos gastos públicos em alguns países selecionados. Esse fato é verificado inclusive no período mais recente (veja o anexo deste capítulo), no qual tem havido muitas discussões sobre qual deveria ser o grau de envolvimento do governo na economia, com posições bastante favoráveis à diminuição da participação governamental. Os números, porém, têm mostrado uma trajetória completamente oposta a essa ideia, haja vista que em 2012 a relação gastos públicos sobre o PIB ultrapassou 50 % num grande número de países (veja a Tabela A.3, no apêndice para este capítulo). Ressalte-se ainda o fato de estar listado nesta tabela um grupo de países mais desenvolvidos, nos quais se pressupõe a necessidade de menor participação da ação governamental, sobretudo nos investimentos em infraestrutura.

3.3 MODELOS DE GASTOS PÚBLICOS

Os gastos públicos têm recebido pouca atenção nos estudos das finanças do setor público devido à grande complexidade que os envolvem, principalmente no que se refere às decisões sobre os dispêndios em suas várias funções e atividades. Isso porque muitas dessas decisões são tomadas não de acordo com racionalidade econômica ou social, mas de acordo com conveniências e interesses políticos.

Alguns trabalhos sobre os gastos públicos têm tentado explicar sua evolução mediante a análise do bem-estar ou algumas teorias do crescimento econômico.

Inicialmente, com base na teoria do bem-estar, a análise da ação do governo em tributar e gastar era conduzida com base na situação ideal para o indivíduo e para a sociedade. Após a Segunda Guerra Mundial uma nova linha de estudos foi desenvolvida com base na associação do comportamento dos gastos públicos com o crescimento econômico. Alguns economistas tentaram explicar as forças responsáveis pelo crescimento e pelo comportamento dos gastos públicos, associando-os com os fatores econômicos, políticos e sociais. Para tanto foram utilizados dois tipos básicos de modelos: enquanto o modelo macroeconômico tenta explicar os gastos públicos em termos de tempo e variáveis agregadas, tal como o PIB, o modelo microeconômico tenta explicar o aumento nos gastos públicos por intermédio dos fundamentos microeconômicos do processo de decisão.

3.3.1 Modelos macroeconômicos de crescimento dos gastos públicos

Os modelos macroeconômicos procuram analisar o comportamento dos gastos públicos durante o tempo. Serão discutidos neste subitem três modelos básicos que são:

- a Lei de Wagner sobre a expansão das atividades do Estado;
- o estudo clássico de Peacock-Wiseman sobre o crescimento dos gastos públicos;
- o processo de desenvolvimento e o crescimento dos gastos públicos.

3.3.1.1 *Lei de Wagner sobre a expansão das atividades do Estado*

Basicamente, a primeira tentativa de explicar o crescimento dos gastos públicos foi desenvolvida por Adolph Wagner.[2] Ele tentou estabelecer algumas generali-

---
[2] WAGNER, 1958.

zações sobre o comportamento dos gastos públicos. Seu estudo foi baseado em observações empíricas na Alemanha e outros países europeus, além dos Estados Unidos e do Japão.

Wagner estabeleceu como lei da expansão das atividades do Estado uma situação em que os gastos cresceriam inevitavelmente mais rápido do que a renda nacional em qualquer Estado progressista. A lei da expansão das atividades do Estado representava também a lei dos aumentos e aperfeiçoamentos do aparato fiscal do Estado. Isso ocorreria com maior frequência quanto mais descentralizada fosse a administração do governo.

Uma das primeiras constatações de Wagner foi que o crescimento das atividades do governo era uma consequência natural do progresso social. Com isso, seria também inevitável o crescimento dos gastos públicos. Wagner não se preocupou com o processo da mudança dos gastos, mas com seu comportamento que não poderia ser fixado *a priori*. A sua análise referia-se à taxa de expansão do crescimento dos gastos públicos. Baseado nas observações empíricas, mostrou que, quando a produção *per capita* aumentava, as atividades do Estado e seus gastos aumentavam em proporções maiores do que o produto. A ideia de Wagner pode ser mostrada diagramaticamente por meio da Figura 3.1.

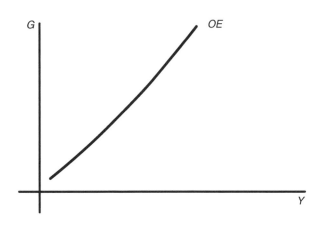

Figura 3.1

Na função $Ge = \alpha y^B$, em que α e B são duas constantes, com $B > 1$, G representa os gastos do governo e Y a produção. Pode-se, então, representar a lei de Wagner dada pela curva OE na Figura 3.1.

Para explicar a existência da lei da expansão das atividades do Estado, Wagner utilizou três argumentos principais. Inicialmente, ele referia-se à necessidade de expansão das funções do Estado relacionadas com a administração e segurança devido à substituição das atividades privadas pelas públicas. Ele argumentava também que o crescimento e a complexidade das relações legais, a inevitável divisão do trabalho oriundo do processo de industrialização, o crescimento da população e a urbanização eram fatores que exigiriam do Estado participação cada vez mais intensa nas funções de proteção e legislação. Esses fatores aumentariam os gastos públicos em atividades de leis e ordem, além das legislações sobre as matérias econômicas, de tal modo que a economia se desenvolveria eficientemente.

Outro argumento usado por Wagner referia-se ao fato de que o crescimento dos gastos públicos sofreria também impactos com a expansão cultural e com o bem-estar, principalmente com referência à educação e distribuição de renda. O crescimento dos gastos públicos em educação, recreação, cultura, saúde e serviços de bem-estar foi explicado por Wagner em termos de suas elasticidades-renda da demanda. Para Wagner esses serviços representavam bens superiores ou elásticos em relação à renda. Assim, com o aumento da renda real da economia, os gastos públicos nos serviços mencionados anteriormente cresceriam mais que proporcionalmente à renda, fazendo com que aumentasse a relação entre os gastos públicos e o PIB.

A terceira hipótese levantada por Wagner relacionava-se com as mudanças tecnológicas e a escala crescente dos investimentos. Esses fatores contribuiriam para que surgisse grande número de monopólios privados que poderiam ser evitados ou controlados pelo Estado no interesse da eficiência econômica. Nesses casos, a participação do Estado aumentaria como uma fonte de estabilidade, influenciando as atividades das grandes empresas, cujo domínio na economia pudesse causar alguma instabilidade.

Pelo que foi exposto fica evidente que o estudo desenvolvido por Wagner não chega ao ponto de se determinar uma lei sobre o comportamento dos gastos públicos. Na realidade, suas hipóteses são baseadas em observações empíricas e num modelo que contém muitas interpretações da evolução dos gastos públicos.

3.3.1.2 Estudo clássico de Peacock e Wiseman sobre o crescimento dos gastos públicos

A análise de Peacock e Wiseman foi baseada na evolução dos gastos públicos no Reino Unido.[3] Eles tomaram por base o crescimento dos gastos do governo e do setor público durante 1890 e 1955. O trabalho por eles desenvolvido tinha três objetivos principais: o primeiro era preencher um espaço nas informações estatísticas disponíveis sobre os gastos do governo a partir de 1890. O segundo era tentar relacionar essas estatísticas com a história econômica do período. Eles acreditavam que o método de análise por eles utilizado poderia contribuir para o entendimento do desenvolvimento econômico britânico na primeira metade do século. Finalmente, outro objetivo era tentar analisar o comportamento dos gastos do governo dentro do contexto histórico e estabelecer algumas hipóteses que ajudassem a explicar o comportamento dos gastos do governo também em outros países.

Duas proposições básicas foram estabelecidas na análise de Peacock e Wiseman. A primeira relacionava os valores *per capita* dos gastos totais com os do PIB e a segunda procurava relacionar o crescimento dos gastos do governo com períodos de distúrbios sociais.

Com base nos dados mencionados, Peacock e Wiseman observaram que duas proposições básicas poderiam ser feitas. Primeiro, notaram que o total dos gastos do governo havia crescido relativamente mais rápido do que o PIB. Segundo, observaram que o nível dos gastos do governo foi claramente afetado pelas duas guerras mundiais, e eles denominaram essas variações como "efeitos deslocamento". Notaram que os gastos governamentais aumentaram significativamente nos períodos de guerra; após esses períodos, o crescimento dos gastos seguiria um caminho normal, porém num nível superior ao anterior à guerra.

Análises por eles aplicadas em outros países mostraram que o efeito deslocamento poderia ocorrer também devido à depressão ou qualquer outro distúrbio social marcante. Esses distúrbios atingiam o nível dos gastos públicos. Tais gastos eram feitos principalmente pelos governos centrais, que aumentavam suas finanças, e autoridades,

---
[3] PEACOCK, 1967.

devido basicamente aos gastos com defesa. Na realidade, notaram que havia substituição dos gastos civis pelos gastos com defesa durante os períodos de guerra, mas após esse período estabelecia-se novamente o padrão normal dos gastos civis. Sobre esse ponto havia três correntes de pensamentos, como mostra a Figura 3.2. Pode-se verificar que nessa figura existem situações dos gastos públicos antes e depois do período da guerra. Na seção 1 os gastos públicos retornam ao caminho e ao padrão normal existente antes da guerra. Por outro lado, a seção 2 mostra que após o período de guerra os gastos públicos seguiriam o novo padrão de crescimento, acompanhando o acréscimo ocorrido no período de guerra. Finalmente, na seção 3 observa-se um temporário aumento nos gastos civis após a guerra, e depois de determinado tempo o nível de crescimento dos gastos públicos alcançou novamente o caminho que vinha sendo seguido antes da guerra. Enquanto as interpretações das análises de Peacock e Wiseman favoreciam a situação da seção 2, Musgrave e Bird[4] optaram pelo caso da seção 3, enquanto os estudos de Wagner nos levariam a uma aproximação do caso da seção 1.

Para Peacock e Wiseman havia descontinuidade nas taxas de crescimento das relações entre os gastos públicos e o PIB. Isso era causado pelos efeitos deslocamento

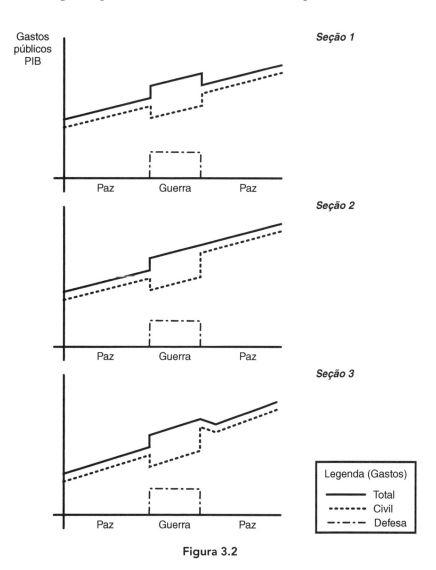

Figura 3.2

---
[4] BIRD, 1971.

e havia aproximação muito grande com o tolerável nível da carga tributária. Esse nível de tolerância varia de acordo com as circunstâncias em que a sociedade vive. Num período de estabilidade política, econômica e social, a ideia da sociedade sobre o nível da carga tributária permanece também estável. Porém, se houver qualquer distúrbio na sociedade, os indivíduos normalmente alterarão seus níveis de tolerância quanto ao peso da carga tributária, devido, sobretudo, aos papéis de proteção, de segurança e de supridor de benefícios desenvolvidos pelo governo. Na realidade há diferença nas ideias dos indivíduos quanto ao tolerável nível de tributação e as suas noções dos desejáveis níveis dos gastos públicos. Isso acontece porque a escolha política no uso dos recursos públicos difere substancialmente daquelas feitas através do sistema de mercado tradicional. Alguns serviços prestados pelo governo durante o período dos distúrbios sociais são feitos com baixo nível da carga tributária. Porém, a manutenção desses serviços após os distúrbios exigiria que houvesse elevação da carga tributária nem sempre aceita pela sociedade.

Além do efeito deslocamento, Peacock e Wiseman detectaram, ainda, dois outros tipos: o efeito imposição e o efeito inspeção. O primeiro expressa um novo sentimento de igualdade e de coletivismo na sociedade. Isso surgiria como consequência dos problemas sociais ocorridos que levariam a sociedade a dar mais importância à provisão coletiva dos serviços de saúde, educação, bem-estar social etc. Por outro lado, o efeito inspeção resultaria na expectativa da sociedade por melhor nível dos serviços prestados pelo governo, o que havia sido alcançado como consequência dos aumentos dos gastos públicos por ocasião dos distúrbios sociais. Esses dois efeitos poderiam alterar a concepção da sociedade sobre o tolerável nível de tributação e de certa forma explicar as mudanças ocorridas nas relações entre os gastos públicos e o PIB.

3.3.1.3 *Modelos de desenvolvimento e crescimento dos gastos públicos*

Esses modelos tentam associar o crescimento dos gastos públicos com os estágios de crescimento do país. Eles são representados pelos trabalhos de Musgrave, Rostow e Herber.[5]

Normalmente, a importância do setor público em um país é medida por meio de seu grau de desenvolvimento e, também, por intermédio da renda *per capita*. Acontece, porém, que cada país possui as suas peculiaridades políticas e sociais que interferem diretamente na estrutura do setor público e na própria renda *per capita*. Dessa forma, o relacionamento existente entre a renda *per capita* e as políticas fiscais pode ser completamente diferente ao se analisarem as situações de diversos países. Isso porque cada país tem sua estrutura econômica, política e social alterada à medida que há crescimento, que há o efeito demonstração das sociedades vizinhas, que há a necessidade de se desenvolverem quantitativa e qualitativamente os serviços de bem-estar, de desenvolver as infraestruturas econômica e social etc. Todos esses fatores terão, portanto, grande efeito sobre a renda *per capita* do país.

Musgrave arguiu que, assumindo a importância desses fatores, a eficiente estrutura do setor público variará de acordo com o estágio de desenvolvimento econômico do país, medido pelo crescimento da renda *per capita*.

Para Musgrave a formação bruta de capital do setor público coloca-se como importante fator nos primeiros estágios de desenvolvimento e crescimento econômico do país.

---
[5] MUSGRAVE, 1979.

Nesses estágios, os investimentos do setor público em relação ao total dos investimentos da economia são bastante significativos. Isso porque, nesses estágios, há necessidade de grandes investimentos em infraestruturas sociais e econômicas, tais como transporte, estradas, saneamento, educação, administração pública etc. Pelo que já se viu no Capítulo 1, esses serviços, por sua natureza, requerem participação ativa e significante do setor público para que sejam oferecidos à sociedade. Segundo Musgrave, os investimentos públicos nessas áreas tornam-se indispensáveis para que o país se desenvolva e alcance estágio superior e intermediário de desenvolvimento econômico e social. Ao atingir esse estágio intermediário, o governo continua a investir, desempenhando apenas papel de complementação ao crescimento dos investimentos no setor privado. Em ambos os casos, existirão falhas no mecanismo de mercado, o que requerirá mais envolvimento do setor público. Sobre esse aspecto, Musgrave argumenta que nos estágios iniciais a proporção entre a formação bruta de capital público e o total do investimento será significativamente elevada. Ela declinará à medida que haja o crescimento e o desenvolvimento econômico. Destaca, porém, que nos últimos estágios de desenvolvimento esta relação voltaria a crescer devido ao "peculiar estágio da renda e suas necessidades de capital".[6] Rostow, por sua vez, também admite a existência das relações entre a participação do setor público e os estágios de desenvolvimento do país, acrescentando que a relação dos gastos públicos com o PIB volta a crescer nos últimos estágios de crescimento devido aos gastos de investimentos nos "serviços sociais", que de maneira proporcional crescerão relativamente mais que outros itens dos gastos.

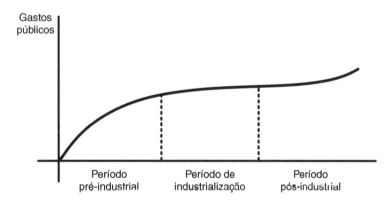

Figura 3.3 Período de industrialização e os gastos públicos.

Herber, por seu turno, desenvolve a Lei de Wagner e associa a participação e o crescimento dos gastos públicos com os estágios de industrialização do país (Figura 3.3). Para ele, no período pré-industrial há necessidade de participação mais ativa dos investimentos do setor público em áreas básicas para o processo de industrialização do país, o que acelera a ritmo de crescimento dos gastos públicos em taxas superiores às do crescimento da renda. Quando o país atingir estágio de maturidade no nível de industrialização, a participação do setor público e o consequente nível dos gastos públicos permanecerão mais ou menos estáveis, mesmo que haja elevação no nível de renda. Num período pós-industrial torna-se novamente necessária uma injeção de investimentos do setor público para que a economia e o país alcancem novo período de industrialização num nível de renda superior àquele do estágio anterior.

---

[6] Veja MUSGRAVE. R. A. Op. cit. p. 77.

Na realidade, existe identidade muito forte nos três modelos apresentados. Todos eles associam o crescimento dos gastos públicos com os vários estágios de desenvolvimento econômico dos países. No geral, o que se pode concluir é que, de acordo com o que foi apresentado, existem três etapas no processo de desenvolvimento dos países que requerem, em geral, diferentes graus de envolvimento do setor público em diferentes atividades. Dessa forma, espera-se que, nos estágios iniciais de crescimento de qualquer país, haja necessidade de significativo envolvimento do setor público a fim de adequar a sua estrutura para, assim, promover seu crescimento e o desenvolvimento econômico e social. Para tanto é necessário grande volume de investimentos públicos que, sem dúvida alguma, elevam substancialmente o nível dos gastos públicos. Após essa etapa, porém, já não existe a demanda por grandes investimentos por parte do setor público. Nessa fase intermediária, os gastos públicos não variam substancialmente, já que o setor público estará apenas complementando as atividades exercidas pelo setor privado. Após esse estágio, a participação do setor público pode tomar rumos diferentes. Ela poderá ser aumentada pela demanda da sociedade por melhores níveis e bem-estar social. Nesse caso haveria necessidade de grandes investimentos do governo nas atividades de "serviços sociais", o que, sem dúvida, elevaria significativamente o nível dos gastos públicos. Esses gastos, por sua vez, poderiam ser aumentados pela demanda por maior participação do governo na retomada de novo processo de desenvolvimento. Nesse caso, a participação do governo estaria exercendo, em tese, a mesma função exercida no estágio inicial do processo de desenvolvimento e crescimento econômico. Assim, observa-se que, com base no que foi mencionado, o grau da participação e dos gastos públicos de um país obedece a um ciclo no qual o envolvimento do governo dependerá do estágio atual de desenvolvimento e das perspectivas políticas do país. É evidente, porém, que, em teoria, esses seriam os caminhos naturais do envolvimento do setor público nas atividades dos países com repercussões diretas nos seus níveis de gastos públicos. Entretanto, o grau de participação do governo dependerá, obviamente, das flutuações circunstanciais ocorridas nas estruturas políticas, econômicas e sociais de cada país.

3.3.2 Modelos microeconômicos dos gastos públicos

Os modelos microeconômicos dos gastos públicos tentam mostrar os fatores que determinam e influenciam a produção e a oferta dos serviços públicos. Assim, esses modelos procuram analisar as variações nas demandas pelos vários serviços prestados pelo setor público. Para explicar tais alterações, além do uso das variáveis econômicas, serão considerados, também, alguns elementos políticos e sociais. Além disso, deve-se observar que, primeiro, esses são modelos positivos que tentam explicar o caminho dos gastos públicos e os fatores que geram seu crescimento; segundo, o modelo não se preocupa com o equilíbrio orçamentário nem com a eficiência da oferta da produção pública. Terceiro, como um modelo positivista, algumas proposições simples serão consideradas. Finalmente, esses modelos são desenvolvidos na forma estática comparativa e com algumas limitações.

Considerando esses aspectos, os modelos microeconômicos do crescimento dos gastos públicos podem ser desenvolvidos, tendo-se em mente que procurarão explicar as variações nas demandas pelos produtos finais do setor público. Além disso, eles se preocuparão em analisar as alterações no conjunto das atividades de produção dos serviços públicos, na sua qualidade, nos preços e na quantidade de serviços a serem por ele produzidos.

3.3.2.1 Determinação do nível da produção

Em princípio, a oferta dos bens e serviços públicos obedece a uma demanda feita pela sociedade. Entretanto, essa demanda poderá ser revelada de forma diversificada e diferenciada, dependendo do tipo de serviço a ser prestado, da forma de representação política da sociedade, da quantidade do bem já oferecido no mercado etc.

A análise da determinação do nível de produção que será desenvolvida não se preocupará com a forma pela qual a demanda é revelada, tomando-a, porém, como dada pela sociedade. Assim, as alterações nos níveis de produção e nos preços dos bens públicos podem ser demonstradas graficamente por intermédio da Figura 3.4.

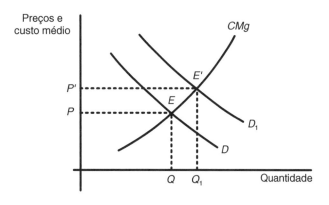

Figura 3.4

Na Figura 3.4 tem-se que o custo da oferta do bem público é representado pelo custo marginal (CMg). Por outro lado, a demanda inicial por esse bem é representada por D. A posição inicial de equilíbrio é dada por E, em que P, além de representar o custo da oferta, mostra, também, o preço que a sociedade deveria pagar para obter a quantidade Q do bem em questão. Essa figura serve para explicar, simplificadamente, como ocorrem as variações na quantidade ofertada de certos bens públicos e as consequentes elevações nos gastos. Havendo, por qualquer motivo, variação na demanda pelo bem público, haveria, como consequência, alteração nos preços desses bens e na sua quantidade ofertada. Nesse caso, com a nova curva de demanda D_1, o novo preço seria P e a quantidade ofertada de equilíbrio aumentaria de Q para Q_1, o que acarretaria acréscimo nos gastos do governo.

3.3.2.2 Aumento dos gastos em razão da deterioração dos serviços

Uma série de fatores pode intervir na produção de determinado bem público, fazendo com que, com o passar do tempo, ele se deteriore e haja necessidade de aumento nos gastos públicos. Tome-se, por exemplo, o caso da proteção policial de determinada área ou região. A estrutura policial será determinada com base numa situação real definida em função dos problemas existentes. Assim, será definido, por exemplo, o número de policiais necessários, viaturas policiais etc., a fim de que a população seja protegida. Caso haja aumento no nível de criminalidade, assaltos etc., a estrutura de segurança montada pode não estar adequada para atender à nova demanda por esses serviços. Com isso haverá a necessidade da adequação da estrutura policial diante da nova situação existente na sociedade. Isso implica, em última instância, elevação dos gastos públicos nesses serviços.

3.3.2.3 Variações demográficas e gastos públicos

As mudanças demográficas têm sido citadas como importante variável para explicar as alterações e o crescimento dos gastos públicos. Essas variações e o aumento dos gastos são consequências não somente do acréscimo absoluto da população, mas também da sua própria distribuição etária.

É de se esperar que haveria aumento na demanda por serviços como segurança, saúde, educação etc., caso houvesse variação no nível populacional. Em princípio, pode-se afirmar que, se o tamanho da população aumentar, o nível de algumas atividades exercidas pelo setor público deverá também ser aumentado para satisfazer a essa nova população. A consequência imediata dessa mudança seria o acréscimo no total dos gastos do setor público. Entretanto, deve-se observar que essa regra não pode ser generalizada, já que o relacionamento entre o tamanho da população e os gastos públicos dependerá da natureza dos bens e serviços em questão. Por exemplo, não é de se esperar que os gastos com os bens públicos puros aumentem como consequência do crescimento da população. Isso porque, como se viu, esses bens têm custo marginal igual a zero. Por outro lado, serviços como saúde, escolas, asilos etc. poderão exigir aumento de gastos como resultado das variações ocorridas na população. Por exemplo, se houver predominância na população de pessoas da faixa etária mais velha, haverá necessidade de aumentar os gastos com os asilos, ou se, por outro lado, a predominância for da população mais jovem, haverá necessidade de gastos mais significativos na área educacional, especialmente no estágio de alfabetização. Assim, variações no nível populacional poderão afetar o montante de recursos públicos destinados a determinados serviços e, na maioria dos casos, isso provocará aumento nos gastos públicos. Em última instância isso dependerá da natureza do bem a ser oferecido e da composição etária da população.

3.3.2.4 Custo dos fatores do setor público e gastos públicos

As análises desenvolvidas até agora relacionam o aumento dos gastos públicos com a expansão de determinadas atividades providas pelo governo. O aumento nos gastos do governo acontecerá, então, por necessidade de ajustamento da oferta dos bens públicos diante das variações ocorridas nas demandas por esses bens na sociedade. O que se pretende nesta seção é mostrar que poderá haver aumento no nível dos gastos públicos sem que haja alterações na quantidade dos bens oferecidos pelo governo. Este fato ocorrerá pela inexistência de vantagens do crescimento via produtividade, economias de escala e variações tecnológicas em grande número das atividades do governo.

Baumol[7] dividiu a economia em dois setores, um progressivo e o outro não progressivo. Considerou como progressivo aquele setor caracterizado pelo aumento cumulativo da produtividade por homem/hora. Esse crescimento na acumulação seria consequência das economias de escala e das mudanças tecnológicas. Por outro lado, denominou como não progressivo o setor caracterizado pela taxa de produtividade do trabalho mais baixa do que aquela existente no setor progressivo. O diferencial de produtividade existente entre os dois setores é de vital importância dentro dessa análise. Isso porque, enquanto no setor progressivo o trabalho é um instrumento utilizado para se obter um produto final, no setor não progressivo o trabalho representa o próprio produto final. Isso significa que, no caso do setor progressivo, o trabalho pode

---
[7] BAUMOL, 1967.

ser facilmente substituído pelo capital sem afetar a natureza do produto. No setor não progressivo, porém, a redução no trabalho afeta diretamente o bem que está sendo produzido, já que o trabalho representa em si mesmo grande parte do produto final que está sendo consumido.

O setor não progressivo inclui normalmente a indústria de serviços, por exemplo, aquelas atividades exercidas pelos governos federal, estadual e municipal, cuja característica básica é o trabalho intensivo na sua produção. Isso faz com que os esporádicos aumentos que porventura ocorram na produtividade desses setores sejam bastante modestos em termos de taxa de crescimento das outras atividades produtivas. A consequência dessa diferenciação no nível de produtividade dos dois setores é que os trabalhadores do setor não progressivo tentarão mudar para o setor progressivo em busca de melhor remuneração. Isso só não ocorreria se a remuneração nos dois setores fosse igual. Considerando, porém, que no setor não progressivo o aumento da produtividade é inferior ao do setor progressivo, conclui-se que o custo unitário no primeiro setor aumentará, proporcionalmente, mais do que o do segundo. Isso significa que o custo de oportunidade da produção no setor não progressivo aumentará relativamente aquele setor progressivo em certo período de tempo. Como o setor público é caracterizado por uma série de atividades em que o trabalho representa também o produto final, ele se define como um setor não progressivo. Se, no setor público, o aumento da produtividade é inferior àquele dos outros setores da economia e se os salários movem-se em linha com esses setores, os gastos públicos aumentarão como consequência dos acréscimos nos custos do setor público, via salários.

3.4 COMENTÁRIOS FINAIS

Dada a complexidade do envolvimento do setor público na economia, é praticamente impossível explicar o comportamento dos gastos públicos através de um só fator. Isso porque, na realidade, existe uma série de fatores que afeta direta ou indiretamente o nível dos gastos públicos, bem como as oscilações neles ocorridas. De qualquer forma, as tentativas de explicar esse comportamento pelos modelos aqui desenvolvidos contribuem significativamente para esclarecer parte das razões do crescimento dos gastos públicos. Deve-se, porém, reconhecer que o fenômeno das despesas públicas é uma conjugação dos aspectos político, econômico e social. Aos pontos aqui analisados deve-se destacar, ainda, que fatores como a renda nacional, a capacidade do governo em obter receitas, problemas sociais, mudanças políticas, desenvolvimento tecnológico, gastos públicos em períodos anteriores etc. afetam direta ou indiretamente o comportamento e o nível dos gastos governamentais em qualquer país do mundo.

BIBLIOGRAFIA BÁSICA

BANCO MUNDIAL. Informe sobre el desarrollo mundial, 1984. *World Development Report*, 1989.

_____. *World Development Report*, 1994.

BAUMOL, W. J. The macroeconomies of unbalanced growth. *American Economic Review*, 57, June 1967.

BROWN, C. V.; JACKSON, P. M. *Public sector economics*. Oxford: Martin Robertson, 1978.

FMI. *Government statistics yearbook*. Washington: International Monetary Fund, 1994.

FUNDAÇÃO GETULIO VARGAS. Contas Nacionais. *Conjuntura Econômica*, set. 1988.

GIAMBIAGI, F.; ALÉM, A. C. *Finanças públicas*: teoria e prática no Brasil. Rio de Janeiro: Campus, 1999.

HERBER, B. P. *Modern public finance*. 4. ed. Homewood: Richard D. Irwin, 1979.

MINISTÉRIO DA FAZENDA. *Execução orçamentária dos Estados e Municípios*. Secretaria do Tesouro Nacional, vários anos.

_____. Secretaria de Economia e Finanças.

MUSGRAVE, R. A. *Fiscal System*. Yale: Yale University Press, 1969.

_____. *The theory of public finance*. New York: McGraw-Hill, 1958.

PEACOCK, A. T.; WISEMAN, J. *The growth of public expenditure in the United Kingdom*. Londres: George Allen & Unwin, 1967.

ROSTOW, W. W. *Politics and the stage of growth*. Cambridge: Cambridge University Press, 1971.

SILVA F. A. R. et al. *Política fiscal e programação dos gastos do Governo*. Rio de Janeiro: Ipea/Inpes, 1976.

WAGNER, A. Three extracts on public finance. In: MUSGRAVE, R. A.; PEACOCK, A. T. *Classics in the theory of public finance*. Londres: Macmillan, 1958.

Apêndice ao Capítulo 3
Gastos Governamentais no Brasil

INTRODUÇÃO

Este apêndice tem por objetivo apresentar um conjunto de informações que possibilite destacar a estrutura e o crescimento dos gastos governamentais no Brasil, comparando-as com algumas informações de outros países, e apresentando-as por níveis de governo.

Do ponto de vista agregado, as informações apresentadas destacam a evolução e o crescimento no volume dos gastos públicos no Brasil, tanto em termos reais quanto nas suas comparações com o PIB. Na realidade, houve uma mudança significativa na composição dos gastos em função da elevação dos encargos da dívida, fruto da política de juros altos praticada pelo governo federal, sobretudo após 1995.

No tocante à estrutura de gastos por níveis de governo, os dados foram atualizados e outras informações foram introduzidas na análise, possibilitando melhor entendimento e conhecimento da composição dos gastos na União, nos Estados e nos Municípios brasileiros.

A.1 CRESCIMENTO DOS GASTOS GOVERNAMENTAIS NO BRASIL

A experiência brasileira mostra que o comportamento dos gastos governamentais tem, de certa forma, acompanhado a tendência mundial, uma vez que o volume e o crescimento desses gastos têm, também, aumentado significativamente nos últimos 30/40 anos. Esses gastos correspondiam a uma modesta parcela do PIB, mas hoje apresentam índices relativamente mais elevados do que os de certos países europeus, além de serem maiores do que os da maioria dos países latino-americanos.[8]

A evolução da magnitude dos gastos governamentais brasileiros pode ser visualizada através da Tabela A.1 e no Gráfico A.1, que destacam os valores dos gastos governamentais a preços de 1986, corrigidos pelo IGP-DI médio.

Os dados apresentados relacionam os valores dos gastos governamentais no Brasil no período de 1907 a 1994.

Deve-se, contudo, ter algumas ressalvas quanto aos valores apresentados relativos aos períodos iniciais. À exceção da década de 1920, na qual os gastos apresentaram um decréscimo real, nos demais períodos, as despesas do governo sempre tiveram uma trajetória crescente. Os dados revelam também que tal comportamento

---

[8] Veja Banco Mundial. *World Development Report*, 1994 e Tabela A.2.

se tornou mais significativo após a década de 1950 e, principalmente, após a década de 1960. Esses períodos são caracterizados por uma presença mais ativa do governo nas atividades econômicas do país. Por essa razão, as taxas de crescimento real tornaram-se muito mais elevadas que em períodos anteriores. Os dados demonstram que, entre 1960 e 1980, as taxas decenais de crescimento real foram superiores a 100 %. Após 1980, permanece ainda a situação de crescimento real, porém em ritmo mais lento do que o anterior. De 1980 a 1994, os gastos governamentais aumentaram aproximadamente 74 %.

Tabela A.1 Evolução dos gastos governamentais no Brasil — 1907/1994 — Anos selecionados

Anos	Cr$ Milhões/86	Taxa de Crescimento Real Anual
1907	18.283	
1910	27.052	48
1920	16.794	−38
1930	28.540	70
1940	41.720	46
1950	68.772	65
1960	137.597	100
1970	319.678	132
1980	742.929	132
1986	1.128.188	52
1990	1.285.288	14
1994	1.292.431	0,5

Fonte: Contas Nacionais, Conjuntura Econômica, set. 1988, jan. 1993 e nov. 1995; SILVA, 1976, p. 74.

Gráfico A.1 Evolução dos gastos governamentais no Brasil — 1907/1994

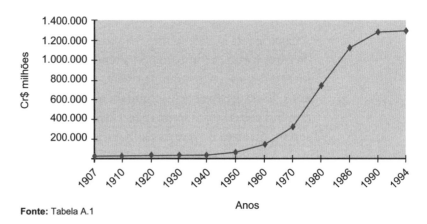

Fonte: Tabela A.1

Embora esses dados tenham revelado aumentos reais das despesas governamentais, suas relações com o PIB não se manifestaram com tais intensidades. Na realidade, como mostram os dados da Tabela A.2 e do Gráfico A.2, até o início da década de 1980, a relação dos gastos governamentais com o PIB se manteve num patamar médio de 19 % a 21 %. Porém, como mostram os dados da Tabela A.2, esses patamares elevaram-se significativamente a partir do início da década de 1980.

Tabela A.2 Brasil — Gastos Governamentais em relação ao PIB — 1947/2013 — %

Anos	%	Anos	%	Anos	%	Anos	%	Anos	%	Anos	%
1947	17,1	1959	22,4	1971	21,6	1983	25,6	1995	37,1	2007	37,3
1948	18,3	1960	23,3	1972	22,3	1984	25,1	1996	36,1	2008	36,5
1949	19,8	1961	23,9	1973	23,5	1985	29,7	1997	47,7	2009	36,6
1950	19,9	1962	24,1	1974	21,3	1986	30,7	1998	48,8	2010	36,0
1951	19,7	1963	23,7	1975	21,9	1987	31,1	1999	37,0	2011	37,9
1952	18,8	1964	23,6	1976	22,2	1988	37,1	2000	35,9	2012	38,3
1953	21,5	1965	24,8	1977	21,8	1989	46,1	2001	37,3	2013	38,9
1954	19,5	1966	23,6	1978	22,3	1990	44,1	2002	36,1		
1955	19,2	1967	25,1	1979	21,4	1991	29,6	2003	36,1		
1956	21,1	1968	24,8	1980	22,6	1992	38,6	2004	34,7		
1957	21,7	1969	25,1	1981	22,6	1993	42,1	2005	36,3		
1958	22,2	1970	22,4	1982	24,8	1994	37,4	2006	37,2		

Fonte: *Estudos Tributários*, Ministério da Fazenda 2014. Silva F.A.R et al., *Política Fiscal e Programação dos Gastos do Governo*, Rio de Janeiro, IPEA/INPES, 1976, pg. 85 e Contas Nacionais, Conjuntura Econômica, FGV, Set/98, Jan/93 e Nov/95, Banco Central do Brasil e Receita Federal.

Os valores apresentados na Tabela A.2 mostram que os gastos governamentais apresentaram situações distintas e, no período analisado, de 1947 a 1952, as mudanças nas relações não foram significativas, permanecendo na média de 19 %; entre 1956 e 1970, a média elevou-se para aproximadamente 23,5 %; de 1970 ao início da década de 1980, ela diminui para um valor médio próximo a 22 % e elevou-se para um patamar médio de 39 % a partir de 1988.

Gráfico A.2 Brasil — Evolução dos gastos governamentais — % do PIB — 1947/2013

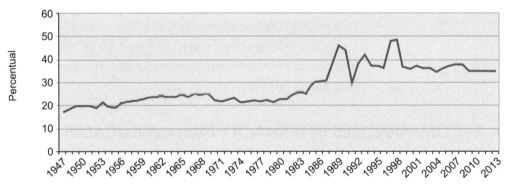

Fonte: Tabela A.3

A partir de 1982 observa-se, pelo Gráfico A.2, que o nível dos gastos eleva-se outra vez, com crescimentos significativos que mantiveram-se em patamares médios próximos a 39 %. Porém, chama a atenção o período entre 1983 e 1998, no qual as relações sofreram desvios mais significativos com os percentuais superando 40 % e em alguns anos até mesmo próximo a 50 %.

Alguns autores brasileiros tentaram associar as hipóteses teóricas do chamado "efeito deslocamento ou translação", de Peacock e Wiseman,[9] com os períodos de mudanças nos patamares dos gastos governamentais no Brasil.

---

[9] PEACOCK, 1967.

Silva e outros[10] associaram tais efeitos aos períodos de 1947/50, 1955/60 e 1965/68. Pelos dados apresentados, pode-se acrescentar ainda, principalmente, os períodos de 1985/1987 e 1988/1990 como característicos de tais efeitos.

O acréscimo ocorrido entre 1947 e 1950 é consequência da Segunda Guerra Mundial, que forçou um aumento nos gastos governamentais para satisfazer às demandas surgidas neste período. Entre 1955/1960 houve um crescimento em suporte à política de desenvolvimento adotada no país, utilizando, inclusive, o mecanismo inflacionário para financiar tais gastos. Basta dizer que, nesse período, o déficit governamental em relação ao PIB aumentou de 0,7 % para 2,9 % e que os recursos disponíveis ao setor público cresceram de 16,5 % para 22,8 %, também em relação ao PIB.

A partir de 1964, houve uma mudança na estrutura política do país que utilizou os gastos governamentais com a finalidade de combinar o desenvolvimento econômico com a estabilidade do nível dos preços. A redução do déficit público, objetivo da nova política, requereu um aumento da carga tributária, de forma que o montante de recursos disponíveis necessários ao crescimento econômico fosse obtido.

Os crescimentos observados na década de 1980 e, principalmente, na de 1990, refletem a crise que caracterizou o país nesses períodos. Apesar de ter havido momentos de grande recessão econômica, o governo não foi capaz de reduzir seus gastos, que foram fortemente influenciados pelo excessivo crescimento de sua máquina administrativa e, sobretudo, dos elevados encargos financeiros, como consequência de seu processo de endividamento e das altas taxas inflacionárias. Alia-se também a esses fatos os elevados incentivos fiscais concedidos pelo governo, sobretudo no início da década de 1980. O fato é que o descontrole financeiro do governo comprometeu fortemente suas finanças, e as operações de crédito, via títulos públicos, se tornaram cada vez mais significativas. Esse permanente descontrole comprometeu cada vez mais uma parcela maior de receitas do governo para pagamento e encargos financeiros. Assim, os períodos destacados entre 1985/87 e 1988/90, com gastos governamentais correspondentes, respectivamente, a 35 % e 43 % do PIB, caracterizam-se também como um efeito deslocamento, provocado especificamente pela brutal elevação dos encargos da dívida pública.

A.2 COMPARAÇÕES INTERNACIONAIS: EVOLUÇÃO E SITUAÇÃO ATUAL

Observando o crescimento real dos gastos governamentais no Brasil e suas relações com o PIB, nota-se que o Brasil apresenta um percentual bem inferior ao dos países europeus e outros que fazem parte da OECD (Organization for Economic Cooperation and Development). A Tabela A.3 apresenta as relações entre os gastos e o PIB dos países que fazem parte da OECD. Embora as relações individuais de cada país sofram mudanças bastante diferenciadas, o que se observa é uma trajetória crescente na maioria dos países cujos índices relativos atingem mais de 50 % numa grande parte deles, sobretudo na passagem de 1975 para 1980. Após esse período, a relação média diminuiu e girou em torno de 48 % em 2000. Nos anos seguintes, ela volta a apresentar trajetória levemente crescente, após 2005, tanto na Zona do Euro quanto na média da OECD.

---

[10] SILVA, 1976.

Tabela A.3 Despesa total do governo em países selecionados[1] — OECD — 1975/2013

Países	1975	1980	1985	1990	1995	2000	2005	2008	2013
Estados Unidos	33,5	31,4	32,9	37,1	37,0	33,8	36,5	39,2	39,0
Japão	26,8	32,0	31,6	31,8	36,5	38,8	36,4	36,9	43,1
Alemanha	48,4	47,9	47,0	43,6	48,3	45,1	47,0	44,1	44,6
França	43,4	46,1	52,2	49,4	54,4	51,6	53,6	53,3	57,0
Itália	41,6	42,1	51,2	52,9	52,2	45,8	47,9	51,9	50,6
Reino Unido	44,4	43,0	44,0	42,4	41,4	34,1	43,4	47,2	47,1
Canadá	38,5	38,8	45,3	48,8	45,8	40,5	38,4	39,2	41,1
Dinamarca	48,2	56,2	59,3	55,9	58,9	53,7	52,8	51,5	57,2
Suécia	48,4	60,1	63,3	61,3	62,9	55,1	53,9	51,8	52,8
Austrália	22,3	34,1	34,9	36,6	35,3	34,0	33,3	34,0	35,1
Áustria	36,4	48,1	48,3	38,6	55,9	51,9	50,0	49,5	51,3
Bélgica	34,7	57,8	56,1	54,3	51,7	49,1	51,9	49,8	54,7
Holanda	38,9	55,8	54,7	55,8	49,1	44,1	44,8	46,2	49,7
Nova Zelândia	27,3	38,1	39,1	41,1	35,1	38,0	38,1	41,7	43,2
Zona do Euro	47,1	53,5	54,8	53,8	50,5	46,2	47,4	47,2	49,8
Média OECD	38,1	45,1	47,1	46,4	41,5	38,5	39,3	40,9	42,1

Fonte: OECD Economics Outlook, banco de dados 95.
Nota: Os dados se referem ao setor de administrações públicas, o que é uma consolidação de contas para os governos central, estaduais e locais, além da segurança social.
1. Estes dados incluem despesas líquidas de excedentes de exploração das empresas públicas.

Dados dessa relação referentes a 2013 são apresentados na Tabela A.4 distribuídos entre alguns países da OECD, da América Latina e dos Brics.

Tabela A.4 Gastos governamentais em relação ao PIB — Países selecionados — 2013

Países	%	Países	%
OECD		**América Latina**	
Holanda	49,7	Argentina	40,9
Portugal	48,7	Bolívia	35,4
Itália	75,1	Chile	23,2
Reino Unido	47,1	Colômbia	28,9
Dinamarca	57,2	Equador	44,0
Suécia	52,8	México	26,6
Bélgica	54,7	Paraguai	19,1
França	57,0	Peru	19,1
Alemanha	44,6	Uruguai	32,6
Japão	43,0	Venezuela	40,1
Estados Unidos	39,0	*Média*	*31,0*
		Brics	
Média	*47,4*	África do Sul	32,1
		China	23,9
		Índia	27,2
		Rússia	35,8
Brasil	**39,0**	*Média*	*31,5*

Fonte: Dados básicos OECD Stat.Extracts e Index of Economic Freedom — 2014.

As informações da Tabela A.4 destacadas no Gráfico A.3 mostram que o Brasil apresentou, em 2013, uma taxa relativa dos gastos governamentais em relação ao PIB superior à média dos países destacados da América Latina (cujo valor foi fortemente influenciado pelos dados da Argentina, do Equador e da Venezuela) e à dos Brics e inferior aos países da OECD.

Gráfico A.3 Gastos públicos em relação ao PIB — Média — % — 2013

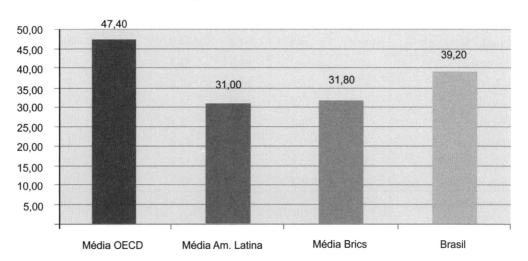

Embora as relações anteriores sejam úteis para posicionar a situação do Brasil perante outros países, suas análises e, principalmente, suas comparações devem ser feitas com muito cuidado. Isso porque não existe uma metodologia única de apropriação e de composição desses gastos. Dessa forma, se as metodologias não forem pelo menos muito próximas, pode-se incorrer em graves erros de avaliações. Contudo, para efeito de uma primeira observação, não existe outro meio a ser seguido.

É importante destacar ainda que deve ser feita uma análise adequada sobre a eficiência desses gastos para que se possa ter uma melhor avaliação deles, ou seja, o fato de um país ter um percentual mais elevado do que o outro não implica necessariamente maior ou melhor oferta de serviços e bens à sociedade. Tais fatores são revelados através de análises pormenorizadas dos gastos em cada situação. Enquanto em alguns países os elevados gastos se consubstanciam em melhores ofertas de serviços públicos à sociedade, em outros, o elevado índice de despesas não tem relação direta com tal fato. Isso ocorre inclusive com a experiência brasileira. Como será mostrado no item A.3, o grande componente explicativo da mudança ocorrida com os gastos governamentais a partir de 1985 e o elevado volume financeiro da dívida pública brasileira que, a rigor, não se traduz em nenhuma melhora específica de bens e serviços prestados pelo governo.

Embora essas ressalvas sejam importantes, as relações apresentadas são úteis para que se possa ter um primeiro retrato quantitativo do volume de recursos da economia que são alocados diretamente com a participação do governo, não só no Brasil, mas também em outros países. Embora esses dados apresentem uma razoável defasagem, os indicativos são os de que as relações que eles mostram não sofreram grandes alterações nos períodos mais recentes.

A.3 DISTRIBUIÇÃO E ESTRUTURA DOS GASTOS GOVERNAMENTAIS NO BRASIL

As avaliações a seguir têm por objetivo apresentar, de formas diferentes, os gastos governamentais no Brasil. Tais apresentações se farão não somente em função das diversas formas de apresentação de dados, mas também por níveis de governo. Os valores serão apresentados de acordo com as formas analisadas na parte teórica dos gastos públicos, ou seja, em grandes agregados, por categorias econômicas e por funções.

Conforme foi destacado na parte teórica, os gastos governamentais por grandes agregados apresentam, de forma mais ampla, as despesas realizadas pelos níveis de governo que compõem a administração governamental. Isso significa que, no caso do Brasil, esses valores estariam retratando o somatório dos gastos realizados pelo governo federal mais os gastos dos estados, municípios e do Distrito Federal.

A Tabela A.5 destaca a consolidação das contas públicas no Brasil em 2012, considerando o orçamento fiscal e a seguridade social. Os valores são distribuídos em categorias econômicas em seus grandes grupos.

Tabela A.5 Demonstrativo da execução orçamentária — Consolidado nacional — Brasil — Despesas por categorias — Orçamento fiscal e da seguridade social — 2013 (R$ milhões)

Composição	Brasil Despesas	%
1 - Despesas Correntes	**1.894.902**	**70,02**
1.1 - Pessoal e encargos	587.201	21,70
1.2 - Juros e encargos da dívida*	158.954	5,87
1.3 - Outras despesas correntes	1.148.747	42,45
2 - Despesas de Capital	**811.249**	**29,98**
2.1 - Investimentos	133.897	4,95
2.2 - Inversões financeiras	78.516	2,90
2.3 - Amortização da dívida*	598.835	22,13
3 - Despesa total (1+2)	**2.706.151**	**100,00**

Fonte: SISTN - STN-MF.
* A amortização e parte dos juros não foram pagos, sendo refinanciados.

Os valores revelam uma predominância dos gastos correntes do governo que absorveram em 2013, 70,02 % do total dos gastos públicos no país.

Chama a atenção na Tabela A.5, com destaque no Gráfico A.4, a elevada participação dos serviços da dívida no total dos gastos realizados. Do total dos gastos agregados de todos os níveis de governo, 28 % referem-se aos serviços da dívida (juros, encargos e amortizações).[11] Este ponto é relevante, pois os encargos da dívida se constituem no segundo item de maior destinação dos recursos arrecadados pelo governo, e não pessoal ativo, como normalmente se divulga na mídia.

---

[11] Ressalte-se que os valores dos serviços da dívida referem-se aos valores devidos, portanto, não estão sendo considerados os refinanciamentos.

Gráfico A.4 União — Composição da Despesa Orçamentária de Capital — 2013 — %

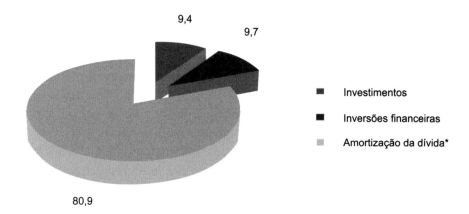

Os dados mostram, ainda, que os compromissos da dívida superam em muito o volume de investimentos governamentais realizados no país.

O que se pretende aqui é fazer uma breve apresentação sobre a participação dos gastos por níveis de governo e como essas despesas se distribuem em cada um deles. O que será mostrado permitirá uma análise preliminar da apuração da estrutura financeira, bem como da prioridade dada em cada nível de governo aos serviços por eles prestados.

A Tabela A.6 destaca a participação percentual dos três níveis de governo no total dos gastos realizados, em anos selecionados entre 1979-2013.

Tabela A.6 Brasil — Gastos dos governos central, estaduais e municipais. Demonstrativo da execução orçamentária. Participação relativa no total — 1979/2013 — % — Anos selecionados

	1979	1984	1985	1986	1993	1999	2006	2013
União	41,5	46,5	43,3	50,8	61,6	63,1	63,8	71,3
Estados	42,4	39,8	42,6	36,3	24,2	23,3	24,6	14,8
Municípios	16,1	13,7	14,1	12,9	14,1	13,6	11,6	13,9
TOTAL	100	100	100	100	100	100	100	100

Fonte: Secretaria de Economia e Finanças e Secretaria do Tesouro Nacional, Ministério da Fazenda. Boletim do Banco Central do Brasil, volume 35, Relatório 1999 e Portaria 402, de 27/6/2007 do Ministério da Fazenda. Balanço do Setor Público Nacional, Demonstrativo da Execução Orçamentária — 2013.

Ao analisar a composição dos gastos por níveis de governo apresentados na Tabela A.6 é possível notar que a União, além de gastar percentualmente mais do que as duas outras esferas de governo, teve, ainda, sua participação relativa aumentada, principalmente no período mais recente, em que, por exemplo em 2013, seus gastos representaram mais de 70 % do total. Os dados revelam, também, que os estados foram, de fato, os mais afetados por essa reforma, cujas consequências se revelam na significativa redução de sua participação no total dos gastos governamentais no Brasil.

Pelo Gráfico A.5 é possível uma visualização mais adequada da elevação da participação dos gastos da União sobre os gastos das demais esferas de governo. Parte dessa elevação pode ser também explicada pelo programa de Refinanciamento das Dívidas ocorrido em 1998, que transferiu estoques das dívidas estaduais e municipais para o Governo Federal, elevando os compromissos com seus serviços.

Gráfico A.5 Brasil — Despesas governamentais por níveis de governo — 1979/2013 — Anos selecionados — % do total

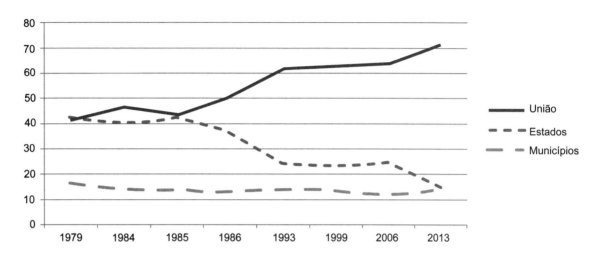

A.3.1 Estrutura básica dos gastos governamentais por níveis de governo

Este tópico tem por objetivo relatar os principais componentes das estruturas dos gastos governamentais, por níveis de governo, por categorias econômicas e por funções.

A.3.1.1 Estrutura dos gastos da União

A Tabela A.7 lista percentualmente os gastos do governo central (União) por categoria econômica, em anos selecionados, no período de 1995 a 2006.

Tabela A.7 Brasil — Composição das despesas da União — 1995/2006 — %

Grupo de Despesas	Anos Selecionados							
	1995	1998	2002	2003	2005	2006	2006/2005
1 - Despesas Correntes	86,1	65,7	77,2	77,8	85,4	79,0	27,1
Pessoal e encargos sociais	24,5	15,8	17,1	16,0	15,5	13,4	211,1
Juros e encargos da dívida	*10,9*	*10,2*	*12,6*	*13,3*	*14,8*	*18,9*	*8,1*
Outras despesas correntes	50,7	39,7	47,6	48,5	55,1	46,7	24,0
Transf. a estados, D.F. e municípios	14,0	12,4	16,8	16,3	19,4	15,9	1,9
Benefícios previdenciários	21,1	17,6	20,0	22,0	23,5	20,3	20,8
Demais despesas correntes	15,6	9,7	10,9	10,3	12,3	10,5	25,1
2 - Despesas de Capital	*13,9*	*34,3*	*22,8*	*22,2*	*14,6*	*21,0*	*7,1*
Investimentos	3,3	2,7	2,3	1,3	2,9	2,5	20,9
Inversões financeiras	4,9	23,5	4,8	4,8	3,6	3,3	21,5
Amortizações da dívida	*5,9*	*8,0*	*15,7*	*16,1*	*8,1*	*15,2*	*10,8*
Outras despesas de capital	-	-	-	-	-	-	-
3 - Despesa total (1+2)	100	100	100	100	100	100	-

Fonte: IPEA. Texto para discussão nº 1319. Brasília, jan/2008.

Pelos valores apresentados, dois comportamentos chamam a atenção: primeiro, as oscilações ocorridas nas participações relativas dos gastos correntes e de capital; segundo, o crescimento observado nos itens relacionados com a dívida pública, cujos serviços tiveram significativas elevações nas suas participações relativas. Os dados mostram que o percentual de participação dos juros e encargos da dívida aumentou de 10,9 % para 18,9 % em 2006. Por outro lado, as amortizações também aumentaram suas participações no gasto total de 5,9 % para 15,2 %, no mesmo período. Tais alterações têm no seu bojo importantes impactos negativos na atuação do governo, na medida em que canaliza-se cada vez mais recursos ao pagamento das dívidas em detrimento da prestação dos serviços básicos à sociedade. Assim, na composição dos gastos da União, as despesas com os serviços das dívidas superam qualquer item de despesa do governo. Elas são significativamente maiores do que os gastos com pessoal e previdenciários. A diferença se torna ainda maior quando se compara tal gasto com os investimentos realizados pelo governo. Enquanto os serviços da dívida respondem por 39,9 % do total dos gastos, os investimentos atingem apenas 2,5 %, ou seja, gasta-se com dívida 16 vezes mais do que os investimentos da União.

Em resumo, a leitura dessas alterações nos percentuais de participação das despesas correntes e de capital leva-nos a concluir que as despesas da União com investimentos e custeios básicos foram substancialmente reduzidas em função da significativa elevação dos recursos destinados aos pagamentos dos juros e amortizações da dívida pública.

As tabelas seguintes, com os respectivos gráficos, permitem melhor visualização da composição das despesas da União, por categorias, por seus principais componentes no período recente, mais especificamente em 2013.

A composição das despesas da União, em grandes subcategorias, está destacada na Tabela A.8 e no Gráfico A.6.

Os dados correspondem à execução de 2013 e estão em valores correntes. Por meio deles, é possível observar que nas despesas correntes o item de maior peso relativo corresponde às despesas com benefícios previdenciários, seguidos dos recursos destinados ao pagamento dos juros e de encargos da dívida.[12] As despesas com pessoal correspondem a 18,2 % das despesas correntes e 11,5 % das despesas totais da União. Grande parte dos valores que compõem as Outras Despesas Correntes, que absorvem 44,3 % do total das despesas, refere-se às transferências constitucionais, dentre elas o Fundo de Participação dos Estados (FPE) e o Fundo de Participação dos Municípios (FPM).

Por fim chama a atenção o elevado volume de despesas relacionadas com a dívida pública da União. Somando os juros e encargos da dívida com as amortizações da dívida o resultado corresponde a 37,2 % do total das despesas orçamentárias da União.

---

[12] Ressalte-se que esse percentual refere-se apenas aos juros e encargos, não computando, portanto, as amortizações.

Tabela A.8 Demonstrativo da execução orçamentária — União — Despesas por categorias — Orçamento fiscal e da seguridade social — 2013 (R$ milhões)

Composição	Brasil Despesas	%
1 - Despesas Correntes	**1.217.913**	**63,1**
1.1 - Pessoal e encargos	221.981	11,5
1.2 - Juros e encargos da dívida*	141.706	7,3
1.3 - Outras despesas correntes	854.225	44,3
2 - Despesas de Capital	**712.490**	**36,9**
2.1 - Investimentos	66.695	3,5
2.2 - Inversões financeiras	69.056	3,6
2.3 - Amortização da dívida*	576.734	29,9
3 - Despesa total (1+2)	**1.930.403**	**100,0**

Fonte: SISTN - STN-MF.
* A amortização e parte dos juros não foram pagos, sendo refinanciados.

Gráfico A.6 Brasil — União — Participação relativa nas despesas orçamentárias % — 2013

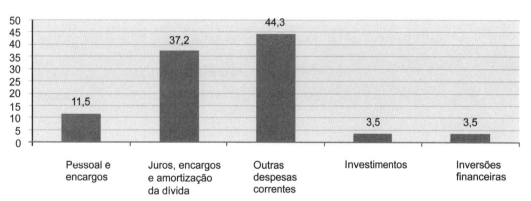

Fonte: Dados básicos: SRF-MF.

A Lei Complementar nº 99, de 31 de maio de 1999, estabelece um conjunto de regras de controle sobre as finanças públicas. Entre elas, estabeleceu-se uma relação básica entre os gastos com pessoal e a receita corrente líquida a ser seguida pela União, estados e municípios.[13]

---

[13] Entre 1995 e 2006 ocorreram alterações na composição das variáveis que geraram a receita corrente líquida. Ressalte-se que estas mudanças, não anulam as considerações feitas, uma vez que os critérios não alterariam de forma significativa a trajetória dos percentuais e do crescimento da receita.

No caso da União, a relação estabelecida é de 50 %. Conforme demonstra a Tabela A.9, a evolução das receitas correntes líquidas da União mostra crescimento significativamente superior ao dos gastos com pessoal, fazendo com que as relações diminuíssem significativamente até 2013, atingindo apenas 26,7 %.

Conforme demonstra o Gráfico A.7, tal diminuição é consequência do ritmo de crescimento das receitas em patamares bem superiores aos dos gastos. Enquanto no período as receitas elevaram-se nominalmente 875 %, os gastos com pessoal cresceram 363 % entre 1999 e 2013.

Tabela A.9 Brasil: Relação entre despesa com pessoal e receita corrente líquida da União — 1995/2013 (R$ milhões correntes)

	Despesas de Pessoal (A)	Receita Corrente Líquida (B)	Relação A/B
1995	37.825,50	67.298,10	56,2
1996	40.900,90	89.352,70	45,8
1997	44.529,70	97.040,60	45,9
1998	47.944,80	104.491,40	45,9
1999	51.571,00	129.854,40	39,7
2000	56.093,30	148.201,50	37,8
2001	59.212,20	167.650,50	35,3
2002	64.415,90	200.697,80	32,1
2003	70.213,90	224.920,20	31,2
2004	79.959,90	265.798,00	30,1
2005	82.761,60	303.013,80	27,3
2006	96.163,31	344.731,43	27,9
2007	103.429,43	386.681,86	26,7
2008	121.074,89	428.563,28	28,3
2009	124.690,96	437.199,42	28,5
2010	143.138,15	499.848,88	28,6
2011	155.102,76	558.706,39	27,8
2012	160.426,83	616.933,35	26,0
2013	175.109,52	656.094,22	26,7

Fonte: Relatórios da Gestão Fiscal da União.

Gráfico A.7 Brasil — Crescimento das despesas com pesssoal e da receita corrente líquida — 1995/2013 (R$ milhões correntes)

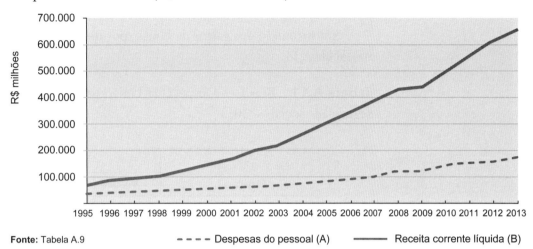

Fonte: Tabela A.9 ---- Despesas do pessoal (A) —— Receita corrente líquida (B)

As despesas de capital da União, por subcategorias, estão destacadas na Tabela A.10.

Tabela A.10 Demonstrativo da execução orçamentária — União — Despesas de capital — Orçamento fiscal e da seguridade social — 2013 (R$ milhões)

Despesas de Capital	R$	%
Investimentos	66.695	9,4
Inversões financeiras	69.056	9,7
Amortização da dívida*	576.734	80,9
Despesa de capital total	712.490	100,0

Fonte: SISTN - STN-MF.
* Amortização devida refinanciada.

Os valores reproduzem o que já foi mencionado anteriormente no que se refere ao elevado volume de recursos que deveria ser destinado ao pagamento das amortizações que, em 2013, conforme destacado no Gráfico A.8, corresponderam a 80,9 %.

Porém, o governo não tem sido capaz de gerar recursos sequer para pagar os juros devidos das dívidas. Portanto, a parcela de juros não paga incorpora-se ao valor a ser amortizado e ambos recompõem o estoque da dívida total através do processo de rolagem ou refinanciamento.

Gráfico A.8 União — Composição da despesa orçamentária de capital — 2013 — %

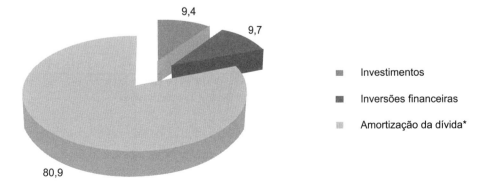

Os demais componentes das despesas de capital foram os valores efetivamente realizados pelo governo em 2013, e corresponderam a 9 % das despesas de capital devida e apenas 3 % da despesa total nesse ano.

A distribuição dos gastos da União, por funções, relativos a 2013, está destacada na Tabela A.11.

Tabela A.11 Brasil — Despesa da União por função — Orçamentos fiscal e da seguridade social — 2013

R$ milhões

Função	Despesa Liquidada Valor Nominal	% Participação
Legislativa	5.305	0,29
Judiciária	21.602	1,19
Essencial à Justiça	3.594	0,20
Administração	19.686	1,08
Defesa Nacional	36.576	2,01
Segurança Pública	7.879	0,43
Relações Exteriores	2.159	0,12
Assistência Social	56.626	3,11
Previdência Social	399.282	21,96
Saúde	78.587	4,32
Trabalho	42.283	2,33
Educação	65.364	3,59
Cultura	1.849	0,10
Direitos da Cidadania	1.256	0,07
Urbanismo	4.635	0,25
Habitação	565	0,03
Saneamento	2.654	0,15
Gestão Ambiental	5.355	0,29
Ciência e Tecnologia	7.594	0,42
Agricultura	15.774	0,87
Organização Agrária	5.745	0,32
Indústria	2.022	0,11
Comércio e Serviços	3.954	0,22
Comunicações	1.040	0,06
Energia	733	0,04
Transporte	22.220	1,22
Desporto e Lazer	1.253	0,07
Encargos Especiais*	1.002.967	55,15
Total	**1.818.559**	**100,00**

Fonte: SIAFI - STN/CCONT/GEINC.
* Inclui amortização e serviços da dívida.

Apesar de haver vinculações de receitas a determinados tipos de gastos, essa distribuição mostra, de certa forma, a prioridade do governo no que se refere à aplicação de seus recursos.

De qualquer forma, os valores da Tabela A.10 evidenciam elevadas parcelas de recursos destinadas ao pagamento dos encargos da dívida (incluída na função Encargos Especiais) e à previdência. Esses dois itens absorveram, em 2013, mais da metade dos gastos do governo. Comparados à educação, saúde, transportes, segurança etc., eles são significativamente maiores. A visualização dessa diferença pode ser observada com mais evidência no Gráfico A.9.

Gráfico A.9 Brasil — Despesas do governo central por funções — % do total — 2013 — Funções selecionadas

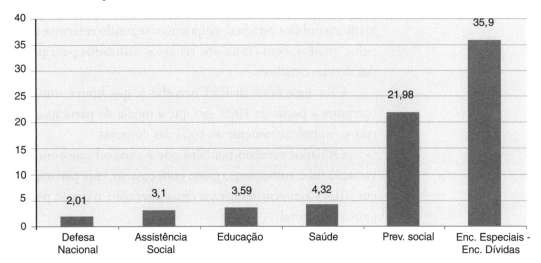

A.3.1.2 Estrutura dos gastos dos Estados

A Tabela A.12 destaca a evolução da composição dos gastos estaduais agregados, por categorias econômicas, no período de 1985 a 2013.

Tabela A.12 Despesas por categorias econômicas

Especificação	1985	1986	1987	1988	1989	1990	1991	1992	1993	1994	1999	2006	2013
1. Despesas Correntes	71,5	73,0	74,4	70,7	73,0	74,6	77,6	73,6	74,8	75,1	80,5	87,2	86,4
1.1. Despesas de custeio	33,8	36,7	36,8	36,0	36,7	38,1	37,5	35,9	36,5	35,9	56,5	58,6	57,4
1.2. Transf. intergovernamental	11,5	12,6	11,1	10,1	13,9	13,6	15,5	13,4	11,7	13,9	14,4	16,7	17,8
1.3. Encargos da dívida	7,7	3,6	6,6	3,9	2,6	3,4	3,6	4,3	4,7	4,2	4,4	4,7	3,3
1.4. Outras despesas correntes	18,5	20,0	19,9	20,7	19,8	19,5	21,1	19,9	21,9	21,1	5,2	7,2	7,8
2. Despesas de Capital	28,5	27,1	25,6	29,3	27,0	25,4	22,4	26,4	25,3	24,9	19,5	12,8	13,6
2.1. Investimentos	7,5	7,6	6,9	7,0	7,9	7,0	6,1	6,3	7,6	5,7	11,5	7,2	8,6
2.2. Amortização da dívida	6,0	3,2	4,4	4,6	5,3	4,4	5,5	7,4	5,7	7,5	6,5	3,5	3,5
2.3. Demais despesas de capital	15,1	16,2	14,2	17,6	13,8	14,1	10,8	12,8	12,0	11,7	1,5	2,1	1,5
3. Despesas Orçamentárias	100,0	100,0	100,0	100,0	100,0	100,0	100,0	100,0	100,0	100,0	100,0	100,0	100,0

Fonte: Sec. Tesouro Nacional, Execução Orçamentária dos Estados e Municípios, 1994-2013.

Deve-se, de início, chamar a atenção para o fato de que os percentuais em questão refletem a situação de valores agregados dos gastos de todos os estados brasileiros. Dessa forma, os valores refletirão uma situação média, que não pode ser generalizada como padrão para todos os casos. A apuração específica de estado requer uma análise detalhada acerca das despesas realizadas em cada um deles, num período previamente estabelecido. Como o objetivo da apresentação das tabelas é mostrar as formas de apuração dessas informações em nível estadual, mesmo com as limitações acima, algumas análises, ainda que considerem as médias, podem ser extraídas dos dados destacados.

As Tabelas A.12 e A.13 mostram os gastos por categorias econômicas. Por esse critério, a divisão tradicional separa os dados correntes dos de capital. Como foi visto na parte teórica, o primeiro representa as despesas de custeio e de manutenção da máquina pública estadual, enquanto o segundo refere-se aos investimentos realizados pelos estados, bem como aos recursos utilizados para pagamento das amortizações das dívidas estaduais.

Com base nessa divisão, percebe-se que houve aumento significativo dos gastos correntes a partir de 1999, em que a média de participação em termos relativos elevou-se significativamente ao total das despesas.

Os dados revelam também que a variável que contribuiu fortemente para essa variação foi o aumento no gasto com custeio, cuja participação elevou-se para 57,4 % em 2013. Como consequência dessa alteração, o que se percebe é uma diminuição nos gastos de capital.

Gráfico A.10 Brasil — Despesas estaduais por categorias econômicas — % do total — 1985/2013 — Anos selecionados

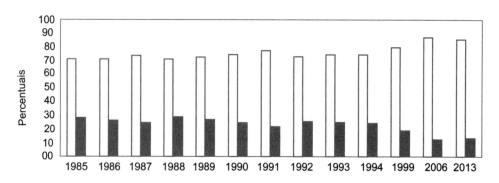

Fonte: Tabela A.12.   □ 1. Despesas Correntes   ■ 2. Despesas de Capital

Deve-se chamar a atenção para a heterogeneidade dos estados brasileiros não refletida na composição relativa de seus gastos.

A Tabela A.13 destaca a composição relativa dos gastos por categorias econômicas em estados escolhidos aleatoriamente nas cinco regiões brasileiras relativos ao ano de 2012.

Tabela A.13 Quadro simplificado de dados contábeis consolidados estaduais — Despesas empenhadas por categorias — Estados selecionados — 2012 (R$ milhões)

Composição	Minas Gerais Despesas	%	Maranhão Despesas	%	Paraná Despesas	%	Mato Grosso Despesas	%	Amazonas Despesas	%	Total dos Estados Despesas	%
1- Despesas Correntes	55.274	87,9	9.615	85,6	26.178	91,9	10.579	80,5	10.298	84,7	342.375	85,5
1.1 - Pessoal e encargos	26.960	42,9	4.936	43,9	14.465	50,8	6.098	46,4	5.206	42,8	187.313	46,8
1.2 - Juros e encargos da dívida	2.348	3,7	703	6,3	682	2,4	211	1,6	181	1,5	13.055	3,3
1.3 - Outras despesas correntes	25.967	41,3	3.976	35,4	11.031	38,7	4.271	32,5	4.911	40,4	142.007	35,5
1.3.1 - Transferências	11.420	18,2	1.479	13,2	5.988	21,0	2.216	16,9	2.155	17,7	-	-
1.3.2 - Outras	14.547	23,1	2.497	22,2	5.043	17,7	2.055	15,6	2.756	22,7	-	-
2 - Despesas de Capital	7.588	12,1	1.618	14,4	2.313	8,1	2.567	19,5	1.861	15,3	58.075	14,5
2.1 - Investimentos	7.587	12,1	1.139	10,1	1.303	4,6	853	6,5	1.491	12,3	34.482	8,6
2.2 - Inversões financeiras	-	-	1	0,0	342	1,2	4	0,0	30	0,2	8.765	2,2
2.3 - Amortização da dívida	-	-	478	4,3	668	2,3	1.708	13,0	341	2,8	14.826	3,7
3 - Despesa Total (1+2)	62.862	100	11.233	100	28.491	100	13.146	100	12.159	100	400.450	100

Fonte: SISTN - STN-MF.

Inicialmente percebe-se, na Tabela A.13, que ao agregar as informações, mesmo separando-as por estados, ainda não é possível apurar grandes diferenças na composição relativa dos gastos nas duas grandes categorias. Elas surgem, ainda numa pequena escala, naqueles estados que possuem despesas com encargos da dívida ou naqueles onde as transferências constitucionais são mais representativas em função de maior dinamismo nas atividades econômicas.

Se por um lado não há diferença nas estruturas relativas da composição dos gastos, existe, por outro, diferenças substantivas quando se olha pelo lado dos gastos *per capita*. A Tabela A.14 mostra que o valor das despesas *per capita* totais é maior nos estados mais desenvolvidos. Para as demais despesas essa relação já não é muito constante.

Tabela A.14 Despesas estaduais — Total e *per capita* Brasil — Estados selecionados e total dos estados — 2012

Unidades Estaduais	Despesas* Total	Sem Dívida***	Capital****	População 2012 - IBGE	Despesas *per Capita*** Total	Sem Dívida***	Capital****
Minas Gerais	62.862	60.514	7.588	20.593.366	3.053	2.939	368
Maranhão	11.233	10.052	1.140	6.794.298	1.653	1.479	168
Paraná	28.491	27.141	1.645	10.997.462	2.591	2.468	150
Mato Grosso	13.146	11.227	859	3.182.114	4.131	3.528	270
Amazonas	12.159	11.637	1.520	3.807.923	3.193	3.056	399
Total Brasil	400.450	372.569	43.249	198.240.000	2.020	1.879	218

Fonte: Dados básicos de população IBGE e SISTN - STN - MF.

Notas: * Valores em R$ milhões.
** Valores em R$ 1,00.
*** Despesas totais menos juros e encargos da dívida e amortizações.
**** Despesas de capital menos amortizações.

Em relação aos gastos por funções, os valores percentuais apresentados na Tabela A.15 mostram que, do ponto de vista relativo, há certa predominância dos gastos nas áreas de encargos especiais compostos, dentre outros elementos, e dos encargos da dívida pública estadual, seguida dos gastos com a previdência e posteriormente a saúde e a educação.

Tabela A.15 Quadro simplificado de dados contábeis consolidados estaduais — Despesas empenhadas por funções — Estados selecionados — 2012 (R$ milhões)

Composição	Minas Gerais Despesas	%	Maranhão Despesas	%	Paraná Despesas	%	Mato Grosso Despesas	%	Amazonas Despesas	%	Total dos Estados Despesas	%
Legislativa	1.017	1,9	369	3,3	456	1,6	513	3,9	398	3,3	6.508	1,6
Judiciária	2.412	4,4	649	5,8	1.460	5,1	668	5,1	440	3,6	15.931	4,0
Administração	2.072	3,8	608	5,4	731	2,6	363	2,8	603	5,0	19.119	4,8
Segurança Pública	4.985	9,1	853	7,6	2.042	7,2	1.046	8,0	1.037	8,5	24.709	6,2
Previdência Social	10.764	19,7	1.299	11,6	4.089	14,4	2.127	16,2	886	7,3	47.800	11,9
Saúde	6.005	11,0	1.381	12,3	2.962	10,4	1.038	7,9	1.897	15,6	45.443	11,3
Educação	6.565	12,0	1.771	15,8	6.079	21,3	1.591	12,1	1.815	14,9	58.535	14,6
Ciência e Tecnologia	416	0,8	41	0,4	295	1,0	48	0,4	66	0,5	2.582	0,6
Encargos Especiais	16.608	30,4	2.269	20,2	7.347	25,8	4.080	31,0	2.513	20,7	83.544	20,9
Outras*	3.718	6,8	1.993	17,7	1.993	7,0	1.672	12,7	2.504	20,6	96.279	24,0
3 - Despesa Total (1+2)	54.562	100	11.233	100	28.490	100	13.146	100	12.159	100	400.450	100

Fonte: Ministério da Fazenda – Secretaria de Economia e Finanças, Execução Orçamentária dos Estados e Municípios das Capitais e Tesouro Nacional – Ministério da Fazenda.

A.3.1.3 *Estrutura dos gastos dos municípios*

As despesas realizadas pelos municípios são também formalmente apresentadas seguindo as normas legais vigentes no país e são distribuídas por categorias econômicas e por funções.

No que se refere às categorias econômicas, a apresentação é similar à dos estados e elas são distribuídas em dois blocos distintos: Corrente e Capital.

As informações relativas aos gastos municipais revelam, também, a predominância das despesas correntes no total das despesas. Dados da Tabela A.16 mostram que, considerando a totalidade dos gastos dos municípios brasileiros, essas despesas absorvem 89,2 % das despesas totais realizadas pelos 5.565 municípios em 2012.

Deve-se ressaltar, porém, que no caso dos municípios há uma grande heterogeneidade na sua capacidade de geração de recursos próprios, uma vez que neles está sendo considerado, por exemplo, São Paulo, a maior cidade do país, com 11 milhões de habitantes, e cidades como Acrelândia, no Estado do Acre, com apenas 13 mil habitantes.

Tabela A.16 Quadro simplificado de dados contábeis consolidados municipais — Despesas por categorias — Municípios selecionados — 2012 (R$ milhões)

Composição	Betim (MG) Desp.	%	Itaúna (MG) Desp.	%	Porto Seguro (BA) Desp.	%	São Paulo (SP) Desp.	%	Acrelândia (AC) Desp.	%	Total dos Municípios Desp.	%
1- Despesas Correntes	1.078	90,6	132	88,0	201	91,8	31.560	86,7	17	73,9	334.614	89,2
1.1 - Pessoal e encargos	602	50,6	83	55,3	114	52,1	9.306	25,6	11	47,8	177.907	47,4
1.2 - Juros e encargos da dívida	11	0,9	2	1,3	1	0,5	2.624	7,2	0	0,0	4.193	1,1
1.3 - Outras despesas correntes	465	39,1	47	31,3	87	39,7	19.629	53,9	6	26,1	152.514	40,6
1.3.1 - Transferências	101	8,5	3	2,0	1	0,5	2.624	7,2	0	0,0		0,0
1.3.2 - Outras	364	30,6	44	29,3	86	39,3	17.005	46,7	6	26,1		0,0
2 - Despesas de Capital	112	9,4	18	12,0	18	8,2	4.840	13,3	6	26,1	40.684	10,8
2.1 - Investimentos	80	6,7	12	8,0	13	5,9	3.604	9,9	6	26,1	32.720	8,7
2.2 - Inversões financeiras	-	0,0	-	0,0	0	0,0	52	0,1	0	0,0	695	0,2
2.3 - Amortização da dívida	32	2,7	6	4,0	5	2,3	1.184	3,3	0	0,0	7.269	1,9
3 - Despesa Total (1+2)	1.190	100	150	100	219	100	36.400	100	23	100	375.298	100

Fonte: SISTN - STN-MF.

Como forma de reforçar a homogeneidade da estrutura relativa dos gastos correntes e de capital entre os municípios, foram mantidas as duas tabelas seguintes da edição anterior, uma vez que não ocorreram significativas alterações nessas relações entre 2006 e 2013.

Os dados são apresentados percentualmente, por categorias econômicas, e referem-se ao período de 1998 a 2006.

Assim, a Tabela A.17 destaca as médias dos percentuais dos gastos por categorias econômicas entre 1998 e 2006, distribuídos em função do intervalo da população considerada dos municípios compostos pela amostra mencionada.

Tabela A.17 Brasil — Média de participação das despesas por categorias econômicas nos municípios em função da população — 1998/2006 — Amostragem de 2.951 municípios — %

Categorias Econômicas	Pop. > 1.000.000	1.000.000 > pop. > 300.000	300.000 > pop. > 50.000	Pop. < 50.000	Total Amostra
1. Despesas Correntes	**86,6**	**89,0**	**86,1**	**86,5**	**86,8**
Pessoal	41,4	45,2	44,9	46,3	44,1
Ativos	27,1	34,1	35,0	35,0	32,1
Inativos e pensionistas	9,6	6,0	2,8	1,5	5,3
Outras	4,7	5,2	7,1	9,9	6,6
Juros e encargos da dívida*	4,6	1,6	0,9	0,3	2,1
Outras despesas correntes	40,6	42,2	40,3	39,9	40,6
2. Despesas de Capital	**13,4**	**11,0**	**13,9**	**13,5**	**13,2**
Investimentos	8,3	9,1	11,5	11,3	10,0
Amortizações*	3,3	1,4	1,9	1,7	2,2
Outras despesas de capital	1,8	0,5	0,5	0,5	1,0
3. Despesa Total	**100,0**	**100,0**	**100,0**	**100,0**	**100,0**

Fonte: Ministério da Fazenda - Tesouro Nacional. Estatísticas governamentais.
Nota: * Valores brutos devidos sem considerar o refinanciamento.

Os dados da Tabela A.18 revelam que não há grandes diferenças nas composições relativas dos totais das despesas correntes e de capital, porém existem algumas diferenciações quando se avaliam as subcategorias de cada uma delas. Por exemplo, percebe-se que a questão da dívida absorve mais recursos nos municípios mais populosos, enquanto nos menos populosos a participação dos investimentos e do pessoal ativo é mais representativa.

As variações entre 1998 e 2006, na participação relativa das categorias econômicas, no mesmo critério de agrupamento dos municípios, são apresentadas na Tabela A.18.

No geral as mudanças ocorridas no período destacado na Tabela A.18 revelam a elevação na participação relativa das despesas correntes. Essa alteração é mais marcante nos municípios mais populosos.

Tabela A.18 Brasil — Média de participação das despesas por categorias econômicas nos município em função da população — 1998/2006 — Amostragem de 2.951 municípios — %

Categorias Econômicas	Pop. > 1.000.000 1998	Pop. > 1.000.000 2006	1.000.000 > pop. > 300.000 1998	1.000.000 > pop. > 300.000 2006	300.000 > pop. > 50.000 1998	300.000 > pop. > 50.000 2006	Pop. < 50.000 1998	Pop. < 50.000 2006	Total Amostra 1998	Total Amostra 2006
1. Despesas Correntes	77,4	88,8	88,6	87,9	84,6	86,2	82,7	86,6	82,1	87,4
Pessoal	38,5	37,5	46,2	41,1	46,3	43,5	48,1	43,4	43,8	41,2
Ativos	24,5	28,2	34,2	34,2	35,0	36,5	33,4	36,4	30,6	33,4
Inativos e pensionistas	9,7	4,5	6,5	3,7	3,5	1,9	1,6	1,1	5,9	2,8
Outras	4,3	4,8	5,5	3,2	7,8	5,1	13,1	5,9	7,3	4,9
Juros e encargos da dívida*	3,1	5,3	2,6	1,1	1,5	0,7	0,5	0,2	2,0	2,1
Outras despesas correntes	35,7	46,0	39,8	45,7	36,8	42,0	34,1	43,0	36,3	44,1
2. Despesas de Capital	22,6	11,2	11,4	12,1	15,4	13,8	17,3	13,4	17,9	12,6
Investimentos	7,9	8,8	9,3	10,2	12,7	11,5	14,5	11,6	10,7	10,4
Amortizações*	11,6	2,1	1,3	1,6	1,8	2,0	1,6	1,6	5,3	1,8
Outras despesas de capital	3,1	0,4	0,8	0,3	0,9	0,3	1,2	0,2	1,8	0,3
3. Despesa Total	100,0	100,0	100,0	100,0	100,0	100,0	100,0	100,0	100,0	100,0

Fonte: Ministério da Fazenda. Tesouro Nacional.
Nota: * Valores brutos devidos sem considerar o refinanciamento.

Tal fato mostra que, mesmo tendo uma estrutura de despesas pouco diferenciada do ponto de vista da participação relativa das correntes e das de capital, os valores absolutos e os *per capita* são bastante diferenciados no universo dos municípios brasileiros.

Grande parte disso, como é mostrado no Capítulo 4 (Financiamento dos Gastos Públicos) se deve à grande diferença entre as bases tributárias municipais.

As diferenças entre os gastos *per capita* podem ser observadas na Tabela A.19, na qual percebe-se que São Paulo e Betim (cidade industrial mineira) apresentam valores bem acima dos demais.

Tabela A.19 Despesas municipais total e *per capita* Brasil — Municípios selecionados e total dos municípios — 2012

Unidades Municipais	Despesas*			População	Despesas *per Capita***		
	Total	Sem Dívida***	Capital****	2012 - IBGE	Total	Sem Dívida***	Capital****
Betim	1.190	1.147	80	406.474	2.928	2.822	197
Itaúna	150	142	13	85.463	1.755	1.662	152
Porto Seguro	219	213	5,9	126.929	1.725	1.678	46
São Paulo	36.400	32.592	3.656	11.821.873	3.079	2.757	309
Acrelândia	23	23	6	13.011	1.768	1.768	461
Total Brasil	375.298	363.836	33.415	198.240.000	1.893	1.835	169

Fonte: Dados básicos de população IBGE e SISTN - STN - MF.

Notas: * Valores em R$ milhões.
    ** Valores em R$ 1,00.
    *** Despesas totais menos juros e encargos da dívida e amortizações.
    **** Despesas de capital menos amortizações.

Gráfico A.11 Despesa total *per capita* — 2012 — Municípios selecionados — R$ 1,00

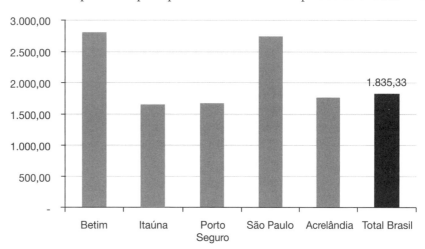

As despesas municipais por funções estão apresentadas na Tabela A.20 e foram extraídas também das informações divulgadas pelo Tesouro Nacional, Ministério da Fazenda, relativas a 2013.

Os dados da Tabela A.20 mostram que as funções de educação, saúde e administração absorvem a maioria dos recursos gastos pelos municípios. Essa é uma situação que caracteriza a maioria dos municípios. Porém deve-se mencionar que, nos municípios com maiores níveis de endividamento, a função Encargos Gerais, que registra os encargos da dívida, também se destaca em termos relativos. Na tabela esse é o caso, por exemplo, da cidade de São Paulo.

Tabela A.20 Quadro simplificado de dados contábeis consolidados municipais — Despesas por funções — Municípios selecionados — 2012 (R$ milhões)

Composição	Betim - MG Despesas	%	Itaúna - MG Despesas	%	Porto Seguro - BA Despesas	%	São Paulo - SP Despesas	%	Acrelândia - AC Despesas	%	Total dos Municípios Despesas	%
Legislativa	44	3,7	5	3,3	5	2,3	526	1,4	0,6	2,6	9.506	2,6
Judiciária	-	0,0	-	0,0	-		155	0,4	0,0	0,0	781	0,2
Administração	120	10,1	15	10,0	62	28,3	395	1,1	3,0	13,0	41.649	11,4
Segurança Pública	17	1,4	-	0,0	-		458	1,3	0,0	0,0	3.352	0,9
Pevidência Social	54	4,5	5	3,3	-		5.474	15,0	0,0	0,0	22.438	6,2
Saúde	360	30,3	41	27,3	42	19,2	6.434	17,7	4,0	17,4	88.619	24,3
Educação	295	24,8	25	16,7	93	42,5	7.566	20,8	11,4	49,6	96.229	26,4
Urbanismo	76	6,4	17	11,3	7	3,2	4.375	12,0	0,3	1,3	37.323	10,2
Saneamento	16	1,3	16	10,7	-		304	0,8	0,0	0,0	9.914	2,7
Ciência e Tecnologia	-	0,0	-	0,0	-		-	0,0	0,0	0,0	183	0,1
Encargos Especiais	59	5,0	10	6,7	-		4.707	12,9	0,0	0,0	15.196	4,2
Outras*	149	12,5	16	10,7	10	4,6	6.006	16,5	3,7	16,1	39.615	10,9
3 - Despesa total (1+2)	1.190	100,0	150	100,0	219	100,0	36.400	100,0	23,0	100,0	364.805	100

Fonte: SISTN - STN - MF.

A.4 CONSIDERAÇÕES FINAIS

Os dados apresentados neste apêndice tiveram como objetivo posicionar a situação geral do comportamento dos gastos públicos do Brasil perante a experiência de outros países e, principalmente, destacar as diversas formas pelas quais as informações sobre os gastos públicos são registradas no país, em termos agregados e por esferas de governo.

A maioria das informações foi apresentada de forma agregada tanto para o país quanto para as unidades da federação. Apesar disso, através delas, é possível se ter um primeiro apanhado de como elas se estruturam e do peso que cada componente tem em cada forma de apresentação.

Por fim, em se tratando de um país federativo com um governo central, 26 estados, um Distrito Federal e 5.565 municípios, as análises sobre os gastos públicos tornam-se extremamente complexas e, obviamente, neste universo de informações poderão ocorrer, nas análises individuais, situações bem diferentes entre as unidades federadas, principalmente no caso dos municípios.

BIBLIOGRAFIA BÁSICA

BACEN. *Relatório Anual*, Brasília, 2006.

BANCO MUNDIAL. *World development report*, 1994.

BORGES, A.; VILLELA, T. *Finanças dos municípios mineiros*. Vitória, v. 1 (1999), v. 2 (2000).

FGV. *Conjuntura econômica*. Rio de Janeiro, set./88, jan./93 e nov./1995.

FMI. *Government finance yearbook*, 1994.

MINISTÉRIO DA FAZENDA. *Execução orçamentária dos Estados e Municípios das capitais*. Brasília: STV, 1999.

_____. Secretaria de Economia e Finanças, Execução Orçamentária dos Estados e Municípios das Capitais e Tesouro Nacional – Ministério da Fazenda – vários anos.

_____. Relatórios de Gestão Fiscal, vários anos.

OECD. Stat. Extracts – vários anos.

_____. Economic Outlook – vários anos.

SILVA, F. R. A. et al. *Política fiscal e programação dos gastos do governo*. Rio de Janeiro: Ipea/Inpes, 1976.

RONALDO, C. G. *Despesas correntes da união*: visões, omissões e opções. Texto para discussão 1319, IPEA, janeiro/2008.

Tesouro Nacional, Ministério da Fazenda, Estatísticas Governamentais.

Anexo 1 ao Capítulo 3

Despesas Municipais por Categorias Econômicas e por Funções — 1998-2006
Amostragem de 2.951 Municípios

Perfil e Evolução das Finanças Municipais — 1998-2006

Amostra de 2.951 Municípios

R$ Milhões

Categorias Econômicas	1998	1999	2000	2001	2002	2003	2004	2005	2006
1 - DESPESAS CORRENTES	**43.186**	**48.258**	**53.354**	**60.984**	**70.060**	**80.671**	**91.980**	**103.496**	**118.738**
PESSOAL	23.035	25.461	28.132	32.330	35.077	40.488	45.694	50.162	55.889
ATIVOS	16.095	17.209	19.405	21.743	26.224	29.916	34.371	39.437	45.413
INATIVOS E PENSIONISTAS	3.078	3.411	3.675	4.212	4.646	5.294	5.832	4.898	3.867
OUTRAS	3.861	4.841	5.051	6.375	4.207	5.278	5.491	5.827	6.609
JUROS E ENCARGOS DA DÍVIDA*	1.078	971	1.150	1.621	1.816	2.083	2.322	2.724	2.919
OUTRAS DESPESAS CORRENTES	19.074	21.826	24.071	27.033	33.166	38.100	43.964	50.610	59.931
2 - DESPESAS DE CAPITAL	**9.386**	**7.774**	**8.081**	**7.749**	**11.648**	**11.518**	**13.681**	**11.817**	**17.075**
INVESTIMENTOS	5.650	5.158	6.321	5.837	9.698	9.240	11.419	9.233	14.173
AMORTIZAÇÕES*	2.795	1.537	879	1.186	1.415	1.616	1.850	2.230	2.502
OUTRAS DESPESAS DE CAPITAL	940	1.078	881	727	535	662	412	355	400
3 - DESPESA TOTAL	52.572	56.032	61.435	68.733	81.708	92.188	105.661	115.314	135.813

Fonte: Ministério da Fazenda. Tesouro Nacional.
* Valores brutos devidos sem considerar o refinanciamento.

Perfil e Evolução das Finanças Municipais — 1998-2006

Amostra de 2.951 Municípios

% do Total

Categorias Econômicas	1998	1999	2000	2001	2002	2003	2004	2005	2006
1 - DESPESAS CORRENTES	**82,1**	**86,1**	**86,8**	**88,7**	**85,7**	**87,5**	**87,1**	**89,8**	**87,4**
PESSOAL	43,8	45,4	45,8	47,0	42,9	43,9	43,2	43,5	41,2
ATIVOS	30,6	30,7	31,6	31,6	32,1	32,5	32,5	34,2	33,4
INATIVOS E PENSIONISTAS	5,9	6,1	6,0	6,1	5,7	5,7	5,5	4,2	2,8
OUTRAS	7,3	8,6	8,2	9,3	5,1	5,7	5,2	5,1	4,9
JUROS E ENCARGOS DA DÍVIDA*	2,0	1,7	1,9	2,4	2,2	2,3	2,2	2,4	2,1
OUTRAS DESPESAS CORRENTES	36,3	39,0	39,2	39,3	40,6	41,3	41,6	43,9	44,1
2 - DESPESAS DE CAPITAL	**17,9**	**13,9**	**13,2**	**11,3**	**14,3**	**12,5**	**12,9**	**10,2**	**12,6**
INVESTIMENTOS	10,7	9,2	10,3	8,5	11,9	10,0	10,8	8,0	10,4
AMORTIZAÇÕES*	5,3	2,7	1,4	1,7	1,7	1,8	1,8	1,9	1,8
OUTRAS DESPESAS DE CAPITAL	1,8	1,9	1,4	1,1	0,7	0,7	0,4	0,3	0,3
3 - DESPESA TOTAL	100,0	100,0	100,0	100,0	100,0	100,0	100,0	100,0	100,0

Fonte: Ministério da Fazenda. Tesouro Nacional.
* Valores brutos devidos sem considerar o refinanciamento.

Gastos Públicos

Perfil e Evolução das Finanças Municipais — 1998-2006
População < 1.000.000

R$ Milhões

Categorias Econômicas	1998	1999	2000	2001	2002	2003	2004	2005	2006
1 - DESPESAS CORRENTES	**15.054**	**16.675**	**17.659**	**20.563**	**24.209**	**27.611**	**31.023**	**34.199**	**38.644**
PESSOAL	**7.498**	**8.267**	**8.664**	**10.367**	**11.533**	**13.369**	**14.706**	**15.752**	**16.316**
ATIVOS	4.765	4.983	5.529	6.314	7.536	8.584	9.701	11.016	12.284
INATIVOS E PENSIONISTAS	1.895	2.091	2.236	2.633	2.948	3.367	3.641	3.027	1.962
OUTRAS	838	1.193	899	1.420	1.049	1.418	1.364	1.709	2.070
JUROS E ENCARGOS DA DÍVIDA*	603	595	819	1.245	1.388	1.606	1.812	2.152	2.324
OUTRAS DESPESAS CORRENTES	6.953	7.813	8.176	8.951	11.288	12.636	14.505	16.295	20.004
2 - DESPESAS DE CAPITAL	**4.403**	**3.235**	**2.775**	**2.339**	**3.392**	**4.187**	**4.548**	**3.107**	**4.890**
INVESTIMENTOS	1.533	1.585	1.896	1.470	2.536	3.104	3.580	2.056	3.824
AMORTIZAÇÕES*	2.262	859	298	439	504	590	693	842	893
OUTRAS DESPESAS DE CAPITAL	608	791	581	430	352	493	275	209	173
3 - DESPESA TOTAL	**19.457**	**19.910**	**20.434**	**22.902**	**27.601**	**31.798**	**35.571**	**37.306**	**43.534**

Fonte: Ministério da Fazenda. Tesouro Nacional.
* Valores brutos devidos sem considerar o refinanciamento.

Perfil e Evolução das Finanças Municipais — 1998-2006
População > 1.000.000

% do Total

Categorias Econômicas	1998	1999	2000	2001	2002	2003	2004	2005	2006
1 - DESPESAS CORRENTES	**77,4**	**83,8**	**86,4**	**89,8**	**87,7**	**86,8**	**87,2**	**91,7**	**88,8**
PESSOAL	**38,5**	**41,5**	**42,4**	**45,3**	**41,8**	**42,0**	**41,3**	**42,2**	**37,5**
ATIVOS	24,5	25,0	27,1	27,6	27,3	27,0	27,3	29,5	28,2
INATIVOS E PENSIONISTAS	9,7	10,5	10,9	11,5	10,7	10,6	10,2	8,1	4,5
OUTRAS	4,3	6,0	4,4	6,2	3,8	4,5	3,8	4,6	4,8
JUROS E ENCARGOS DA DÍVIDA*	3,1	3,0	4,0	5,4	5,0	5,1	5,1	5,8	5,3
OUTRAS DESPESAS CORRENTES	35,7	39,2	40,0	39,1	40,9	39,7	40,8	43,7	46,0
2 - DESPESAS DE CAPITAL	**22,6**	**16,2**	**13,6**	**10,2**	**12,3**	**13,2**	**12,8**	**8,3**	**11,2**
INVESTIMENTOS	7,9	8,0	9,3	6,4	9,2	9,8	10,1	5,5	8,8
AMORTIZAÇÕES*	11,6	4,3	1,5	1,9	1,8	1,9	1,9	2,3	2,1
OUTRAS DESPESAS DE CAPITAL	3,1	4,0	2,8	1,9	1,3	1,6	0,8	0,6	0,4
3 - DESPESA TOTAL	**100,0**	**100,0**	**100,0**	**100,0**	**100,0**	**100,0**	**100,0**	**100,0**	**100,0**

Fonte: Ministério da Fazenda. Tesouro Nacional.
* Valores brutos devidos sem considerar o refinanciamento.

Perfil e Evolução das Finanças Municipais — 1998-2006
1.000.000 > População > 300.000

R$ Milhões

Categorias Econômicas	1998	1999	2000	2001	2002	2003	2004	2005	2006
1 - DESPESAS CORRENTES	**7.801**	**8.622**	**9.357**	**10.380**	**11.620**	**13.345**	**15.612**	**17.334**	**19.737**
PESSOAL	**4.067**	**4.436**	**4.809**	**5.517**	**6.039**	**6.872**	**7.932**	**8.389**	**9.229**
ATIVOS	3.016	3.160	3.433	3.873	4.624	5.193	5.970	6.911	7.684
INATIVOS E PENSIONISTAS	571	639	669	763	848	1.002	1.170	801	826
OUTRAS	481	637	707	882	567	677	792	677	718
JUROS E ENCARGOS DA DÍVIDA*	**232**	**166**	**157**	**174**	**202**	**215**	**236**	**262**	**255**
OUTRAS DESPESAS CORRENTES	3.502	4.020	4.391	4.689	5.379	6.257	7.444	8.683	10.253
2 - DESPESAS DE CAPITAL	**1.006**	**993**	**1.127**	**1.268**	**1.622**	**1.535**	**2.049**	**1.849**	**2.712**
INVESTIMENTOS	816	746	926	1.025	1.400	1.299	1.785	1.533	2.297
AMORTIZAÇÕES*	118	174	113	151	179	196	211	262	350
OUTRAS DESPESAS DE CAPITAL	71	72	89	92	43	40	53	54	65
3 - DESPESA TOTAL	**8.807**	**9.614**	**10.484**	**11.649**	**13.242**	**14.880**	**17.662**	**19.184**	**22.449**

Fonte: Ministério da Fazenda. Tesouro Nacional.
* Valores brutos devidos sem considerar o refinanciamento.

Perfil e Evolução das Finanças Municipais — 1998-2006
1.000.000 > População > 300.000

% do Total

Categorias Econômicas	1998	1999	2000	2001	2002	2003	2004	2005	2006
1 - DESPESAS CORRENTES	**88,6**	**89,7**	**89,2**	**89,1**	**87,8**	**89,7**	**88,4**	**90,4**	**87,9**
PESSOAL	**46,2**	**46,1**	**45,9**	**47,4**	**45,6**	**46,2**	**44,9**	**43,7**	**41,1**
ATIVOS	34,2	32,9	32,7	33,2	34,9	34,9	33,8	36,0	34,2
INATIVOS E PENSIONISTAS	6,5	6,6	6,4	6,5	6,4	6,7	6,6	4,2	3,7
OUTRAS	5,5	6,6	6,7	7,6	4,3	4,6	4,5	3,5	3,2
JUROS E ENCARGOS DA DÍVIDA*	**2,6**	**1,7**	**1,5**	**1,5**	**1,5**	**1,4**	**1,3**	**1,4**	**1,1**
OUTRAS DESPESAS CORRENTES	39,8	41,8	41,9	40,3	40,6	42,1	42,1	45,3	45,7
2 - DESPESAS DE CAPITAL	**11,4**	**10,3**	**10,8**	**10,9**	**12,2**	**10,3**	**11,6**	**9,6**	**12,1**
INVESTIMENTOS	9,3	7,8	8,8	8,8	10,6	8,7	10,1	8,0	10,2
AMORTIZAÇÕES*	1,3	1,8	1,1	1,3	1,4	1,3	1,2	1,4	1,6
OUTRAS DESPESAS DE CAPITAL	0,8	0,8	0,8	0,8	0,3	0,3	0,3	0,3	0,3
3 - DESPESA TOTAL	**100,0**	**100,0**	**100,0**	**100,0**	**100,0**	**100,0**	**100,0**	**100,0**	**100,0**

Fonte: Ministério da Fazenda. Tesouro Nacional.
* Valores brutos devidos sem considerar o refinanciamento.

Gastos Públicos

Perfil e Evolução das Finanças Municipais — 1998-2006
300.000 > População > 50.000

R$ Milhões

Categorias Econômicas	1998	1999	2000	2001	2002	2003	2004	2005	2006
1 - DESPESAS CORRENTES	10.269	11.559	13.248	15.111	17.455	20.418	23.384	26.412	30.824
PESSOAL	5.619	6.142	7.025	7.915	9.079	10.546	12.067	13.324	15.555
ATIVOS	4.248	4.584	5.298	5.804	7.190	8.273	9.678	10.935	13.045
INATIVOS E PENSIONISTAS	421	461	516	534	573	598	669	704	692
OUTRAS	950	1.098	1.211	1.576	1.316	1.675	1.720	1.686	1.818
JUROS E ENCARGOS DA DÍVIDA*	179	146	125	147	167	203	207	237	262
OUTRAS DESPESAS CORRENTES	4.471	5.271	6.098	7.049	8.208	9.669	11.110	12.851	15.007
2 - DESPESAS DE CAPITAL	1.870	1.814	2.132	2.099	3.242	3.136	3.979	3.813	4.914
INVESTIMENTOS	1.538	1.425	1.784	1.679	2.770	2.612	3.417	3.144	4.106
AMORTIZAÇÕES*	218	263	233	302	400	454	514	622	700
OUTRAS DESPESAS DE CAPITAL	115	125	114	118	72	70	48	46	109
3 - DESPESA TOTAL	12.140	13.373	15.379	17.210	20.697	23.554	27.363	30.225	35.738

Fonte: Ministério da Fazenda. Tesouro Nacional.
* Valores brutos devidos sem considerar o refinanciamento.

Perfil e Evolução das Finanças Municipais — 1998-2006
300.000 > População > 50.000

% do Total

Categorias Econômicas	1998	1999	2000	2001	2002	2003	2004	2005	2006
1 - DESPESAS CORRENTES	84,6	86,4	86,1	87,8	84,3	86,7	85,5	87,4	86,2
PESSOAL	46,3	45,9	45,7	46,0	43,9	44,8	44,1	44,1	43,5
ATIVOS	35,0	34,3	34,4	33,7	34,7	35,1	35,4	36,2	36,5
INATIVOS E PENSIONISTAS	3,5	3,4	3,4	3,1	2,8	2,5	2,4	2,3	1,9
OUTRAS	7,8	8,2	7,9	9,2	6,4	7,1	6,3	5,6	5,1
JUROS E ENCARGOS DA DÍVIDA*	1,5	1,1	0,8	0,9	0,8	0,9	0,8	0,8	0,7
OUTRAS DESPESAS CORRENTES	36,8	39,4	39,7	41,0	39,7	41,0	40,6	42,5	42,0
2 - DESPESAS DE CAPITAL	15,4	13,6	13,9	12,2	15,7	13,3	14,5	12,6	13,8
INVESTIMENTOS	12,7	10,7	11,6	9,8	13,4	11,1	12,5	10,4	11,5
AMORTIZAÇÕES*	1,8	2,0	1,5	1,8	1,9	1,9	1,9	2,1	2,0
OUTRAS DESPESAS DE CAPITAL	0,9	0,9	0,7	0,7	0,4	0,3	0,2	0,2	0,3
3 - DESPESA TOTAL	100,0	100,0	100,0	100,0	100,0	100,0	100,0	100,0	100,0

Fonte: Ministério da Fazenda. Tesouro Nacional.
* Valores brutos devidos sem considerar o refinanciamento.

Perfil e Evolução das Finanças Municipais — 1998-2006
População < 50.000

R$ Milhões

Categorias Econômicas	1998	1999	2000	2001	2002	2003	2004	2005	2006
1 - DESPESAS CORRENTES	**10.062**	**11.402**	**13.091**	**14.931**	**16.776**	**19.296**	**21.961**	**25.551**	**29.533**
PESSOAL	**5.850**	**6.616**	**7.635**	**8.531**	**8.425**	**9.700**	**10.989**	**12.697**	**14.789**
ATIVOS	4.066	4.482	5.145	5.752	6.874	7.865	9.023	10.575	12.399
INATIVOS E PENSIONISTAS	191	220	255	282	277	327	352	366	387
OUTRAS	1.592	1.914	2.235	2.497	1.274	1.508	1.615	1.755	2.003
JUROS E ENCARGOS DA DÍVIDA*	64	63	49	55	59	58	66	73	78
OUTRAS DESPESAS CORRENTES	4.148	4.723	5.407	6.344	8.291	9.538	10.906	12.781	14.666
2 - DESPESAS DE CAPITAL	**2.107**	**1.731**	**2.047**	**2.042**	**3.393**	**2.659**	**3.105**	**3.048**	**4.559**
INVESTIMENTOS	1.764	1.402	1.715	1.663	2.992	2.225	2.636	2.499	3.946
AMORTIZAÇÕES*	197	241	234	293	332	375	433	504	559
OUTRAS DESPESAS DE CAPITAL	146	89	97	86	68	59	36	46	53
3 - DESPESA TOTAL	12.169	13.134	15.137	16.973	20.169	21.955	25.066	28.599	34.092

Fonte: Ministério da Fazenda. Tesouro Nacional.
* Valores brutos devidos sem considerar o refinanciamento.

Perfil e Evolução das Finanças Municipais — 1998-2006
População < 50.000

% do Total

Categorias Econômicas	1998	1999	2000	2001	2002	2003	2004	2005	2006
1 - DESPESAS CORRENTES	**82,7**	**86,8**	**86,5**	**88,0**	**83,2**	**87,9**	**87,6**	**89,3**	**86,6**
PESSOAL	**48,1**	**50,4**	**50,4**	**50,3**	**41,8**	**44,2**	**43,8**	**44,4**	**43,4**
ATIVOS	33,4	34,1	34,0	33,9	34,1	35,8	36,0	37,0	36,4
INATIVOS E PENSIONISTAS	1,6	1,7	1,7	1,7	1,4	1,5	1,4	1,3	1,1
OUTRAS	13,1	14,6	14,8	14,7	6,3	6,9	6,4	6,1	5,9
JUROS E ENCARGOS DA DÍVIDA*	0,5	0,5	0,3	0,3	0,3	0,3	0,3	0,3	0,2
OUTRAS DESPESAS CORRENTES	34,1	36,0	35,7	37,4	41,1	43,4	43,5	44,7	43,0
2 - DESPESAS DE CAPITAL	**17,3**	**13,2**	**13,5**	**12,0**	**16,8**	**12,1**	**12,4**	**10,7**	**13,4**
INVESTIMENTOS	14,5	10,7	11,3	9,8	14,8	10,1	10,5	8,7	11,6
AMORTIZAÇÕES*	1,6	1,8	1,5	1,7	1,6	1,7	1,7	1,8	1,6
OUTRAS DESPESAS DE CAPITAL	1,2	0,7	0,6	0,5	0,3	0,3	0,1	0,2	0,2
3 - DESPESA TOTAL	100,0	100,0	100,0	100,0	100,0	100,0	100,0	100,0	100,0

Fonte: Ministério da Fazenda. Tesouro Nacional.
* Valores brutos devidos sem considerar o refinanciamento.

Perfil e Evolução das Finanças Municipais — 1998-2006
Amostra de 2.951 Municípios

R$ Milhões

DISCRIMINAÇÃO	1998	1999	2000	2001	2002	2003	2004	2005	2006
DESPESAS POR FUNÇÃO	52.572	56.032	61.435	68.733	81.780	92.278	105.765	115.546	135.933
EDUCAÇÃO E CULTURA	12.611	13.758	15.677	18.108	20.579	23.309	25.515	29.436	34.479
EDUCAÇÃO	0	0	0	0	18.941	21.492	23.584	27.380	31.660
SAÚDE E SANEAMENTO	10.473	11.714	13.714	15.424	19.602	22.384	25.336	29.453	34.335
SAÚDE	0	0	0	0	16.937	19.633	22.653	26.272	30.289
SANEAMENTO	0	0	0	0	2.665	2.751	2.683	3.181	4.046
ADMINISTRAÇÃO E PLANEJAMENTO	11.003	10.003	9.638	11.399	15.264	17.278	19.726	21.350	24.995
ADMINISTRAÇÃO	0	0	0	0	11.165	12.488	14.346	15.286	17.815
ENCARGOS ESPECIAIS	0	0	0	0	4.078	4.766	5.341	6.018	7.120
HABITAÇÃO E URBANISMO	6.177	6.650	7.692	7.779	10.639	11.600	13.322	13.379	16.976
URBANISMO	0	0	0	0	9.780	10.804	12.404	12.559	15.964
ASSISTÊNCIA E PREVIDÊNCIA	4.852	5.254	5.994	6.949	6.674	7.611	9.333	10.126	11.382
ASSISTÊNCIA SOCIAL	0	0	0	0	2.338	2.784	2.941	3.251	3.856
PREVIDÊNCIA SOCIAL	0	0	0	0	4.335	4.828	6.392	6.875	7.525
LEGISLATIVA	2.185	2.325	2.405	2.377	2.650	3.079	3.253	3.495	3.850
TRANSPORTE	3.143	3.776	3.647	3.430	2.735	3.034	3.684	3.478	4.324
DEMAIS	2.127	2.549	2.668	3.267	3.637	3.982	5.597	4.829	5.592

Fonte: Ministério da Fazenda. Tesouro Nacional.
* Valores brutos devidos sem considerar o refinanciamento.

Perfil e Evolução das Finanças Municipais — 1998-2006
Tabela 15 — Brasil: Despesas Municipais por Funções
% do Total — 1998/2006 — Amostra de 2.951 Municípios

DISCRIMINAÇÃO	1998	1999	2000	2001	2002	2003	2004	2005	2006
DESPESAS POR FUNÇÃO	100,0	100,0	100,0	100,0	100,0	100,0	100,0	100,0	100,0
EDUCAÇÃO E CULTURA	24,0	24,6	25,5	26,3	25,2	25,3	24,1	25,5	25,4
EDUCAÇÃO	0,0	0,0	0,0	0,0	23,2	23,3	22,3	23,7	23,3
SAÚDE E SANEAMENTO	19,9	20,9	22,3	22,4	24,0	24,3	24,0	25,5	25,3
SAÚDE	0,0	0,0	0,0	0,0	20,7	21,3	21,4	22,7	22,3
SANEAMENTO	0,0	0,0	0,0	0,0	3,3	3,0	2,5	2,8	3,0
ADMINISTRAÇÃO E PLANEJAMENTO	20,9	17,9	15,7	16,6	18,7	18,7	18,7	18,5	18,4
ADMINISTRAÇÃO	0,0	0,0	0,0	0,0	13,7	13,5	13,6	13,2	13,1
ENCARGOS ESPECIAIS	0,0	0,0	0,0	0,0	5,0	5,2	5,0	5,2	5,2
HABITAÇÃO E URBANISMO	11,7	11,9	12,5	11,3	13,0	12,6	12,6	11,6	12,5
URBANISMO	0,0	0,0	0,0	0,0	12,0	11,7	11,7	10,9	11,7
ASSISTÊNCIA E PREVIDÊNCIA	9,2	9,4	9,8	10,1	8,2	8,2	8,8	8,8	8,4
ASSISTÊNCIA SOCIAL	0,0	0,0	0,0	0,0	2,9	3,0	2,8	2,8	2,8
PREVIDÊNCIA SOCIAL	0,0	0,0	0,0	0,0	5,3	5,2	6,0	6,0	5,5
LEGISLATIVA	4,2	4,1	3,9	3,5	3,2	3,3	3,1	3,0	2,8
TRANSPORTE	6,0	6,7	5,9	5,0	3,3	3,3	3,5	3,0	3,2
DEMAIS	4,0	4,6	4,3	4,8	4,4	4,3	5,3	4,2	4,1

Fonte: Ministério da Fazenda. Tesouro Nacional.
* Valores brutos devidos sem considerar o refinanciamento.

Perfil e Evolução das Finanças Municipais — 1998-2006
População > 1.000.000

R$ Milhões

DISCRIMINAÇÃO	1998	1999	2000	2001	2002	2003	2004	2005	2006
DESPESAS POR FUNÇÃO	19.457	19.910	20.434	22.902	27.652	31.858	35.637	37.376	43.612
EDUCAÇÃO E CULTURA	3.514	3.647	3.783	4.438	6.197	7.031	7.201	8.249	9.657
EDUCAÇÃO	0	0	0	0	5.673	6.448	6.626	7.654	8.679
SAÚDE E SANEAMENTO	3.780	4.092	4.683	5.120	6.499	7.313	8.055	9.071	10.385
SAÚDE	0	0	0	0	5.635	6.388	7.379	8.106	9.093
SANEAMENTO	0	0	0	0	864	925	676	964	1.292
ADMINISTRAÇÃO E PLANEJAMENTO	4.567	3.297	2.608	3.450	4.647	5.534	6.025	6.185	7.137
ADMINISTRAÇÃO	0	0	0	0	2.194	2.610	2.754	2.693	2.817
ENCARGOS ESPECIAIS	0	0	0	0	2.441	2.908	3.239	3.456	4.285
HABITAÇÃO E URBANISMO	2.481	2.821	3.301	3.337	4.191	4.763	5.182	5.051	6.330
URBANISMO	0	0	0	0	3.710	4.318	4.726	4.652	5.845
ASSISTÊNCIA E PREVIDÊNCIA	2.397	2.669	3.016	3.575	3.201	3.735	4.950	5.042	5.471
ASSISTÊNCIA SOCIAL	0	0	0	0	543	784	772	796	988
PREVIDÊNCIA SOCIAL	0	0	0	0	2.658	2.951	4.178	4.245	4.483
LEGISLATIVA	726	772	772	743	825	947	931	1.101	1.144
TRANSPORTE	1.285	1.826	1.217	1.135	813	1.119	1.618	1.185	1.680
DEMAIS	707	787	1.055	1.105	1.280	1.416	1.674	1.493	1.806

Fonte: Ministério da Fazenda. Tesouro Nacional.
* Valores brutos devidos sem considerar o refinanciamento.

Perfil e Evolução das Finanças Municipais — 1998-2006
População > 1.000.000

DISCRIMINAÇÃO	1998	1999	2000	2001	2002	2003	2004	2005	2006
DESPESAS POR FUNÇÃO	100,0	100,0	100,0	100,0	100,0	100,0	100,0	100,0	100,0
EDUCAÇÃO E CULTURA	18,1	18,3	18,5	19,4	22,4	22,1	20,2	22,1	22,1
EDUCAÇÃO	0,0	0,0	0,0	0,0	20,5	20,2	18,6	20,5	19,9
SAÚDE E SANEAMENTO	19,4	20,6	22,9	22,4	23,5	23,0	22,6	24,3	23,8
SAÚDE	0,0	0,0	0,0	0,0	20,4	20,1	20,7	21,7	20,8
SANEAMENTO	0,0	0,0	0,0	0,0	3,1	2,9	1,9	2,6	3,0
ADMINISTRAÇÃO E PLANEJAMENTO	23,5	16,6	12,8	15,1	16,8	17,4	16,9	16,5	16,4
ADMINISTRAÇÃO	0,0	0,0	0,0	0,0	7,9	8,2	7,7	7,2	6,5
ENCARGOS ESPECIAIS	0,0	0,0	0,0	0,0	8,8	9,1	9,1	9,2	9,8
HABITAÇÃO E URBANISMO	12,8	14,2	16,2	14,6	15,2	15,0	14,5	13,5	14,5
URBANISMO	0,0	0,0	0,0	0,0	13,4	13,6	13,3	12,4	13,4
ASSISTÊNCIA E PREVIDÊNCIA	12,3	13,4	14,8	15,6	11,6	11,7	13,9	13,5	12,5
ASSISTÊNCIA SOCIAL	0,0	0,0	0,0	0,0	2,0	2,5	2,2	2,1	2,3
PREVIDÊNCIA SOCIAL	0,0	0,0	0,0	0,0	9,6	9,3	11,7	11,4	10,3
LEGISLATIVA	3,7	3,9	3,8	3,2	3,0	3,0	2,6	2,9	2,6
TRANSPORTE	6,6	9,2	6,0	5,0	2,9	3,5	4,5	3,2	3,9
DEMAIS	3,6	4,0	5,2	4,8	4,6	4,4	4,7	4,0	4,1

Fonte: Ministério da Fazenda. Tesouro Nacional.
* Valores brutos devidos sem considerar o refinanciamento.

Gastos Públicos

Perfil e Evolução das Finanças Municipais — 1998-2006
300.000 > População > 50.000

R$ Milhões

DISCRIMINAÇÃO	1998	1999	2000	2001	2002	2003	2004	2005	2006
DESPESAS POR FUNÇÃO	12.140	13.373	15.379	17.210	20.703	23.559	27.373	30.340	35.749
EDUCAÇÃO E CULTURA	3.344	3.705	4.364	5.100	5.469	6.214	6.986	8.009	9.502
EDUCAÇÃO	0	0	0	0	4.995	5.661	6.411	7.390	8.740
SAÚDE E SANEAMENTO	2.425	2.908	3.367	3.942	5.097	6.042	7.048	8.035	9.566
SAÚDE	0	0	0	0	4.277	5.124	6.035	6.987	8.255
SANEAMENTO	0	0	0	0	819	918	1.013	1.048	1.311
ADMINISTRAÇÃO E PLANEJAMENTO	2.433	2.556	2.712	2.984	4.167	4.702	5.361	5.897	7.150
ADMINISTRAÇÃO	0	0	0	0	3.519	3.971	4.528	4.893	5.961
ENCARGOS ESPECIAIS	0	0	0	0	642	724	829	998	1.175
HABITAÇÃO E URBANISMO	1.413	1.525	1.787	1.779	2.655	2.914	3.504	3.578	4.318
URBANISMO	0	0	0	0	2.544	2.796	3.333	3.411	4.143
ASSISTÊNCIA E PREVIDÊNCIA	875	939	1.071	1.228	1.249	1.387	1.520	1.817	2.045
ASSISTÊNCIA SOCIAL	0	0	0	0	664	745	767	899	1.047
PREVIDÊNCIA SOCIAL	0	0	0	0	586	642	753	918	998
LEGISLATIVA	542	571	606	599	684	794	875	840	990
TRANSPORTE	562	618	804	724	485	500	584	611	628
DEMAIS	547	551	668	853	897	1.007	1.496	1.553	1.549

Fonte: Ministério da Fazenda. Tesouro Nacional.
* Valores brutos devidos sem considerar o refinanciamento.

Perfil e Evolução das Finanças Municipais — 1998-2006
300.000 > População > 50.000

DISCRIMINAÇÃO	1998	1999	2000	2001	2002	2003	2004	2005	2006
DESPESAS POR FUNÇÃO	100,0	100,0	100,0	100,0	100,0	100,0	100,0	100,0	100,0
EDUCAÇÃO E CULTURA	27,5	27,7	28,4	29,6	26,4	26,4	25,5	26,4	26,6
EDUCAÇÃO	0,0	0,0	0,0	0,0	24,1	24,0	23,4	24,4	24,4
SAÚDE E SANEAMENTO	20,0	21,7	21,9	22,9	24,6	25,6	25,7	26,5	26,8
SAÚDE	0,0	0,0	0,0	0,0	20,7	21,7	22,0	23,0	23,1
SANEAMENTO	0,0	0,0	0,0	0,0	4,0	3,9	3,7	3,5	3,7
ADMINISTRAÇÃO E PLANEJAMENTO	20,0	19,1	17,6	17,3	20,1	20,0	19,6	19,4	20,0
ADMINISTRAÇÃO	0,0	0,0	0,0	0,0	17,0	16,9	16,5	16,1	16,7
ENCARGOS ESPECIAIS	0,0	0,0	0,0	0,0	3,1	3,1	3,0	3,3	3,3
HABITAÇÃO E URBANISMO	11,6	11,4	11,6	10,3	12,8	12,4	12,8	11,8	12,1
URBANISMO	0,0	0,0	0,0	0,0	12,3	11,9	12,2	11,2	11,6
ASSISTÊNCIA E PREVIDÊNCIA	7,2	7,0	7,0	7,1	6,0	5,9	5,6	6,0	5,7
ASSISTÊNCIA SOCIAL	0,0	0,0	0,0	0,0	3,2	3,2	2,8	3,0	2,9
PREVIDÊNCIA SOCIAL	0,0	0,0	0,0	0,0	2,8	2,7	2,8	3,0	2,8
LEGISLATIVA	4,5	4,3	3,9	3,5	3,3	3,4	3,2	2,8	2,8
TRANSPORTE	4,6	4,6	5,2	4,2	2,3	2,1	2,1	2,0	1,8
DEMAIS	4,5	4,1	4,3	5,0	4,3	4,3	5,5	5,1	4,3

Fonte: Ministério da Fazenda. Tesouro Nacional.
* Valores brutos devidos sem considerar o refinanciamento.

Perfil e Evolução das Finanças Municipais — 1998-2006
População < 50.000

R$ Milhões

DISCRIMINAÇÃO	1998	1999	2000	2001	2002	2003	2004	2005	2006
DESPESAS POR FUNÇÃO	12.169	13.134	15.137	16.973	20.178	21.968	25.080	28.610	34.104
EDUCAÇÃO E CULTURA	3.811	4.277	4.989	5.735	5.947	6.634	7.306	8.742	10.238
EDUCAÇÃO	0	0	0	0	5.531	6.192	6.808	8.179	9.487
SAÚDE E SANEAMENTO	1.958	2.155	2.620	3.112	4.154	4.675	5.315	6.512	7.907
SAÚDE	0	0	0	0	3.647	4.213	4.854	6.002	7.198
SANEAMENTO	0	0	0	0	507	462	461	510	709
ADMINISTRAÇÃO E PLANEJAMENTO	2.372	2.560	2.759	3.181	3.861	4.206	4.757	5.610	6.239
ADMINISTRAÇÃO	0	0	0	0	3.435	3.717	4.235	4.961	5.504
ENCARGOS ESPECIAIS	0	0	0	0	422	488	520	647	731
HABITAÇÃO E URBANISMO	1.225	1.239	1.469	1.454	2.124	2.110	2.380	2.590	3.499
URBANISMO	0	0	0	0	1.961	1.983	2.229	2.474	3.338
ASSISTÊNCIA E PREVIDÊNCIA	801	868	1.015	1.106	1.218	1.330	1.445	1.649	1.961
ASSISTÊNCIA SOCIAL	0	0	0	0	818	883	958	1.075	1.331
PREVIDÊNCIA SOCIAL	0	0	0	0	399	447	487	574	630
LEGISLATIVA	514	564	604	654	741	866	917	1.003	1.142
TRANSPORTE	896	920	1.029	1.007	1.096	1.141	1.189	1.355	1.576
DEMAIS	591	552	653	723	1.037	1.006	1.771	1.148	1.542

Fonte: Ministério da Fazenda. Tesouro Nacional.
* Valores brutos devidos sem considerar o refinanciamento.

Perfil e Evolução das Finanças Municipais — 1998-2006
População < 50.000

DISCRIMINAÇÃO	1998	1999	2000	2001	2002	2003	2004	2005	2006
DESPESAS POR FUNÇÃO	100,0	100,0	100,0	100,0	100,0	100,0	100,0	100,0	100,0
EDUCAÇÃO E CULTURA	31,3	32,6	33,0	33,8	29,5	30,2	29,1	30,6	30,0
EDUCAÇÃO	0,0	0,0	0,0	0,0	27,4	28,2	27,1	28,6	27,8
SAÚDE E SANEAMENTO	16,1	16,4	17,3	18,3	20,6	21,3	21,2	22,8	23,2
SAÚDE	0,0	0,0	0,0	0,0	18,1	19,2	19,4	21,0	21,1
SANEAMENTO	0,0	0,0	0,0	0,0	2,5	2,1	1,8	1,8	2,1
ADMINISTRAÇÃO E PLANEJAMENTO	19,5	19,5	18,2	18,7	19,1	19,1	19,0	19,6	18,3
ADMINISTRAÇÃO	0,0	0,0	0,0	0,0	17,0	16,9	16,9	17,3	16,1
ENCARGOS ESPECIAIS	0,0	0,0	0,0	0,0	2,1	2,2	2,1	2,3	2,1
HABITAÇÃO E URBANISMO	10,1	9,4	9,7	8,6	10,5	9,6	9,5	9,1	10,3
URBANISMO	0,0	0,0	0,0	0,0	9,7	9,0	8,9	8,6	9,8
ASSISTÊNCIA E PREVIDÊNCIA	6,6	6,6	6,7	6,5	6,0	6,1	5,8	5,8	5,8
ASSISTÊNCIA SOCIAL	0,0	0,0	0,0	0,0	4,1	4,0	3,8	3,8	3,9
PREVIDÊNCIA SOCIAL	0,0	0,0	0,0	0,0	2,0	2,0	1,9	2,0	1,8
LEGISLATIVA	4,2	4,3	4,0	3,9	3,7	3,9	3,7	3,5	3,3
TRANSPORTE	7,4	7,0	6,8	5,9	5,4	5,2	4,7	4,7	4,6
DEMAIS	4,9	4,2	4,3	4,3	5,1	4,6	7,1	4,0	4,5

Fonte: Ministério da Fazenda. Tesouro Nacional.
* Valores brutos devidos sem considerar o refinanciamento.

Anexo 2 ao Capítulo 3

Quadros dos Dados Contábeis Consolidados
Despesas Orçamentárias por Categorias Econômicas

Município: UF:

CNPJ: Exercício:

R$ 1,00

ORÇAMENTO DO EXERCÍCIO

CAMPO	CÓDIGO	DISCRIMINAÇÃO	DESPESAS EMPENHADAS	DESPESAS LIQUIDADAS	DESPESAS PAGAS	INSCRIÇÃO DE RP NÃO PROCESSADO	INSCRIÇÃO DE RP PROCESSADO
1		**Despesa Total = (2+101+166+167)**					
2	3.0.00.00.00	**Despesas Correntes = (3+41+52)**					
3	3.1.00.00.00	**Pessoal e Encargos Sociais = (4+5+6+7+8+9+10+35)**					
4	3.1.20.00.00	Transferências à União					
5	3.1.30.00.00	Transferências a Estados e ao Distrito Federal					
6	3.1.40.00.00	Transferências a Municípios					
7	3.1.50.00.00	Transferências a Instituições Financeiras sem Fins Lucrativos					
8	3.1.71.00.00	Transferências a Consórcios Públicos					
9	3.1.80.00.00	Transferências ao Exterior					
10	3.1.90.00.00	Aplicações Diretas = (11+ ... +20+26+ ... +34)					
11	3.1.90.01.00	Aposentadorias e Reformas					
12	3.1.90.03.00	Pensões					
13	3.1.90.04.00	Contratação por Tempo Determinado					
14	3.1.90.05.00	Outros Benefícios Previdenciários					
15	3.1.90.07.00	Contribuição a Entidades Fechadas de Previdência					
16	3.1.90.08.00	Outros Benefícios Assistenciais					
17	3.1.90.09.00	Salário-Família					
18	3.1.90.11.00	Vencimentos e Vantagens Fixas - Pessoal Civil					
19	3.1.90.12.00	Vencimentos e Vantagens Fixas - Pessoal Militar					
20	3.1.90.13.00	**Obrigações Patronais = (21+ ... +25)**					
21	3.1.90.13.01	FGTS					
22	3.1.90.13.02	Contribuições Previdenciárias - INSS					
23	3.1.90.13.08	Plano de Seg. Soc. do Servidor - Pes. Ativo					
24	3.1.90.13.99	Outras Obrigações Patronais					
25	3.1.90.13.XX	Demais Obrigações Patronais					
26	3.1.90.16.00	Outras Despesas Variáveis - Pessoal Civil					
27	3.1.90.17.00	Outras Despesas Variáveis - Pessoal Militar					
28	3.1.90.34.00	Outras Despesas de Pessoal Decorrentes de Contratos de Terceirização					
29	3.1.90.67.00	Depósitos Compulsórios					
30	3.1.90.91.00	Sentenças Judiciais					
31	3.1.90.92.00	Despesas de Exercícios Anteriores					
32	3.1.90.94.00	Indenizações Restituições Trabalhistas					
33	3.1.90.96.00	Ressarcimento de Despesas de Pessoal Requisitado					
34	3.1.90.XX.XX	Demais Aplicações Diretas					
35	3.1.91.00.00	**Aplicação Direta Decorrente de Operação entre Órgãos, Fundos e Entidades Integrantes dos Orçamentos Fiscal e da Seguridade Social = (36+ 40)**					
36	3.1.91.13.00	Obrigações Patronais Intraorçamentárias = (37+38+39)					

continua...

continuação

37	3.1.91.13.03	Contribuição Patronal para o RPPS Intraorçamentária					
38	3.1.91.13.99	Outras Obrigações Patronais Intraorçamentárias					
39	3.1.91.13.XX	Demais Obrigações Patronais Intraorçamentárias					
40	3.1.91.XX.XX	Demais Despesas Pessoais Intraorçamentárias					
41	3.2.00.00.00	**Juros e Encargos da Dívida = (42)**					
42	3.2.90.00.00	Aplicações Diretas = (43+ ... +51)					
43	3.2.90.21.00	Juros sobre a Dívida por Contrato					
44	3.2.90.22.00	Outros Encargos sobre a Dívida por Contrato					
45	3.2.90.23.00	Juros, Deságios e Descontos da Dívida Mobiliária					
46	3.2.90.24.00	Outros Encargos sobre a Dívida Mobiliária					
47	3.2.90.25.00	Encargos sobre Operações de Crédito por Antecipação da Receita					
48	3.2.90.91.00	Sentenças Judiciais					
49	3.2.90.92.00	Despesas de Exercícios Anteriores					
50	3.2.90.93.00	Indenizações e Restituições					
51	3.2.90.XX.XX	Demais Aplicações Diretas					
52	3.3.00.00.00	**Outras Despesas Correntes = (53+ ... +61+100)**					
53	3.3.20.00.00	Transferências à União					
54	3.3.30.00.00	Transferências a Estados e ao Distrito Federal					
55	3.3.40.00.00	Transferências a Municípios					
56	3.3.50.00.00	Transferências a Instituições Privadas sem Fins Lucrativos					
57	3.3.60.00.00	Transferências a Instituições Privadas com Fins Lucrativos					
58	3.3.70.00.00	Transferências a Instituições Multigovernamentais Nacionais					
59	3.3.71.00.00	Transferências a Consórcios Públicos					
60	3.3.80.00.00	Transferências ao Exterior					
61	3.3.90.00.00	Aplicações Diretas = (62+ ... +99)					
62	3.3.90.01.00	Aposentadorias e Reformas					
63	3.3.90.03.00	Pensões					
64	3.3.90.04.00	Contratação por Tempo Determinado					
65	3.3.90.05.00	Outros Benefícios Previdenciários					
66	3.3.90.06.00	Benefício Mensal ao Deficiente e ao Idoso					
67	3.3.90.08.00	Outros Benefícios Assistenciais					
68	3.3.90.09.00	Salário-Família					
69	3.3.90.10.00	Outros Benefícios de Natureza Social					
70	3.3.90.14.00	Diárias - Civil					
71	3.3.90.15.00	Diárias - Militar					
72	3.3.90.18.00	Auxílio Financeiro a Estudantes					
73	3.3.90.19.00	Auxílio Fardamento					
74	3.3.90.20.00	Auxílio Financeiro a Pesquisadores					
75	3.3.90.26.00	Obrigações decorrentes de Política Monetária					
76	3.3.90.27.00	Encargos pela Honra de Avais, Garantias, Seguros e Similares					
77	3.3.90.28.00	Remuneração de Cotas de Fundos Autárquicos					
78	3.3.90.30.00	Material de Consumo					
79	3.3.90.31.00	Premiações Culturais, Artísticas, Científicas, Desportivas e Outra					
80	3.3.90.32.00	Material de Distribuição Gratuita					
81	3.3.90.33.00	Passagens e Despesas com Locomoção					
82	3.3.90.35.00	Serviços de Consultoria					
83	3.3.90.36.00	Outros Serviços de Terceiros - Pessoa Física					
84	3.3.90.37.00	Locação de Mão de Obra					
85	3.3.90.38.00	Arrendamento Mercantil					
86	3.3.90.39.00	Outros Serviços de Terceiros - Pessoa Jurídica					
87	3.3.90.41.00	Contribuições					
88	3.3.90.43.00	Subvenções Sociais					

continua...

continuação

89	3.3.90.45.00	Equalização de Preços e Taxas					
90	3.3.90.46.00	Auxílio-Alimentação					
91	3.3.90.47.00	Obrigações Tributárias e Contributivas					
92	3.3.90.48.00	Outros Auxílios Financeiros a Pessoas Físicas					
93	3.3.90.49.00	Auxílio-Transporte					
94	3.3.90.67.00	Depósitos Compulsórios					
95	3.3.90.91.00	Sentenças Judiciais					
96	3.3.90.92.00	Despesas de Exercícios Anteriores					
97	3.3.90.93.00	Indenizações e Restituições					
98	3.3.90.95.00	Indenização pela Execução de Trabalhos de Campo					
99	3.3.90.XX.XX	Demais Aplicações Diretas					
100	3.3.91.00.00	Aplicação Direta Decorrente de Operação entre Órgãos, Fundos e Entidades Integrantes dos Orçamentos Fiscal e da Seguridade Social					
101	4.0.00.00.00	**Despesas de Capital = (102+132+153)**					
102	4.4.00.00.00	**Investimentos = (103+ ... +111+131)**					
103	4.4.20.00.00	Transferências à União					
104	4.4.30.00.00	Transferências a Estados e ao Distrito Federal					
105	4.4.40.00.00	Transferências a Municípios					
106	4.4.50.00.00	Transferências a Instituições Privadas sem Fins Lucrativos					
107	4.4.60.00.00	Transferências a Instituições Privadas com Fins Lucrativos					
108	4.4.70.00.00	Transferências a Instituições Multigovernamentais Nacionais					
109	4.4.71.00.00	Transferências a Consórcios Públicos					
110	4.4.80.00.00	Transferências ao Exterior					
111	4.4.90.00.00	Aplicações Diretas = (112+ ... +122+125+ ... +130)					
112	4.4.90.04.00	Contratação por Tempo Determinado					
113	4.4.90.14.00	Diárias - Civil					
114	4.4.90.17.00	Outras Despesas Variáveis - Pessoal Militar					
115	4.4.90.20.00	Auxílio Financeiro a Pesquisadores					
116	4.4.90.30.00	Material de Consumo					
117	4.4.90.33.00	Passagens e Despesas com Locomoção					
118	4.4.90.35.00	Serviços de Consultoria					
119	4.4.90.36.00	Outros Serviços de Terceiros - Pessoa Física					
120	4.4.90.37.00	Locação de Mão de Obra					
121	4.4.90.39.00	Outros Serviços de Terceiros - Pessoa Jurídica					
122	4.4.90.51.00	Obras e Instalações = (123+124)					
123	4.4.90.51.91	Obras em Andamento					
124	4.4.90.51.XX	Demais Obras e Instalações					
125	4.4.90.52.00	Equipamentos e Material Permanente					
126	4.4.90.61.00	Aquisição de Imóveis					
127	4.4.90.91.00	Sentenças Judiciais					
128	4.4.90.92.00	Despesas de Exercícios Anteriores					
129	4.4.90.93.00	Indenizações e Restituições					
130	4.4.90.XX.XX	Demais Aplicações Diretas					
131	4.4.91.00.00	Aplicação Direta Decorrente de Operação entre Órgãos, Fundos e Entidades Integrantes dos Orçamentos Fiscal e da Seguridade Social					
132	4.5.00.00.00	**Inversões Financeiras = (133+ ... +140+152)**					
133	4.5.20.00.00	Transferências à União					
134	4.5.30.00.00	Transferências a Estados e ao Distrito Federal					
135	4.5.40.00.00	Transferências a Municípios					
136	4.5.50.00.00	Transferências a Instituições Privadas sem Fins Lucrativos					
137	4.5.60.00.00	Transferências a Instituições Privadas com Fins Lucrativos					
138	4.5.71.00.00	Transferências a Consórcios Públicos					
139	4.5.80.00.00	Transferências ao Exterior					

continua...

continuação

140	4.5.90.00.00	Aplicações Diretas = (141+ ... +151)					
141	4.5.90.61.00	Aquisição de Imóveis					
142	4.5.90.62.00	Aquisição de Produtos para Revenda					
143	4.5.90.63.00	Aquisição de Títulos de Crédito					
144	4.5.90.64.00	Aquisição de Títulos Representativos de Capital já Integralizado					
145	4.5.90.65.00	Constituição ou Aumento de Capital de Empresas					
146	4.5.90.66.00	Concessão de Empréstimos e Financiamentos					
147	4.5.90.67.00	Depósitos Compulsórios					
148	4.5.90.91.00	Sentenças Judiciais					
149	4.5.90.92.00	Despesas de Exercícios Anteriores					
150	4.5.90.93.00	Indenizações e Restituições					
151	4.5.90.XX.XX	Demais Aplicações Diretas					
152	4.5.91.00.00	Aplicação Direta Decorrente de Operação entre Órgãos, Fundos e Entidades Integrantes dos Orçamentos Fiscal e da Seguridade Social					
153	4.6.00.00.00	**Amortização da Dívida = (154)**					
154	4.6.90.00.00	Aplicações Diretas = (155+ ... +165)					
155	4.6.90.71.00	Principal da Dívida Contratual Resgatado					
156	4.6.90.72.00	Principal da Dívida Mobiliária Resgatado					
157	4.6.90.73.00	Correção Monetária ou Cambial da Dívida Contratual Resgatada					
158	4.6.90.74.00	Correção Monetária ou Cambial da Dívida Mobiliária Resgatada					
159	4.6.90.75.00	Correção Monetária da Dívida de Operações de Crédito por Antecipação da Receita					
160	4.6.90.76.00	Principal Corrigido da Dívida Mobiliária Refinanciado					
161	4.6.90.77.00	Principal Corrigido da Dívida Contratual Refinanciado					
162	4.6.90.91.00	Sentenças Judiciais					
163	4.6.90.92.00	Despesas de Exercícios Anteriores					
164	4.6.90.93.00	Indenizações e Restituições					
165	4.6.90.XX.XX	Demais Aplicações Diretas					
166	7.7.99.99.99	Reserva do RPPS					
167	9.9.99.99.99	Reserva de Contingência					

Declaramos que os dados acima foram extraídos dos balanços gerais consolidados do município.

_____

Local e data

_____

Chefe do Poder Executivo

CPF nº

_____

Secretário Responsável pela Administração Fazendária ou Financeira

CPF nº

_____

Contador

CRC nº

Quadro dos Dados Contábeis Consolidados
Balanço Orçamentário — Despesas por Função

Município: UF:

CNPJ: Exercício:

CAMPO	CÓDIGO	DISCRIMINAÇÃO	ORÇAMENTO DO EXERCÍCIO					
			DESPESAS EMPENHADAS	DESPESAS LIQUIDADAS	DESPESAS PAGAS	INSCRIÇÃO DE RP NÃO PROCESSADO	INSCRIÇÃO DE RP PROCESSADO
1		Total da Despesa por Função (Exceto Intra Orçamentária) = (2+6+10+14+27+32+37+41+47+53+61+67+76+80+85+90+94+98+105+110+119+123+130+137+141+147+154+159)					
2	001	**Legislativa = (3+4+5)**					
3	031	Ação Legislativa					
4	032	Controle Externo					
5	XXX	Demais Subfunções					
6	002	**Judiciária = (7+8+9)**					
7	061	Ação Judiciária					
8	062	Defesa do Interesse Público no Processo Judiciário					
9	XXX	Demais Subfunções					
10	003	**Essencial à Justiça = (11+12+13)**					
11	091	Defesa da Ordem Jurídica					
12	092	Representação Judicial e Extrajudicial					
13	XXX	Demais Subfunções					
14	004	**Administração (15+...+26)**					
15	121	Planejamento e Orçamento					
16	122	Administração Geral					
17	123	Administração Financeira					
18	124	Controle Interno					
19	125	Normatização e Fiscalização					
20	126	Tecnologia da Informação					
21	127	Ordenamento Territorial					
22	128	Formação de Recursos Humanos					
23	129	Administração de Receitas					
24	130	Administração de Concessões					
25	131	Comunicação Social					
26	XXX	Demais Subfunções					
27	005	**Defesa Nacional = (28+...+31)**					
28	151	Defesa Aérea					
29	152	Defesa Naval					
30	153	Defesa Terrestre					
31	XXX	Demais Subfunções					
32	006	**Segurança Pública = (33+...+36)**					
33	181	Policiamento					
34	182	Defesa Civil					
35	183	Informação e Inteligência					
36	XXX	Demais Subfunções					
37	007	**Relações Exteriores = (38+39+40)**					
38	211	Relações Diplomáticas					
39	212	Cooperação Internacional					
40	XXX	Demais Subfunções					
41	008	**Assistência Social = (42+...+46)**					
42	241	Assistência ao Idoso					
43	242	Assistência ao Portador de Deficiência					

continua...

continuação

44	243	Assistência à Criança e ao Adolescente					
45	244	Assistência Comunitária					
46	XXX	Demais Subfunções					
47	**009**	**Previdência Social = (48+...+52)**					
48	271	Previdência Básica					
49	272	Previdência do Regime Estatutário					
50	273	Previdência Complementar					
51	274	Previdência Especial					
52	XXX	Demais Subfunções					
53	**010**	**Saúde = (54+...+60)**					
54	301	Atenção Básica					
55	302	Assistência Hospitalar e Ambulatorial					
56	303	Suporte Profilático e Terapêutico					
57	304	Vigilância Sanitária					
58	305	Vigilância Epidemiológica					
59	306	Alimentação e Nutrição					
60	XXX	Demais Subfunções					
61	**011**	**Trabalho = (62+...+66)**					
62	331	Proteção e Benefícios ao Trabalhador					
63	332	Relações de Trabalho					
64	333	Empregabilidade					
65	334	Fomento ao Trabalho					
66	XXX	Demais Subfunções					
67	**012**	**Educação = (68+...+75)**					
68	361	Ensino Fundamental					
69	362	Ensino Médio					
70	363	Ensino Profissional					
71	364	Ensino Superior					
72	365	Educação Infantil					
73	366	Educação de Jovens e Adultos					
74	367	Educação Especial					
75	XXX	Demais Subfunções					
76	**013**	**Cultura = (77+78+79)**					
77	391	Patrimônio Histórico, Artístico e Arqueológico					
78	392	Difusão Cultural					
79	XXX	Demais Subfunções					
80	**014**	**Direitos da Cidadania = (81+...+84)**					
81	421	Custódia e Reintegração Social					
82	422	Direitos Individuais, Coletivos e Difusos					
83	423	Assistência aos Povos Indígenas					
84	XXX	Demais Subfunções					
85	**015**	**Urbanismo = (86+...+89)**					
86	451	Infraestrutura Urbana					
87	452	Serviços Urbanos					
88	453	Transportes Coletivos Urbanos					
89	XXX	Demais Subfunções					
90	**016**	**Habitação = (91+92+93)**					
91	481	Habitação Rural					
92	482	Habitação Urbana					
93	XXX	Demais Subfunções					
94	**017**	**Saneamento = (95+96+97)**					
95	511	Saneamento Básico Rural					
96	512	Saneamento Básico Urbano					
97	XXX	Demais Subfunções					

continua...

Gastos Públicos

continuação

98	**018**	**Gestão Ambiental = (99+...+104)**					
99	541	Preservação e Conservação Ambiental					
100	542	Controle Ambiental					
101	543	Recuperação de Áreas Degradadas					
102	544	Recursos Hídricos					
103	545	Meteorologia					
104	XXX	Demais Subfunções					
105	**019**	**Ciência e Tecnologia = (106+...+109)**					
106	571	Desenvolvimento Científico					
107	572	Desenvolvimento Tecnológico e Engenharia					
108	573	Difusão do Conhecimento Científico e Tecnológico					
109	XXX	Demais Subfunções					
110	**020**	**Agricultura = (111+...+118)**					
111	601	Promoção da Produção Vegetal					
112	602	Promoção da Produção Animal					
113	603	Defesa Sanitária Vegetal					
114	604	Defesa Sanitária Animal					
115	605	Abastecimento					
116	606	Extensão Rural					
117	607	Irrigação					
118	XXX	Demais Subfunções					
119	**021**	**Organização Agrária = (120+121+122)**					
120	631	Reforma Agrária					
121	632	Colonização					
122	XXX	Demais Subfunções					
123	**022**	**Indústria = (124+...+129)**					
124	661	Promoção Industrial					
125	662	Produção Industrial					
126	663	Mineração					
127	664	Propriedade Industrial					
128	665	Normalização e Qualidade					
129	XXX	Demais Subfunções					
130	**023**	**Comércio e Serviços = (131+...+136)**					
131	691	Promoção Comercial					
132	692	Comercialização					
133	693	Comércio Exterior					
134	694	Serviços Financeiros					
135	695	Turismo					
136	XXX	Demais Subfunções					
137	**024**	**Comunicações = (138+139+140)**					
138	721	Comunicações Postais					
139	722	Telecomunicações					
140	XXX	Demais Subfunções					
141	**025**	**Energia = (142+...+146)**					
142	751	Conservação de Energia					
143	752	Energia Elétrica					
144	753	Petróleo					
145	754	Álcool					
146	XXX	Demais Subfunções					
147	**026**	**Transporte = (148+...+153)**					
148	781	Transporte Aéreo					
149	782	Transporte Rodoviário					
150	783	Transporte Ferroviário					
151	784	Transporte Hidroviário					

continua...

continuação

152	785	Transportes Especiais					
153	XXX	Demais Subfunções					
154	**027**	**Desporto e Lazer = (155+...+158)**					
155	811	Desporto de Rendimento					
156	812	Desporto Comunitário					
157	813	Lazer					
158	XXX	Demais Subfunções					
159	**028**	**Encargos Especiais = (160+...+166)**					
160	841	Refinanciamento da Dívida Interna					
161	842	Refinanciamento da Dívida Externa					
162	843	Serviço da Dívida Interna					
163	844	Serviço da Dívida Externa					
164	845	Transferências					
165	846	Outros Encargos Especiais					
166	XXX	Demais Subfunções					
167		TOTAL DA DESPESA POR FUNÇÃO (INTRA ORÇAMENTÁRIA)					
168		TOTAL GERAL DA DESPESA POR FUNÇÃO = (1+167)					

Declaramos que os dados acima foram extraídos dos balanços gerais consolidados do município.

_____

Local e data

_____

Chefe do Poder Executivo
CPF nº

_____

Secretário Responsável pela Administração Fazendária ou Financeira
CPF nº

_____

Contador
CRC nº

Financiamento dos Gastos Públicos

INTRODUÇÃO

Nos capítulos anteriores, foram discutidos vários aspectos relacionados com intervenção do governo na economia, as funções que ele deve exercer, as diversas formas de apresentação dos gastos, a magnitude dos recursos por ele manuseados, bem como o comportamento e o crescimento dos gastos governamentais de diversos países nas últimas décadas.

As análises desenvolvidas nos capítulos anteriores permitem entender a diversidade e a amplitude das tarefas a serem desempenhadas pelo governo, exigindo, na maioria dos países, participação cada vez mais ativa do governo, fazendo com que os gastos públicos absorvam, cada vez mais, maiores parcelas da renda nacional necessárias para seu financiamento.

A importância da participação do governo na economia e as atividades a serem desenvolvidas por ele foram objeto de discussão dos capítulos anteriores.

Este capítulo tem por objetivo avaliar as principais alternativas que o governo pode utilizar para financiar os gastos que realizará na execução de suas atividades.

Dentro do conjunto de alternativas possíveis, o governo poderá utilizar as seguintes fontes básicas de financiamento: emissão de moeda, lançamento de títulos públicos, empréstimos bancários (interno e externo), vendas de ativos, privatização e tributação. Cada uma dessas alternativas apresenta características particulares e provocam efeitos diferentes sobre as atividades econômicas e sociais no país. Independentemente desses efeitos, a experiência tem mostrado que a tributação se desponta como a principal fonte de financiamento dos gastos governamentais.

Algumas das alternativas destacadas fazem parte de outras disciplinas, sobretudo as de Economia Monetária. Assim, devido a isso, este capítulo se preocupará apenas com a análise do mecanismo da tributação e de seus efeitos sobre a economia e sobre os indivíduos na sociedade.

Além de financiar os gastos governamentais, a montagem do sistema de tributação provocará efeitos diretos e indiretos nos diversos segmentos da sociedade.

Assim, este capítulo objetiva avaliar a tributação não apenas do ponto de vista de um mecanismo de financiamento dos gastos do governo, mas também destacando seus efeitos sobre os indivíduos e sobre as atividades econômicas.

Nessa perspectiva, são analisados neste capítulo os diversos conceitos e princípios que norteiam a tributação, o controle que o governo poderá exercer sobre certas atividades econômicas por meio do mecanismo de tributação, os efeitos que poderão ocorrer com esse sistema sobre a produção, consumo e geração e a apropriação da renda. Finalmente, a exemplo do que foi feito em capítulos anteriores, será apresentado um apêndice que procura posicionar o sistema e a carga tributária do Brasil perante a experiência de outros países e também mostrar como é composta a estrutura de arrecadação e distribuição dos recursos tributários entre as unidades que compõem a máquina administrativa de governo no Brasil.

4.1 CONCEITO E PRINCÍPIOS DA TRIBUTAÇÃO

Neste item serão discutidos alguns conceitos básicos da tributação, bem como os princípios fundamentais a serem observados na discussão sobre alterações ou montagem de uma estrutura tributária em qualquer país.

4.1.1 Conceitos de tributação

Os encargos do governo são financiados por recursos captados de forma variada. Eles podem ser obtidos por intermédio da emissão de moedas, lançamento de títulos, empréstimos e principalmente pela tributação.

O mecanismo da tributação, associado às políticas orçamentárias, intervém diretamente na alocação dos recursos, na distribuição de recursos na sociedade e pode, também, reduzir as desigualdades na riqueza, na renda e no consumo.

A tributação é um meio pelo qual os indivíduos tentam obter recursos coletivamente para satisfazer às necessidades específicas da sociedade, que normalmente requerem volumosos montantes de recursos, impossíveis de serem financiados individualmente.

O sistema de tributação variará de acordo com as peculiaridades e com determinadas situações políticas, econômicas e sociais de cada país. Mesmo que os sistemas de tributação sejam diferentes, eles se constituirão, assim mesmo, no principal mecanismo de obtenção dos recursos públicos no sistema capitalista. Além disso, nesse sistema, a tributação é, também, importante instrumento a ser utilizado para promover ajustes de natureza econômica e social.

O sistema tributário pode desenvolver diferentes papéis, dependendo dos objetivos a serem alcançados e de determinadas situações específicas. O fato é que, independentemente das alterações que possam ser feitas, o sistema tributário continua sendo o principal instrumento de política fiscal do governo. Por essa razão, na discussão sobre a estrutura tributária é importante buscar respostas para as seguintes questões:

→ qual é a melhor estrutura tributária para o país e para sociedade?
→ quais as consequências de determinados tributos para as diversas classes da sociedade?
→ quais são seus efeitos ao nível individual e coletivo?
→ quais os serviços oferecidos pelo setor público que deveriam ser tributados diretamente ou não?
→ as alíquotas dos tributos devem ser as mesmas para todos os bens e para todos os indivíduos ou elas devem ser diferenciadas?
→ como deve ser distribuída a carga tributária entre produção, consumo, renda, riqueza e a propriedade? Etc.

Existem várias análises que apontam diferentes maneiras de como deveria funcionar o sistema de tributação e que objetivos ele deveria tentar alcançar.

A montagem adequada na formação de um sistema de tributação deve considerar os seguintes aspectos:

→ a função dos tributos é a de obter receitas para financiar os serviços públicos sociais e coletivos;
→ cada indivíduo deveria ser taxado de acordo com sua habilidade ou capacidade de pagamento;

- os tributos devem ser universais, impostos sem distinção a indivíduos em situações similares;
- os tributos devem ser neutros de forma a não interferir no grau de competitividade entre os produtos, sobretudo os similares;
- os tributos devem ser instituídos de acordo com os princípios jurídicos fundamentais; e
- o sistema deve ser o mais simples possível, de forma a garantir maior controle por parte do Estado, evitando a evasão e a sonegação, garantindo ao governo os recursos financeiros esperados necessários ao financiamento de suas despesas fundamentais.

4.1.2 Princípios da tributação

Por princípio, o sistema de tributação deveria ser o mais justo possível. Entretanto, o conceito de justiça nem sempre é de fácil determinação. Como uma tentativa de aproximar o sistema dentro daquilo que possa ser considerado mais justo, a análise da aplicação da tributação baseia-se no princípio dos benefícios e no princípio da habilidade de pagamento.

4.1.2.1 *Princípio do benefício*

Quando, nos capítulos anteriores, foram analisadas as principais teorias dos gastos públicos e dos bens públicos puros em particular, não foi levantada nenhuma questão relativa aos problemas de arrecadação do governo, porque naqueles modelos os gastos e as receitas eram estabelecidos simultaneamente. Esse fato é marcante, por exemplo, nos modelos de Lindahl e Samuelson. Nas teorias dos bens públicos desenvolvidas, assumiu-se que o indivíduo pagaria por esses bens de acordo com sua utilidade ou seus benefícios.

O princípio do benefício estabelece que cada indivíduo pagará tributo de acordo com o montante de benefícios que ele recebe. Quanto maior o benefício, maior seria a contribuição e vice-versa. Assim, o princípio do benefício associa a contribuição do indivíduo aos benefícios que ele recebe diretamente dos bens e serviços oferecidos pelo governo.

Esse princípio poderia se apresentar como mais justo sob o argumento de que ele evitaria a situação na qual um indivíduo pagaria indiretamente pelo benefício de outra pessoa. Os economistas, por outro lado, argumentam que esse princípio é mais eficiente porque ele funciona como no sistema de mercado livre onde cada indivíduo paga de acordo com os benefícios que ele recebe ao adquirir determinados bens e serviços.

Baseado nesses argumentos, ter-se-ia que, quanto maior o benefício, maior seria o nível de consumo e, por conseguinte, o preço a ser pago. Ainda sob esse ângulo, argumenta-se que, se o pagamento dos tributos não fosse feito com base no princípio do benefício, o resultado seria o desperdício, porque a tendência seria a superutilização dos serviços, cujo resultado seria a ineficiência. Porém, o problema que surge nesse princípio é justamente o de estabelecer o grau do benefício gerado a cada indivíduo. Deve-se considerar, ainda, aquelas situações nas quais os indivíduos são resistentes em revelar suas verdadeiras preferências. Se as preferências pelos serviços públicos, especialmente aqueles classificados como públicos puros, não forem reveladas, como o nível dos benefícios pode ser determinado? Se os benefícios não são conhecidos, como pode o princípio do benefício ser aplicado? Se as pessoas não querem revelar suas preferências e decidem atuar como *free riders*,[1] como poderá o princípio do benefício ser aplicado?

Assim, a aplicação do princípio do benefício gera duas dificuldades intransponíveis. Em primeiro lugar tem-se o caso dos *free riders*. A sua existência mostra a ineficiência do princípio do benefício, uma vez que ele não evita que, em determinados tipos de serviços, indivíduos são beneficiados sem revelar suas preferências e, portanto, não contribuem para o seu financiamento, e sem ter como excluí-los dos benefícios gerados.

Em segundo lugar, outra dificuldade para a aplicação desse princípio surge no momento em que se procura medir o benefício individual a fim de que se estabeleça um valor a ser pago em função do benefício gerado. Isso porque, quando se analisam os bens públicos puros, verifica-se que não se dispõe de mecanismos eficientes para medir seus benefícios. Tome por exemplo a defesa nacional: como medir os benefícios desses serviços para cada indivíduo na sociedade e então estabelecer a contribuição tributária de cada um?

Colocados esses dois pontos, restam ainda outros aspectos a serem mencionados. Primeiro, a dificuldade de se apurarem os benefícios de cada indivíduo mostra a impossibilidade de o sistema de tributação basear-se apenas no princípio do benefício. Esse princípio só poderia ser aplicado em determinados grupos de bens e serviços cujos benefícios se pode individualizar. Nesses casos, o mecanismo de receita funcionaria como no sistema de mercado tradicional, em que o indivíduo paga de acordo com os benefícios que recebe.

Outro fato relevante refere-se à situação daqueles indivíduos que, por falta de renda disponível, estariam excluídos do consumo dos bens e serviços oferecidos pelo governo, uma vez que suas rendas disponíveis fossem insuficientes para tal. Nesse caso, umas das funções básicas do governo, que se refere à redistribuição de renda e riqueza, estaria sendo altamente ineficiente visto que a maioria dos indivíduos estaria excluída de uma série de benefícios advindos do consumo de determinados bens, por falta de condições financeiras para adquiri-los.

Essa análise leva à conclusão de que o mecanismo de tributação baseado apenas no princípio do benefício seria totalmente ineficiente, tanto do ponto de vista econômico quanto do social. Assim, a alternativa de se estabelecer um sistema de tributação mais eficiente mostra a necessidade de se buscar outro mecanismo que, associado ao princípio do benefício, torne a estrutura de tributação menos ineficiente e mais justa. Esse mecanismo baseia-se no princípio da habilidade de pagamento.

4.1.2.2 Princípio da habilidade de pagamento

Como foi analisado na parte anterior, a grande dificuldade de se tratar com os bens coletivos ou os bens públicos puros está na impossibilidade de se apurarem adequadamente seus benefícios para cada indivíduo na sociedade. Se isso não é possível, torna-se realmente difícil estabelecer a parcela de tributo que é devida a cada indivíduo na sociedade. Dada essa situação, a solução encontrada é a de se introduzir no sistema de tributação o princípio da habilidade de pagamento. Esse princípio distribui o ônus

---

[1] *Free riders*: expressão que representa aqueles indivíduos que se beneficiariam dos serviços públicos puros, sem revelá-los em suas escalas de preferência.

da tributação entre os indivíduos na sociedade de acordo com sua habilidade de pagamento, medida usualmente pelo nível de renda, riqueza e a propriedade.

Esse princípio tem duas vantagens sobre o anterior: primeiro, permite que determinada pauta de serviços públicos seja oferecida à sociedade sem que haja exclusão ou discriminação, entre os indivíduos, quanto a seu uso e benefícios; segundo, ele se torna um princípio mais justo visto que o sacrifício individual é feito de acordo com a habilidade de pagamento de cada um.

De acordo com o princípio da habilidade, todo indivíduo deve contribuir com o custo total da oferta dos bens públicos puros em linha com sua habilidade de pagamento, isto é, os indivíduos com habilidades iguais devem contribuir no mesmo montante, enquanto indivíduos com habilidades diferentes devem ter um pagamento diferenciado. Essa é a noção do igual sacrifício associada ao conceito da utilidade marginal do dinheiro. Nesse conceito, a utilidade marginal da renda monetária diminui com o acréscimo da renda. Isso significa que R$ 100,00 é mais importante para um indivíduo pobre do que para um rico. Dado esse fato, se um indivíduo pobre e um indivíduo rico pagam um mesmo montante de tributos, verifica-se claramente que eles não fizeram o mesmo sacrifício. Devido à habilidade de pagamento, observa-se que o indivíduo pobre teve um sacrifício superior ao do rico. Para evitar esse tipo de injustiça, utilizam-se dois mecanismos de tributos tal que o sacrifício seja igualado: o "igual tratamento dos iguais ou a equidade horizontal" e o "desigual tratamento dos desiguais ou a equidade vertical".

A equidade horizontal significa que os indivíduos com iguais habilidades devem pagar o mesmo montante de tributos. Por outro lado, a equidade vertical requer que indivíduos com diferentes habilidades paguem tributos em montantes diferenciados.

Quando se analisa a equidade horizontal, sua implementação é relativamente fácil, visto que pessoas com o mesmo nível de renda devem, em princípio, dar igual contribuição tributária. Entretanto, quando se trata da equidade vertical, a situação é menos clara à medida que exige um padrão de tributação diferente entre pessoas de rendas desiguais. Essa dificuldade surge pois é necessário que se definam os níveis de tributação para cada classe de indivíduos, o que obriga a estabelecer um critério que diferencie os indivíduos perante o sistema de tributação de acordo com sua habilidade ou capacidade de pagamento.

O fato é que o princípio da habilidade de pagamento pode ajudar a tornar o sistema de tributação, e a própria oferta dos bens e serviços públicos coletivos ou puros, mais justo, uma vez que possibilita o acesso de todos os indivíduos da sociedade aos benefícios advindos desses serviços, e a contrapartida em pagamentos, via tributos, se torna mais justa.

Pelo que foi exposto, fica evidente que o sistema de tributação deve ser estruturado, tomando-se por base os princípios dos benefícios e da habilidade ou capacidade de pagamento. Assim, existe uma série de serviços coletivos na qual o governo pode aplicar o princípio do benefício, sendo outra parcela da tributação proveniente das arrecadações feitas com base na habilidade de pagamento.

De acordo com as funções a serem exercidas pelo governo, a utilização desses dois princípios poderá contribuir para que elas sejam executadas com mais eficiência. Assim, de acordo com a função de alocação, por um lado, os tributos devem ser coletados de forma que satisfaçam às necessidades dos gastos com os bens públicos puros. Por outro lado, quando se tributar mais as classes de renda mais alta, estará aí uma tarefa executada pela função de distribuição. Finalmente, a função de estabilização estará sendo executada quando o sistema de tributação fornecer recursos para satisfazer aos objetivos macroeconômicos.

O sistema tributário de um país existe para financiar os gastos realizados pelo governo. Estes se fazem necessários, uma vez que, por impossibilidade ou desinteresse, o setor privado deixa de oferecer o conjunto de bens que fazem parte da demanda da sociedade. Como foi discutido em capítulos anteriores, tal situação é consequência das características específicas de certos bens e serviços e, em boa parte dos casos, das características financeiras dos investimentos, que se apresentam sob grande risco, com elevado grau de incerteza quanto a sua rentabilidade.

A sociedade tem, assim, no sistema tributário, um instrumento estratégico para a definição da forma de financiamento das atividades a serem desempenhadas pelo governo que, em última instância, deverão melhorar a qualidade de vida e o nível de bem-estar dessa mesma sociedade.

Embora essa relação se apresente aparentemente de forma simplória, ela é extremamente complexa e envolve aspectos que podem alterar o padrão da renda, do consumo e da produção da sociedade. Por essa razão, ao se estruturar um sistema tributário, é fundamental observar os aspectos relacionados com a equidade, neutralidade, evidência e certeza em relação à atuação do governo.

A definição do papel do governo é primordial para a discussão da questão tributária. Como foi dito, a tributação existe para financiar os gastos do governo e, para tanto, é fundamental que eles sejam previamente bem definidos. Dessa forma, a definição do papel do governo e das atividades ou funções que ele vai executar deve preceder qualquer discussão sobre o arranjo tributário.

Passada essa primeira etapa, é de suma importância definir a forma pela qual a sociedade deverá financiar esses gastos. Nessa definição, deve-se buscar um mecanismo tributário que seja o mais justo possível. Nesse caso, aplicam-se atentamente os princípios básicos da equidade, tratando do mesmo modo os iguais e de forma diferente os desiguais. A observância desse princípio contribui para que o sistema seja mais justo e não penalize as classes de renda menos favorecidas (menor nível de renda e de riqueza).

A **neutralidade** é outro fator que merece destaque na discussão sobre o assunto. Em princípio, o sistema tributário deve ser o mais neutro possível. Isso significa que sua estruturação deve ser feita de tal forma que não distorça os preços relativos dos bens e serviços, tornando o tributo um fator decisivo de competitividade no mercado. Nesse sentido, o tributo deve ser universal, atingindo da mesma forma os bens e serviços com características similares e competitivos entre si.

O aspecto da **certeza** no campo tributário refere-se à segurança quanto à geração de recursos necessários para financiar os gastos do governo, previamente estabelecidos. Assim, há necessidade de uma perfeita definição das bases tributárias, tanto no que se refere à legalidade da incidência quanto à viabilidade de acompanhamento do governo no tocante ao controle da arrecadação, dificultando a evasão e a sonegação de receitas. Para tanto, é fundamental que haja constantes adequações no sistema tributário, tornando-o eficiente, moderno, transparente e de fácil administração, tanto pelo governo quanto pelo contribuinte.

Finalmente, é necessário que haja para a sociedade uma **perfeita relação custo/benefício** no que se refere aos gastos do governo e à tributação. É fundamental que esteja claro para a sociedade que serviços do governo serão a ela oferecidos, para que se possa avaliar seus benefícios e, portanto, contribuir de forma justa e necessária por meio de cumprimento correto de suas obrigações tributárias. Essa relação tenderá a ser maximizada quando todos os outros fatores mencionados anteriormente estiverem eficientemente equacionados.

Avaliando todos esses ângulos, percebe-se que o sistema tributário provoca efeitos sobre os diversos setores da sociedade. Além disso, não se pode perder de vista o seu importante papel como instrumento de política do governo.

4.2 CATEGORIAS DE TRIBUTAÇÃO

Dependendo da forma pela qual a tributação é imposta, ela afetará vários setores da economia relacionados com a produção e o consumo de bens e serviços. Na realidade, o tributo pode ser imposto sobre várias partes do sistema econômico, além da renda dos indivíduos, suas propriedades, suas riquezas, lucros empresariais, salários e outras fontes de renda.

O imposto sobre a renda aparece como a mais importante fonte de receita fiscal na maioria dos países e, em alguns casos, representa mais de 50 % do total arrecadado.

Um dos problemas existentes com esse imposto refere-se à definição do que venha a ser a renda. Em alguns casos elas englobam as rendas provenientes de todas as formas de receitas, especialmente salários, honorários etc. Em outras, incorporam-se também aquelas oriundas dos ganhos de capital.

A tributação da riqueza é mais complicada e controversa, devido à dificuldade de se definir o que venha a ser riqueza para efeito de tributação. De uma forma ou de outra, para base desse tributo deve-se, em princípio, considerar a propriedade (terra, prédios, casas etc.), as propriedades pessoais tangíveis (automóveis, mobília, joias etc.) e os bens intangíveis (como ações, depósitos bancários etc.). O que se observa pelos exemplos acima é que geralmente alguns desses componentes formam outra fonte de tributação, como é o caso da propriedade e das ações (ganhos de capital), que em certos países estão sujeitos ao imposto de renda. Embora a tributação sobre a riqueza possa ser utilizada como fonte de arrecadação tributária, a experiência de vários países mostra que ela não é fortemente ativada, provavelmente devido às dificuldades de se apurar e definir adequadamente a riqueza para efeitos de arrecadação fiscal.

A tributação imposta aos bens e serviços incide sobre o fluxo dos produtos no sistema de mercado. Essa tributação é também denominada como indireta e representa fonte significativa de arrecadação fiscal.

A tributação sobre os bens e serviços pode ser feita mediante duas sistemáticas. Ela poderá ser aplicada sobre a unidade do produto ou sobre seu valor. Isso dá origem aos impostos unitários e aos *ad valorem*, cujos conceitos e efeitos parciais serão analisados ainda neste capítulo.

De forma geral, a estrutura de arrecadação fiscal da maioria dos países é baseada nas fontes mencionadas anteriormente. Isso não quer dizer que elas sejam as únicas fontes de tributação, haja vista que o elenco de fontes de tributação dependerá também das circunstâncias de cada país. A participação relativa e a importância de cada uma dessas fontes dependerão de seu grau de utilização e da situação estrutural de cada país. Independentemente desse grau de utilização, essas fontes de tributação darão origem a duas categorias de tributos: o direto e o indireto.

4.2.1 Tributos diretos e indiretos

A diferença básica entre esses tributos está na maneira pela qual eles afetam os indivíduos na sociedade. Enquanto o tributo direto incide sobre rendimentos, renda e riqueza dos indivíduos, o indireto é cobrado normalmente no preço final dos bens e serviços adquiridos pelos indivíduos. O imposto sobre a renda coloca-se como o melhor exemplo de tributo direto, enquanto o imposto sobre o consumo caracteriza-se como tributo indireto.

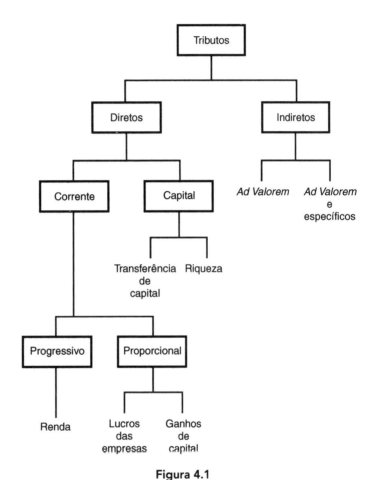

Figura 4.1

A distribuição dos tributos nessas duas categorias é aparentemente simples, porém de grande importância dentro da estrutura tributária de um país. Isso porque o peso de cada um deles mostra a maneira pela qual os tributos afetam os indivíduos na sociedade. Quanto maior a participação relativa dos impostos indiretos, maior será a abrangência do imposto, visto que esses tributos recaem, sobretudo, no consumo de bens e serviços, atingindo indiscriminadamente todos na sociedade. Por outro lado, quando os impostos diretos são mais representativos, significa que o sistema de tributação está retirando recursos das fontes de rendas provenientes dos lucros, salários, honorários etc. Dependendo das participações relativas dos tributos diretos e dos indiretos no total da arrecadação fiscal, o sistema tributário estará penalizando mais determinada camada da população em detrimento de outra.

Quando os impostos são diretos significa que o sistema de tributação estaria sendo utilizado com base na capacidade de pagamento, ou seja, ele estaria obtendo maior volume de receitas das camadas mais ricas da população. Caso contrário, quando o peso é maior nos indiretos, as camadas mais pobres estariam dando maior contribuição relativa para o bolo tributário.

Assim, além de gerador de receitas para financiar os gastos do governo, a separação dos tributos nessas categorias poderá contribuir para a elevação ou diminuição das desigualdades na distribuição da renda e da riqueza.

4.3 SISTEMAS DE TRIBUTAÇÃO

Os sistemas de tributação diferenciam-se entre si de acordo com a carga tributária imposta às diversas camadas de renda na sociedade. Com base nesse tratamento, ele pode ser classificado como proporcional, progressivo ou regressivo.

4.3.1 Sistema proporcional

Nesse sistema aplica-se a carga tributária, que seria proporcionalmente a mesma para os diferentes níveis de renda.

A Tabela 4.1 mostra a aplicação desse sistema e seus efeitos sobre as diversas classes de renda. Ela divide, hipoteticamente, a população em quatro classes, A, B, C e D, com rendas brutas variando de 1.000 a 4.000. A coluna 3 da tabela mostra a carga aplicada, que por ser igual aos diversos níveis de renda representa um sistema proporcional, ou seja, o valor relativo do imposto a ser pago é o mesmo para as quatro classes de renda. As colunas 4 e 5 mostram, respectivamente, o valor a ser pago pelas diferentes classes de renda e a renda líquida (renda bruta menos o imposto).

Tabela 4.1 Aplicação do sistema de tributação proporcional

Classes de Renda	Renda Bruta	Alíquota	Total do Imposto	Renda Líquida	% Renda Antes do Imposto	% Renda Depois do Imposto	% Renda Bruta Acumulada	% Renda Líquida Acumulada
A	1.000	10	100	900	10	10	10	10
B	2.000	10	200	1.800	20	20	30	30
C	3.000	10	300	2.700	30	30	70	70
D	4.000	10	400	3.600	40	40	100	100
TOTAL	10.000		1.000	9.000	100	100		

Observa-se, a partir dessa tabela, que a distribuição da renda bruta e da renda líquida permanece inalterada após a aplicação do sistema proporcional. Isso mostra que um sistema de tributação proporcional não tem impacto nenhum sobre a redistribuição da renda na sociedade.

4.3.2 Sistema progressivo

Um sistema tributário será classificado como progressivo quando a carga tributária for mais elevada para os níveis de renda mais altos. Com a ajuda a Tabela 4.2 pode-se mostrar como se materializa a aplicação do sistema de tributação progressivo, bem como seus efeitos sobre a distribuição da renda na sociedade. Como no exemplo anterior, as classes de renda na sociedade estão divididas em quatro grupos: A, B, C e D. Chama a atenção os percentuais das cargas tributárias maiores para as classes de renda mais alta, conforme mostra a coluna 3.

Os efeitos da aplicação do sistema de tributação são apurados quando se analisa o perfil da renda da sociedade antes e após a aplicação dos tributos. A Tabela 4.2, coluna 7, mostra que, após a aplicação do sistema progressivo, a absorção da renda líquida passa a ser maior para as classes de renda mais baixa. A magnitude das alterações na distribuição da renda após o imposto dependerá da diferenciação das alíquotas para as diversas classes de renda. De forma que, quanto maior o intervalo de uma alíquota para outra, maior será o impacto sobre a distribuição da renda e vice-versa.

Tabela 4.2 Aplicação do sistema de tributação progressivo

Classes de Renda	Renda Bruta	Alíquota	Total do Imposto	Renda Líquida	% Renda Antes do Imposto	% Renda Depois do Imposto	% Renda Bruta Acumulada	% Renda Líquida Acumulada
A	1.000	10	100	900	10	12,8	10	12,8
B	2.000	20	400	1.600	20	22,8	20	35,6
C	3.000	30	900	2.100	30	30,0	30	65,6
D	4.000	40	1.600	2.400	40	34,4	40	100,0
TOTAL	10.000		3.000	7.000	100	100,0		

4.3.3 Sistema regressivo

Este sistema tem a característica de tributar mais fortemente as camadas de renda mais baixas, fazendo com que elas suportem uma carga tributária maior. Neste caso, quanto menor o nível de renda, maior é a carga tributária a ser paga. A Tabela 4.3 é útil para examinar o mecanismo e os efeitos da aplicação do sistema regressivo sobre as diversas camadas de renda na sociedade. Como nos casos anteriores, os contribuintes estão divididos em quatro categorias, A, B, C e D, com rendas brutas variando de 1.000 a 4.000. Na coluna 3 estão dispostas as cargas tributárias a serem aplicadas a cada classe, com percentuais menores para os níveis de renda mais altos.

Diferentemente do caso anterior, observa-se, pela Tabela 4.3, que a aplicação do sistema de tributação regressivo concentra ainda mais a renda nas classes de maior poder aquisitivo. Como no caso anterior, essa concentração dependerá também dos

Tabela 4.3 Aplicação do sistema de tributação regressivo

Classes de Renda	Renda Bruta	Alíquota	Total do Imposto	Renda Líquida	% Renda Antes do Imposto	% Renda Depois do Imposto	% Renda Bruta Acumulada	% Renda Líquida Acumulada
A	1.000	40	400	600	10	7,5	10	7,5
B	2.000	30	600	1.400	20	17,5	20	25,0
C	3.000	20	600	2.400	30	30,0	30	55,0
D	4.000	10	600	3.600	40	45,0	40	100,0
TOTAL	10.000		2.000	8.000				

intervalos existentes entre as alíquotas aplicadas às diversas classes de renda. Quanto maior esse intervalo, maior será a concentração da renda nas classes de maior poder aquisitivo e vice-versa.

4.3.4 Efeitos da aplicação dos sistemas de tributação

Os três casos apresentados mostram que, em termos absolutos, os indivíduos de classes de renda mais alta pagam mais impostos. A participação relativa do imposto na renda dos indivíduos, porém, é mais significativa do que os valores absolutos que eles pagam. Olhando então a situação por esse lado, observa-se que o peso relativo do tributo dependerá do sistema tributário em vigor. Pelos três casos analisados pode-se destacar que:

- no sistema proporcional, o percentual do imposto ou da carga tributária a ser pago permanece inalterado, independentemente do nível de renda. Foi visto que esse sistema não tem nenhum efeito sobre o estado da distribuição da renda na sociedade;
- no sistema progressivo, o percentual do imposto ou da carga tributária a ser pago aumenta com o aumento do nível de renda. Foi visto que ele torna a distribuição da renda menos desigual após sua aplicação, quando se observa a absorção da renda líquida entre as classes consideradas;
- no sistema regressivo, o percentual do imposto ou da carga tributária a ser pago diminui com o aumento no nível de renda. Após a aplicação desse sistema observa-se que a distribuição da renda na sociedade se concentra mais nas classes de renda de maior poder aquisitivo.

Graficamente, a Figura 4.2 destaca os efeitos de cada um desses sistemas que podem ser mostrados com a ajuda da curva de Lorenz. Essa curva mostra o padrão ideal da distribuição da renda na sociedade. Como pode ser visto, a curva de Lorenz ideal é representada pela diagonal *AA*. Nessa diagonal observa-se que há perfeita distribuição da renda entre as diversas camadas da sociedade.

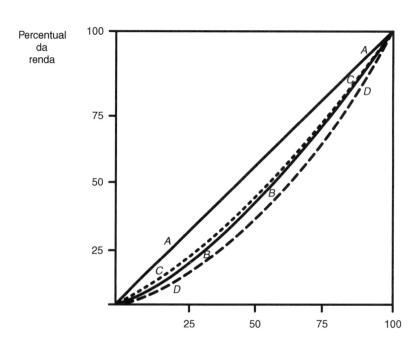

Fonte: Tabelas 4.1, 4.2 e 4.3
Legenda: ——— Proporcional
· · · · · Progressivo
· — · — Regressivo

Figura 4.2 Curva de Lorenz.

A situação da distribuição da renda antes da aplicação do imposto é representada, na figura, por *BB*. Após a aplicação do imposto observa-se que, com o sistema proporcional, não há alteração na distribuição da renda e a curva *BB* permanece então inalterada. Por outro lado, com a aplicação do sistema progressivo, a curva da distribuição da renda passa para *CC*, aproximando-se da situação ideal. Por outro lado ela se distancia da *BB* e muda para *DD* quando foi aplicado o sistema regressivo.

Para finalizar podem-se destacar ainda os seguintes pontos:

- a aplicação de um sistema de imposto proporcional não altera o padrão da distribuição de renda da sociedade e consequentemente a curva de Lorenz inicial;
- a aplicação de um sistema de imposto progressivo altera o padrão da distribuição da renda, tornando-a menos desigual. Em termos gráficos isto implica uma mudança da curva para a esquerda, aproximando-a do padrão ideal;
- a aplicação de um sistema de imposto regressivo também afeta o padrão da distribuição da renda, tornando-a mais desigual. Em termos gráficos isso implica uma mudança da curva para a direita, afastando-a ainda mais do padrão ideal.

Finalmente, deve-se ressaltar que, quando se discute estrutura tributária, considera-se uma série de tributos (impostos, taxas e contribuições de melhorias) distribuídos nas diversas bases tributárias geralmente compostas de consumo, produção, serviços, renda e riqueza.

Assim, dentro da estrutura tributária haverá impostos com características regressivas e outros que, por natureza, serão progressivos. Dessa forma, a estrutura tributária será progressiva ou regressiva, dependendo do peso de cada imposto dentro do conjunto de tributos. De qualquer forma quando na estrutura tributária houver predominância dos impostos indiretos sobre o total dos tributos, o sistema será inevitavelmente regressivo.

4.4 EFEITOS DE UM IMPOSTO SOBRE A RENDA E SOBRE A DEMANDA DA ECONOMIA

O ideal é que o sistema de tributação distorça o mínimo possível o preço relativo dos produtos. Nesse sentido, o imposto sobre a renda, além de ser socialmente mais justo, evita também esse tipo de problema.

O modelo desenvolvido a seguir procura mostrar os efeitos causados sobre a demanda agregada da economia por meio de alterações no imposto sobre a renda. Para desenvolver esse modelo, deve-se assumir os seguintes pressupostos básicos:

- trata-se de um mercado competitivo;
- o governo não gasta os recursos obtidos pela tributação nos setores considerados;
- existe apenas um fator de produção (mão de obra);
- não há transferência desse fator entre os setores;
- empregados do setor *A* formam a demanda do setor *B*, que compõe a demanda do setor *C*.

A Figura 4.3 mostra as variações que ocorreriam no setor produtivo se o governo decidisse impor à sociedade um tributo sobre a renda.

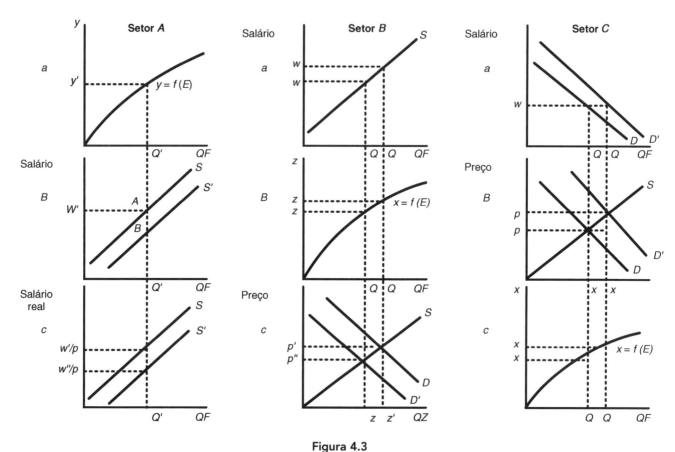

Figura 4.3

Admitindo a situação inicial sem a tributação, mostrada pela parte do setor A no diagrama, tem-se a seguinte posição:

Parte A – qf representa a quantidade de fatores (empregados).
y representa a função de produção.
q' representa a quantidade inicial de fatores utilizados.
y' representa a produção inicial.

Parte B – O eixo vertical representa o salário bruto e o horizontal, a quantidade de fatores.
s representa a oferta de mão de obra.
w é o salário inicial.
q' significa a quantidade inicial de mão de obra utilizada.

Parte C – O eixo vertical representa o salário real.
w'/p é o salário real inicial.
q' significa a quantidade inicial de fatores.

Com a oferta de mão de obra da parte B do setor A, determina-se a demanda pelo produto z do setor B e estabelece-se sua posição de equilíbrio. Assim, no setor B tem-se que:

Parte A – s é a curva de oferta do produto Z.
d representra a demanda pelo produto Z (estabelecida pela parte C do setor A).
O eixo vertical estabelece o preço.
p' é o preço de equilíbrio.
z significa a quantidade de equilíbrio.

Parte B –   Função de produção do bem z, $z = f(q\,f)$.
z é a produção inicial de equilíbrio.
q significa a quantidade inicial de mão de obra utilizada.

Parte C – s é a oferta de mão de obra no setor B.
w é o salário inicial.
q é a quantidade inicial de mão de obra utilizada.

O setor C é a continuação do processo. A parte A é determinada pela mão de obra empregada no setor B (parte C), que demonstra a curva de demanda pelo produto X. O preço de equilíbrio desse setor é determinado na parte B, e a parte B e a parte C mostram sua função de produção.

Admitindo-se que o governo estabeleça uma tributação sobre a renda, têm-se as seguintes implicações na demanda de cada setor:

Setor A, Parte A –   não existe alteração, já que o tributo é cobrado sobre a renda da mão de obra. Com isso, o montante produzido e a quantidade de fator empregado permanecem inalterados.

Parte B –   a nova curva de oferta s' representa o novo salário real (s-s' é a tributação).

Parte C –   mostra a diminuição no salário real que com os tributos passa de w'/p para w''/p.

A diminuição do salário real do setor A diminui a demanda no setor B, que terá as seguintes mudanças:

Parte A – d-d'' é a diminuição na demanda pelo produto z.
p' significa o novo preço de equilíbrio.
z-z' representa a diminuição na quantidade demandada.

Parte B –   com a diminuição na produção de equilíbrio, diminui a quantidade de fatores empregados de q para q.

Parte C –   demonstra a nova quantidade de fatores empregados (q) e o novo salário bruto.

O setor C sofre também uma redução em sua produção em função da diminuição da demanda pelo bem x determinada na parte C do setor B.

Setor C, Parte A – d' representa a nova curva de demanda.

Parte B – p representa o novo preço de equilíbrio.
x representa a nova produção de equilíbrio.

Parte C – q representa a nova quantidade de fator empregado na produção de x.
x é a nova quantidade produzida de x.

Embora esse modelo seja bastante simplificado, ele é suficiente para mostrar que a tributação acaba tendo um impacto bastante amplo sobre a economia. A elevação da carga tributária ou sua imposição provoca efeitos diretos na demanda agregada interna que, por sua vez, afeta o nível de investimentos, de emprego, de consumo etc. Assim, o nível de tributação a ser cobrado pelo governo terá de ser estabelecido num nível compatível com sua política de gastos e com a própria política monetária e cambial, de forma que haja uma perfeita coordenação nas atividades do governo, a fim de estabelecer um processo coerente de estabilização econômica.

4.5 ANÁLISE DO EQUILÍBRIO PARCIAL DA TRIBUTAÇÃO

O mecanismo da tributação afeta grande parte do sistema econômico e seus impactos dependerão da maneira como são utilizados os recursos arrecadados e como eles afetarão o padrão de consumo, os preços relativos dos bens, a oferta de recursos disponíveis na economia etc.

A análise do equilíbrio parcial não considera os efeitos da tributação sobre a estabilização. Ela se preocupa mais com os efeitos tributários sobre as funções de alocação e de distribuição. Mesmo assim, deve-se chamar a atenção para a limitação dessas análises à medida que se posicionam em determinado ponto sem, contudo, analisar os resultados finais da aplicação de um tributo qualquer.

4.5.1 Tributação sobre o produto

Nesta parte serão analisados os efeitos de determinados tributos no equilíbrio das firmas nos mercados competitivos e no monopólio.

4.5.1.1 *Tributação nos mercados competitivos*

O objetivo desta parte é analisar os efeitos da tributação sobre os bens e fatores sob as condições do mercado perfeito. Para tanto, procurar-se-á avaliar os efeitos da aplicação do imposto unitário e do *ad valorem* sobre as diversas indústrias no mercado competitivo.

4.5.1.1.1 Tributos unitários

A característica básica desse tributo é a de que ele incide sobre cada unidade de produto. Nesse caso é estipulado um montante fixo de tributo a ser pago, correspondente a cada unidade vendida ou comprada.

Graficamente, os efeitos desse tributo podem ser analisados com base na Figura 4.4.

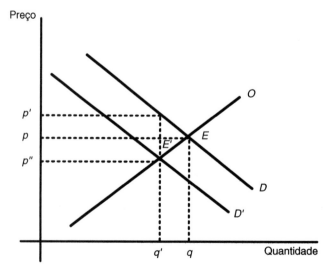

Figura 4.4

Antes da aplicação do imposto unitário, D representa a curva de demanda e O, a curva da oferta. A interseção dessas duas curvas determina o ponto de equilíbrio E com q e p, representando a quantidade e o preço de equilíbrio, respectivamente. Com a introdução do imposto unitário, o montante de recursos disponível para o produtor diminui de t para cada nível de produção, o que estabelece uma nova curva de demanda, que no caso é dada por $D - T = D'$. Com esta nova curva de demanda, o novo equilíbrio é dado por E' com a quantidade igual a q'. Neste caso, o montante recebido pelo produtor seria $p'' \cdot q'$, enquanto $(p' - p'')\, p'$ representa o montante do imposto pago.

Os efeitos da aplicação do imposto unitário podem afetar tanto o consumidor quanto o produtor. Isso dependerá das elasticidades da demanda e da oferta, como mostram alguns casos na Figura 4.5. Essa figura é composta de seis blocos diferenciados entre si pelas diversas elasticidades da demanda e da oferta. Analisando-se isoladamente cada um desses blocos, pode-se perceber como a elasticidade afeta a distribuição do ônus tributário entre o consumidor e o produtor.

Bloco A

    Oferta unitária

    Demanda elástica

    $(p'' - p')q'$ = total do tributo

    $(p'' - p)q'$ parcela do tributo devido ao consumidor

    $(p - p')q'$ parcela do tributo devido ao produtor

    $(p'' - p)q' < (p - p')q'$

Bloco B

    Oferta elástica

    Demanda unitária

    $(p'' - p')q'$ = total do tributo

    $(p'' - p)q'$ parcela do tributo devido ao consumidor

    $(p - p')q'$ parcela do tributo devido ao produtor

    $(p'' - p)q' > (p - p')q'$

Bloco C

    Oferta inelástica

    Demanda unitária

    $(p'' - p')q'$ = total do tributo

    $(p'' - p)q'$ parcela do tributo devido ao consumidor

    $(p - p')q'$ parcela do tributo devido ao produtor

    $(p'' - p)q' < (p - p')q'$

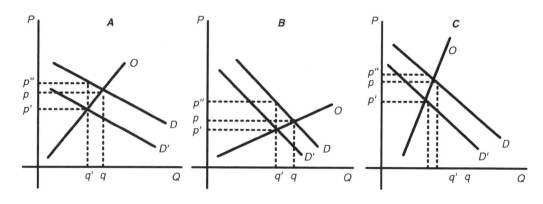

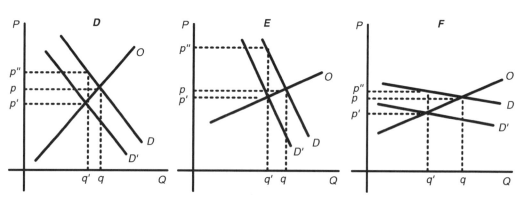

Figura 4.5

Bloco D

    Oferta unitária

    Demanda unitária

    $(p'' - p')q'$ = total do tributo

    $(p'' - p)q''$ parcela do tributo devido ao consumidor

    $(p'' - p')q'$ parcela do tributo devido ao produtor

    $(p'' - p)q' = (p - p')q'$

Bloco E

    Oferta elástica

    Demanda inelástica

    $(p'' - p')q'$ = total do tributo

    $(p'' - p)q'$ parcela do tributo devido ao consumidor

    $(p - p')q'$ parcela do tributo devido ao produtor

    $(p - p')q' < (p'' - p)q'$

Bloco F

Oferta elástica

Demanda elástica

$(p'' - p')q'$ = total do tributo

$(p'' - p)q'$ parcela do tributo devido ao consumidor

$(p - p')q'$ parcela do tributo devido ao produtor

$(p'' - p)q' < (p - p')q'$

4.5.1.1.2 Tributos *ad valorem*

Diferentemente do caso anterior, os tributos *ad valorem* incidem sobre o valor da operação. Os tributos são expressos por um percentual aplicado sobre o preço do produto. Embora o problema geral da incidência do tributo seja o mesmo nos dois casos, eles diferem quanto à maneira como afetam a determinação do preço, como mostra a Figura 4.6. A diferença básica é que, enquanto no caso do tributo unitário a curva de demanda se move em um valor absoluto constante, no tributo *ad valorem* a demanda varia em um valor percentual constante.

Antes da aplicação do imposto, tem-se que D e O representam respectivamente a demanda e a oferta. A interseção dessas duas curvas estabelece o equilíbrio dado por E, em que p e q representam, respectivamente, o preço e a quantidade de equilíbrio. Se for introduzido um imposto *ad valorem* t, a nova curva de demanda seria dada por $D - T = D'$. Com essa alteração o novo equilíbrio seria dado por E', em que p e q' representam o novo preço e a nova quantidade, respectivamente. Nesse caso tem-se que a parcela BE' representa o montante do imposto a ser pago.

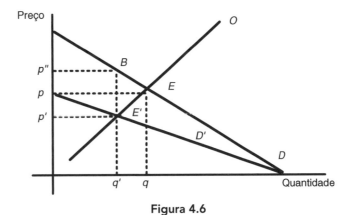

Figura 4.6

4.5.1.1.3 Comparação entre o tributo unitário e o *ad valorem*

Como mencionado, a diferença básica entre esses tributos está no fato de que um representa um montante fixo cobrado por unidade de produto, enquanto o outro é obtido por meio de um percentual constante sobre o preço do produto. A Figura 4.7 compara graficamente os efeitos da aplicação desses dois impostos, partindo-se de uma situação inicial em que D e O representam o equilíbrio, sendo p e q o preço e a quantidade de equilíbrio, respectivamente.

Inicialmente, com a imposição do imposto *ad valorem*, a curva de demanda desloca-se para D'. Nesse caso, o novo equilíbrio seria dado por E' como produção diminuindo para q' e o preço aumentando para p'. Com isso, o total do tributo pago é dado

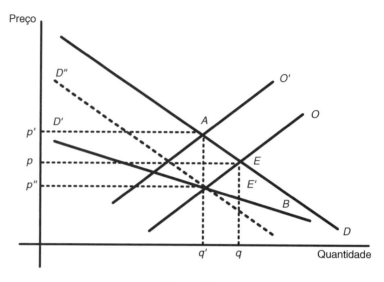

Figura 4.7

por EB. Para que o mesmo montante de arrecadação fosse obtido via tributo unitário, o valor cobrado teria que ser igual a AE'. Para tanto, a curva de demanda mudaria para D''. Considerando esse tributo como uma adição ao custo da firma, a curva da oferta aumentaria para O'. Com essas duas novas curvas, a nova posição de equilíbrio seria dada por A, com o preço igual a p' e o preço líquido (p – tributo) dado por p''. Entretanto, pode-se observar que a relação entre o tributo unitário e o preço bruto de equilíbrio deve ser a mesma do imposto *ad valorem* para que não haja diferença quanto ao impacto dos dois tributos. Isto é mostrado pelas relações dos dois impostos com o preço p', ou seja, A/p'. Assim, conclui-se que, desde que esses impostos gerem a mesma receita sob condições competitivas, o resultado é idêntico para os dois tributos. Porém, como será visto, isso não ocorrerá no caso do monopólio.

4.5.1.2 Tributos sobre o monopólio

No caso do monopólio podem ser aplicados também os tributos unitários e os *ad valorem*. Como será visto, esses tributos causam diferentes efeitos devido às características básicas desse tipo de mercado.

4.5.1.2.1 Tributos unitários

Os efeitos da aplicação do tributo unitário sobre o monopolista podem ser analisados com a ajuda da Figura 4.8. Nessa figura, D representa a demanda inicial, RMg a receita marginal inicial, CM o custo médio e CMg o custo marginal. O equilíbrio inicial do monopolista é dado pelo ponto E, onde o $CMg = RMg$, p e q representam o preço e a quantidade e B determina o custo médio. Nessa situação de equilíbrio tem-se que o lucro unitário do monopolista é dado por $A - B$, sendo o lucro total igual a $(A - B)q$.

Com a introdução do tributo unitário, haverá um deslocamento da curva de demanda para D' e, consequentemente, a receita marginal diminuirá para RMg'. Com essas alterações, o novo equilíbrio é dado por E' com o nível de produção reduzido para q'. Nessa nova situação, o monopolista terá seu lucro unitário reduzido para $F - G$, enquanto $(C - F)q'$ representa a arrecadação total dos tributos.

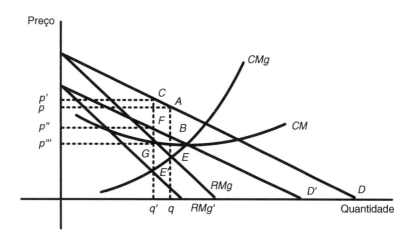

Figura 4.8

4.5.1.2.2 Tributos *ad valorem*

Os efeitos da aplicação do tributo *ad valorem* são mostrados graficamente com a ajuda da Figura 4.9. Como no caso anterior, antes da aplicação do imposto, o equilíbrio é dado por E e o monopolista está maximizando seu lucro representado por $(A - B)q$.

Com a aplicação do tributo *ad valorem*, D' e RMg' representam, respectivamente, a nova curva de demanda e da receita marginal. Assim, o novo equilíbrio é dado pelo ponto E', em que $RMg' = CMg$. Neste ponto, o montante de tributos arrecadados pelo governo é representado por $(C - F)q'$ e o lucro do monopolista é diminuído para $(F - G)q'$.

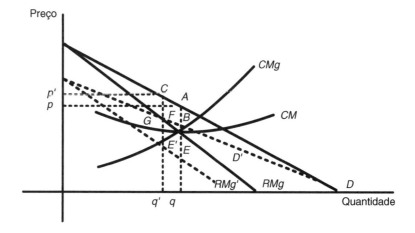

Figura 4.9

4.5.1.2.3 Comparações entre os tributos unitários e *ad valorem* sobre o mercado monopolista

Neste subitem, o objetivo é mostrar que os efeitos provocados pelos tributos unitários e *ad valorem* afetam o monopolista de forma diferenciada. Como será visto, a aplicação do imposto unitário resulta em um menor nível de arrecadação para o governo do que a imposição de um imposto *ad valorem*, para determinado efeito no preço e na produção sob as condições monopolísticas. Isso pode ser visto com a ajuda da Figura 4.10, onde a arrecadação do governo com a aplicação do imposto unitário seria $(A - B)$,

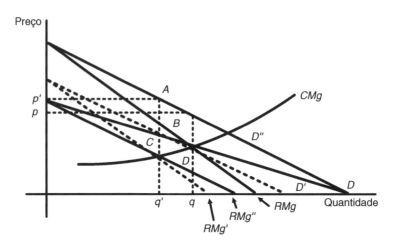

Figura 4.10

enquanto $(A - C)$ representaria o montante da receita com a aplicação do imposto *ad valorem*. Observa-se, portanto, que $(A - C) > (A - B)$, ou seja, o imposto unitário propicia uma arrecadação de tributos menor do que aquela oriunda da aplicação do imposto *ad valorem*.

4.5.2 Tributos gerais e seletivos

A aplicação de um tributo poderá afetar a renda dos indivíduos e consequentemente suas escolhas perante o sistema de mercado. Tal interferência pode refletir-se na escolha entre os produtos, no consumo presente e no consumo futuro ou até mesmo entre bens e lazer.

O que se pretende aqui é mostrar as características dos tributos gerais e dos tributos seletivos e como suas aplicações afetam a eficiência na alocação dos recursos.

4.5.2.1 *Tributo geral*

A característica dessa sistemática de tributação é que ela afeta indiscriminadamente os produtos em questão sem alterar seus preços relativos. Ela poderá também ser aplicada em termos da renda dos consumidores. A análise desses dois casos será feita com base na Figura 4.11.

Inicialmente, vamos supor que o consumidor tenha certa disponibilidade de renda que lhe permita adquirir ox quantidade do bem X e oy quantidade do bem Y. AA' representa a linha de orçamento, e os preços relativos Px/Py igualam-se a OA/OA'. Assumindo que I represente sua curva de indiferença, ele preferirá estar no ponto E, onde maximiza sua satisfação. Nesse ponto, a taxa marginal de transformação na produção, dada pela inclinação da linha de preço, iguala-se à taxa marginal de substituição no consumo, dada pela inclinação da curva de indiferença.

Supondo que o governo estabeleça um imposto *per capita* igual para todos os consumidores, a linha de orçamento do indivíduo passaria (diminuiria) para BB', todavia não haveria alteração nos preços relativos. Nesse caso, o total da tributação que afetaria o consumo dos dois bens seria BA e $B'A'$. Com a nova linha de orçamento, a nova posição de equilíbrio seria dada por E'. Nesse caso observa-se que os recursos estariam sendo alocados eficientemente porque haveria igualdade entre a taxa mar-

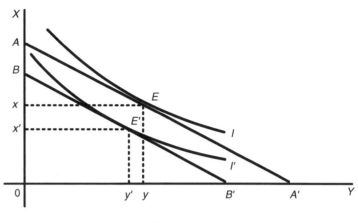

Figura 4.11

ginal de substituição e a taxa marginal de transformação e não haveria alterações nos preços relativos.

O mesmo tipo de análise ocorreria se o governo estabelecesse uma tributação geral que afetasse todos os bens. Nesse caso, a tributação afetaria os produtos X e Y e seus efeitos seriam os mesmos daqueles apresentados anteriormente com a aplicação do imposto *per capita* uniforme.

4.5.2.2.1 Tributo seletivo

Um tributo geral pode ser também seletivo. Nesses casos, a aplicação do tributo é universalizada na base geradora, porém com cargas tributárias diferenciadas. Em geral, o diferencial da carga tributária pode ser definido com base na essencialidade do produto, na importância da base tributária, na economia regional ou do país etc.

A ideia básica da aplicação do tributo seletivo pode ser avaliada com o auxílio da Figura 4.12. Nela a situação inicial de uma reta orçamentária Y', X' seria alterada para Y'', X'' caso houvesse a tributação seletiva. Nesse caso, a carga tributária seria maior para o produto Y, cuja redução da capacidade de compra Y'-Y'' seria maior que a redução X'-X'' no produto X.

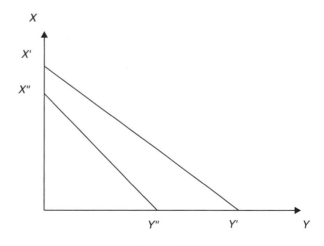

Figura 4.12

4.5.2.2 Tributo específico

A situação seria alterada se o governo estabelecesse um tributo específico que afetasse apenas parte dos bens no mercado. Supõe-se que o governo resolva tributar apenas o bem X. Nesse caso, os preços relativos Px/Py seriam alterados e a taxa marginal de transformação de X por Y na produção diferiria da taxa marginal de substituição de X por Y no consumo. Com essa desigualdade, o resultado será a alocação ineficiente dos recursos. A Figura 4.13 mostra as alterações decorrentes da aplicação do imposto seletivo.

Com a aplicação do imposto seletivo somente em X, a nova linha de orçamento desloca de AB para AB'. Com isso, o novo ponto de equilíbrio do indivíduo é dado por E', em um nível de consumo inferior àquele anterior ao imposto, como mostram as curvas de indiferença I e I'.

Caso o governo estivesse interessado em obter determinado nível de receita, ele poderia utilizar um dos dois mecanismos analisados, ou seja, o imposto geral ou o imposto seletivo. Porém, a carga tributária proveniente da aplicação do imposto seletivo seria maior do que se fosse utilizado o imposto global.[2]

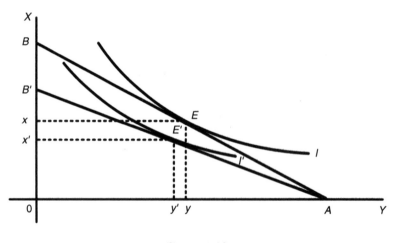

Figura 4.13

4.6 O GOVERNO E O CONTROLE SOBRE O MONOPÓLIO

O governo poderá também interferir nas ações abusivas dos monopolistas exercendo controle sobre os preços praticados e também através do uso da tributação. A inclusão dessa análise neste capítulo é feita na tentativa de avaliar a interferência do governo nas ações dos monopolistas seja através da tributação ou controle de preços.

4.6.1 Controle por meio do preço

A política de controle de preços utilizada pelo governo visa, sobretudo, fazer com que o monopolista ofereça maior quantidade de produtos que venham atender às demandas dos consumidores.

---

[2] Veja MUSGRAVE, R. A.; MUSGRAVE, P. B. *Finanças públicas em teoria e prática*. São Paulo: Campus, VSP, 1973. p. 398-400.

Este tipo de atuação política pode ser analisado graficamente com a ajuda da Figura 4.14. Por essa figura, observa-se que, sem a intervenção do governo, o monopolista está maximizando seu lucro. O equilíbrio é estabelecido ao nível de produção q, sendo p o preço que ele quer cobrar. Nesse nível de produção, o monopolista teria uma maximização do lucro dada por $(p - c)q$.

O governo poderá induzir o monopolista a aumentar sua produção desde que estabeleça um preço máximo inferior a p. Suponha-se que esse preço seja p'. Nesse caso, como mostra a Figura 4.13, o novo nível de produção no qual o monopolista maximizaria seu lucro seria dado por q'. Isso porque, nesse nível de produção, o custo marginal se igualaria à nova receita marginal. Nesse caso, o monopolista estará maximizando seu lucro, dado por $(p' - C')q'$. Para níveis de produção superiores a q o monopolista só atuaria se houvesse necessidade de se desfazer de estoques.

A intervenção do governo ao estabelecer um preço mínimo para o produto beneficia sobremaneira os consumidores à medida que haveria maior disponibilidade do produto a um preço menor. Isso retira todas as vantagens da posição do monopolista.

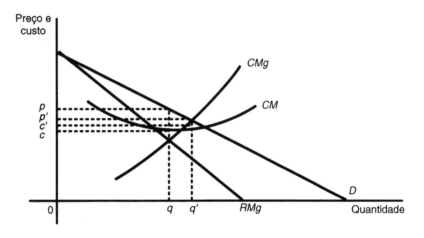

Figura 4.14

4.6.2 Controle por intermédio da tributação

A utilização da tributação é um mecanismo que o governo pode utilizar para que minimize as vantagens do monopolista. Para tanto, o governo poderá fazer uso de dois tipos básicos de tributos: um imposto fixo ou específico ou um imposto global.

4.6.2.1 Imposto fixo ou específico

A característica básica desse imposto é a de que ele é cobrado por unidade de produto. A aplicação desse imposto e seus efeitos sobre o lucro do monopolista podem ser vistos graficamente por intermédio da Figura 4.15.

Tomando-se por base a situação inicial sem o imposto, observa-se que o monopolista estaria em equilíbrio ao nível de produção q e ao preço p, maximizando seu lucro dado por $(p - c)q$. Com a aplicação do imposto específico (que se torna um custo variável) haverá uma mudança no custo médio e no custo marginal, que passarão para CM' e CMg', respectivamente. Com essas novas curvas de custos, o monopolista terá de reduzir sua produção para q' e aumentar o preço para p' a fim de maximizar

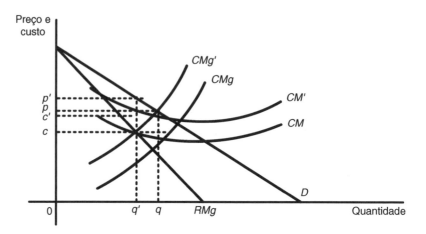

Figura 4.15

os lucros. Embora o monopolista possa transferir parte do imposto para o consumidor por intermédio de um preço mais alto e menor produção, ele terá, também, em qualquer situação seus lucros diminuídos. Isso porque as receitas totais para os vários níveis de produção não serão alteradas, ao passo que os custos totais aumentam como consequência da aplicação do imposto.

4.6.2.2 Imposto global

A característica básica do imposto global é a de que ele é aplicado sem se considerar o volume da produção do monopolista.

Considerando uma situação inicial em que o imposto não é cobrado, tem-se que p e q representam, respectivamente, o preço e a quantidade de equilíbrio, como mostra a Figura 4.16. Nessa quantidade de produção, o monopolista maximiza seu lucro, que é dado por $(p - c)q$.

Com a aplicação do imposto global, haverá alteração apenas no custo médio, já que, como ele independe do volume da produção, representa um custo fixo para o monopolista. Com isso a nova curva de custo médio passa a ser CM'. Consequentemente, a produção de equilíbrio permanece inalterada, havendo, porém, redução no lucro do monopolista, que cairá de $(p - c')q$ para $(p - c')q$. Toda a tributação proveniente do imposto global recairá sobre o monopolista. Isso porque qualquer elevação

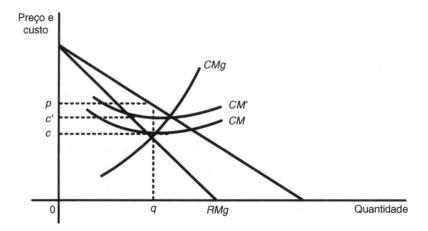

Figura 4.16

nos preços para transferir parte do imposto implicará menores quantidades vendidas e redução nos lucros. Nesse caso poderia haver tributação sobre o lucro do monopolista sem que houvesse alterações no preço e na quantidade produzida.

4.7 DEMONSTRATIVO DAS RECEITAS DO GOVERNO

Independentemente dos diversos tipos de tributos cobrados, a estrutura de receita do governo é registrada de forma mais ou menos padronizada. Essa padronização refere-se à forma contábil de sua apuração e à estrutura de disponibilidade de caixa. A apresentação das contas poderá sofrer pequenas variações entre países, em função dos tributos utilizados e da distribuição das fontes entre as unidades que compõem a administração do governo.

No caso do Brasil, a apresentação contábil das receitas governamentais segue, também, as normas básicas estabelecidas em 1999 em substituição à Lei n. 4.320.[3]

4.7.1 Estrutura contábil

Do ponto de vista contábil, a estrutura de receitas do governo, em qualquer nível, pode ser dividida em duas categorias básicas: correntes e de capital.

As receitas correntes são compostas basicamente dos recursos oriundos da cobrança dos tributos. Compreendem, normalmente, as receitas tributárias próprias da unidade mais as receitas tributárias originárias de transferências fiscais de outras unidades de governo.

Por outro lado, as receitas de capital compreendem, na maioria dos casos, os recursos oriundos de operações de crédito (empréstimos) realizados pelo governo mais as alienações (vendas) de ativos e das transferências de capital recebidas de outras esferas de governo.

4.7.2 Disponibilidade de caixa

Os dados por disponibilidade de caixa representam o resultado líquido das contas do governo. Eles demonstram o montante de recursos livres e disponíveis de que o governo dispõe e sobre os quais ele pode traçar prioridades em sua aplicação.

Para a apuração desse valor, é necessário fazer uma depuração dos valores arrecadados não pertencentes à unidade de governo, de seus gastos vinculados e das transferências de recursos recebidos de outras unidades de governo, ou seja:

1. Receita total (exceto operações de crédito)
   - Menos transferências a outras unidades de governo

2. Receita total efetiva
   - Gastos fixos correntes
     Pessoal
     Custeio
     Encargos da dívida etc.
   - Gastos vinculados

---

[3] Veja informações no anexo deste capítulo.

3. Receita disponível

4. Investimentos

5. Operações de crédito (se 3 < 4)

Pelo modelo anterior, a receita disponível estaria representando o valor da disponibilidade de caixa da unidade de governo. Se ela não for suficiente para atender a outros gastos, inclusive com investimentos, uma das alternativas seria recorrer às operações de crédito.

4.8 COMENTÁRIOS FINAIS

Este capítulo procurou mostrar teoricamente alguns dos principais aspectos relacionados com o sistema de tributação. Ele destaca alguns conceitos e princípios da tributação, bem como vários mecanismos que podem ser utilizados para tornar o sistema tributário mais eficiente e mais justo. Porém, o alcance desses princípios dependerá das condições políticas, econômicas e sociais que afetarão a maneira pela qual o sistema de tributação será estruturado, definindo, por consequência, seus efeitos sobre os diversos segmentos da sociedade.

BIBLIOGRAFIA BÁSICA

ALLAN, C. M. *The theory of taxation*. Manchester: Penguin Books, 1971.

ATKINSON, A. B.; STIGLITZ, J. E. *Lectures on public finance*. New York: McGraw-Hill, 1980.

BANCO MUNDIAL. *Informe sobre el desarrollo mundial*, 1984.

BANCO CENTRAL DO BRASIL. Relatório 1989. Boletim do Banco Central do Brasil, Brasília, 1989.

DIEF/SEF-MG.

DUE, J. F. Taxation on wealth. In: HOUGHTON, R. W. *Public finance*: selected readings. Manchester: Penguin Books, 1970.

FUNDAÇÃO GETULIO VARGAS. Contas Nacionais. *Conjuntura Econômica*, set. 1988.

HERBER, B. P. *Modern public finance*: the study of public sector economics. Homewood: Richard D. Irwin, 1971.

LEROY-BEAULIEU, P. On taxation in general. In: MUSGRAVE, R. A.; PEACOCK, A. T. *Classics in the theory of public finance*. Londres: Macmillan, 1928.

MUSGRAVE, R. A. *Fiscal systems*. New Haven: Yale University Press, 1969.

_____; MUSGRAVE, P. B. *Public finance in theory and practice*. 2. ed. New York: McGraw-Hill, 1976.

OPEN UNIVERSITY. Alternative tax system. *Political economy and taxation*. Open University Press, block 4, unit 14, 1979.

REMAEKER, F. E. J. Mitos sobre as finanças dos municípios brasileiros. *RAM*, Rio de Janeiro: Ibam, v. 41, n. 212, p. 6-21, jul./set. 1994.

SEF-MG. *Boletim de desempenho do ICMS e indicadores financeiros*. AET/SEF-MG, 1996.

SEF-RS. *Federalismo fiscal no Mercosul*, caderno VII, jun. 1993.

SIMON, J.; CHRISTOPHER, N. *The economics of taxation*. Oxford: Phillip Allan, 1980.

SIMONS, H. C. The comprehensive definition of income. In: HOUGHTON, R. W. *Public finance*: selected readings. Manchester: Penguin Books, 1970.

SECRETARIA DA RECEITA FEDERAL. *Sistema tributário*: características gerais, tendências internacionais e administração. Brasília: Esaf, 1994.

_____. *Um perfil da administração tributária brasileira*. Brasília: Esaf, jul. 1995.

STUART, A. J. On progressive taxation. In: MUSGRAVE, R. A.; PEACOCK, A. T. *Classics in the theory of public finance*. Londres: Macmillan, 1928.

TANZI, V. *The growth of public expenditure in industrial countries*: an international and historical perspective. Fiscal Affair Department, IMF .

Apêndice ao Capítulo 4
Carga Tributária no Brasil: Evolução, Composição e Distribuição por Nível de Governo

INTRODUÇÃO

Este apêndice tem por objetivo apresentar um conjunto de informações que permita entender a composição da carga tributária brasileira, compará-la com as cargas tributárias de alguns países selecionados, apurar sua distribuição por nível de governo, bem como conhecer a composição da estrutura tributária e das receitas de cada esfera de governo no Brasil.

1.1 EVOLUÇÃO DA CARGA TRIBUTÁRIA NO BRASIL

A forma mais tradicional de se apurar a carga tributária de um país é através da relação entre o montante de recursos obtido pelo governo via tributação e seu Produto Interno Bruto. Por essa relação, consegue-se determinar quanto da renda gerada no país, em determinado momento, foi destinada ao financiamento dos gastos governamentais. De outra forma, pode-se dizer também que a carga tributária representa quanto do PIB de um país que é recolhido aos cofres públicos via tributação.

A estrutura tributária brasileira tem uma relação muito forte com as atividades produtivas, uma vez que grande parte dela recai sobre o setor de produção e consumo. Dessa forma, ela apresenta um movimento cíclico em função das alterações ocorridas nas atividades produtivas do país. Além disso, os constantes planos de estabilização implantados no país, sobretudo após meados da década de 1980, afetaram, também, de forma significativa, a carga tributária, contribuindo para as oscilações por ela apresentadas, no que se refere ao montante arrecadado e a suas relações com o PIB.

Os dados apresentados na Tabela A.1 destacam a evolução da carga tributária no Brasil entre 1965 e 2013.

Tabela A.1 Brasil — Evolução da carga tributária bruta 1965/2013 — % do PIB

Anos	%	Anos	%	Anos	%
1965/69	22,4	1984	21,5	2000	32,6
1970	25,7	1985	21,9	2001	31,9
1971	25,0	1986	24,3	2002	31,5
1972	26,1	1987	23,3	2003	32,2
1973	26,5	1988	21,8	2004	33,4
1974	26,4	1989	21,8	2005	34,2
1975	26,2	1990	29,6	2006	34,0
1976	25,3	1991	23,7	2007	34,5
1977	25,6	1992	25,1	2008	34,5
1978	24,7	1993	24,7	2009	33,3
1979	23,3	1995	28,4	2010	33,5
1980	23,2	1996	28,6	2011	35,3
1981	23,6	1997	28,6	2012	35,9
1982	25,1	1998	29,3	2013	35,7
1983	24,4	1999	31,7		

Fonte: Conjuntura Econômica, Contas Nacionais, FGV e Receita Federal, Ministério da Fazenda.

Os dados sobre a carga tributária brasileira dispostos na Tabela A.1 mostram uma alteração em seu patamar a partir da reforma tributária de 1966. Até esse período, a carga tributária média girava em torno de 22,4 % do PIB. Após 1970, eleva-se para um patamar médio de 25 % até 1977, atingindo o máximo em 1983. A partir de 1978, com a crise do petróleo e dos juros internacionais, o país começa seu período de recessão, com consequente diminuição em sua arrecadação tributária. De 1977 a 1989, a carga tributária média no Brasil permanecia em torno de 23 % do PIB. A partir de 1989, iniciam-se os reflexos da reforma tributária de 1988 sobre a carga tributária. No período de 1989 a 1993, sua média em relação ao PIB passa para 26 % e, numa trajetória crescente, ela atinge um novo patamar a partir de 1994. No período após o Plano Real ela aumenta em aproximadamente 30 % atingindo o patamar de aproximadamente 36 % do PIB em 2013.

A trajetória crescente da carga tributária pode ser visualizada com o auxílio do Gráfico A.1.

As alterações na trajetória da carga tributária são consequências de um conjunto de fatores que afetam as atividades econômicas do país. Assim, em épocas de crescimento econômico, espera-se que haja maior volume de arrecadação à medida que aumenta a demanda agregada da economia.

Como na década de 1970 o país apresentou taxas médias de crescimento econômico substancialmente elevadas, com índices superiores a 12 % ao ano, justifica-se a elevação da carga tributária ocorrida naquele período. Situação oposta ocorreu no início da década de 1980, quando o país apresentou baixas taxas de crescimento econômico em função dos efeitos da crise do petróleo e da elevação das taxas de juros internacionais. Nesse período, portanto, como mostraram os dados da Tabela A.1, há uma sensível diminuição na carga tributária do país.

Gráfico A.1 Brasil — Evolução da carga tributária bruta — 1965/2013 — % do PIB

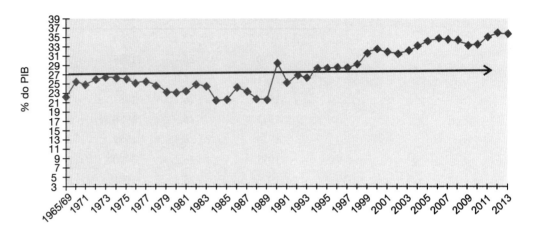

Os índices observados a partir de 1990, foram reflexos de planos econômicos da época e da reforma tributária ocorrida em 1988. Alguns planos econômicos foram indutores de um maior consumo, como o Plano Cruzado, com o congelamento de preços e aumento no salário nominal e real. Outros afetaram a arrecadação tributária de forma diferente, por exemplo, o Plano Collor, que autorizou a utilização dos recursos financeiros bloqueados para pagamento de tributos.

A partir de 1994, com o Plano Real, que trouxe a estabilidade dos preços, com maior controle da arrecadação e, sobretudo, com a elevação das contribuições sociais, o país atingiu os maiores níveis de arrecadação de sua história, com níveis de arrecadação tributária próximas a 36 % do PIB.

A trajetória apresentada no Gráfico A.1 mostra claramente uma elevação no patamar da carga tributária a partir do início de 2000. Essa elevação não reflete ainda o impacto real da alteração da carga tributária, uma vez que, nesse período, foi alterada a metodologia de apuração do PIB, aumentando o seu valor. Tal mudança, ao elevar o valor do PIB, consequentemente diminuiu a relação tributação/PIB. Com a metodologia antiga a carga tributária estaria hoje próxima a 40 %.

1.2 COMPARAÇÕES INTERNACIONAIS

A Tabela A.2 destaca a evolução da carga tributária no Brasil e em alguns países selecionados no período de 1960 a 1991. Por meio desses dados, é possível comparar a magnitude da carga tributária brasileira com a dos países em tela.

Os valores apresentados mostram que na quase totalidade dos países, o volume da carga tributária em relação ao PIB foi crescente no período destacado. Por meio deles, observa-se, também, que o Brasil apresentou, até 1991, um nível de carga tributária bem abaixo do apresentado pelos países da OECD e superior a alguns países da América Latina.

Tabela A.2 Países e anos selecionados — Evolução da receita tributária 1960/1991 — Valores em % do PIB

Países	1960	1971	1975	1980	1987	1991
Estados Unidos	27	29	30	30	30	30
Japão	21	22	24	25	30	31
Alemanha	35	39	43	38	38	37
França	35	38	40	42	44	44
Reino Unido	30	38	40	35	38	38
Itália	29	31	31	30	36	40
Canadá	26	35	37	32	35	39
Média	**29**	**33**	**35**	**33**	**36**	**37**
Austrália	25	28	31	28	31	31
Áustria	31	41	43	41	43	42
Bélgica	28	36	40	44	48	42
Dinamarca	27	46	46	45	52	48
Finlândia	30	36	38	33	36	37
Grécia	21	27	27	29	37	36
Islândia	36	34	36	30	29	33
Irlanda	25	36	35	34	39	38
Luxemburgo	33	38	49	46	50	50
Holanda	34	47	53	46	48	47
Noruega	33	47	50	47	48	47
Portugal	18	24	25	29	31	35
Espanha	18	23	24	24	33	35
Suécia	32	50	51	49	56	52
Suíça	23	26	32	31	32	31
Média	**28**	**36**	**39**	**37**	**41**	**40**
Argentina	21	–	–	–	–	23
Bolívia	5	–	–	–	–	8
Chile	26	–	–	–	–	23
Colômbia	12	–	–	–	–	14
Equador	12	–	–	–	–	16
México	17	–	–	–	–	20
Paraguai	10	–	–	–	–	10
Uruguai	21	–	–	–	–	21
Venezuela	22	–	–	–	–	15
Média	**16**	**–**	**–**	**–**	**–**	**17**
Brasil	**22**	**25**	**26**	**23**	**23**	**26**

***Fonte:** Organization for Economic Cooperation and Development (OECD, 1992), Tax Reform OECD Countries (mimeo), CIAT 1992, e *Conjuntura Econômica* e *Contas Nacionais*, FGV, IBGE.

Em relação ao último período analisado, observa-se que não houve grandes alterações nos valores apresentados. As variações ocorridas nos diversos países entre 1987 e 1991 não alteraram de forma significativa suas cargas tributárias.

Conforme pode ser visto nas tabelas seguintes, a partir de 1966, enquanto nos países da OECD ocorreram poucas alterações no patamar da carga tributária, ela elevou-se significativamente na maioria dos países da América Latina.

A Tabela A.3 destaca a evolução da carga tributária nos países da OECD no período de 1966 a 2012.

Tabela A.3 Receita tributária — % do PIB — países da OECD

Países / Anos	1996	1997	1998	1999	2000	2001	2002	2003	2004	2005	2006	2007	2008	2009	2010	2011	2012	2013
Austrália	34,1	34,5	35,8	36,1	35,3	34,4	35,1	35,0	35,4	35,2	35,2	34,7	33,4	32,2	31,3	31,6	32,7	33,7
Áustria	51,8	51,5	51,3	51,1	50,0	51,0	49,6	49,6	49,3	48,2	47,4	47,6	48,5	48,6	48,3	48,3	49,1	49,8
Bélgica	48,4	48,9	49,4	49,5	49,0	49,5	49,6	50,9	48,9	49,2	48,8	48,1	48,7	48,1	48,7	49,6	51,0	52,0
Canadá	43,1	43,8	43,7	43,6	43,4	41,9	40,4	40,3	40,0	40,1	40,4	40,1	38,9	39,1	38,3	38,2	38,1	38,1
Rep. Checa	38,6	39,0	38,2	38,7	38,0	38,3	39,1	43,3	40,5	39,8	39,5	40,3	39,0	38,9	39,1	40,0	40,3	40,9
Dinamarca	56,9	56,1	56,2	56,8	55,8	55,4	54,8	55,0	56,4	57,8	56,6	55,6	54,8	55,3	55,0	55,7	55,5	56,2
Estônia	39,1	39,6	38,5	36,7	35,9	34,7	36,0	36,5	35,6	35,2	36,1	36,4	36,7	42,8	40,7	38,7	39,2	38,1
Finlândia	56,7	55,3	54,6	53,5	55,4	53,1	53,2	52,8	52,5	53,1	53,3	52,8	53,6	53,4	53,0	54,1	54,5	56,0
França	50,5	50,9	50,1	50,8	50,1	50,0	49,6	49,3	49,7	50,7	50,6	49,8	50,0	49,2	49,6	50,7	51,8	52,8
Alemanha	45,7	45,4	45,7	46,7	46,2	44,5	44,0	44,2	43,4	43,6	43,7	43,7	44,1	45,2	43,8	44,4	44,7	44,6
Grécia	36,8	38,3	39,8	40,8	42,6	40,4	40,0	38,9	38,1	39,0	39,2	40,7	40,7	38,3	40,4	42,2	44,4	45,8
Hungria	46,9	44,1	43,4	43,9	44,6	43,5	42,3	42,2	42,6	42,1	42,5	45,3	45,5	46,7	45,4	54,1	46,5	47,3
Islândia	40,6	40,7	40,9	43,2	43,6	41,9	41,7	42,8	44,0	47,1	48,0	47,7	44,1	41,0	41,5	41,8	43,6	44,2
Irlanda	39,0	38,1	36,8	36,6	36,1	34,2	33,2	33,7	35,1	35,6	37,3	36,9	35,4	34,5	34,9	34,0	34,5	35,9
Israel	..	..	45,5	45,5	45,8	45,6	45,6	44,1	42,9	42,5	43,4	42,6	39,8	36,7	37,6	37,9	36,5	36,6
Itália	45,2	47,2	46,0	45,9	44,9	44,5	44,0	44,4	44,0	43,4	45,0	46,0	45,9	46,5	46,1	46,1	47,7	47,7
Japão	31,4	31,5	31,1	31,1	31,3	32,0	30,5	30,1	30,6	31,6	34,7	33,7	35,1	33,1	32,4	33,1	33,3	33,8
Coreia	25,2	25,9	26,7	26,7	28,9	29,3	29,8	30,4	29,8	30,9	32,7	34,0	33,9	32,5	32,0	33,3	33,7	32,6
Luxemburgo	42,3	44,3	44,4	42,6	43,6	44,3	43,7	42,3	41,5	41,6	40,0	40,0	42,3	44,5	42,8	42,7	44,0	43,6
Holanda	47,5	46,2	45,8	46,4	46,1	45,0	44,0	43,9	44,4	44,5	46,0	45,4	46,7	45,8	46,3	45,6	46,4	47,3
Nova Zelândia	42,9	42,3	40,3	39,7	39,7	39,1	40,3	41,0	40,9	42,7	44,7	43,7	42,0	39,7	41,1	40,7	41,5	42,9
Noruega	54,8	54,5	52,4	53,7	57,7	57,4	56,3	55,5	56,2	56,8	58,3	57,6	58,6	56,7	56,3	57,5	57,2	55,8
Polônia	46,1	41,8	40,1	40,4	38,1	38,5	39,3	38,5	37,2	39,4	40,2	40,3	39,5	37,2	37,5	38,4	38,3	37,6
Portugal	37,6	37,9	37,6	38,4	38,3	38,3	39,6	40,9	41,4	40,1	40,6	41,1	41,1	39,6	41,6	45,0	40,9	43,7
Rep. Eslovaca	43,8	42,6	40,5	40,7	39,9	38,0	36,8	37,4	35,3	35,2	33,3	32,4	32,8	33,5	32,3	34,1	33,7	35,9
Eslovênia	43,0	42,2	43,0	43,1	42,8	43,4	43,8	43,6	43,4	43,6	43,0	42,2	42,2	42,3	43,6	43,5	44,4	44,7
Espanha	37,7	37,6	38,1	38,6	38,2	38,1	38,6	38,1	38,8	39,7	40,7	41,1	36,9	35,1	36,7	36,2	37,2	37,8
Suécia	59,6	59,0	59,6	59,0	58,7	56,1	54,1	54,3	54,7	55,9	54,9	54,5	53,9	53,9	52,4	51,5	51,2	51,5
Suíça	33,6	32,7	33,9	34,1	35,2	34,5	34,7	34,3	33,8	34,1	33,8	33,1	34,0	34,9	34,1	34,4	33,8	34,1
Reino Unido	37,3	37,7	38,8	39,4	39,9	40,3	38,8	38,3	39,1	40,0	40,8	40,5	42,1	39,6	39,8	40,3	41,9	41,2
Estados Unidos	33,6	33,9	34,2	34,2	34,6	33,7	31,4	30,8	31,0	32,3	33,3	33,4	32,0	30,3	30,7	30,9	30,9	32,6
Área do Euro	46,1	46,4	46,1	46,6	46,0	45,2	44,8	44,8	44,6	44,8	45,3	45,3	45,0	44,9	44,9	45,4	46,3	46,8
Total OECD	38,0	38,1	38,3	38,4	38,5	38,0	36,7	35,8	35,8	36,6	37,6	37,6	37,3	36,1	36,1	36,5	36,8	37,5

Fonte: OECD Economic Outlook 95 database.

Tomando-se como referência as médias das cargas tributárias na Zona do Euro e no total da OECD, percebe-se que, embora pouco superiores às destacadas na Tabela A.3, elas pouco alteram no período em tela.

Situação oposta ocorreu com os países da América Latina, cuja carga tributária média elevou-se de 15 % do PIB, em 1994, para 20 %, em 2011, ou seja, 33,3 %.

Tabela A.4 Receita tributária — % do PIB — Países da América Latina

	1994	1995	1996	1997	1998	1999	2000	2001	2002	2003	2004	2005	2006	2007	2008	2009	2010	2011
Argentina	21,5	20,3	19,7	20,6	21,0	21,2	21,5	20,9	19,9	23,4	26,4	26,9	27,4	29,1	30,8	31,5	33,5	34,7
Bolívia	11,1	11,8	11,8	11,9	12,8	11,8	14,7	13,1	14,5	13,3	15,5	19,1	21,8	22,6	20,5	22,7	20,7	24,2
Brasil	29,2	27,0	26,4	26,6	27,4	28,7	30,1	31,0	31,7	31,2	32,1	33,1	33,1	33,8	34,0	32,6	33,2	34,9
Chile	18,5	18,4	19,6	19,1	18,8	18,1	18,8	19,0	19,0	18,7	19,1	20,7	22,0	22,8	21,4	17,2	19,5	21,2
Colômbia	13,2	13,8	14,7	15,6	15,0	15,0	14,6	16,3	16,2	16,7	17,5	18,1	19,1	19,1	18,8	18,6	18,0	18,8
Costa Rica	17,6	16,3	17,8	17,9	18,3	17,7	18,2	19,3	19,5	19,4	19,3	19,8	20,3	21,7	22,4	20,8	20,5	21,0
Rep. Dominicana	10,1	10,6	10,4	11,7	11,7	12,0	12,4	13,8	13,7	12,0	12,9	14,7	15,0	16,0	15,0	13,1	12,8	12,9
Equador	7,8	7,9	7,4	8,3	8,8	8,7	10,1	11,5	12,3	11,4	11,4	11,7	12,4	12,8	14,0	14,9	16,8	17,9
El Salvador	12,2	13,0	12,3	12,2	12,3	12,2	12,2	12,3	12,9	13,3	13,2	14,1	15,1	15,2	15,1	14,4	14,8	14,8
Guatemala	9,2	10,4	11,3	11,4	11,5	12,3	12,4	12,7	13,7	13,5	13,4	13,1	13,8	13,9	12,9	12,2	12,3	12,6
Honduras	16,5	18,1	16,6	16,0	18,7	19,4	15,3	15,4	15,6	16,2	17,0	16,9	17,6	19,0	18,9	17,1	17,3	16,9
México	15,7	15,2	15,3	15,9	15,1	15,8	16,9	17,1	16,5	17,4	17,1	18,1	18,2	17,7	20,9	17,4	18,9	19,7
Nicarágua	14,1	14,1	14,5	16,0	16,9	16,7	16,9	16,4	17,3	19,1	19,8	20,9	17,1	17,4	17,3	17,4	18,3	19,1
Panamá	16,2	17,1	17,4	17,1	16,5	17,2	16,7	15,6	15,1	15,0	14,7	14,6	16,0	16,7	16,9	17,4	18,1	18,1
Paraguai	12,1	13,6	12,7	12,7	12,6	14,2	14,5	14,2	13,4	11,6	13,1	13,8	14,2	13,9	14,6	16,1	16,5	17,0
Peru	15,0	15,4	15,8	16,0	15,7	14,3	13,9	14,1	13,7	14,5	14,7	15,8	17,2	17,8	18,2	16,3	17,4	17,8
Uruguai	20,7	21,0	21,2	21,9	22,0	21,6	21,6	22,0	21,1	21,5	22,7	23,8	25,4	25,0	26,1	27,1	27,0	27,3
Venezuela	14,8	13,3	14,2	17,6	12,9	13,8	13,6	12,2	11,2	11,9	13,3	15,9	16,3	16,8	14,1	14,3	11,4	12,9
LAC	15,3	15,4	15,5	16,0	16,0	16,2	16,4	16,5	16,5	16,7	17,4	18,4	19,0	19,5	19,5	18,9	19,3	20,1

Fonte: OECD.

Em relação ao Brasil, conforme foi destacado na Tabela A.1, a partir de 2000, a carga tributária elevou-se de patamar, girando em torno de 35 %, média a partir desse ano.

O posicionamento da carga tributária perante outros países pode ser visualizada através do Gráfico A.2.

Os dados do Gráfico A.2 evidenciam uma mudança significativa na trajetória da carga tributária brasileira e na média da América Latina, que, diferentemente da Área do Euro e da OECD, apresentaram trajetórias crescentes no período.

Vale destacar que a carga tributária brasileira foi, durante o período destacado, sempre superior à média da América Latina e inferior às outras médias apresentadas.

Gráfico A.2 Evolução da receita tributária — % do PIB — 1996/2013

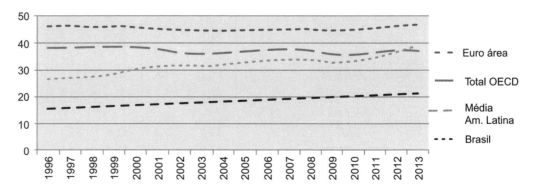

Porém, chama a atenção o fato de que, a partir de 2012, ela superou também a carga tributária média da OECD.

A.3 CARGA TRIBUTÁRIA POR BASE DE INCIDÊNCIA

Em geral, as bases geradoras dos tributos são compostas pela renda, salários, propriedades, riqueza, consumo e produção. Dependendo da distribuição do ônus tributário entre essas fontes o impacto da tributação será diferenciado entre os indivíduos e entre os diversos setores e atividades econômicas.

No caso do Brasil, os dados seguintes mostram que há uma predominância da tributação sobre os bens de serviços em detrimento das outras alternativas tributárias.

A Tabela A.5 destaca a participação da tributação sobre os bens e serviços sobre o total da arrecadação tributária nos países latinos-americanos e as médias observadas nesses países e nos países que compõem a OECD em anos selecionados entre 1990 e 2012.

Os valores apresentados mostram uma significativa participação relativa da tributação sobre os bens e serviços no total da tributação na quase totalidade dos países.

Tal fato gera uma participação média acima de 50 % e, conforme destacado na referida tabela, superior à dos países da OECD.

Tabela A.5 Tributação de bens e serviços — Países latino-americanos

	Participação na Carga Tributária Total							
	1990	2000	2007	2008	2009	2010	2011	2012
Argentina	55,7	56,5	54,3	55,2	52,2	52,4	51,2	50,4
Bolívia	70,9	68,0	72,9	80,1	61,9	70,2	68,3	65,5
Brasil	47,7	46,3	43,4	44,8	43,2	44,6	44,1	n.a.
Chile	62,9	63,8	43,8	50,6	55,9	51,3	49,3	50,7
Colômbia	53,8	43,8	42,2	43,4	40,6	42,9	41,7	38,6
Costa Rica	49,0	51,1	51,1	49,4	45,9	45,1	45,1	44,6
República Dominicana	69,9	74,6	69,1	70,0	69,9	72,0	70,0	64,0
Equador	62,1	71,8	53,2	48,3	48,4	54,2	48,8	51,9
El Salvador	51,3	56,2	57,9	57,5	55,5	58,3	58,4	56,9
Guatemala	61,0	62,4	59,9	58,0	55,8	56,7	55,2	56,8
Honduras	69,1	70,0	58,6	57,6	55,4	55,8	57,1	54,6
México	55,3	53,0	53,1	59,2	50,2	52,6	54,1	n.a.
Nicarágua	n.a.	66,3	55,2	52,9	49,1	50,7	49,5	49,4
Panamá	37,6	29,5	31,0	31,2	30,1	31,4	33,4	30,9
Paraguai	51,4	58,0	60,1	59,9	55,5	60,5	61,0	59,0
Peru	65,6	60,9	43,9	45,1	45,3	46,1	43,6	42,4
Uruguai	56,7	51,8	55,5	49,3	46,9	47,1	46,9	46,0
Venezuela	11,1	47,7	46,5	46,8	54,6	63,4	61,7	63,3
Média								
LAC	54,8	57,3	52,9	53,3	50,9	53,1	52,2	51,6
OECD	32,9	33,0	32,0	32,1	32,5	33,1	32,9	n.a.

Fonte: Revenue Statistics in Latin America 2014 - © OECD 2013.

Financiamento dos Gastos Públicos **153**

A distribuição relativa da tributação por base de incidência nos países latino-americanos entre 1990 e 2012 está destacada na Tabela A.6, que mostra a maior participação dos tributos sobre consumo, cuja participação em 2012 correspondeu a 51 % do total arrecadado.

Tabela A.6 Tributação por base de incidência — Países latino-americanos

Percentual do Total						
	1990	2000	2009	2010	2011	2012
Lucros e Rendas	21	20	26	25	25	26
Seguridade Social	16	17	17	17	17	17
Folha de Pagamento	1	1	1	1	1	1
Propriedade	6	4	4	4	4	4
Consumo Geral	23	32	33	34	34	34
Consumo Específico	31	24	18	18	18	17
Outras	4	2	2	2	2	2
Total	**100**	**100**	**100**	**100**	**100**	**100**

Fonte: Revenue Statistics in Latin America, 2014 - OECD © 2013.

A distribuição percentual da tributação por base de incidência no Brasil está descrita na Tabela A.7, referente ao período de 2006 a 2012.

A exemplo do que ocorre na maioria dos países latino-americanos o Brasil também tem uma participação relativa maior da tributação sobre bens e serviços no total da receita tributária. Em 2012, a participação do consumo geral atingiu 49,7 % do total tributário.

Tabela A.7 Tributação por base de incidência — Brasil

Percentual do Total					
	2006	2009	2010	2011	2012
Lucros e Rendas	19,0	19,9	18,8	19,0	17,8
Folha de Pagamento	22,0	26,5	26,1	26,1	26,5
Propriedade	3,0	3,4	3,7	3,7	3,8
Consumo Geral	48,0	47,4	49,7	49,2	49,7
Outras	8,0	2,8	1,7	2,0	2,2
Total	**100**	**100**	**100**	**100**	**100**

Fonte: SEF-MF.

Como forma de resumir tais apresentações, o Gráfico A.3 destaca, comparativamente, a participação da tributação sobre os bens e serviços no total das receitas tributárias do Brasil, da média dos países latino-americanos e da OECD referente ao ano de 2011. Os dados revelam que a participação dessa base de incidência no Brasil é próxima à da média latino-americana, porém bem acima da média dos países da OECD.

Gráfico A.3 Tributação em bens e serviços — 2011 — % do total da tributação

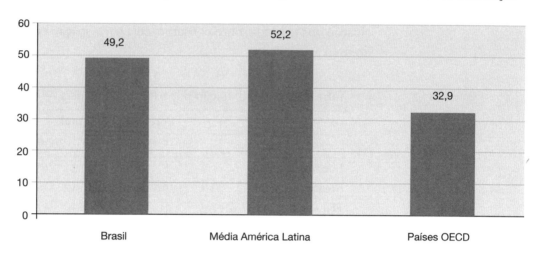

A.4 DISTRIBUIÇÃO DA CARGA TRIBUTÁRIA

A forma pela qual o governo distribui a carga tributária entre os indivíduos na sociedade pode contribuir significativamente para tornar a repartição da renda e da riqueza do país mais justa. Nesse sentido, um maior peso dos impostos diretos no total da tributação induz o sistema a ser mais progressivo, impondo uma carga tributária mais elevada para as classes de rendas mais altas. Assim, quanto maior a parcela dos impostos diretos no total da tributação, mais justa tende a ser a contribuição da sociedade para o pagamento dos bens e serviços oferecidos e prestados pelo governo. A tributação pode, portanto, transformar-se num importante instrumento para melhorar o padrão de distribuição da renda e da riqueza na sociedade.

A evolução da participação dos tributos diretos e indiretos em relação ao PIB no Brasil entre 1970 e 2012 está destacada na Tabela A.8.

Tabela A.8 Tributação direta e indireta em relação ao PIB — Brasil — 1970/2012 — %

Tributos	1970	1971	1972	1973	1974	1975	1976	1977	1978	1979	1980
Diretos	9,2	9,6	10,5	10,9	10,8	11,8	11,7	12,2	12,3	12,2	10,9
Indiretos	16,7	15,5	15,5	15,5	15,3	14,5	13,5	13,4	13,4	12	13,3
Total	**25,9**	**25,1**	**26**	**26,4**	**26,1**	**26,3**	**25,2**	**25,6**	**25,7**	**24,2**	**24,2**

Tributos	1981	1982	1983	1984	1985	1986	1987	1988	1989	1990	1991
Diretos	11,7	13,1	12,1	11,3	11,7	12,1	11,5	10,8	10,7	15,5	13,6
Indiretos	12,9	13	12,6	10,3	10,3	12,2	11,7	11,0	11,1	14,2	11,9
Total	**24,6**	**26,1**	**24,7**	**21,6**	**22**	**24,3**	**23,3**	**21,8**	**21,8**	**29,6**	**25,5**

Tributos	1992	1993	1994	1995	1996	1997	1998	1999	2000	2005	2010/12
Diretos	13,8	13,0	15,0	16	13,01	14,8	15,1	17,2	18,1	14,1	18,0
Indiretos	13,1	13,3	13,5	12,4	15,4	13,8	14,2	14,5	14,5	20,1	17,8
Total	**26,9**	**26,4**	**28,5**	**28,4**	**28,41**	**28,6**	**29,3**	**31,7**	**32,6**	**34,2**	**35,8**

Fonte: Conj. Econômica, Contas Nacionais, FGV, jan./93 e nov./95, Tesouro Nacional. Ministério da Fazenda.

Transformando esses valores em participação relativa, a Tabela A.9 mostra que, apesar de terem ocorrido pequenas alterações ao longo do período destacado, a tributação indireta corresponde à metade do valor da arrecadação tributária no país.

Tabela A.9 Tributação direta e indireta em relação à arrecadação total Brasil — 1970/2012 — %

Tributos	1970	1971	1972	1973	1974	1975	1976	1977	1978	1979	1980
Diretos	35,5	38,2	40,4	41,3	41,4	44,9	46,4	47,7	47,9	50,4	45,0
Indiretos	64,5	61,8	59,6	58,7	58,6	55,1	53,6	52,3	52,1	49,6	55,0
Total	100,0	100,0	100,0	100,0	100,0	100,0	100,0	100,0	100,0	100,0	100,0

Tributos	1981	1982	1983	1984	1985	1986	1987	1988	1989	1990	1991
Diretos	47,6	50,2	49,0	52,3	53,2	49,8	49,6	49,7	49,1	52,2	53,3
Indiretos	52,4	49,8	51,0	47,7	46,8	50,2	50,4	50,3	50,9	47,8	46,7
Total	100,0	100,0	100,0	100,0	100,0	100,0	100,0	100,0	100,0	100,0	100,0

Tributos	1992	1993	1994	1995	1996	1997	1998	1999	2000	2005	2010/12
Diretos	51,3	49,4	52,7	56,3	45,8	51,7	51,5	54,3	55,5	41,2	50,3
Indiretos	48,7	50,6	47,3	43,7	54,2	48,3	48,5	45,7	44,5	58,8	49,7
Total	100,0	100,0	100,0	100,0	100,0	100,0	100,0	100,0	100,0	100,0	100,0

Fonte: Conj. Econômica, Contas Nacionais, FGV, jan./93 e nov./95, Tesouro Nacional. Ministério da Fazenda.

De qualquer forma, o modelo brasileiro tem mostrado, historicamente, que a tributação tem contribuído pouco para o combate à concentração da renda e da riqueza no país. No período em tela, observa-se que a tributação indireta predominou no país e foi mais acentuada no início da década de 1970, principalmente nos anos do milagre brasileiro. A ligeira mudança ocorrida em 1984 e 1985 deveu-se mais à crise da economia do que a mudanças estruturais na legislação tributária do país. Em 1986, com a euforia de consumo provocada pelo Plano Cruzado, a tributação indireta volta a ser predominante. Isso significa, em outras palavras, que a forma de tributação direta, que incide sobre o patrimônio, a renda e a riqueza, é utilizada no Brasil de forma menos intensa. Mesmo nos períodos após 1990 (pelas razões já expostas na seção anterior), quando há uma alternância de predomínio dos tributos diretos e indiretos, a participação proporcional dos tributos diretos no total da tributação é ainda muito elevada. Tal fato fica ainda mais evidente quando se compara a situação do Brasil com a de outros países, o que é feito na Tabela A.10, que apresenta a participação relativa dos tributos diretos e indiretos no total da tributação de alguns países da OECD.

Os dados revelam que em períodos recentes não ocorreram grandes transformações nessas participações.

Conforme destaca o Gráfico A.4, a participação média da tributação direta permaneceu praticamente a mesma na média dos países da OECD, houve uma ligeira redução na média dos países latino-americanos e uma pequena elevação no Brasil.

Tabela A.10 Participação relativa dos impostos indiretos no total da tributação — 1970/1990 — Anos e países selecionados — % do total

Países	Anos			
	1970	**1975**	**1980**	**1990**
Alemanha	30,0	25,3	25,8	27,6
Austrália	27,5	25,3	28,1	27,6
Áustria	36,3	33,8	30,4	32,9
Bélgica	33,8	25,3	23,1	25,4
Canadá	27,6	26,1	24,1	27,4
Dinamarca	36,6	31,6	35,7	33,8
Estados Unidos	16,9	16,1	14,4	16,4
Finlândia	40,8	34,5	40,5	37,3
Grã-Bretanha	26,4	23,5	27,1	30,2
Irlanda	49,4	44,4	42,9	42,4
Itália	35,9	27,9	26,7	28,1
Japão	20,9	15,0	14,0	13,1
Noruega	42,1	37,3	34,9	35,4
Nova Zelândia	25,6	22,8	21,4	33,8
Países Baixos	26,1	22,3	22,8	26,3
Portugal	41,0	36,4	39,6	43,9
Suécia	26,8	23,0	22,9	24,6
Suíça	24,9	18,3	18,9	18,3
Média	**31,6**	**27,2**	**27,4**	**29,1**
Brasil	**64,4**	**55,1**	**54,7**	**47,8**

Fonte: OECD, Paris, *Conjuntura Econômica*, FGV, set. 1988/nov. 1995.

Gráfico A.4 Tributação direta — % da tributação total

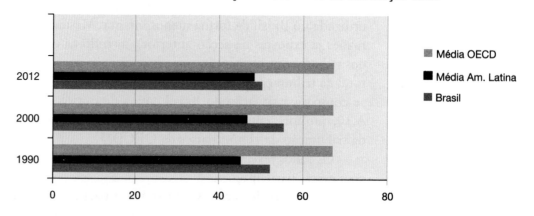

A.5 COMPOSIÇÃO E COMPETÊNCIA DA ARRECADAÇÃO TRIBUTÁRIA

A Constituição Federal de 1988 alterou significativamente o sistema tributário nacional no que se refere à quantidade de impostos e à distribuição da competência tributária e financeira entre os níveis de governo. As mudanças realizadas não só alteraram a distribuição do número de tributos a ser cobrado, mas também fundiram alguns deles. Os impactos dessas alterações para os níveis de arrecadação de cada esfera de governo e sua repercussão para as finanças públicas do país são objetos de avaliação do Capítulo 7. Aqui, serão apresentados os dados gerais da distribuição da carga tributária entre os três níveis de governo, bem como a estrutura de receita de cada um deles após as alterações de 1988 e outras mudanças ocorridas na forma de apresentação das demonstrações contábeis a partir de 1999.

De acordo com o sistema tributário embutido na Constituição de 1988, passaram a ser estes os principais impostos e sua distribuição para cada nível de governo:

↪ **Governo Federal**
- Imposto de Importação
- Imposto de Exportação
- Imposto Territorial Rural
- Imposto sobre a Renda e Proventos de Qualquer Natureza
- Imposto sobre Produtos Industrializados
- Imposto sobre Operações Financeiras
- Imposto sobre Grandes Fortunas

↪ **Governo Estadual**
- Imposto sobre a Circulação de Mercadorias e Prestação de Serviços de Transporte e Comunicação
- Imposto de Transmissão *Causa Mortis* e Doação
- Imposto sobre Propriedade de Veículos Automotores
- Adicional do Imposto de Renda

↪ **Governo Municipal**
- Imposto sobre Propriedade Predial e Territorial Urbana
- Imposto de Transmissão *Inter Vivos*
- Imposto sobre Vendas de Combustíveis Líquidos e Gasosos a Varejo
- Imposto sobre Serviços de Qualquer Natureza

Além desses impostos, os três níveis de governo têm ainda a competência para arrecadar outros tributos relacionados às taxas e às contribuições de melhorias.

As taxas referem-se a serviços específicos que são oferecidos em cada nível de governo e que serão cobradas de cada contribuinte que for utilizá-los. Assim, elas se constituem em tributos relacionados diretamente com benefícios individuais, ao contrário dos impostos cujos pagamentos não se relacionam especificamente com um tipo de serviço, mas aos bens coletivos oferecidos pelo governo.

As contribuições de melhorias referem-se também a benefícios individuais causados por ações do governo e que, portanto, devem ser pagos individualmente pelos indivíduos beneficiados. Assim, por exemplo, o governo, ao construir uma estrada que eventualmente valorize um imóvel nas proximidades dela, se ele quiser, pode-se cobrar uma contribuição por isso.

De maneira geral, são poucos os governos que utilizam o mecanismo da contribuição de melhoria para a obtenção de receitas, ao contrário das taxas que são cobradas em todos os níveis de governo no Brasil.

Além dessas fontes de receita, cada nível de governo poderá obter recursos oriundos de receitas patrimoniais, de prestação de serviços, serviços industriais etc.

Na composição da arrecadação de competência de cada esfera de governo, os impostos têm pesos significativamente maiores do que as outras fontes mencionadas.

A competência tributária define que nível de governo será responsável pela arrecadação e administração legal de determinado tipo de tributo. Tal definição ocorre em função da característica de determinado tributo, a melhor eficiência de arrecadação em determinada esfera de governo. Por exemplo, o IPTU tende a ser controlado melhor no âmbito local do que federal, ao contrário do Imposto de Renda, cuja eficiência de controle e arrecadação é maior no nível federal.

Em função desses mecanismos, se não houver uma alternativa de repartição de receitas, ocorrerá ainda maior concentração de recursos em determinado nível de governo. Por essa razão, por meio da "competência financeira", define-se o mecanismo de apropriação da arrecadação entre os níveis de governo, de forma que um tributo arrecadado em determinado nível de governo terá que ser compartilhado com diferentes níveis de governo. Por exemplo, o Imposto de Renda, que é de competência tributária do governo federal, é de competência financeira do governo federal, dos estados e dos municípios.

As seções seguintes têm por objetivo mostrar o perfil e a estrutura de arrecadação de cada nível de governo em função da sua competência tributária. Os aspectos relacionados com a competência financeira serão tratados nos Capítulos 5 e 7.

A.5.1 Distribuição da carga tributária por nível de governo

A distribuição da carga tributária por nível de governo no Brasil, em relação ao PIB, no período de 1970 a 2012, está destacada na Tabela A.11.

Tabela A.11 Brasil — Carga tributária bruta por nível de governo — 1970/2012 (% do PIB)

Unidades	1970	1971	1972	1973	1974	1975	1976	1977	1978	1979	1980	1981	1982	1983
União	17,3	17,4	18,1	17,8	18,1	18,6	19	19,4	19,3	18,5	18,4	18,6	19,2	19,2
Estados	8	7,2	7,2	6,6	6,4	5,9	5,4	5,4	5,7	5,4	5,3	5,3	5,4	5,2
Municípios	0,7	0,7	0,7	0,6	0,6	0,7	0,8	0,7	0,7	0,8	0,9	0,8	0,7	0,7
Total	26	25,3	26	25	25,1	25,2	25,2	25,5	25,7	24,7	24,6	24,7	25,3	25,1

Unidades	1984	1985	1986	1987	1988	1989	1990	1991	1992	1993	1994	1995	1996	1997
União	18,8	18,2	16,7	15,3	14,9	14,7	19,9	16,1	17	17,6	19,2	18,5	18,9	19,2
Estados	5,1	5,2	5,1	4,4	4,5	6,9	8,8	7	7,2	6,3	7,4	8,5	8,3	7,9
Municípios	0,6	0,5	0,6	0,6	0,6	0,6	0,8	0,6	1	0,9	1,3	1,4	1,4	1,5
Total	24,5	23,9	22,4	20,3	20	22,2	29,5	23,7	25,2	24,8	27,9	28,4	28,6	28,6

Unidades	1998	1999	2000	2001	2002	2003	2004	2005	2006	2007	2008	2009	2010	2011	2012
União	19,9	21,8	22,5	22,1	22,1	21,5	22,2	23,3	23,7	24,3	24,9	23,1	23,6	24,7	24,9
Estados	7,9	8,3	8,6	8,4	8,4	8,4	8,6	8,7	9	8,8	9,2	8,5	8,4	8,4	9
Municípios	1,5	1,5	1,5	1,4	1,4	1,6	1,4	1,4	1,5	1,6	1,6	1,5	1,6	1,9	2,1
Total	29,3	31,6	32,6	31,9	31,9	31,5	32,2	33,4	34,2	34,7	35,7	33,1	33,6	35	36

Fonte: Conjuntura Econômica e Contas Nacionais, FGV e Receita Federal e Ministério da Fazenda.

Os dados da Tabela A.11 mostram pequenas variações na participação relativa de cada nível de governo, com períodos de manutenção da taxa em um determinado patamar médio, como nos períodos entre 1970/1973, 1874/85, 1986/1993, 1994/1998 e a partir de 1999. Em todos os períodos observa-se a concentração na arrecadação bruta na esfera federal, devido, entre outras coisas, à maior competência administrativa de tributos a ela designada.

A participação percentual de cada nível de governo na arrecadação tributária bruta está apresentada na Tabela A.12.

Tabela A.12   Brasil — Carga tributária bruta por nível de governo — 1970/2012 (% do PIB)

Unidades	1970	1971	1972	1973	1974	1975	1976	1977	1978	1979	1980	1981	1982	1983
União	66,5	68,8	69,6	71,2	72,1	73,8	75,4	76,1	75,1	74,9	74,8	75,3	75,9	76,5
Estados	30,8	28,5	27,7	26,4	25,5	23,4	21,4	21,2	22,2	21,9	21,5	21,5	21,3	20,7
Municípios	2,7	2,8	2,7	2,4	2,4	2,8	3,2	2,7	2,7	3,2	3,7	3,2	2,8	2,8
Total	100,0	100,0	100,0	100,0	100,0	100,0	100,0	100,0	100,0	100,0	100,0	100,0	100,0	100,0

Unidades	1984	1985	1986	1987	1988	1989	1990	1991	1992	1993	1994	1995	1996	1997
União	76,7	76,2	74,6	75,4	74,5	66,2	67,5	67,9	67,5	71,0	68,8	65,1	66,1	67,1
Estados	20,8	21,8	22,8	21,7	22,5	31,1	29,8	29,5	28,6	25,4	26,5	29,9	29,0	27,6
Municípios	2,4	2,1	2,7	3,0	3,0	2,7	2,7	2,5	4,0	3,6	4,7	4,9	4,9	5,2
Total	100,0	100,0	100,0	100,0	100,0	100,0	100,0	100,0	100,0	100,0	100,0	100,0	100,0	100,0

Unidades	1998	1999	2000	2001	2002	2003	2004	2005	2006	2007	2008	2009	2010	2011	2012
União	67,9	69,0	69,0	69,3	69,3	68,3	68,9	69,8	69,3	68,9	69,8	69,3	70,0	69,7	69,8
Estados	27,0	26,3	26,4	26,3	26,3	26,7	26,7	26,0	26,3	26,7	26,0	26,3	25,4	25,8	25,7
Municípios	5,1	4,7	4,6	4,4	4,4	5,1	4,3	4,2	4,4	4,3	4,2	4,4	4,6	4,5	4,5
Total	100,0	100,0	100,0	100,0	100,0	100,0	100,0	100,0	100,0	100,0	100,0	100,0	100,0	100,0	100,0

Fonte: Conjuntura Econômica e Contas Nacionais, FGV e Receita Federal e Ministério da Fazenda.

Uma melhor visualização da evolução dessas participações pode ser observada através do Gráfico A.5.

Gráfico A.5   Brasil — Distribuição da carga tributária — Competência administrativa — % — 1970/2012

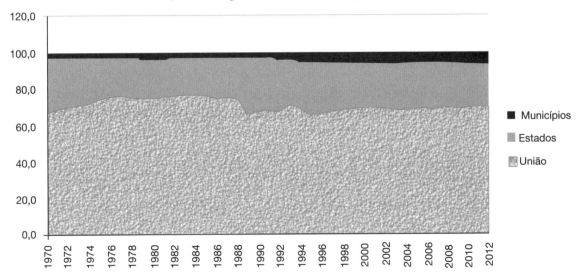

A trajetória apresentada no Gráfico A.5 mostra uma alteração mais marcante na geração da arrecadação tributária por nível de governo a partir de 1990, logo após as alterações oriundas da Constituição de 1988. Com as alterações, aumentou um pouco a participação dos estados e dos municípios na arrecadação total de tributos no Brasil.

Porém, deve-se chamar a atenção para o fato de que tal elevação não implicou aumento na disponibilidade de recursos financeiros para essas esferas de governo. A distribuição dos recursos é feita através das competências financeiras e, como será visto no Capítulo 7, continuou em um processo de grande concentração dos recursos financeiros disponíveis à União.

A.5.2 Estrutura de arrecadação tributária por nível de governo

As tabelas e os gráficos constantes desta seção destacam os valores relativos à estrutura da arrecadação da União, dos estados e dos municípios em função da competência tributária, arrecadadora e fiscalizadora de cada um. Nesse sentido, os dados revelam apenas o montante de recursos fiscais arrecadado em cada unidade, sem, portanto, analisar a competência financeira, o que é objeto de análise do Capítulo 7.

A.5.2.1 *Estrutura de arrecadação tributária da União*

De acordo com o estabelecido pela Constituição brasileira, o governo federal é responsável pela arrecadação de sete impostos, além das taxas, da contribuição de melhorias e das contribuições sociais.

Na realidade, existem três formas básicas de apresentação dos dados arrecadados no nível federal: por tributos e competência tributária, por receitas administradas pela superintendência da receita federal e por categorias econômicas.

A estrutura de apresentação da arrecadação por tributos e competência tributária é gerada pela Receita Federal nos seus boletins de estatísticas tributárias. Essa forma de apresentação está destacada na Tabela A.13 em R$ milhões e na Tabela A.14 em percentuais do total da arrecadação tributária bruta, onde são relacionados os tributos e os valores arrecadados no período de 2008 a 2012. Eles são compostos pela arrecadação dos tributos de competência administrativa da União e dos valores referentes às arrecadações da seguridade social.

A Tabela A.14 destaca os valores acima em termos relativos ao total tributário arrecadado.

Os dados revelam que o Governo Federal tem arrecadado a maior parcela de tributos equivalente a uma participação média de 69 % nos últimos anos.

Em relação aos dados da Tabela A.13 deve-se ressaltar o peso que as contribuições para o Orçamento da Seguridade Social passaram a ter na arrecadação federal, e brasileira, após as mudanças tributárias introduzidas na Constituição de 1988.

Dentre essas mudanças deve-se destacar a criação de contribuições sociais como complementação à ampliação dos benefícios previdenciários gerados pela Constituição praticamente universalizando as possibilidades de aposentadoria.

Nesse grupo de arrecadação, os recursos das contribuições para a Previdência Social se apresentam como os mais relevantes e com trajetória crescente na sua participação relativa no total das contribuições no período destacado.

Por fim, a Tabela A.15 destaca as fontes de arrecadação tributária federal em relação ao Produto Interno Bruto (PIB).

Outra forma de apresentação das receitas da União refere-se ao conjunto de tributos de sua competência administrados pela Secretaria da Receita Federal.

Financiamento dos Gastos Públicos

Tabela A.13 Brasil — Arrecadação do governo federal

R$ Milhões

Tributo	2008	2009	2010	2011	2012
Total da Receita Tributária	1.047.292,75	1.078.602,28	1.264.198,80	1.463.024,92	1.574.592,92
Tributos do Governo Federal	728.003,80	743.481,12	872.793,51	1.024.783,64	1.087.226,33
Orçamento Fiscal	275.001,78	260.803,16	307.286,54	366.013,93	380.273,56
Imposto de Renda	192.715,80	190.373,76	212.771,91	255.33,99	265.006,17
Pessoas Físicas	13.792,26	13.469,10	16.173,99	20.438,02	22.265,13
Pessoas Jurídicas	78.520,62	77.024,27	82.390,73	94.797,82	92.240,14
Retido na Fonte	100.402,92	99.880,39	114.207,20	140.098,15	150.500,90
Imposto sobre Produtos Industrializados	36.695,29	27.648,83	37.287,08	41.207,50	42.566,77
Imposto sobre Operações Financeiras	20.167,89	19.223,02	26.571,34	31.998,23	30.998,40
Impostos sobre o Comércio Exterior	17.101,49	15.833,69	21.118,11	26.758,80	31.085,49
Taxas Federais	4.108,35	4.118,16	4.837,94	5.666,85	5.128,10
Cota-Parte Ad. Fr. Ren. Mar. Mercante	2.304,70	1.510,71	2.348,41	2.455,11	2.887,97
Contrib. Custeio Pensões Militares	1.512,86	1.681,26	1.869,02	2.025,44	2.001,21
Imposto Territorial Rural	395,39	413,73	482,73	568,01	609,44
Orçamento Seguridade Social	375.695,35	397.609,06	467.710,64	543.551,07	583.043,16
Contribuição para a Previdência Social (1)	163.355,27	182.041,10	212.014,11	246.031,38	273.988,14
Cofins (2)	118.431,05	116.280,98	140.809,23	164.814,53	174.626,00
Contribuição Social sobre o Lucro Líquido	41.663,72	43.190,30	45.732,60	58.594,31	55.608,09
Contribuição para o PIS/Pasep	30.326,97	30.834,05	40.558,77	42.839,88	46.352,26
Contrib. Seg. Soc. Sevidor Público – CPSS	16.068,46	18.510,84	20.823,89	22.609,92	22.978,03
Contrib. s/ Receita de Concursos e Progn.	2.048,45	2.497,24	3.147,18	3.413,74	3.763,16
Contrib. Particip. Seguro DPVAT	2.306,82	2.596,59	2.830,43	3.268,86	3.518,18
Contribuições Rurais	829,28	820,83	926,07	1.066,77	1.202,57
Fundo de Saúde Militar (Beneficiário)	665,32	837,11	868,35	911,69	1.006,73
Demais	77.306,68	85.068,90	97.796,	115.218,64	123.909,61
Contribuição para o FGTS (5)	50.517,60	57.183,49	64.270,63	74.978,80	85.812,65
Salário Educação (3)	8.776,36	9.588,93	11.049,20	13.115,38	14.774,51
Contribuição para o Sistema S	7.826,38	8.523,52	9.887,20	11.662,70	13.518,92
Cide Combustíveis	5.927,22	4.912,11	7.761,18	8.950,28	2.878,77
Cide Remessas	916,81	1.145,26	1.211,49	1.507,12	1.962,44
Outras Contribuições Federais (4)	1.729,51	713,20	839,38	1.410,33	1.021,51
Contr. s/ Rec. Empr. Telecomun.	1.065,34	1.094,29	1.185,59	1.394,69	1.520,18
Receita da Dívida Ativa	-170,98	625,55	568,91	931,78	1.051,36
Contr. s/ Rec. Concess. Permiss. Energ. Elet.	419,01	967,91	655,57	825,57	893,32
Cota-Parte Contrib. Sindical	299,43	314,63	367,18	441,99	475,95

Fonte: SRF – Ministério da Fazenda.

Tabela A.14 Brasil — Arrecadação tributária do governo federal

% do PIB

Tributo	2008	2009	2010	2011	2012
Total da Receita Tributária	100,00 %	100,00 %	100,00 %	100,00 %	100,00 %
Tributos do Governo Federal	**69,51 %**	**68,93 %**	**69,04 %**	**70,05 %**	**69,05 %**
Orçamento Fiscal	26,26 %	24,18 %	24,31 %	25,02 %	24,15 %
Imposto de Renda	18,40 %	17,65 %	16,83 %	17,45 %	16,83 %
Pessoas Físicas	1,32 %	1,25 %	1,28 %	1,40 %	1,41 %
Pessoas Jurídicas	7,50 %	7,14 %	6,52 %	6,48 %	5,86 %
Retido na Fonte	9,59 %	9,26 %	9,03 %	9,58 %	9,56 %
Imposto sobre Produtos Industrializados	3,50 %	2,56 %	2,95 %	2,82 %	2,70 %
Imposto sobre Operações Financeiras	1,93 %	1,78 %	2,10 %	2,19 %	1,97 %
Impostos sobre o Comércio Exterior	1,63 %	1,47 %	1,67 %	1,83 %	1,97 %
Taxas Federais	0,39 %	0,38 %	0,38 %	0,39 %	0,33 %
Cota-Parte Ad. Fr. Ren. Mar. Mercante	0,22 %	0,14 %	0,19 %	0,17 %	0,18 %
Contrib. Custeio Pensões Militares	0,14 %	0,16 %	0,15 %	0,14 %	0,13 %
Imposto Territorial Rural	0,04 %	0,04 %	0,04 %	0,04 %	0,04 %
Orçamento Seguridade Social	35,87 %	36,86 %	37,00 %	37,15 %	37,03 %
Contribuição para a Previdência Social (1)	15,60 %	16,88 %	16,77 %	16,82 %	17,40 %
Cofins (2)	11,31 %	10,78 %	11,14 %	11,27 %	11,09 %
Contribuição Social sobre o Lucro Líquido	3,98 %	4,00 %	3,62 %	4,01 %	3,53 %
Contribuição para o PIS/Pasep	2,90 %	2,86 %	3,21 %	2,93 %	2,94 %
Contrib. Seg. Soc. Sevidor Público – CPSS	1,53 %	1,72 %	1,65 %	1,55 %	1,46 %
Contrib. s/ Receita de Concursos e Progn.	0,20 %	0,23 %	0,25 %	0,23 %	0,24 %
Contrib. Particip. Seguro DPVAT	0,22 %	0,24 %	0,22 %	0,22 %	0,22 %
Contribuições Rurais	0,08 %	0,08 %	0,07 %	0,07 %	0,08 %
Fundo de Saúde Militar (Beneficiário)	0,06 %	0,08 %	0,07 %	0,06 %	0,06 %
Demais	7,38 %	7,89 %	7,74 %	7,78 %	7,87 %
Contribuição para o FGTS (5)	4,82 %	5,30 %	5,08 %	5,12 %	5,45 %
Salário Educação (3)	0,84 %	0,89 %	0,87 %	0,90 %	0,94 %
Contribuição para o Sistema 5	0,75 %	0,79 %	0,78 %	0,80 %	0,86 %
Cide Combustíveis	0,57 %	0,46 %	0,61 %	0,61 %	0,18 %
Cide Remessas	0,09 %	0,11 %	0,10 %	0,10 %	0,12 %
Contr. s/ Rec. Empr. Telecomun.	0,17 %	0,07 %	0,07 %	0,10 %	0,06 %
Outras Contribuições Federais (4)	0,10 %	0,10 %	0,09 %	0,10 %	0,10 %
Receita da Dívida Ativa	-0,02 %	0,06 %	0,05 %	0,06 %	0,07 %
Contr. s/ Rec. Concess. Permiss. Energ. Elet.	0,04 %	0,09 %	0,05 %	0,06 %	0,06 %
Cota-Parte Contrib. Sindical	0,03 %	0,03 %	0,03 %	0,03 %	0,03 %

Fonte: SRF – Ministério da Fazenda.

Financiamento dos Gastos Públicos

Tabela A.15 Brasil — Arrecadação tributária do governo federal

% do PIB

Tributo	2008	2009	2010	2011	2012
Total da Receita Tributária	34,54 %	33,30 %	33,53 %	35,31 %	35,85 %
Tributos do Governo Federal	24,01 %	22,95 %	23,15 %	24,74 %	24,75 %
Orçamento Fiscal	9,07 %	8,05 %	8,15 %	8,83 %	8,66 %
Imposto de Renda	6,36 %	5,88 %	5,64 %	6,16 %	6,03 %
Pessoas Físicas	0,45 %	0,42 %	0,43 %	0,49 %	0,51 %
Pessoas Jurídicas	2,59 %	2,38 %	2,19 %	2,29 %	2,10 %
Retido na Fonte	3,31 %	3,08 %	3,03 %	3,38 %	3,43 %
Imposto sobre Produtos Industrializados	1,21 %	0,85 %	0,99 %	0,99 %	0,97 %
Imposto sobre Operações Financeiras	0,67 %	0,59 %	0,70 %	0,77 %	0,71 %
Impostos sobre o Comércio Exterior	0,56 %	0,49 %	0,56 %	0,65 %	0,71 %
Taxas Federais	0,14 %	0,13 %	0,13 %	0,14 %	0,12 %
Cota-Parte Ad. Fr. Ren. Mar. Mercante	0,08 %	0,05 %	0,06 %	0,06 %	0,07 %
Contrib. Custeio Pensões Militares	0,05 %	0,05 %	0,05 %	0,05 %	0,05 %
Imposto Territorial Rural	0,01 %	0,01 %	0,01 %	0,01 %	0,01 %
Orçamento Seguridade Social	12,39 %	12,27 %	12,41 %	13,12 %	13,27 %
Contribuição para a Previdência Social (1)	5,39 %	5,62 %	5,62 %	5,94 %	6,24 %
Cofins (2)	3,91 %	3,59 %	3,73 %	3,98 %	3,98 %
Contribuição Social sobre o Lucro Líquido	1,37 %	1,33 %	1,21 %	1,41 %	1,27 %
Contribuição para o PIS/Pasep	1,00 %	0,95 %	1,08 %	1,03 %	1,06 %
Contrib. Seg. Soc. Sevidor Público – CPSS	0,53 %	0,57 %	0,55 %	0,55 %	0,52 %
Contrib. s/ Receita de Concursos e Progn.	0,07 %	0,08 %	0,08 %	0,08 %	0,09 %
Contrib. Particip. Seguro DPVAT	0,08 %	0,08 %	0,08 %	0,08 %	0,08 %
Contribuições Rurais	0,02 %	0,02 %	0,03 %	0,02 %	0,02 %
Fundo de Saúde Militar (Beneficiário)	0,02 %	0,03 %	0,02 %	0,02 %	0,02 %
Demais	2,55 %	2,63 %	2,59 %	2,78 %	2,82 %
Contribuição para o FGTS (5)	1,67 %	1,77 %	1,70 %	1,81 %	1,95 %
Salário Educação (3)	0,29 %	0,30 %	0,29 %	0,32 %	0,34 %
Contribuição para o Sistema S	0,26 %	0,26 %	0,26 %	0,28 %	0,31 %
Cide Combustíveis	0,20 %	0,15 %	0,21 %	0,22 %	0,07 %
Cide Remessas	0,03 %	0,04 %	0,03 %	0,04 %	0,04 %
Outras Contribuições Federais (4)	0,06 %	0,02 %	0,02 %	0,03 %	0,02 %
Contr. s/ Rec. Empr. Telecomun.	0,04 %	0,03 %	0,03 %	0,03 %	0,03 %
Receita da Dívida Ativa	-0,01 %	0,02 %	0,02 %	0,02 %	0,02 %
Contr. s/ Rec. Concess. Permiss. Energ. Elet.	0,01 %	0,03 %	0,02 %	0,02 %	0,02 %
Cota-Parte Contrib. Sindical	0,01 %	0,01 %	0,01 %	0,01 %	0,01 %

Fonte: SRF – Ministério da Fazenda.

Esse formato de apresentação está destacado na Tabela A.16, referente ao período de 2012 e 2013 mostrados em valores nominais.

Por meio do Gráfico A.6 tem-se uma melhor visualização das principais fontes de arrecadação das receitas federais administradas pela Superintendência da Receita Federal (SRF) em 2013.

Tabela A.16 Governo federal — Receitas administradas pela Superintendência da Receita Federal

Período: Janeiro a Dezembro – 2013/2012
(A Preços Concorrentes)

Unidade: R$ Milhões

Receitas	2013 [A]	2012 [B]	Var. (%) [A]/[B]	Participação 2013	Participação 2012
Imposto sobre Importação	37.197	31.111	19,56	3,27	3,02
I.P.I. – Total	47.101	45.927	2,56	4,14	4,46
I.P.I. – Fumo	5.097	4.077	25,01	0,45	0,40
I.P.I. – Bebidas	3.427	3.147	8,91	0,30	0,31
I.P.I. – Automóveis	3.505	4.126	(15,05)	0,31	0,40
I.P.I. – Vinculados à Importação	15.210	15.965	(4,73)	1,34	1,55
I.P.I. – Outros	19.862	18.612	6,72	1,74	1,81
Imposto sobre a Renda – Total	292.810	264.146	10,85	25,72	25,66
I. Renda – Pessoa Física	26.452	24.310	8,81	2,32	2,36
I. Renda – Pessoa Jurídica	126.149	108.840	15,90	11,08	10,57
Entidades Financeiras	21.894	20.135	8,74	1,92	1,96
Demais Empresas	104.254	88.705	17,53	9,16	8,62
I. Renda – Retido na Fonte	140.209	130.997	7,03	12,32	12,73
I.R.F.F. – Rendimentos do Trabalho	78.820	75.106	4,94	6,92	7,30
I.R.F.F. – Rendimentos de Capital	34.469	32.980	4,51	3,03	3,20
I.R.F.F. – Rendimentos de Residentes no Exterior	16.971	14.743	15,11	1,49	1,43
I.R.F.F. – Outros Rendimentos	9.949	8.168	21,81	0,87	0,79
IOF – I. s/ Operações Finaceiras	29.415	30.772	(4,41)	2,58	2,99
ITR – I. Territorial Rural	848	677	25,16	0,07	0,07
CPFINS – Contrib. p/ a Seguridade Social	201.527	174.470	15,51	17,70	16,95
Entidades Financeiras	18.268	10.490	74,14	1,60	1,02
Demais Empresas	183.259	163.980	11,76	16,10	15,93
Contribuição para o PIS/Pasep	51.899	46.217	12,29	4,56	4,49
Entidades Financeiras	2.892	1.787	61,87	0,25	0,17
Demais Empresas	49.006	44.430	10,30	4,31	4,32
CSLL Contrib. Social s/ Lucro Líquido	65.732	57.514	14,29	5,77	5,59
Entidades Financeiras	11.419	11.204	1,92	1,00	1,09
Demais Empresas	54.314	46.310	17,28	4,77	4,50
CIDE – Combustíveis	35	2.736	(98,73)	0,00	0,27
Contribuição para o FUNDAF	546	561	(2,62)	0,05	0,05
PSS – Contrib. do Plano de Seguridade do Servidor	24.580	22.983	6,95	2,16	2,23
Outras Receitas Administradas	16.553	12.652	30,83	1,45	1,23
Subtotal [A]	**768.241**	**689.768**	**11,38**	**67,49**	**67,02**
Receita Previdenciária [B]	**331.937**	**302.321**	**9,80**	**29,16**	**29,37**
Própria	299.080	273.351	9,41	26,27	26,56
Demais	32.857	28.970	13,42	2,89	2,81
Administradas pela RFB [C] = [A] + [B]	**1.100.178**	**992.089**	**10,90**	**96,65**	**96,39**
Administradas por Outros Órgãos [D]	**38.148**	**37.171**	**2,63**	**3,35**	**3,61**
Total Geral [E] = [C] + [D]	**1.138.326**	**1.029.260**	**10,60**	**100,00**	**100,00**

Fonte: SRF – Ministério da Fazenda.

Gráfico A.6 Arrecadação federal pela SRF — Principais fontes — % do total — 2013

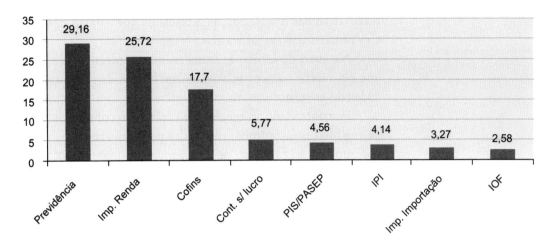

Os dados revelam que há significativa concentração da arrecadação em três blocos: Imposto de Renda, Receita Previdenciária e Cofins.

Deve-se chamar a atenção para o fato de que, dessas fontes de receitas, apenas o Imposto de Renda e o Imposto sobre Produtos Industrializados (IPI) são compartilhados com os estados e municípios, objeto que compõe parte a discussão do Capítulo 7.

A terceira forma de apresentação das receitas da União é por categorias econômicas. Conforme destaca a Tabela A.17, os valores das receitas são compostos por tributos e demais alternativas de captação de recursos e são distribuídos em receitas correntes e de capital.

Tabela A.17 Quadro dos dados contábeis consolidados — Demonstrativo da execução das receitas orçamentárias da União — 2013 (R$ mil)

Categorias	Minas Gerais R$	% Total	% Subcategorias
1 - Receitas Correntes	1.219.646	65,6	
1.1 - Tributárias	376.042	20,2	100,0
1.1.1 - Impostos	369.195	19,9	98,2
1.1.2 - Taxas	6.847	0,4	1,8
1.2 - Contribuições	642.689	34,6	100,0
1.2.1 - Sociais	632.493	34,0	98,4
1.2.2 - Econômicas	10.196	0,5	1,6
1.3 - Outras	200.181	10,8	
1.4 - Transferências Correntes	734	0,0	
2 - Receitas de Capital	638.225	34,4	100,0
2.1 - Operações de Crédito	508.994	27,4	79,8
2.2 - Transf. de Capital	112	0,0	0,0
2.3 - Outras	129.119	6,9	20,2
3 - Despesa total (1+2)	**1.857.871**	**100**	

Fonte: Balanço do Setor Público Nacional, STN - 2013.

As receitas correntes são compostas por arrecadações advindas basicamente da tributação de outros serviços prestados pelo governo com pouca representatividade no total. Além das tributárias, as receitas de contribuições (incluindo as previdenciárias) têm peso relativo significativo.

No caso da União as transferências correntes têm pouca representatividade já que ela recebe valores relativamente baixos de recursos transferidos das outras unidades de governo.

Por outro lado, as receitas de capital são compostas principalmente das operações de crédito (empréstimos) realizadas pelo governo, que no caso brasileiro se referem basicamente ao processo de rolagem (refinanciamento) da dívida pública.

O Gráfico A.7 destaca as principais fontes onde percebe-se com mais clareza a participação das operações de crédito realizadas, que superaram inclusive a própria arrecadação tributária do governo federal.

Gráfico A.7 Principais fontes de receitas da União — Execução orçamentária — 2013 — %

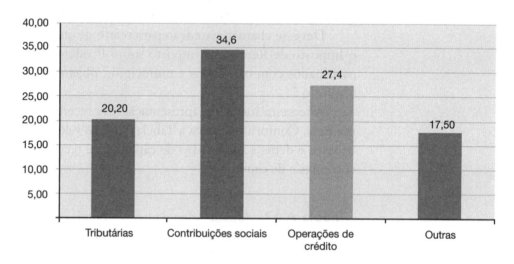

Na análise das contas públicas brasileiras esta participação das operações de crédito na receita total da União é de extrema significância. Na realidade, elas refletem a incapacidade que o governo no Brasil tem em pagar os serviços da dívida pública, incluindo grande parcela dos juros. Tal situação é analisada detalhadamente no Capítulo 7.

Para mais detalhes sobre toda estrutura contábil de apresentação da Execução da Receita Orçamentária da União optou-se por incluir um demonstrativo completo no Anexo 1 desta parte, ressaltando que os dados são referentes a 2012.

A.5.2.2 *Arrecadação estadual*

Os dados da arrecadação estadual estão apresentados em duas formas básicas: por arrecadação tributária e por categorias econômicas.

A exemplo do que foi apresentado para o governo federal pode-se destacar também a estrutura da arrecadação tributária dos estados na composição do total tributário alcançado.

Nesse sentido, a Tabela A.18 destaca o volume da arrecadação tributária dos estados brasileiros no período de 2008 a 2012 juntamente com a arrecadação total do país.

Financiamento dos Gastos Públicos **167**

Tabela A.18 Arrecadação tributária estadual

R$ Milhões

Tributo	2008	2009	2010	2011	2012
Total da Receita Tributária	1.047.292,75	1.078.602,28	1.264.198,80	1.463.024,92	1.574.592,92
Tributos do Governo Estadual	**265.600,53**	**276.342,13**	**321.756,44**	**357.506,71**	**396.236,29**
ICMS	221.212,74	227.563,79	267.976,91	297.298,70	327.534,08
IPVA	17.030,74	20.102,81	21.360,84	24.107,02	27.030,53
ITCD	1.489,22	1.676,83	2.517,10	2.765,75	3.407,14
Contrib. Regime Próprio Previd. Est.	12.677,94	11.947,78	13.272,89	14.325,33	16.081,19
Outros Tributos Estaduais	13.189,89	15.050,92	16.628,70	10.009,90	22.183,34

Fonte: SRF – Ministério da Fazenda.

Os valores relativos da Tabela A.18 estão apresentados na Tabela A.19, em que percebe-se a grande importância do ICMS como principal fonte da arrecadação estadual. No período em tela a média da participação relativa do ICMS alcançou 82 %.

Tabela A.19 Arrecadação tributária estadual — 2012 — Participação relativa dos tributos — %

Participação relativa dos tributos - %					
Tributos do Governo Estadual	100,00	100,00	100,00	100,00	100,00
ICMS	83,29	82,35	83,29	86,27	82,66
IPVA	6,41	7,27	6,64	7,00	6,82
ITCD	0,56	0,61	0,78	0,80	0,86
Cont. Reg. Previdência	4,77	4,32	4,13	0,42	4,06
Outros	4,97	5,45	5,17	5,52	5,60

Fonte: Dados básicos SRF – Ministério da Fazenda.

O peso relativo das receitas do ICMS no total da receita tributária arrecadada no Brasil no período em tela está destacado na Tabela A.20. Pelas informações destacadas, observa-se uma participação relativa média de 25 % no período em tela, correspondente a uma participação também média de 8,7 % do PIB.

Tabela A.20 Arrecadação tributária estadual

% do PIB

Tributo	2008	2009	2010	2011	2012
Total da Receita Tributária	100,00 %	100,00 %	100,00 %	100,00 %	100,00 %
Tributos do Governo Estadual	**25,36 %**	**25,62 %**	**25,45 %**	**24,44 %**	**25,16 %**
ICMS	21,12 %	21,10 %	21,20 %	20,32 %	20,80 %
IPVA	1,63 %	1,86 %	1,69 %	1,65 %	1,72 %
ITCD	0,14 %	0,16 %	0,20 %	0,19 %	0,22 %
Contrib. Regime Próprio Previd. Est.	1,21 %	1,11 %	1,05 %	0,98 %	1,02 %
Outros Tributos Estaduais	1,26 %	1,40 %	1,32 %	1,30 %	1,41 %

Fonte: SRF – Ministério da Fazenda.

A forma contábil tradicional de registro das arrecadações estaduais engloba as receitas originárias dos tributos de sua competência administrativa, de recursos de sua competência financeira e de receitas de financiamentos ou empréstimos.

A Tabela A.21 destaca a estrutura da arrecadação estadual agregada, de todos os estados do país, no ano de 2013, em milhões e por categorias econômicas.

As receitas correntes são compostas de três subcategorias: as tributárias são constituídas da arrecadação dos tributos sob competência administrativa estadual. Neles estão incluídos o ICMS (Imposto sobre operações relativas à circulação de mercadorias e sobre prestações de serviços de transporte interestadual e intermunicipal e de comunicação), o ITCD (Impostos sobre transmissão *Causa Mortis* e doação de quaisquer bens ou direitos), o IPVA (Imposto sobre veículos automotores), as taxas e as contribuições de melhorias.

As transferências correntes são constituídas de recursos transferidos de outras esferas de governo. No caso dos estados, elas são compostas basicamente de parcelas de recursos oriundos da arrecadação da União constitucionalmente definidas como dos estados. As demais receitas são provenientes de recursos gerados por alguma atividade desenvolvida pelo estado, normalmente serviços, para os quais são cobrados valores específicos praticados no mercado.

As receitas de capital, por sua vez, são constituídas de recursos oriundos de operações de crédito realizadas pelos estados, de alienações de bens e de transferências de capital (recursos transferidos de outras unidades de governo realizadas principalmente através de convênios). No caso do Brasil, desde 1998, através de acordos da dívida firmados entre os estados e o governo federal, a maioria dos estados não tem apresentado situações financeiras que os habilitam a realizar empréstimos novos. Assim, a quase totalidade das operações de crédito referem-se à rolagem da dívida com o governo federal.

Tabela A.21 Brasil — Arrecadação total dos estados por categorias — 2013 (R$ mil correntes)

Categorias	R$	% Total	% Subcategorias
1 - Receitas Correntes	**341.577.369**	**93,0**	
1.1 - Tributárias	222.489.963	60,6	100,0
1.1.1 - ICMS	213.969.604	58,3	96,2
1.1.2 - Outras	8.520.359	2,3	3,8
1.2 - Contribuições	13.737.982	3,7	100,0
1.2.1 - Previdência	13.629.211	3,7	99,2
1.2.2 - Outras	108.771	-	0,8
1.3 - Outras	31.327.576	8,5	
1.4 - Transferências Correntes	74.021.848	20,2	
1.4.1 - União		-	
1.4.2 - Outras		-	
2 - Receitas de Capital	**25.682.102**	**7,0**	**100,0**
2.1 - Operações de Crédito	20.141.453	5,5	78,4
2.2 - Transf. de Capital	4.805.631	1,3	18,7
2.3 - Outras	735.018	0,2	2,9
3 - Receita Total (1 + 2)	**367.259.471**	**100**	

Fonte: Balanço do Setor Público Nacional, STN - 2013.

Financiamento dos Gastos Públicos **169**

Os valores apresentados na Tabela A.22 agregam as informações de todos os estados brasileiros. Por essa razão, refletem participações médias do país. O Brasil tem como fato marcante suas heterogeneidades regionais e as diferenças que elas apresentam refletem também na capacidade de cada estado em obter recursos oriundos de geração própria de recursos. Isso resulta numa estrutura de obtenção de receitas bastante diferente no que se refere ao peso relativo de cada fonte na receita total, com algumas regiões e estados apresentando elevado grau de dependência de transferências de recursos do governo federal.

Uma amostra dessas diferenças pode ser observada por meio dos dados da Tabela A.21, que apresenta a estrutura básica das receitas dos estados selecionados aleatoriamente das cinco regiões do país.

Tabela A.22 Dados contábeis consolidados — Balanço orçamentário — Receitas orçamentárias estados — 2012 (R$ mil)

Categorias	Minas Gerais R$	% Total	% Subcategorias	Acre R$	% Total	% Subcategorias	Paraná R$	% Total	% Subcategorias	Mato Grosso R$	% Total	% Subcategorias	Amazonas R$	% Total	% Subcategorias
1 - Receitas Correntes	57.546.135	90,9		4.181.085	79,2		30.846.581	98,9		13.699.868	90,5		13.077.244	93,1	
1.1 - Tributárias	38.837.435	61,4	100,0	954.773	18,1	100,0	21.110.266	67,7	100,0	7.708.223	50,9	100,0	7.178.538	51,1	100,0
1.1.1 - ICMS	31.564.189	49,9	81,3	764.805	14,5	80,1	17.751.217	56,9	84,1	6.785.383	44,8	88,0	6.618.599	47,1	92,2
1.1.2 - Outras	7.273.246	11,5	18,7	189.968	3,6	19,9	3.359.049	10,8	15,9	922.840	6,1	12,0	559.939	4,0	7,8
1.2 - Contribuições	2.676.699	4,2	100,0	121.229	2,3	100,0	131.125	0,4	100,0	1.215.773	8,0	100,0	1.267.815	9,0	100,0
1.2.1 - Previdência	1.948.073	3,1	72,8	121.229	2,3	100,0	131.125	0,4	100,0	341.938	2,3	28,1	216.709	1,5	17,1
1.2.2 - Outras	728.626	1,2	27,2	-	-	-	-			873.835	5,8	71,9	1.051.106	7,5	82,9
1.3 - Outras	4.277.225	6,8		289.359	5,5		2.626.041	8,4		1.562.320	10,3		1.231.728	8,8	
1.4 - Transferências Correntes	11.754.776	18,6	100,0	2.815.724	53,3	100,0	6.979.149	22,4	100,0	3.213.552	21,2	100,0	3.399.163	24,2	100,0
1.4.1 - União	6.216.730	9,8	52,9	2.349.641	44,5	83,4	3.716.506	11,9	53,3	1.514.900	10,0	47,1	2.242.921	16,0	66,0
1.4.2 - Outras	5.538.046	8,7	47,1	466.083	8,8	16,6	3.262.643	10,5	46,7	1.698.652	11,2	52,9	1.156.242	8,2	34,0
2 - Receitas de Capital	5.756.039	9,1	100,0	1.098.207	20,8	100,0	336.634	1,1	100,0	1.445.873	9,5	100,0	976.750	6,9	100,0
2.1 - Operações de Crédito	3.829.992	6,1	66,5	915.392	17,3	83,4	592	0,0	0,2	1.329.846	8,8	92,0	772.175	5,5	79,1
2.2 - Transf. de Capital	751.614	1,2	13,1	181.232	3,4	16,5	203.914	0,7	60,6	99.897	0,7	6,9	148.221	1,1	15,2
2.3 - Outras	1.174.433	1,9	20,4	1.583	0,0	0,1	132.128	0,4	39,2	16.130	0,1	1,1	56.354	0,4	5,8
3 Receita Total (1 + 2)	63.302.174	100		5.279.292	100,0		31.183.215	100,0		15.145.741	100		14.053.994	100	

Fonte: Balanço do Setor Público Nacional, STN - 2013

Os dados da Tabela A.22 mostram que, em termos das duas principais categorias econômicas, o perfil é o mesmo apresentado pela distribuição do total dos estados, e em todos mais de 90 % do total referem-se a receitas correntes.

Porém, por trás desses valores existem diferenças marcantes entre estados e regiões no que se refere aos valores *per capita* oriundos de receitas próprias e de receitas transferidas.

Os gráficos seguintes permitem uma melhor apuração dessas diferenças. Eles destacam os valores *per capita* das receitas correntes, das receitas tributárias, das transferências da União e das transferências do Fundo de Participação dos Estados (analisado com mais detalhes no Capítulo 7) dos estados e os agregados pelas cinco regiões geográficas brasileiras.

Inicialmente o Gráfico A.8 destaca os valores *per capita* das receitas correntes dos estados brasileiros referentes ao ano de 2011.

Gráfico A.8 Brasil — Receitas correntes estaduais *per capita* — 2011 — R$ 1,00

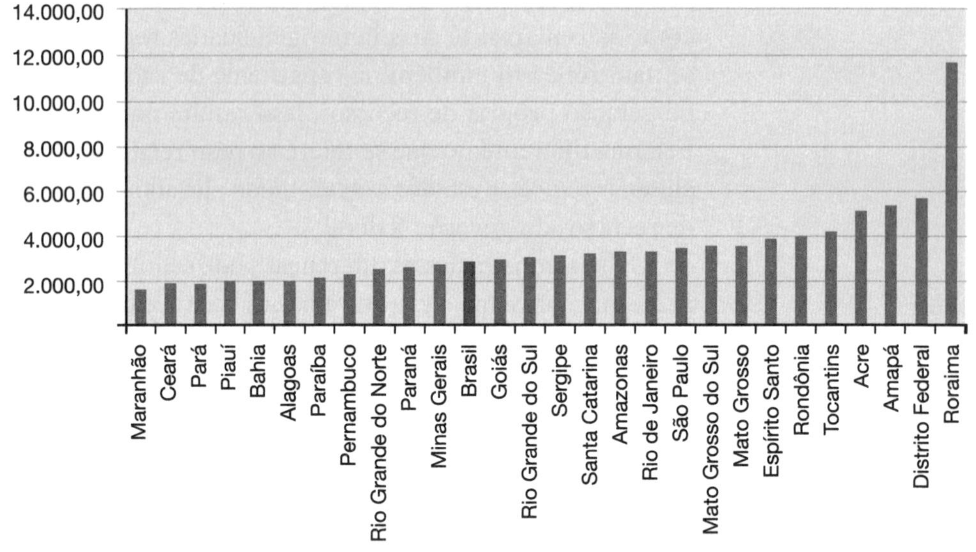

Os dados das receitas correntes *per capita* mostram níveis de arrecadação menor na maioria dos estados do Norte e Nordeste mais o Paraná e Minas Gerais. Nesses estados o valor *per capita* é inferior ao valor médio do Brasil.

A exemplo do que ocorre com outros valores que serão destacados a seguir, os estados que foram territórios no passado se destacam por valores *per capita* maiores do que os dos demais estados brasileiros.

Os valores das receitas tributárias *per capita* estão destacados no Gráfico A.9.

No que se refere às receitas tributárias *per capita*, observam-se níveis de arrecadação maiores na maioria dos estados mais desenvolvidos do país, localizados nas regiões Sul e Sudeste. Dessas regiões apenas Minas Gerais e Paraná alcançaram receitas tributárias *per capita* inferior à média do Brasil.

Situação inversa ocorre com os valores relativos às transferências de recursos da União cujos valores são mais representativos para os estados do Norte e Nordeste.

Os valores das transferências *per capita* da União para os estados estão apresentados no Gráfico A.10.

Gráfico A.9 Brasil — Receitas tributárias estaduais *per capita* — 2011 — R$ 1,00

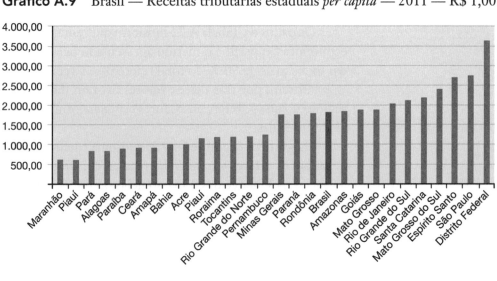

Gráfico A.10 Brasil — Transferências *per capita* da União para os estados — 2011 — R$ 1,00

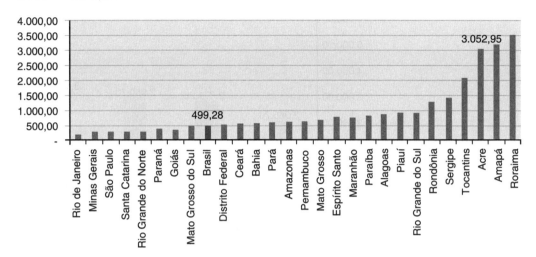

Os valores apresentados no Gráfico A.10 mostram a importância das transferências da União para os estados mais pobres cujos valores *per capita* superam a média do Brasil e são superiores aos valores dos estados das regiões Sul e Sudeste.

Finalmente o Gráfico A.11 destaca os valores *per capita* do FPE entre os estados brasileiros.

A análise do Gráfico A.11 é similar à do gráfico anterior, com a observação de que as diferenças dos valores *per capita* são mais significativas.

Chamam novamente a atenção os valores *per capita* das transferências para os estados que foram territórios, cujos valores são significativamente superiores aos dos demais estados e muito superiores à média do Brasil.

Avaliações similares com o uso dessas variáveis *per capita* podem detectar as diferenças regionais das fontes de receitas mencionadas. Isto é feito através dos gráficos seguintes que apresentam os valores *per capita* das receitas correntes, das receitas tributárias, das transferências da União e do FPE *per capita* regional.

Inicialmente, o Gráfico A.12 destaca os valores *per capita* das receitas correntes nas cinco regiões brasileiras.

Gráfico A.11 Brasil — FPE *per capita* — 2011 — R$ 1,00

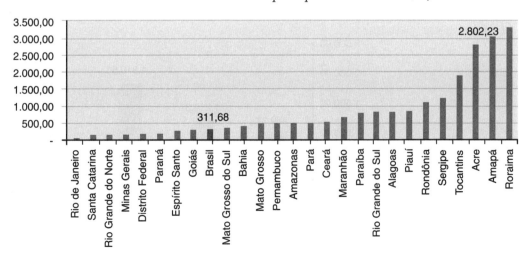

Gráfico A.12 Brasil — Receitas correntes estaduais *per capita* — Regiões — 2011 — R$ 1,00

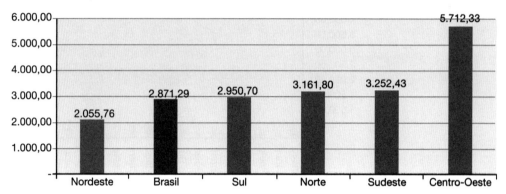

Tomando-se como referência dados de 2011, percebe-se que as receitas correntes *per capita* da região Centro-Oeste mostram-se muito superior às das demais regiões. De certa forma, esse fato distorce um pouco as análises regionais principalmente quando se toma um valor médio de referência como o valor médio *per capita* do país. Tomando-se esse como valor de referência percebe-se que apenas a região Nordeste apresentou um valor da receita corrente *per capita* abaixo da média do país.

Os valores *per capita* das receitas tributárias por regiões estão destacados no Gráfico A.13, tendo também como referência o ano de 2011.

Os valores das receitas tributárias estaduais *per capita* refletem, de certa forma, o diferencial de base tributária existentes entre as regiões Sul e Sudeste com as demais regiões do país.

Como se observa no Gráfico A.13, as receitas tributárias estaduais *per capita* são maiores nas regiões Sul e Sudeste quando comparadas com a média do país e com os valores das demais regiões.

Os dados revelam, também, um grande diferencial entre os valores *per capita* da região Sudeste com os da região Nordeste, diferença essa próxima a 150 %.

Considerando ainda os dados regionais, o Gráfico A.14 apresenta os valores *per capita* das transferências de recursos da União para os estados.

Gráfico A.13 Receitas tributárias estaduais *per capita* — 2011 — R$ 1,00

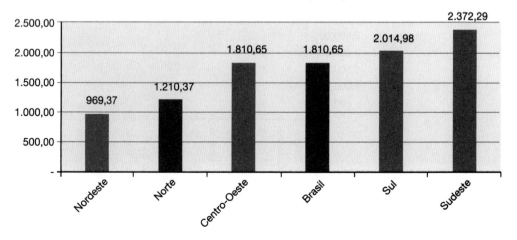

Gráfico A.14   Receitas *per capita* das transferências da União — 2011 — R$ 1,00

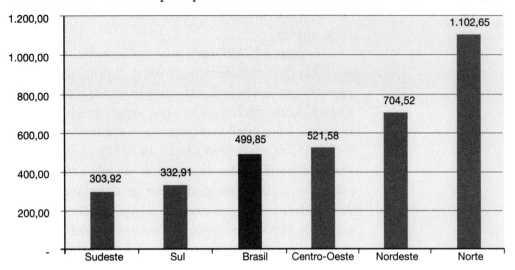

Diferentemente da situação das receitas tributárias, os valores *per capita* das transferências da União são muito maiores e mais representativas para os estados das regiões Centro-Oeste, Norte e Nordeste. Os dados do Gráfico A.14 mostram que na região norte o valor *per capita* das transferências é quase três vezes superior ao da região Sudeste.

Conforme se pode observar no Gráfico A.15, situação similar ocorre em relação aos valores do FPM *per capita*. A diferença ocorre apenas em relação à região Centro-Oeste cujo valor *per capita*, a exemplo do que ocorre com as regiões Sul e Sudeste, é também menor do que o valor *per capita* médio do país.

Chama ainda a atenção o grande diferencial entre o maior valor (Norte) com o menor valor (Sudeste) próximo a vinte vezes.

Deve-se mencionar que os estados têm como sua principal fonte de receita tributária o ICMS. Esse tributo tem base geradora fortemente ligada às atividades econômicas dos estados. Como os estados do Sudeste e do Sul têm uma base produtiva

Gráfico A.15   Receitas *per capita* do FPE — 2011 — R$ 1,00

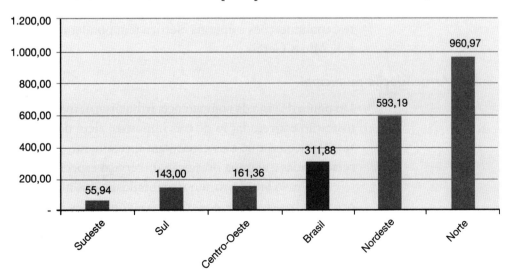

mais sólida, o resultado é uma arrecadação tributária também maior, gerando, por consequência, menor dependência de recursos transferidos, refletindo nos valores *per capita* analisados

Embora o ICMS seja a principal fonte de arrecadação tributária estadual, devem ser feitas duas considerações básicas. A primeira relaciona-se com o fato de que os recursos gerados pelo ICMS não pertencem totalmente às esferas estaduais, uma vez que a Constituição estabelece que, de seu produto, 25 % deverão ser repassados aos municípios dos estados respectivos. A segunda refere-se às diversas fontes geradoras do ICMS, ou seja, a arrecadação do ICMS será gerada por fontes diferentes em função das especificidades da economia de cada Estado. Assim, dependendo da estrutura produtiva, cada Estado poderá ter maior ou menor geração de ICMS e em setores diferenciados. Apenas a título de ilustração, são destacados, na Tabela A.23, dados do estado de Minas Gerais que, em valores acumulados de janeiro a julho de 2014, apresentaram a seguinte estrutura de arrecadação tributária do ICMS.

Tabela A.23   Minas Gerais — Arrecadação do ICMS — Acumulado jan/jul 2014

Bases	R$ milhões	% do Total
Combustíveis	4.523	21,3
Energia Elétrica	1.921	9,1
Comunicação	1.790	8,4
Transportes	312	1,5
Subtotal	**8.546**	**40,3**
Comércio	4.919	23,2
Indústria	7.363	34,7
Outros	366	1,7
Total	21.194	100,0

Fonte: SEF-MG.

No caso específico do estado de Minas Gerais observa-se que 40,3 % da arrecadação total do ICMS concentram-se em apenas quatro atividades.

Embora a distribuição e o peso das atividades econômicas na geração do ICMS de cada estado sejam diferentes, na quase totalidade deles os combustíveis e lubrificantes, comunicações e energia elétrica têm ponderação na arrecadação total semelhante à de Minas Gerais.

A.5.2.3 *Arrecadação municipal*

Do ponto de vista da competência tributária, os municípios são responsáveis pela administração e arrecadação de três impostos, além de taxas e da contribuição de melhoria. As receitas que eles arrecadam diretamente são complementadas por atividades relacionadas a alguma prestação de serviço específico, rendimentos patrimoniais etc.

No caso brasileiro, a quase totalidade dos municípios tem suas receitas próprias oriundas basicamente dos tributos e com pesos bastante heterogêneos em sua arrecadação tributária.

A Tabela A.24 destaca a arrecadação dos principais tributos municipais no período de 2008 a 2012 em R$ milhões.

Financiamento dos Gastos Públicos

Tabela A.24 Arrecadação tributária municipal

R$ Milhões

Tributo	2008	2009	2010	2011	2012
Total da Receita Tributária	1.047.292,75	1.078.602,28	1.264.198,80	1.463.024,92	1.574.592,92
Tributos do Governo Municipal	**53.688,42**	**58.779,03**	**69.648,86**	**80.734,57**	**91.130,30**
ISS	25.017,22	27.418,55	32.839,07	38.515,82	44.354,09
IPTU	13.545,53	14.881,72	17.154,31	19.334,03	21.174,47
ITBI	4.324,40	4.545,69	5.918,85	7.369,04	8.406,48
Contrib. Regime Próprio Previd. Mun.	3.882,46	4.333,44	5.094,51	6.023,22	6.798,81
Outros Tributos Municipais	6.918,81	7.599,63	8.642,11	9.492,46	10.396,45

Fonte: SRF – Ministério da Fazenda.

A Tabela A.25 destaca o peso relativo dos tributos na arrecadação tributária municipal. Os dados mostram que o Imposto sobre Serviços de Qualquer Natureza (ISS) representou em média 46 % da arrecadação tributária no período em destaque.

Tabela A.25 Arrecadação tributária municipal — Participação relativa

Tributos	2008	2009	2010	2011	2012
ISS	44,9	45,1	45,8	46,5	47,6
IPTU	24,3	24,5	23,9	23,4	22,7
ITBI	7,8	7,5	8,3	8,9	9,0
Reg. Previdência Municipal	7,0	7,1	7,1	7,3	7,3
Outros	12,4	12,4	12,1	11,5	11,2
Total	100,0	100,0	100,0	100,0	100,0

Fonte: Dados básicos SRF – Ministério da Fazenda.

A participação relativa dos tributos municipais no total da arrecadação tributária do país está apresentada na Tabela A.26. Ela mostra que, em média, as arrecadações municipais corresponderam a 5,5 % da arrecadação tributária total no período em tela.

Tabela A.26 Arrecadação tributária municipal — Participação relativa na arrecadação tributária total

Tributo	2008	2009	2010	2011	2012
Total da Receita Tributária	100,00 %	100,00 %	100,00 %	100,00 %	100,00 %
Tributos do Governo Municipal	**5,13 %**	**5,45 %**	**5,51 %**	**5,52 %**	**5,79 %**
ISS	2,39 %	2,54 %	2,60 %	2,63 %	2,82 %
IPTU	1,29 %	1,38 %	1,36 %	1,32 %	1,34 %
ITBI	0,41 %	0,42 %	0,47 %	0,50 %	0,53 %
Contrib. Regime Próprio Previd. Mun.	0,37 %	0,40 %	0,40 %	0,41 %	0,43 %
Outros Tributos Municipais	0,66 %	0,70 %	0,68 %	0,65 %	0,66 %

Fonte: SRF – Ministério da Fazenda.

Na estrutura contábil, os dados da arrecadação municipal estão apresentados na Tabela A.27. Essas informações englobam todas as receitas municipais oriundas da arrecadação própria e de outros recursos financeiros recebidos através de transferências intergovernamentais constitucionais e voluntárias.

Para a demonstração desses dados optou-se por destacar aleatoriamente cinco municípios cujo critério básico da escolha foi a população.

Tabela A.27 Quadro dos dados contábeis consolidados — Balanço orçamentário — Receitas orçamentárias — Municípios — 2012 (R$ mil)

Categorias	Acrelândia R$	% Total	% Subcategorias	Itaúna R$	% Total	% Subcategorias	Porto Seguro R$	% Total	% Subcategorias	Betim R$	% Total	% Subcategorias	São Paulo R$	% Total	% Subcategorias
1 - Receitas Correntes	20.737	88		172.902	94,5		210.193	97,2		1.393.369	96,6		34.850.689	92,5	
1.1 - Tributárias	837	4	100,0	24.814	13,6	100,0	34.816	16,1	100,0	161.068	11,2	100,0	17.537.485	46,5	100,0
1.1.1 - I.P.T.U	34	0	4,1	4.041	2,2	16,3	7.315	3,4	21,0	26.471	1,8	16,4	5.027.439	13,3	28,7
1.1.2 - I.S.S.Q.N	406	2	48,5	8.595	4,7	34,6	16.004	7,4	46,0	72.810	5,0	45,2	9.935.287	26,4	56,7
1.1.3 - Outras	397	2	47,4	12.178	6,7	49,1	11.497	5,3	33,0	61.787	4,3	38,4	2.574.759	6,8	14,7
1.2 - Contribuições	-			7.164	3,9		3.366	1,6		48.900	3,4	100,0	1.072.743	2,8	100,0
1.2.1 - Previdência	-			3.129	1,7		-	-		39.973	2,8	81,7	833.646	2,2	77,7
1.2.2 - Outras	-			4.035	2,2		3.366	1,6		8.927	0,6	18,3	239.097	0,6	22,3
1.3 - Transferências Correntes	19.594	83	100,0	105.013	57,4	100,0	163.575	75,6	100,0	1.045.970	72,5	100,0	12.836.942	34,1	100,0
1.3.1 - União	10.249	44	52,3	51.023	27,9	48,6	37.872	17,5	23,2	213.452	14,8	20,4	1.851.379	4,9	14,4
1.3.2 - Estados	2.716	12	13,9	41.535	22,7	39,6	23.055	10,7	14,1	705.349	48,9	67,4	8.206.287	21,8	63,9
1.3.3 - Outras	6.629	28	33,8	12.455	6,8	11,9	102.648	47,4	62,8	127.169	8,8	12,2	2.779.276	7,4	21,7
1.4 - Outras	306	1		35.911	19,6	34,2	-	-		-	-		-	-	
2 - Receitas de Capital	2.798	12	100,0	10.080	5,5	100,0	6.146	2,8	100,0	49.027	3,4	100,0	2.825.205	7,5	100,0
2.1 - Operações de Crédito	-		0,0	5.177	2,8	51,4	-	-	0,0	28.536	2,0	58,2	94.795	0,3	3,4
2.2 - Transf. de Capital	2.798	12	100,0	4.473	2,4	44,4	6.141	2,8	99,9	12.448	0,9	25,4	496.755	1,3	17,6
2.3 - Outras	-		0,0	430	0,2	4,3	5	0,0	0,1	8.043	0,6	16,4	2.233.655	5,9	79,1
3 - Receita Total (1 + 2)	23.535	100		182.982	100,0		216.339	100,0		1.442.396	100,0		37.675.894	100,0	

Fonte: Balanço do Setor Público Nacional, STN - 2013.

Os dados da Tabela A.27 mostram uma predominância das receitas correntes no total das receitas municipais. Porém, quando se desdobram essas arrecadações percebem-se claras diferenças entre os níveis de arrecadações próprias e das parcelas oriundas das transferências intergovernamentais. Em função das grandes diferenças nos potenciais das bases tributárias municipais, os municípios menores acabam não tendo níveis significativos de receitas próprias, dependendo fundamentalmente de receitas transferidas.

Com base nos valores destacados na tabela anterior, extraíram-se algumas informações relativas básicas, que compõem a Tabela A.28, sobre as arrecadações municipais.

Tabela A.28 Receita tributária e transferências correntes em relação à receita corrente total — 2012 — Municípios selecionados — %

Estados	População	Rec. Tributária / Rec. Corrente	Transf. Correntes / Rec. Corrente
Acrelândia	13.011	4	94
Itaúna	85.463	14,3	60,7
Porto Seguro	126.929	16,6	77,8
Betim	406.474	11,5	75,1
São Paulo	11.821.873	50,3	36,8
Total dos Municípios	198.240.000	24,7	63.4

Fonte: Dados básicos - SISTN - 2013.
Elaboração do autor.

Dados da Tabela A.28 mostram que, nos municípios menores, o peso relativo das receitas tributárias é inferior ao apresentado nos municípios maiores. Situação oposta ocorre em relação às transferências intergovernamentais cujos pesos são relativamente maiores nos municípios maiores.

Os dados a seguir fizeram parte da versão anterior deste livro. Como no período recente não ocorreram grandes mudanças na estrutura tributária brasileira, no que se refere a competência tributária, optou-se por manter as informações cujos resultados e estruturas refletem o que ocorre atualmente nas relações apresentadas.

Como forma de relativizar a arrecadação tributária local, estão destacadas nesta parte informações da arrecadação municipal por origens, se próprias ou de transferências, e por algumas faixas populacionais. Os dados agregados estão destacados nas análises seguintes e outras informações estão apresentadas no anexo. Por fim, vale mencionar que as informações foram geradas pela Secretaria do Tesouro Nacional, numa amostragem de 2.951 municípios, que englobam dados do período de 1998 a 2006.

Inicialmente, a Tabela A.27 e o Gráfico A.16 destacam a participação relativa das fontes de receita por origens e por faixa de população, correspondente à média do período de 1998 a 2006.

As receitas próprias referem-se aos tributos constitucionalmente determinados como de competência tributária municipal. Eles são compostos pelo IPTU (Imposto sobre a Propriedade Territorial Urbana), pelo ISS (Imposto sobre Serviço de Qualquer Natureza), pelo IRRF (Imposto de Renda Retido na Fonte dos funcionários públicos municipais) e outras (taxas, ITBI - Imposto sobre Transmissão de Bens Imóveis — e contribuições de melhorias).

Por outro lado, as transferências são compostas de recursos transferidos dos estados e da União para os municípios, compostos do FPM (Fundo de Participação dos Municípios), LC 87/96 (Lei Kandir), ICMS (cota-parte municipal do ICMS), IPVA (cota municipal) etc.

As deduções da receita corrente referem-se à parcela de ajuste da movimentação dos recursos que formam o FUNDEF (Fundo de Desenvolvimento do Ensino Fundamental).

Os dados revelam que, na média, a arrecadação própria dos municípios representa 36,3 % dos recursos financeiros totais disponíveis aos municípios.

Tabela A.29 Perfil e evolução das finanças municipais — 1998/2006 — % da receita bruta por faixa de população

Médias do período 1998-2006

Discriminação	Total	Pop > 1.000.000	1.000.000 > Pop > 300.000	300.000 > Pop > 50.000	Pop < 50.000
Receita bruta = receita líquida	100,0	100,0	100,0	100,0	100,0
Receitas de arrecadação própria	**36,3**	**54,2**	**40,5**	**30,8**	**14,8**
IPTU	7,5	12,5	8,5	5,5	2,2
ISS	9,6	17,7	9,7	6,1	2,2
IRRF	1,9	2,7	2,3	1,5	0,9
Outras	17,3	21,3	20,1	17,7	9,6
Receitas de transferências	**63,7**	**45,8**	**59,5**	**69,2**	**85,2**
FPM	15,0	3,8	8,4	15,0	34,7
LC 87/96	0,8	0,7	0,7	0,9	0,7
ICMS	23,8	19,8	25,8	27,0	24,4
IPVA	3,7	5,1	4,3	3,4	1,8
SUS	7,2	7,4	9,9	7,9	4,5
FUNDEF	8,0	5,8	6,4	8,9	11,0
FNDE	0,8	0,7	0,6	0,9	1,1
Transferências de capital	2,0	0,9	1,4	2,2	3,8
Outras	5,5	3,6	4,6	6,2	7,9
(-) Deduções da receita corrente	5,6	3,5	5,0	6,0	8,5

Fonte: Tesouro Nacional, Ministério da Fazenda.

É importante, porém, mencionar que esses são valores médios e que, na realidade, existe uma variação grande em função da heterogeneidade e do grande número de municípios existentes no país.

Os dados do Gráfico A.16 evidenciam tais situações, nas quais percebe-se que o peso relativo dos recursos transferidos é maior nos municípios de menor população. Isso ocorre porque nesses municípios as base geradoras dos tributos próprios municipais são mais frágeis.

Gráfico A.16 Brasil — Municípios — Arrecadação própria e transferida — 2005 — em % do total

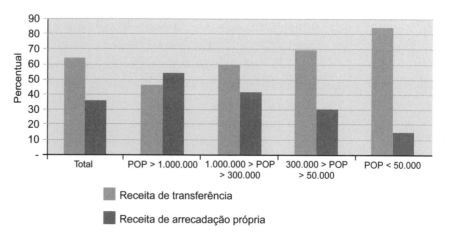

De modo geral, os municípios menos desenvolvidos economicamente não dispõem de base tributária local significativa e são características gerais de municípios de menor população. O resultado disso é a maior dependência de recursos transferidos, sobretudo do FPM. O Gráfico A.17 evidencia tal fato ao apresentar a participação relativa do FPM na arrecadação dos municípios segundo as faixas populacionais.

Gráfico A.17 Brasil — Valor relativo do FPM no total da arrecadação municipal — 2005 — % da receita total

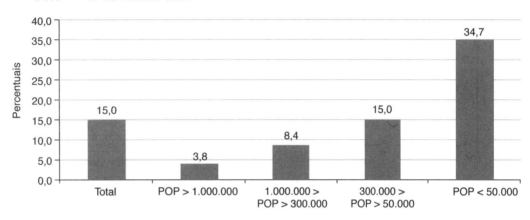

O quadro apresentado nesses gráficos e tabelas sobre a arrecadação municipal tem se mostrado estável ao longo dos últimos anos. Tal situação pode ser observada na Tabela A.30, que apresenta o perfil da participação relativa das fontes de receitas em 1998 e em 2006.

Tabela A.30 Perfil e evolução das finanças municipais — 1998/2006 — % da receita bruta por faixa de população

Discriminação	Total 1998	Total 2006	Pop > 1.000.000 1998	Pop > 1.000.000 2006	1.000.000 > Pop > 300.000 1998	1.000.000 > Pop > 300.000 2006	300.000 > Pop > 50.000 1998	300.000 > Pop > 50.000 2006	Pop < 50.000 1998	Pop < 50.000 2006
Receita bruta = receita líquida	100,0	100,0	100,0	100,0	100,0	100,0	100,0	100,0	100,0	100,0
Receitas de arrecadação própria	37,0	35,3	56,0	54,4	41,2	39,2	30,3	29,5	30,3	29,5
IPTU	7,4	6,9	10,8	12,2	8,9	7,9	6,4	4,7	6,4	4,7
ISS	10,0	10,6	19,0	19,3	9,6	10,9	5,7	7,0	5,7	7,0
IRRF	1,7	1,9	2,4	2,5	2,2	2,3	1,4	1,7	1,4	1,7
Outras	17,9	15,9	23,8	20,4	20,5	18,0	16,8	16,1	16,8	16,1
Receitas de transferências	63,0	64,7	44,0	45,6	58,8	60,8	69,7	70,5	69,7	70,5
FPM	14,4	15,4	3,6	4,1	7,6	8,4	14,6	15,3	14,6	15,3
LC 87/96	0,6	0,3	0,5	0,2	0,5	0,3	0,7	0,3	0,7	0,3
ICMS	23,2	23,3	20,1	18,8	25,8	25,6	26,9	26,1	26,9	26,1
IPVA	4,0	3,9	5,5	5,3	4,6	4,6	3,7	3,6	3,7	3,6
SUS	4,8	8,9	4,3	8,5	8,0	12,0	5,7	9,5	5,7	9,5
FUNDEF	5,6	9,3	4,5	6,7	4,4	8,0	6,5	9,9	6,5	9,9
FNDE	0,2	1,7	0,2	1,4	0,1	1,4	0,3	1,8	0,3	1,8
Transferências de capital	3,1	2,0	1,2	1,0	1,4	1,7	3,3	2,0	3,3	2,0
Outras	7,0	5,6	4,1	3,1	6,5	4,0	8,0	8,1	8,0	8,1
(-) Deduções da receita corrente	0,0	5,7	0,0	3,5	0,0	5,1	0,0	6,1	0,0	6,1

Fonte: Tesouro Nacional, Ministério da Fazenda.

A quase totalidade dos municípios brasileiros tem na sua arrecadação uma participação relativa maior dos recursos transferidos pelos estados e pela União. O peso relativo delas é ainda bastante diferenciado entre o universo de 5.506 municípios analisados.

O conjunto apresentado nas tabelas anteriores compõe a quase totalidade das arrecadações municipais e geram as chamadas receitas correntes. As receitas de capital (que incluem as transferências de capital destacadas nas tabelas) complementam as receitas municipais através das operações de créditos realizadas. Porém, na quase totalidade dos municípios, essas receitas têm peso relativo inexpressivo na arrecadação municipal.

1.6 CONSIDERAÇÕES FINAIS

As análises desenvolvidas e os dados apresentados neste apêndice tiveram como objetivo mostrar qual tem sido a evolução da carga tributária brasileira nas últimas décadas e como ela se posiciona perante as experiências de outros países. Além disso, foi feita também uma abordagem descritiva de como se compõe a distribuição de sua competência tributária entre as três esferas de governo.

Os dados apresentados mostram que a carga tributária no Brasil tem se elevado nos últimos anos, sem se reverter em benefícios para a população brasileira, visto que mais ou menos 30 % dela destinam-se ao pagamento dos juros da dívida.

A sua composição revela, também, o elevado grau de regressividade da carga tributária brasileira, consubstanciada no fato de sua geração se basear proporcionalmente mais no consumo e na produção. Isso a torna mais injusta e contribui ainda mais para elevar o grau de concentração da renda e da riqueza entre os cidadãos brasileiros em função dos seus elevados tributos indiretos.

As informações apresentadas neste anexo serviram também para se ter uma ideia geral da distribuição da carga tributária e dos recursos que ela gera entre as unidades de governo que compõem a federação brasileira.

Os valores mostraram diferenças significativas nos pesos relativos dos tributos e das transferências entre as esferas estaduais e, principalmente, nas municipais.

Além desse aspecto, muitos dos dados aqui apresentados merecem melhor avaliação, uma vez que não se consubstanciam, de fato, em recursos disponíveis em cada unidade de governo. Para tanto, é necessária uma análise mais completa das competências financeiras dos tributos, uma vez que é por meio dela que se consegue apurar realmente qual é a participação de cada unidade de governo no montante de recursos tributários. Além disso, será necessário incluir nas avaliações os impactos provocados nessas estruturas em função das mudanças ocorridas no sistema tributário nesse mesmo período. Tais observações são relevantes e seus conteúdos fazem parte das avaliações que compõem o Capítulo 7.

BIBLIOGRAFIA BÁSICA

BORGES, A.; VILLELA, T. (Org.). *Finanças dos municípios mineiros*. Vitória: Aequus Consultoria. v. 1 (1999) e v. 2 (2000).

FUNDAÇÃO GETULIO VARGAS (FGV). *Conjuntura Econômica*, Rio de Janeiro: FGV, jan. 1993/nov. 1995.

INSTITUTO BRASILEIRO DE GEOGRAFIA E ESTATÍSTICA (IBGE). *Contas Nacionais*. Rio de Janeiro, 2000.

MINISTÉRIO DA FAZENDA (STN). *Execução orçamentária dos Estados e municípios das capitais*. Brasília, 2000.

OECD. *Tax reform in OECD countries*. Paris: OECD, 1992.

RIANI, F. O novo critério de repartição do ICMS aos municípios mineiros – avaliações dos resultados e sugestões. *Revista de Administração Municipal*, Rio de Janeiro: Ibam, ano 44, n. 221, p. 49, abr./dez. 2000.

Tesouro Nacional, Contabilidade Governamental, Ministério da Fazenda.

Anexo 1 ao Capítulo 4

Composição da Execução da Receita Orçamentária da União — 2013

QUADRO DOS DADOS CONTÁBEIS CONSOLIDADOS DA UNIÃO
BALANÇO ORÇAMENTÁRIO – RECEITAS ORÇAMENTÁRIAS

Governo Federal
CNPJ: 00.394.460/0001-41
Exercício: 2012
CVA: 2013092411005100301089

R$ 1,00

CAMPO	CÓDIGO	DISCRIMINAÇÃO	VALOR
1		Receita Total = (2 + 66 + 96 + 97)	1.931.355.098.704,46
2	1.0.00.00.00	Receitas Correntes = (3 + 18 + 21 + 37 + 38 + 39 + 40 + 58)	1.134.717.334.777,73
3	1.1.00.00.00	Receita Tributária = (4 + 14 + 17)	347.752.023.557,88
4	1.1.10.00.00	Impostos = (5 + 8 + 11)	340.901.477.420,67
5	1.1.11.00.00	Impostos sobre o Comércio Exterior = (6 + 7)	31.085.492.404,93
6	1.1.11.01.00	Impostos sobre a Importação – II	30.995.438.220,97
7	1.1.11.02.00	Impostos sobre a Exportação – IE	90.054.183,96
8	1.1.12.00.00	Impostos sobre o Patrimônio e a Renda = (9 + 10)	236.250.809.790,75
9	1.1.11.01.00	Imposto sobre a Propriedade Territorial Rural – ITR	609.438.489,90
10	1.1.12.04.00	Imposto sobre Renda e Proventos de Qualquer Natureza – IR	235.641.371.300,85
11	1.1.13.00.00	Impostos sobre a Produção e a Circulação = (12 + 13)	73.565.175.224,99
12	1.1.13.01.00	Imposto sobre o Produto Industrializado – IPI	42.566.755.107,90
13	1.1.13.03.00	Imposto sobre Operação de Crédito, Câmbio Seguros ou Títulos – IOF	30.998.400.117,09
14	1.1.20.00.00	Taxas = (15 + 16)	6.850.546.137,21
15	1.1.21.00.00	Taxa pelo Exercício do Poder de Polícia	5.409.438.350,91
16	1.1.22.00.00	Taxas pela Prestação de Serviços	1.441.107.786,30
17	1.1.30.00.00	Contribuições de Melhoria	0,00
18	1.2.00.00.00	RECEITA DE CONTRIBUIÇÕES = (19 + 20)	590.425.207.847,29
19	1.2.10.00.00	Contribuições Sociais	578.861.382.506,56
20	1.2.20.00.00	Contribuições Econômicas	11.563.825.340,73
21	1.3.00.00.00	RECEITA PATRIMONIAL = (22 + 23 + 32 ... + 36)	81.046.658.875,60
22	1.3.10.00.00	Receitas Imobiliárias	1.214.330.328,34
23	1.3.20.00.00	Receitas de Valores Mobiliários = (24 + ... 31)	41.734.464.704,34
24	1.3.21.00.00	Juros de Títulos de Renda	515.630.853,50
25	1.3.22.00.00	Dividendos	28.017.589.903,48
26	1.3.23.00.00	Participações	7.205.390,40
27	1.3.25.00.00	Remuneração de Depósitos Bancários	11.164.284.427,18
28	1.3.26.00.00	Remuneração de Depósitos Especiais	1.819.391.491,16
29	1.3.27.00.00	Remuneração de Saldos de Recursos Não Desembolsados	159.516.336,33
30	1.3.28.00.00	Remuneração dos Investimentos do Regime Próprio de Previdência do Servidor	0,00
31	1.3.29.00.00	Outras Receitas de Valores Mobiliários	50.846.282,29
32	1.3.30.00.00	Receita de Concessões e Permissões	2.059.630.613,03
33	1.3.40.00.00	Compensações Financeiras	35.720.855.258,22
34	1.3.50.00.00	Receita de Exploração de Direitos	0,00
35	1.3.60.00.00	Receita de Cessão de Direitos	276.754.316,97
36	1.3.90.00.00	Outras Receitas Patrimoniais	40.623.654,70

continua...

continuação

QUADRO DOS DADOS CONTÁBEIS CONSOLIDADOS DA UNIÃO
BALANÇO ORÇAMENTÁRIO – RECEITAS ORÇAMENTÁRIAS

Governo Federal
CNPJ: 00.394.460/0001-41
Exercício: 2012
CVA: 2013092411005100301089

R$ 1,00

CAMPO	CÓDIGO	DISCRIMINAÇÃO	VALOR
37	1.4.00.00.00	RECEITA AGROPECUÁRIA	24.733.403,32
38	1.5.00.00.00	RECEITA INDUSTRIAL	756.043.669,40
39	1.6.00.00.00	RECEITA DE SERVIÇOS	47.919.701.066,71
40	1.7.00.00.00	TRANSFERÊNCIAS CORRENTES = (41 + 48 + 49 + 50 + 51 + 57)	844.444.856,25
41	1.7.20.00.00	Transferências Intergovernamentais	588.400,00
42	1.7.22.00.00	Transferências dos Estados	0,00
43	1.7.23.00.00	Transferências dos Municípios	588.400,00
44	1.7.24.00.00	Transferências Multigovernamentais = (45 + 46 + 47)	0,00
45	1.7.24.01.00	Transferências de Recursos do FUNBEB	0,00
46	1.7.24.02.00	Transferências de Recursos da Complementação do FUNDEB	0,00
47	1.7.24.99.00	Outras Transferências Multigovernamentais	0,00
48	1.7.30.00.00	Transferências de Instituições Privadas	68.920.091,37
49	1.7.40.00.00	Transferências do Exterior	9.680.257,43
50	1.7.50.00.00	Transferências de Pessoas	542.361,49
51	1.7.60.00.00	Transferências de Convênios = (52 + ... + 56)	764.048.555,07
52	1.7.61.00.00	Transferências de Convênios da União e de Suas Entidades	449.309.413,39
53	1.7.62.00.00	Transferências de Convênios dos Estados, DF e Suas Entidades	68.713.092,73
54	1.7.63.00.00	Transferências de Convênios dos Municípios e de Suas Entidades	47.569.500,75
55	1.7.64.00.00	Transferências de Convênios de Instituições Privadas	198.456.548,20
56	1.7.65.00.00	Transferências de Convênios do Exterior	0,00
57	1.7.70.00.00	Transferências de Convênios de Combate à Fome	665.190,89
58	1.9.00.00.00	OUTRAS RECEITAS CORRENTES = (59 + 60+ 61 + 64 + 65)	65.948.521.501,28
59	1.9.10.00.00	Multas e Juros de Mora	28.599.776.037,01
60	1.9.20.00.00	Indenizações e Restituições	4.214.059.725,78
61	1.9.30.00.00	Receita da Dívida Ativa = (62 + 63)	14.647.533.374,42
62	1.9.31.00.00	Receita da Dívida Ativa Tributária	2.422.658.902,99
63	1.9.32.00.00	Receita da Dívida Ativa Não Tributária	12.224.874.471,43
64	1.9.40.00.00	Receitas de Aportes Periódicos para Amortização de Déficit Atuarial do RPPS	0,00
65	1.9.90.00.00	Receitas Diversas	18.487.152.364,07
66	2.0.00.00.00	RECEITAS DE CAPITAL = (67 + 70 + 73 + 74 + 89)	796.649.881.809,30
67	2.1.00.00.00	OPERAÇÕES DE CRÉDITO = (68 + 69)	551.443.356.435,06
68	2.1.10.00.00	Operações de Crédito Internas	541.726.853.568,91
69	2.2.00.00.00	Operações de Crédito Externo	9.716.502.866,15
70	2.2.00.00.00	ALIENAÇÃO DE BENS = (71 + 72)	14.217.901.686,26
71	2.2.10.00.00	Alienação de Bens Móveis	14.006.478.636,89
72	2.1.20.00.00	Alienação de Bens Imóveis	211.423.049,37
73	2.3.00.00.00	AMORTIZAÇÃO DE EMPRÉSTIMOS	34.287.203.533,27
74	2.4.00.00.00	TRANSFERÊNCIAS DE CAPITAL = (75 + 78 ... + 82 + 88)	219.863.429,91
75	2.4.20.00.00	Transferências Intergovernamentais = (76 + 77)	0,00
76	2.4.22.00.00	Transferências dos Estados	0,00
77	2.4.23.00.00	Transferências dos Municípios	0,00
78	2.4.30.00.00	Transferências de Instituições Privadas	0,00
79	2.4.40.00.00	Transferências do Exterior	0,00
80	2.4.50.00.00	Transferências de Pessoas	0,00
81	2.4.60.00.00	Transferências de Outras Instituições Públicas	5.103.753,56
82	2.4.70.00.00	Transferências de Convênios = (83 + ... + 87)	214.759.676,35

continua...

continuação

QUADRO DOS DADOS CONTÁBEIS CONSOLIDADOS DA UNIÃO
BALANÇO ORÇAMENTÁRIO – RECEITAS ORÇAMENTÁRIAS

Governo Federal
CNPJ: 00.394.460/0001-41
Exercício: 2012
CVA: 2013092411005100301089

R$ 1,00

CAMPO	CÓDIGO	DISCRIMINAÇÃO	VALOR
83	2.4.71.00.00	Transferências de Convênios da União e de Suas Entidades	51.636.375,31
84	2.4.72.00.00	Transferências de Convênios dos Estados, DF e Suas Entidades	1.523.571,04
85	2.4.73.00.00	Transferências de Convênios dos Municípios e de Suas Entidades	1.193.525,45
86	2.4.74.00.00	Transferências de Convênios de Instituições Privadas	160.406.204,55
87	2.4.75.00.00	Transferências de Convênios do Exterior	0,00
88	2.4.80.00.00	Transferências para o Combate à Fome	0,00
89	2.5.00.00.00	OUTRAS RECEITAS DE CAPITAL = (90 + ... + 95)	196.481.556.724,80
90	2.5.20.00.00	Integralização do Capital Social	0,00
91	2.5.30.00.00	Resultado do Banco Central do Brasil	148.767.263.518,25
92	2.5.40.00.00	Remuneração das Disponibilidades do Tesouro Nacional	47.645.592.163,99
93	2.5.50.00.00	Receita da Dívida Ativa Proveniente da Amortização de Empréstimos e Financiamentos	887.727,22
94	2.5.60.00.00	Receita Dívida Ativa Alienação Estoques de Café	716.522,37
95	2.5.90.00.00	Demais Receitas de Capital	67.096.792,97
96	7.0.00.00.00	Receitas Correntes Intraorçamentárias	–12.717.882,57
97	8.0.00.00.00	Receitas de Capital Intraorçamentárias	0,00

Declaramos que os dados acima foram extraídos dos balanços gerais consolidados da União.
Fonte: Siafi
Nota: Os valores se referem à arrecadação líquida, e não incluem as receitas intraorçamentárias. Além disso, como a DVP não inclui as receitas intraorçamentárias, por serem consolidadas com as despesas intraorçamentárias, mas inclui o valor das deduções dessas receitas entre as "Definições da Receita", foi preciso incluir o ajuste de – R$ 12.117.882,57 (correspondente a dedução de receitas intraorçamentárias correntes) na linha 96 do demonstrativo par que os valores da receita deste demonstrativo se conformasse ao demonstrativo na DVP, o que é uma exigência deste sistema.
24/09/2013

Anexo 2 ao Capítulo 4

Perfil da Arrecadação Municipal
Amostragem de 2.951 Municípios

Perfil e Evolução das Finanças Municipais — 1998-2006
Amostra de 2.951 Municípios

R$ Milhões

DISCRIMINAÇÃO	1998	1999	2000	2001	2002	2003	2004	2005	2006
1 – *RECEITA BRUTA = RECEITA LÍQUIDA*	48.111	53.508	62.509	70.092	79.827	87.774	104.182	116.712	134.673
RECEITAS DE ARRECADAÇÃO PRÓPRIA	17.824	19.281	22.160	24.701	29.037	33.244	38.663	42.044	47.569
IPTU	3.553	4.369	4.636	5.145	5.971	6.932	7.769	8.485	9.318
ISS	4.803	4.886	5.707	6.557	7.282	8.233	9.964	11.814	14.208
IRRF	834	879	1.138	1.380	1.478	1.817	1.964	2.241	2.563
OUTRAS	8.634	9.147	10.679	11.621	14.306	16.262	18.967	19.504	21.479
RECEITAS DE TRANSFERÊNCIAS	30.287	34.226	40.349	45.391	50.789	54.530	65.519	74.667	87.105
FPM	6.948	7.871	8.643	10.301	12.596	13.495	15.164	19.188	20.750
LC 87/96	274	633	599	564	840	737	629	604	371
ICMS	11.171	12.460	14.797	16.896	19.189	22.056	25.242	26.859	31.430
IPVA	1.927	1.907	2.265	2.681	2.958	3.260	3.790	4.129	5.202
SUS	2.325	3.317	4.476	4.730	5.272	6.618	9.079	9.990	11.936
FUNDEF	2.689	3.542	4.371	4.990	6.839	8.062	9.438	11.077	12.527
FNDE	106	156	240	316	633	806	1.126	1.821	2.298
TRANSFERÊNCIAS DE CAPITAL	1.480	1.059	1.469	1.114	2.477	1.080	1.879	1.317	2.731
OUTRAS	3.367	3.281	3.490	3.799	4.107	3.526	5.080	6.473	7.489
(–) DEDUÇÕES DA RECEITA CORRENTE	0	0	0	0	4.119	5.109	5.908	6.791	7.629

Fonte: Tesouro Nacional, Ministério da Fazenda.

Perfil e Evolução das Finanças Municipais — 1998-2006
Amostra de 2.951 Municípios

% Receita bruta

DISCRIMINAÇÃO	1998	1999	2000	2001	2002	2003	2004	2005	2006	MÉDIA
1 – *RECEITA BRUTA = RECEITA LÍQUIDA*	100,0	100,0	100,0	100,0	100,0	100,0	100,0	100,0	100,0	100,0
RECEITAS DE ARRECADAÇÃO PRÓPRIA	37,0	36,0	35,5	35,2	36,4	37,9	37,1	36,0	35,3	36,3
IPTU	7,4	8,2	7,4	7,3	7,5	7,9	7,5	7,3	6,9	7,5
ISS	10,0	9,1	9,1	9,4	9,1	9,4	9,6	10,1	10,6	9,6
IRRF	1,7	1,6	1,8	2,0	1,9	2,1	1,9	1,9	1,9	1,9
OUTRAS	17,9	17,1	17,1	16,6	17,9	18,5	18,2	16,7	15,9	17,3
RECEITAS DE TRANSFERÊNCIAS	63,0	64,0	64,5	64,8	63,6	62,1	62,9	64,0	64,7	63,7
FPM	14,4	14,7	13,8	14,7	15,8	15,4	14,6	16,4	15,4	15,0
LC 87/96	0,6	1,2	1,0	0,8	1,1	0,8	0,6	0,5	0,3	0,8
ICMS	23,2	23,3	23,7	24,1	24,0	25,1	24,2	23,0	23,3	23,8
IPVA	4,0	3,6	3,6	3,8	3,7	3,7	3,6	3,5	3,9	3,7
SUS	4,8	6,2	7,2	6,7	6,6	7,5	8,7	8,6	8,9	7,2
FUNDEF	5,6	6,6	7,0	7,1	8,6	9,2	9,1	9,5	9,3	8,0
FNDE	0,2	0,3	0,4	0,5	0,8	0,9	1,1	1,6	1,7	0,8
TRANSFERÊNCIAS DE CAPITAL	3,1	2,0	2,4	1,6	3,1	1,2	1,8	1,1	2,0	2,0
OUTRAS	7,0	6,1	5,6	5,4	5,1	4,0	4,9	5,5	5,6	5,5
(–) DEDUÇÕES DA RECEITA CORRENTE	0,0	0,0	0,0	0,0	5,2	5,8	5,7	5,8	5,7	5,6

Fonte: Tesouro Nacional, Ministério da Fazenda.

Perfil e Evolução das Finanças Municipais — 1998-2006
População > 1.000.0000

R$ Milhões

DISCRIMINAÇÃO	1998	1999	2000	2001	2002	2003	2004	2005	2006
1 – *RECEITA BRUTA = RECEITA LÍQUIDA*	16.791	18.487	21.450	23.425	26.022	28.921	34.349	37.334	42.594
RECEITAS DE ARRECADAÇÃO PRÓPRIA	9.409	9.893	11.327	12.503	13.997	15.900	18.452	20.515	23.174
IPTU	1.816	2.481	2.655	2.881	3.331	3.886	4.291	4.682	5.196
ISS	3.184	3.206	3.710	4.158	4.464	4.832	5.734	6.793	8.226
IRRF	411	404	557	700	766	933	872	934	1.059
OUTRAS	3.998	3.802	4.405	4.764	5.435	6.249	7.555	8.107	8.692
RECEITAS DE TRANSFERÊNCIAS	7.381	8.594	10.123	10.922	12.025	13.021	15.897	16.819	19.420
FPM	612	673	736	856	953	1.158	1.319	1.595	1.751
LC 87/96	82	227	185	160	328	179	156	131	84
ICMS	3.368	3.704	4.365	4.785	5.400	6.185	6.900	6.135	8.013
IPVA	917	889	1.072	1.265	1.358	1.475	1.681	1.655	2.239
SUS	718	1.154	1.652	1.797	2.005	2.033	3.326	2.993	3.619
FUNDEF	756	866	1.065	1.264	1.634	1.882	2.201	2.526	2.862
FNDE	36	51	78	100	130	139	357	521	592
TRANSFERÊNCIAS DE CAPITAL	207	294	340	41	227	141	274	183	432
OUTRAS	685	737	629	653	842	862	880	2.371	1.325
(–) DEDUÇÕES DA RECEITA CORRENTE	0	0	0	0	853	1.032	1.196	1.290	1.496

Fonte: Tesouro Nacional, Ministério da Fazenda.

% Receita bruta

DISCRIMINAÇÃO	1998	1999	2000	2001	2002	2003	2004	2005	2006	MÉDIA
1 – *RECEITA BRUTA = RECEITA LÍQUIDA*	100,0	100,0	100,0	100,0	100,0	100,0	100,0	100,0	100,0	100,0
RECEITAS DE ARRECADAÇÃO PRÓPRIA	56,0	53,5	52,8	53,4	53,8	55,0	53,7	55,0	54,4	54,2
IPTU	10,8	13,4	12,4	12,3	12,8	13,4	12,5	12,5	12,2	12,5
ISS	19,0	17,3	17,3	17,7	17,2	16,7	16,7	18,2	19,3	17,7
IRRF	2,4	2,2	2,6	3,0	2,9	3,2	2,5	2,5	2,5	2,7
OUTRAS	23,8	20,6	20,5	20,3	20,9	21,6	22,0	21,7	20,4	21,3
RECEITAS DE TRANSFERÊNCIAS	44,0	46,5	47,2	46,6	46,2	45,0	46,3	45,0	45,6	45,8
FPM	3,6	3,6	3,4	3,7	3,7	4,0	3,8	4,3	4,1	3,8
LC 87/96	0,5	1,2	0,9	0,7	1,3	0,6	0,5	0,3	0,2	0,7
ICMS	20,1	20,0	20,3	20,4	20,8	21,4	20,1	16,4	18,8	19,8
IPVA	5,5	4,8	5,0	5,4	5,2	5,1	4,9	4,4	5,3	5,1
SUS	4,3	6,2	7,7	7,7	7,7	7,0	9,7	8,0	8,5	7,4
FUNDEF	4,5	4,7	5,0	5,4	6,3	6,5	6,4	6,8	6,7	5,8
FNDE	0,2	0,3	0,4	0,4	0,5	0,5	1,0	1,4	1,4	0,7
TRANSFERÊNCIAS DE CAPITAL	1,2	1,6	1,6	0,2	0,9	0,5	0,8	0,5	1,0	0,9
OUTRAS	4,1	4,0	2,9	2,8	3,2	3,0	2,6	6,4	3,1	3,6
(–) DEDUÇÕES DA RECEITA CORRENTE	0,0	0,0	0,0	0,0	3,3	3,6	3,5	3,5	3,5	3,5

Fonte: Tesouro Nacional, Ministério da Fazenda

Perfil e Evolução das Finanças Municipais – 1998-2006
1.000.000 > População > 300.000

R$ Milhões

DISCRIMINAÇÃO	1998	1999	2000	2001	2002	2003	2004	2005	2006
1 – *RECEITA BRUTA = RECEITA LÍQUIDA*	8.054	9.197	10.521	11.761	12.967	14.441	17.270	19.379	22.174
RECEITAS DE ARRECADAÇÃO PRÓPRIA	3.316	3.759	4.187	4.597	5.424	6.011	7.152	7.719	8.688
IPTU	721	810	833	955	1.107	1.281	1.487	1.633	1.747
ISS	772	802	923	1.059	1.213	1.456	1.763	2.064	2.419
IRRF	176	191	233	277	267	337	397	479	520
OUTRAS	1.647	1.955	2.199	2.305	2.837	2.937	3.505	3.543	4.001
RECEITAS DE TRANSFERÊNCIAS	4.738	5.438	6.334	7.164	7.543	8.430	10.118	11.660	13.486
FPM	612	706	774	954	1.173	1.233	1.359	2.222	1.856
LC 87/96	39	101	95	98	119	130	100	99	63
ICMS	2.076	2.313	2.687	3.113	3.470	3.870	4.454	4.759	5.674
IPVA	372	374	434	508	570	632	736	837	1.014
SUS	642	822	1.054	1.001	1.095	1.631	1.886	2.187	2.654
FUNDEF	354	485	593	608	876	1.072	1.254	1.475	1.779
FNDE	7	9	19	30	107	89	117	205	313
TRANSFERÊNCIAS DE CAPITAL	112	99	139	195	307	142	234	172	366
OUTRAS	525	528	539	656	437	361	811	725	889
(–) DEDUÇÕES DA RECEITA CORRENTE	0	0	0	0	611	730	833	1.021	1.122

Fonte: Tesouro Nacional, Ministério da Fazenda.

Perfil e Evolução das Finanças Municipais — 1998-2006
1.000.000 > População > 300.000

% Receita bruta

DISCRIMINAÇÃO	1998	1999	2000	2001	2002	2003	2004	2005	2006	MÉDIA
1 – *RECEITA BRUTA = RECEITA LÍQUIDA*	100,0	100,0	100,0	100,0	100,0	100,0	100,0	100,0	100,0	100,0
RECEITAS DE ARRECADAÇÃO PRÓPRIA	41,2	40,9	39,8	39,1	41,8	41,6	41,4	39,8	39,2	40,5
IPTU	8,9	8,8	7,9	8,1	8,5	8,9	8,6	8,4	7,9	8,5
ISS	9,6	8,7	8,8	9,0	9,4	10,1	10,2	10,7	10,9	9,7
IRRF	2,2	2,1	2,2	2,4	2,1	2,3	2,3	2,5	2,3	2,3
OUTRAS	20,5	21,3	20,9	19,6	21,9	20,3	20,3	18,3	18,0	20,1
RECEITAS DE TRANSFERÊNCIAS	58,8	59,1	60,2	60,9	58,2	58,4	58,6	60,2	60,8	59,5
FPM	7,6	7,7	7,4	8,1	9,0	8,5	7,9	11,5	8,4	8,4
LC 87/96	0,5	1,1	0,9	0,8	0,9	0,9	0,6	0,5	0,3	0,7
ICMS	25,8	25,1	25,5	26,5	26,8	26,8	25,8	24,6	25,6	25,8
IPVA	4,6	4,1	4,1	4,3	4,4	4,4	4,3	4,3	4,6	4,3
SUS	8,0	8,9	10,0	8,5	8,4	11,3	10,9	11,3	12,0	9,9
FUNDEF	4,4	5,3	5,6	5,2	6,8	7,4	7,3	7,6	8,0	6,4
FNDE	0,1	0,1	0,2	0,3	0,8	0,6	0,7	1,1	1,4	0,6
TRANSFERÊNCIAS DE CAPITAL	1,4	1,1	1,3	1,7	2,4	1,0	1,4	0,9	1,7	1,4
OUTRAS	6,5	5,7	5,1	5,6	3,4	2,5	4,7	3,7	4,0	4,6
(–) DEDUÇÕES DA RECEITA CORRENTE	0,0	0,0	0,0	0,0	4,7	5,1	4,8	5,3	5,1	5,0

Fonte: Tesouro Nacional, Ministério da Fazenda.

Perfil e Evolução das Finanças Municipais — 1998-2006
População < 50.000

R$ Milhões

DISCRIMINAÇÃO	1998	1999	2000	2001	2002	2003	2004	2005	2006
1 – *RECEITA BRUTA = RECEITA LÍQUIDA*	11.692	12.874	15.133	17.315	20.196	21.441	25.278	29.230	33.859
RECEITAS DE ARRECADAÇÃO PRÓPRIA	1.590	1.796	2.108	2.438	3.044	3.612	4.021	4.431	5.090
IPTU	274	295	317	358	420	490	543	606	668
ISS	191	194	247	321	405	508	651	823	1.044
IRRF	84	100	125	150	167	205	264	324	381
OUTRAS	1.041	1.207	1.419	1.608	2.053	2.408	2.563	2.678	2.998
RECEITAS DE TRANSFERÊNCIAS	10.102	11.078	13.025	14.877	17.151	17.829	21.257	24.799	28.769
FPM	4.034	4.545	4.966	5.908	7.191	7.636	8.524	10.473	11.636
LC 87/96	67	118	133	132	177	196	173	175	106
ICMS	2.619	3.011	3.618	4.195	4.747	5.604	6.459	7.482	8.323
IPVA	211	216	255	302	343	383	465	559	662
SUS	301	401	569	664	825	1.085	1.403	1.803	2.234
FUNDEF	827	1.201	1.449	1.683	2.352	2.802	3.267	3.898	4.324
FNDE	30	39	67	88	218	314	355	592	752
TRANSFERÊNCIAS DE CAPITAL	784	429	631	543	1.162	484	784	549	1.203
OUTRAS	1.230	1.119	1.338	1.361	1.666	1.252	1.998	1.852	2.359
(–) DEDUÇÕES DA RECEITA CORRENTE	0	0	0	0	1.530	1.926	2.171	2.583	2.829

Fonte: Tesouro Nacional, Ministério da Fazenda.

Perfil e Evolução das Finanças Municipais — 1998-2006
População < 50.000

% Receita bruta

DISCRIMINAÇÃO	1998	1999	2000	2001	2002	2003	2004	2005	2006	MÉDIA
1 – *RECEITA BRUTA = RECEITA LÍQUIDA*	100,0	100,0	100,0	100,0	100,0	100,0	100,0	100,0	100,0	100,0
RECEITAS DE ARRECADAÇÃO PRÓPRIA	13,6	14,0	13,9	14,1	15,1	16,8	15,9	15,2	15,0	14,8
IPTU	2,3	2,3	2,1	2,1	2,1	2,3	2,1	2,1	2,0	2,2
ISS	1,6	1,5	1,6	1,9	2,0	2,4	2,6	2,8	3,1	2,2
IRRF	0,7	0,8	0,8	0,9	0,8	1,0	1,0	1,1	1,1	0,9
OUTRAS	8,9	9,4	9,4	9,3	10,2	11,2	10,1	9,2	8,9	9,6
RECEITAS DE TRANSFERÊNCIAS	86,4	86,0	86,1	85,9	84,9	83,2	84,1	84,8	85,0	85,2
FPM	34,5	35,3	32,8	34,1	35,6	35,6	33,7	35,8	34,4	34,7
LC 87/96	0,6	0,9	0,9	0,8	0,9	0,9	0,7	0,6	0,3	0,7
ICMS	22,4	23,4	23,9	24,2	23,5	26,1	25,6	25,6	24,6	24,4
IPVA	1,8	1,7	1,7	1,7	1,7	1,8	1,8	1,9	2,0	1,8
SUS	2,6	3,1	3,8	3,8	4,1	5,1	5,5	6,2	6,6	4,5
FUNDEF	7,1	9,3	9,6	9,7	11,6	13,1	12,9	13,3	12,8	11,0
FNDE	0,3	0,3	0,4	0,5	1,1	1,5	1,4	2,0	2,2	1,1
TRANSFERÊNCIAS DE CAPITAL	6,7	3,3	4,2	3,1	5,8	2,3	3,1	1,9	3,6	3,8
OUTRAS	10,5	8,7	8,8	7,9	8,2	5,8	7,9	6,3	7,0	7,9
(–) DEDUÇÕES DA RECEITA CORRENTE	0,0	0,0	0,0	0,0	7,6	9,0	8,6	8,8	8,4	8,5

Fonte: Tesouro Nacional, Ministério da Fazenda.

Indicadores de Avaliação Financeira

INTRODUÇÃO

As análises desenvolvidas nos dois capítulos anteriores mostraram as características dos gastos governamentais e de seus mecanismos de financiamento, principalmente a tributação.

Este capítulo tem por objetivo construir uma série de indicadores que possibilitem uma análise mais consistente sobre a situação das finanças públicas de cada esfera de governo, principalmente de estados e municípios.

Conforme foi mencionado no capítulo anterior, existe uma distinção entre a competência tributária e a competência financeira. Essa distinção cria uma série de mecanismos de transferências de recursos financeiros que precisa ser devidamente observada para que não haja duplicidade de informações e para que se depure, de fato, qual o montante financeiro tributário e outros que cada esfera de governo tem efetivamente à sua disposição.

Dessa forma, este capítulo trata, na primeira parte, de uma apresentação das contas de receitas, a segunda parte preocupa-se com as contas de despesas; e a terceira parte trata da criação de indicadores de avaliações financeiras.

Os indicadores aqui elaborados levam em consideração três metodologias: indicadores de ajustes fiscais, indicadores da Lei de Responsabilidade Fiscal e indicadores de avaliação financeira de *performance*. Os primeiros foram estabelecidos em função dos acordos da dívida pública firmados, em 1998, por ocasião das renegociações das dívidas estaduais com o governo federal; os segundos referem-se a um conjunto básico de indicadores estabelecidos pela Lei de Responsabilidade Fiscal, e os terceiros são compostos de um conjunto de indicadores que, embora sem amparo ou obrigatoriedade legal, servem para avaliar a situação financeira da esfera de governo.

5.1 ESTRUTURA BÁSICA DE RECEITAS

As receitas totais das unidades de governo podem ser apresentadas sob duas formas básicas: uma contábil e a outra do ponto de vista da disponibilidade de recursos.

Na realidade, as duas formas têm como referência a apresentação contábil estabelecida no Brasil pela portaria interministerial

Do ponto de vista contábil, a estrutura de receitas do governo, por natureza econômica, em qualquer nível, pode ser dividida em duas categorias básicas: receitas correntes e de capital.

As receitas correntes são compostas basicamente dos recursos oriundos da cobrança dos tributos. Elas compreendem, normalmente, as receitas tributárias próprias das unidades mais as receitas tributárias originárias de transferências fiscais de outras unidades de governo.

Por outro lado, as receitas de capital compreendem, na maioria dos casos, os recursos oriundos de operações de crédito (empréstimos) realizadas pelo governo mais as alienações (vendas) de ativos e das transferências de capital recebidas de outras esferas de governo. Assim, os valores contábeis das receitas governamentais são apresentados dentro da seguinte estrutura básica:

Tabela 5.1 Tipos de receita

a. Receitas correntes			
	a.1 Receitas tributárias		Ex.: Impostos Taxas Contribuições de melhorias
	a.2 Receita patrimonial		Ex.: Aluguéis Dividendos etc.
	a.3 Receita agropecuária		Ex.: Produção vegetal
	a.4 Receita industrial		
	a.5 Outras receitas de serviços		
	a.6 Transferências correntes	a.6.1 Transferências intragovernamentais a.6.2 Transferências intergovernamentais	
	a.7 Outras receitas correntes		Ex.: Multas Dívidas ativas etc.
b. Receitas de capital			
	b.1 Operações de crédito		
	b.2 Alienação de bens		
	b.3 Transferências de capital	b.3.1 Transferências intergovernamentais b.3.2 Transferências intragovernamentais	
	b.4 Outras receitas de capital		
c. Receita total (1 + 2)			

Os dados da estrutura contábil têm que ser adequadamente analisados para que não se incorra em erros de contagem duplicada de valores. Isso porque, por exemplo, no registro dos valores das receitas, são computados os recursos oriundos da arrecadação de tributos de competência tributária da unidade de governo mais os recursos recebidos de outras unidades de governo. Acontece, porém, que, dependendo da estrutura de repartição estabelecida pela Constituição, poderão ocorrer, e na maioria das situações ocorrem, casos nos quais a competência tributária é diferente da competência financeira do tributo. Isso significa dizer que, nessas situações, o montante da arrecadação de determinado tributo arrecadado por uma unidade não pertence totalmente a ela; uma parcela terá que ser transferida a outras unidades de governo. Assim, uma análise adequada da arrecadação das unidades de governo necessita de adequação de transferências de recursos a fim de que se apure o real valor disponível a essa unidade de governo.

Para melhor entendimento de tais ajustes e a fim de facilitar a estruturação dos indicadores de avaliação financeira, as observações seguintes são extremamente úteis.

a. Receitas correntes

Essas receitas são compostas de recursos oriundos de tributos de competência financeira e tributária e de arrecadação própria de cada nível de governo proveniente de serviços, aluguéis, dividendos etc.

Elas subdividem-se em:

a.1 Receitas tributárias

As receitas tributárias são oriundas dos tributos de competência tributária de cada unidade da federação. Nesse caso, elas incluem os impostos, as taxas e as contribuições de melhorias estabelecidas pela Constituição Federal, por meio do Código Tributário Nacional.

Em cada nível de governo, elas são compostas por:

a.1.1 *Impostos*

↪ União

- Imposto sobre a Importação
- Imposto sobre a Exportação
- Imposto Territorial Rural
- Imposto sobre Produtos Industrializados
- Imposto sobre Crédito, Câmbio e Seguro
- Imposto sobre Grandes Fortunas

↪ Estados

- Imposto sobre a Propriedade de Veículos Automotores
- Imposto sobre Transmissão por *Causa Mortis* ou Doação
- Imposto sobre Circulação de Mercadorias e Prestação de Serviços e Transporte Intermunicipal

↪ Municípios

- Imposto Predial e Territorial Urbano
- Imposto sobre Serviço de Qualquer Natureza
- Imposto sobre Transmissão Intervivos

Como é discutido em detalhes no Capítulo 7, a estrutura anterior refere-se à competência tributária. Boa parte dos impostos listados tem competência financeira compartilhada entre os níveis de governo. Para a criação dos indicadores de avaliação financeira, essa distinção é fundamental.

a.1.2 *Taxas*
- Taxa de segurança pública
- Taxa judiciária
- Taxa florestal etc.

a.1.3 *Receitas de contribuições*
- Contribuições sociais
- Contribuições à aposentadoria
- Exploração de recursos minerais etc.

a.2 Receita patrimonial
- Receitas imobiliárias
- Aluguéis
- Dividendos etc.

a.3 Receita industrial
- Produção de placas
- Centro de reeducação
- Produção de mobiliário etc.

a.4 Receitas de serviços
- Serviços comerciais (livros, material escolar etc.)
- Serviços hospitalares
- Serviços agropecuários etc.

a.5 Transferências correntes

Constituem as transferências de recursos recebidas de outras unidades da federação (intergovernamentais) ou de outras unidades da administração pública da esfera de governo em questão (intragovernamentais).

Grande parte dessas transferências é realizada tomando-se por base o texto constitucional; outra parte é oriunda de convênios firmados entre órgãos dos governos.

A diferença fundamental entre esses tipos de transferência é que, enquanto a maioria das transferências constitucionais é de livre aplicação para o governo que a recebe, as transferências de convênios são vinculadas a tarefas específicas, tirando do governo ao qual se destinam a flexibilidade de aplicá-las livremente.

a.5.1 *Transferências intragovernamentais*
- Recursos recebidos da Secretaria de Saúde
- Recursos da Seplan recebidos de fundações etc.

a.5.2 Transferências intergovernamentais

- *Transferências da União para estados e municípios*
  - *Participação na receita da União*
    Cota-parte do FPE
    Cota-parte do IPI Exportação
    Cota-parte do Fundef
    Cota-parte da contribuição do salário-educação

  - *Outras transferências da União*
    Transferências financeiras aos estados — Lei Kandir
    FNDE — Secretaria da Educação etc.

  - *Transferências de convênios*
    Convênios federais
    Ministério da Educação/Secretaria da Educação
    Ministério da Saúde/Secretaria da Saúde
    TRE/Polícia Militar etc.

    Outros convênios
    Petrobras/Polícia Militar

  - *Participação nas transferências do estado*
    Cota-parte do ICMS
    Cota-parte do IPVA

a.5.3 Receitas diversas

Incluem todas as outras despesas que não foram classificadas nos itens anteriores e que, como não poderia ser diferente, são de pouca representatividade na receita total.

b. Receitas de capital

Essas receitas têm a característica básica de não serem oriundas de tributos e de outros mecanismos de captação de recursos pelos estados que não envolvam a execução de alguma atividade econômica.

Elas são compostas, principalmente, de recursos originários de empréstimos realizados pelo governo e de alienação de bens.

b.1 Operações de crédito

Constituem o montante de empréstimos realizados pelo governo no período. Elas podem, em tese, ser oriundas de empréstimos bancários internos e externos e de vendas de títulos públicos.

No Brasil, essas operações têm limites estabelecidos pelo Senado Federal, determinados em razão da situação financeira de cada unidade da federação.

b.2 Alienação de bens

Constitui-se em receitas esporádicas e não compõe o fluxo normal da arrecadação. Ela é fruto de vendas de ativo por parte dos governos. Como esses ativos são limitados, o potencial de geração de recursos dessa fonte está cada vez mais reduzido.

b.3 Transferências de capital

Referem-se a recursos transferidos de outras unidades de governo, ou de outra unidade do governo, destinados à aplicação em investimentos. Normalmente, são transferências vinculadas a determinado fim, sem que o governo que as recebe tenha flexibilidade para usá-las.

5.2 ESTRUTURA BÁSICA DE DESPESAS

As despesas do governo são constituídas de alguns componentes básicos mais ou menos comuns nas diversas esferas de governo. Elas incluem não somente os gastos com as prestações de serviços da unidade de governo, mas, também, as transferências de recursos (constitucionais ou não) a outras unidades.

De maneira geral, as despesas do governo compõem-se de gastos correntes (relacionados com a manutenção e com o funcionamento da máquina pública) e de gastos de capital (relacionados com os investimentos realizados pelo governo). Obviamente, quanto maior a participação relativa dos primeiros, menor é a possibilidade de investimentos, sobretudo com os recursos próprios.

De acordo com a Lei nº 4.320, a distribuição contábil da despesa, por natureza econômica, é apresentada da seguinte forma:

a. Despesas correntes

- **a.1** Pessoal e encargos sociais
- **a.2** Juros e encargos da dívida
- **a.3** Outras despesas correntes
  - Transferências intergovernamentais
  - Aplicações diretas etc.

b. Despesas de capital

- **b.1** Investimentos
  - Transferências intergovernamentais
  - Aplicações diretas
- **b.2** Inversões financeiras
- **b.3** Amortizações da dívida

a. Despesas correntes

Constituem as chamadas despesas fixas do governo. Elas têm dois componentes básicos: um relaciona-se com a manutenção e com o custeio da máquina pública, enquanto o outro refere-se às transferências legais estabelecidas no texto constitucional e a transferências de recursos do governo para terceiros, como no caso do pagamento dos juros da dívida.

1 Despesas de custeio

- Pessoal
  - Civil, militar, inativos e pensionistas
- Material de consumo
  - Serviços de terceiros e diversas despesas de custeio

2 Transferências correntes

É por meio das despesas que as unidades de governo registram as transferências de recursos feitas a outra unidade (intergovernamental) e a outra unidade que compõe uma unidade de governo (intragovernamental).

- *Transferências intragovernamentais*

Referem-se a transferências operacionais de recursos entre unidades do mesmo nível de governo. Elas ocorrem com maior intensidade entre as unidades da administração direta e indireta.

- *Transferências intergovernamentais*

São compostas basicamente de recursos de compartilhamento financeiro com outras unidades de governo de acordo com o estabelecido na Constituição e em convênios.
- Cota-parte do FPM
- Cota-parte do ICMS
- Cota-parte do IPI — Exportação
- Cota-parte do IPVA etc.

- *Transferências a pessoas*

Referem-se a pagamentos feitos pelo Estado, relacionados com pessoal. Elas englobam:
- Pagamento de inativos
- Pensionistas
- Salário-família etc.

- *Encargos da dívida*

Os encargos da dívida são também classificados como transferências, já que ocorre de fato uma transferência de recursos de um segmento da sociedade para outro.

b. Despesas de capital

As despesas de capital estão relacionadas com os investimentos realizados pelo governo, bem como com o pagamento de amortização de dívidas contraídas.

Essas despesas são distribuídas em três subcontas:

b.1 Investimentos

Referem-se a todo investimento novo realizado pelo governo. Eles incluem, por exemplo, despesas com construção de novos hospitais, novas escolas, novas estradas etc.

b.2 Inversões financeiras

São também compostas por investimentos do governo, só que de outra natureza. Elas não registram investimentos novos, mas sim gastos em algum bem já utilizado pelo governo. Por exemplo, se o Estado aluga um prédio para servir de colégio e, mais tarde, adquire esse prédio, tal operação é classificada como uma inversão financeira.

Incluem-se, também, nessa subconta "a constituição ou o aumento de capital de empresas comerciais ou financeiras" realizados pelo Estado.

b.3 Transferências de capital

São compostas de duas subcontas básicas:

- *Transferências inter e intragovernamental*

Constituem-se de recursos transferidos para outra unidade de governo, ou para outro órgão da unidade de governo, destinados a despesas de capital.

Classifica-se, por exemplo, nessa subconta um montante repassado pelo estado ao município, para que ele construa uma ponte, ou um montante repassado do governo para alguma entidade da administração indireta para a realização de um investimento qualquer.

- *Amortização da dívida*

Refere-se aos pagamentos de amortizações de empréstimos internos ou externos realizados pelo governo em determinado período de tempo.

Cada um desses elementos é contabilmente classificado dentro da especificação acima nas três subcategorias de despesas correntes e de capital.

5.3 CONSTRUÇÃO DE INDICADORES

A construção de indicadores sobre finanças públicas pode conter uma variedade de itens, definidos em função de um objetivo ou de uma avaliação específica predeterminada que se pretenda realizar. Em função disso, podemos distinguir três blocos de indicadores:

5.3.1 Indicadores do ajuste fiscal (cumprimento de metas)

Por ocasião do acordo das dívidas dos estados refinanciadas com o governo federal, foi estabelecido um conjunto de metas a serem perseguidas pelos estados a fim de que cumprissem o acordo firmado. O cumprimento dessas metas serviria, inclusive, de base para futuros avais do governo federal para novos empréstimos a serem realizados pelos estados e municípios signatários. Dessa forma, foram estabelecidas as seguintes metas:

a. Dívida financeira/receita líquida real

Essa meta é estabelecida com base na situação financeira de cada estado em função do seu estoque de dívida e a apuração da receita líquida real, obtida através da dedução da receita corrente de valores referentes a transferências constitucionais, alienação de bens, ganhos financeiros de aplicações etc. Assim, partindo-se do patamar de uma determinada relação, é estabelecida uma meta de diminuição a ser atingida.

b. Resultado primário

O valor do resultado primário é expresso em um determinado montante financeiro e, obviamente, varia de caso a caso em função do volume de recursos manuseados pelos governos. Nesse resultado, estima-se um valor financeiro a ser alcançado para fazer face aos compromissos do pagamento dos serviços da dívida.

c. Despesa com pessoal/receita corrente líquida

Esse índice é determinado também em função de uma situação existente sobre a qual trabalha-se com uma meta de redução. A receita corrente líquida considera a receita corrente menos as transferências constitucionais a outras esferas de governo. Assim, se o limite apurado for, por exemplo, 56 % estabelece-se como meta a obtenção de um índice de 53 % ou outro qualquer. De qualquer forma, a referência do valor máximo é o determinado pela Lei de Responsabilidade Fiscal.

d. Receita de arrecadação própria

Em função do histórico da arrecadação, estipula-se um valor nominal a ser obtido de recursos próprios, ou seja, recursos arrecadados exclusivamente com o esforço de arrecadação da esfera de governo.

e. Despesas de investimentos/receita líquida real

Índice também estabelecido em função do histórico observado e da obtenção de resultados de outros itens como os anteriores.

f. O governo estabelece um conjunto de ações a serem tomadas a fim de viabilizar o alcance das metas mencionadas.

Na realidade, esse conjunto de METAS a serem cumpridas em função do acordo da dívida, reflete, para os estados, os mesmos constrangimentos passados pelo Brasil em anos anteriores em relação à dívida externa. No fundo, todos eles visam agregar esforços para que o pagamento dos encargos da dívida seja efetuado a qualquer custo. Mesmo que isso implique a redução de prestação de serviços básicos à sociedade para diminuir custos/despesas.

5.3.2 Indicadores da Lei de Responsabilidade Fiscal

"A Lei Complementar nº 101, de 4 de maio de 2000, intitulada Lei de Responsabilidade Fiscal – LRF, estabelece normas de finanças públicas voltadas para a responsabilidade na gestão fiscal, mediante ações em que se previnam riscos e corrijam desvios capazes de afetar o equilíbrio das contas públicas, destacando-se o planejamento, o controle, a transparência e a responsabilização como premissas básicas.

A Secretaria do Tesouro Nacional do Ministério da Fazenda tem, dentre suas competências, as atribuições de normatizar o processo de registro contábil dos atos e fatos da gestão orçamentária, financeira e patrimonial dos órgãos e das entidades da Administração Pública Federal, consolidar os Balanços da União, dos Estados, do Distrito Federal e dos Municípios e, ainda, promover a integração com as demais esferas de governo em assuntos de administração financeira e contábil, conforme o art. 51 da LRF e o art. 18 da Lei nº 10.180, de 6 de fevereiro de 2001.

O Relatório Resumido da Execução Orçamentária e o Relatório de Gestão Fiscal, previstos nos arts. 52 e 54 da LRF, respectivamente, foram padronizados por meio das Portarias da STN nº 469, para a União, nº 470, para o Distrito Federal e os Estados, e nº 471, para os municípios, datadas de 21 de setembro de 2000. Essas Portarias vigoraram até o dia 31 de dezembro de 2001, pois, a partir de 2002, são publicadas anualmente as Portarias que aprovam as edições atualizadas do Manual de Elaboração do Anexo de Metas Fiscais e do Relatório Resumido da Execução Orçamentária e do Manual de Elaboração do Anexo de Riscos Fiscais e do Relatório de Gestão Fiscal."[1]

---

[1] Texto extraído do Brasil. Lei Complementar nº 101, de 4 de maio de 2000. Lei da Responsabilidade Fiscal, Brasília, DF. Disponível em: <www.planalto.gov.br/leis/leiscomplementares>.

Na realidade, a Lei de Responsabilidade Fiscal criou uma série de procedimentos fiscais e orçamentários a fim de padronizar a apresentação das informações sobre as receitas e despesas fiscais no país. Além disso, criou uma série de condicionamentos com o objetivo de conter os desperdícios e os dispêndios destituídos de amparo financiador. Como exemplo, há a chamada "despesa continuada". Estas só poderão ser criadas desde que esteja explícita no orçamento a fonte de recursos para financiá-la.

Do ponto de vista de indicador, a Lei de Responsabilidade criou dois índices básicos: um relacionado com os gastos com pessoal e outro com o estoque da dívida pública.

Em relação aos gastos com pessoal, criaram-se índices relacionando-os com a receita corrente líquida de acordo com o nível e com os poderes.

Na esfera estadual, o limite máximo fixado foi de 60 %, composto da seguinte forma:

2 % para o Ministério Público
3 % para o Legislativo, incluindo o Tribunal de Contas do Estado
6 % para o Judiciário
49 % para o Executivo

Na esfera municipal, o limite fixado foi também de 60 %, assim distribuídos:

6 % para o Legislativo, incluindo o Tribunal de Contas do Município
54 % para o Executivo

Na esfera federal, o limite fixado foi de 50 %, assim dividido:

40,9 % para o Executivo
6 % para o Judiciário
2,5 % para o Legislativo
0,6 % para o Ministério Público

Em relação à dívida, a Lei de Responsabilidade não estipulou limites a serem alcançados nas diversas esferas de governo em função de seu estoque de dívida e sua receita corrente líquida, mas segue a Resolução do Senado Federal nº 40 de 2001, que determina durante o período de 15 anos os seguintes limites de endividamento:

→ União: o limite máximo de endividamento corresponderá a 3,5 vezes a receita corrente líquida anual;
→ Estados: o limite máximo de endividamento corresponderá a 2,0 vezes a receita corrente líquida anual;
→ Municípios: o limite máximo de endividamento corresponderá a 1,2 vez a receita corrente líquida anual.

A Lei de Responsabilidade Fiscal no seu artigo 30, parágrafo 6º, prevê a alteração desses limites em caso de instabilidade econômica ou alterações nas políticas monetária ou cambial, adequando-os às novas condições.

Essa lei estabelece também restrições quanto ao repasse de recursos voluntários da União para os estados e municípios. Nos dois casos, as restrições decorrem do não cumprimento dos limites de gastos estabelecidos para as áreas de saúde e de educação. O descumprimento desses limites impede o repasse dos recursos voluntários.[2]

5.3.3 Conceitos e indicadores financeiros básicos

Os conceitos e indicadores a seguir não são frutos de leis específicas. Eles têm por objetivo apresentar as diversas formas de apuração de itens de receitas e despesas e de sugerir um conjunto de indicadores que auxiliem na avaliação financeira dos agentes públicos, sobretudo da União, estados e municípios.

5.3.3.1 *Conceitos*

a. Receita disponível

Considera-se como receita disponível todo recurso recebido pelo governo que seja de sua competência financeira e não tenha nenhum tipo de vinculação ou sazonalidade.

Nesse caso, não se considerariam como receita disponível recursos a serem transferidos a municípios, cota do salário-educação ou recursos de alienações e de operações de crédito.

b. Receitas próprias

São constituídas de recursos arrecadados e de competência financeira da unidade de governo, cuja arrecadação depende fundamentalmente de suas ações.

c. Despesas obrigatórias

Consideram-se despesas obrigatórias as que o estado tem que realizar, ou para que a máquina estadual não deixe de funcionar, ou por obrigação contratual.

A exemplo dessas despesas, pode-se citar os gastos com a folha de pagamento do pessoal que trabalha no governo, o custeio mínimo de manutenção das unidades administrativas do governo e os encargos de dívidas estabelecidas em contratos (como o caso da dívida refinanciada com a União).

d. Despesas vinculadas

São recursos recebidos pelo governo, mas que já têm destinação predeterminada e, portanto, não são livres para nenhuma outra aplicação. Nesse sentido, não podem ser consideradas como recursos "disponíveis" ao governo.

5.3.3.2 *Indicadores básicos*

Em relação aos indicadores de avaliação financeira, é possível determinar dois grandes blocos, um estático e outro dinâmico ou temporal. Os dois são importantes para a avaliação da situação financeira do governo.

a. Indicadores estáticos

Consideram-se como "indicadores estáticos" os resultados obtidos em relação a determinado período. Por exemplo, esses indicadores poderiam mostrar a situação do estado ou do governo no ano de 2000.

---

[2] Para esses índices, veja a Emenda Constitucional nº 14 e a Emenda Constitucional nº 29. Para outras restrições e condicionamentos, veja a Lei de Responsabilidade Fiscal.

Nesse sentido, esses indicadores poderiam refletir situações específicas das receitas, das despesas e de ambas.

a.1 Indicadores de receitas

Em relação às receitas, pode-se determinar os seguintes indicadores:

a.1.1 Receita transferida/receita própria

Determina o grau de dependência de relação entre os recursos transferidos e os recursos próprios da unidade de governo. Quanto maior o resultado, maior a dependência de recursos transferidos e menor a capacidade de financiamento dos gastos com recursos próprios.

a.1.2 Receita própria/receita disponível

Determina o grau de participação das receitas próprias no montante de recursos disponíveis ao governo. Quanto maior o índice, maior a independência da unidade de governo, inclusive no que se refere aos resursos transferidos.

a.1.3 Receitas vinculadas/receita total

Determina o grau de relação entre as receitas vinculadas e a receita total. Quanto maior a relação, menor é a disponibilidade de recursos livres para aplicação pela unidade de governo.

a.1.4 ICMS/receita disponível

É um indicador específico para estados e municípios, que têm o ICMS como fonte de receitas. Trata-se de um indicador que pode também ser montado com outros tributos e também em outras unidades de governo.

No caso específico do ICMS, quanto maior a relação, menor a dependência de recursos transferidos e de outras fontes de receitas. Como esse tributo é de grande relevância em nível estadual, e é livre para qualquer aplicação, quanto maior sua representatividade, melhor é a situação do estado. Por outro lado, se ele for administrado de forma ineficiente, diminuindo sua arrecadação, o estado também sofrerá com isso.

a.1.5 ICMS/receita própria
a.1.6 ICMS/receita tributária

Esses indicadores têm a mesma lógica do anterior.

a.1.7 Operações de crédito/receita própria
a.1.8 Operações de crédito/receita disponível

Os indicadores com operações de crédito refletem o grau de incapacidade da unidade de governo em financiar seus gastos com seus recursos próprios e com os disponíveis. Dessa forma, quanto maior esse indicador, maior é essa incapacidade e maior serão seus compromissos com pagamentos dos serviços da dívida (amortizações e encargos).

a.1.9 Receitas correntes/receitas de capital

Determina o grau de relação entre os recursos oriundos de tributação e de outras arrecadações próprias com suas receitas de empréstimos, alienações ou ganhos financeiros. De qualquer forma, um indicador maior reflete uma situação mais sólida sob o ponto de vista de financiamento dos gastos.

a.1.10 Transferências constitucionais/receita corrente

Reflete o grau de dependência de recursos transferidos. Quanto maior o indicador, maior a dependência.

a.2 Indicadores de despesas

Os indicadores de despesas podem ser construídos da seguinte forma:

a.2.1 Despesas correntes/despesas de capital

Mostra a relação entre os gastos com a manutenção da máquina pública e os gastos com investimentos. Quanto maior a relação, menor é o volume de investimento disponível à unidade de governo.

a.2.2 Investimentos/despesa total

Representa o grau de recursos gastos pela unidade de governo destinados a investimentos. Quanto maior a relação, maiores estarão sendo os investimentos realizados.

a.2.3 Pessoal/despesa total

Demonstra o peso dos gastos com o pessoal em atividade no total das despesas realizadas.

a.2.4 Inativos/pessoal

Demonstra a relação entre os gastos com o pessoal inativo e ativo. Quanto maior essa relação, pior é a situação da unidade de governo, pois isso significa que ela estará destinando grande parte dos recursos a indivíduos que não mais prestam serviços à unidade de governo e à comunidade.

a.2.5 Inativos/despesa total

Demonstra o peso dos gastos com o pessoal inativo no total das despesas realizadas.

a.2.6 Custeio/despesa total

Apura o peso dos gastos com manutenção da máquina pública sobre o total de despesas realizadas.

a.2.7 Encargos da dívida/despesa total

Determina a representatividade dos gastos com os encargos da dívida sobre o total dos gastos. Quanto maior essa relação, pior é a situação, pois significa que mais recursos estão sendo transferidos da unidade de governo para pessoas ou indivíduos, diminuindo seus recursos para financiamento de seus gastos com as atividades básicas de governo.

a.2.8 Transferências a estados ou municípios/despesa total

No que se refere às transferências constitucionais, o efeito sobre as finanças do Estado ou de quem transfere recursos é nulo, uma vez que esses recursos já não compõem as receitas disponíveis desses órgãos.

a.2.9 Amortização da dívida/despesa total

Esse indicador poderá ser avaliado de duas formas. Se, por um lado, os pagamentos das amortizações referirem-se a recursos eficientemente empregados pela unidade de governo, com benefícios à população, eles podem ser melhor assimilados. Caso contrário, a avaliação é sempre negativa. Em qualquer dos casos, porém, um índice elevado é ruim para as finanças públicas, pois significa, em tese, que maiores parcelas de recursos estão sendo desviadas da prestação de serviços à comunidade.

a.2.10 Pessoal/despesas correntes

Representa o peso das despesas com pessoal nos gastos de manutenção da unidade de governo. Em geral, essa relação é sempre alta, pois as despesas com o funcionalismo público são sempre as mais representativas no bojo das despesas correntes, embora as despesas com os juros da dívida tenham crescido muito nos últimos tempos.

a.2.11 Custeio/despesas correntes

Essa relação apura o peso da manutenção (gastos com aluguéis, material de escritório, combustíveis, telefonia etc.) no total das despesas correntes. Estes são gastos importantes para o funcionamento da máquina pública. Um indicador muito elevado poderá indicar ineficiências na aplicação dos recursos destinados a tais serviços. Isso, porém, terá que ser apurado caso a caso.

a.2.12 Investimentos/despesas de capital

A princípio, quanto maior essa relação, melhor é a situação da unidade de governo, pois significa que ela estará investindo muito mais do que transferindo recursos de capital para outras unidades de governo ou para o pagamento das amortizações de dívidas.

a.3 Indicadores das relações despesas/receitas

Os indicadores de receitas e despesas apresentados nos itens anteriores são importantes para a avaliação financeira das unidades de governo. Os indicadores seguintes, porém, que fazem interagir as receitas e as despesas, são, na realidade, os que apuram a situação financeira, uma vez que avaliam conjuntamente os gastos com suas fontes de financiamentos.

Nesse sentido, tais indicadores podem ser construídos da seguinte forma:

a.3.1 Pessoal/receita própria
a.3.2 Pessoal/receita disponível
a.3.3 Pessoal/ICMS

Esses três indicadores apuram o comprometimento das variáveis de receita e da receita disponível com pagamento de pessoal. No caso desse indicador, considera-se apenas o pessoal em atividade. Na realidade, as análises dos gastos com pessoal devem incluir também os inativos.

O fato é que, quanto maior essa relação, maior será o comprometimento das receitas com o pagamento do funcionalismo e menor será a disponibilidade de recursos para outras atividades do estado.

a.3.4 Inativos/receita própria
a.3.5 Inativos/receita disponível

a.3.6 Inativos/ICMS

Esses indicadores refletem as mesmas observações dos anteriores, porém em relação aos inativos (aposentados e pensionistas).

a.3.7 Custeio/receita própria
a.3.8 Custeio/receita disponível
a.3.9 Custeio/ICMS

Esses indicadores determinam o quanto a unidade de governo compromete suas fontes de arrecadação com o pagamento dos gastos com a manutenção da máquina pública.

a.3.10 Juros da dívida/receita própria
a.3.11 Juros da dívida/receita disponível
a.3.12 Juros da dívida/ICMS

Esses indicadores revelam o grau de comprometimento das variáveis de receitas com o pagamento dos juros da dívida pública. É óbvio que, quanto maior esse indicador, pior é a situação para a unidade de governo, principalmente em razão do que tais despesas representam.

a.3.13 Amortizações da dívida/receita própria
a.3.14 Amortizações da dívida/receita disponível
a.3.15 Amortizações da dívida/ICMS

Esses indicadores refletem as mesmas ponderações do item anterior, só que em relação à amortização das dívidas.

O somatório dos indicadores anteriores que consideram os gastos com pessoal, custeio, juros e amortizações da dívida é que definirá a capacidade de investimento da unidade de governo. Em muitos casos, além de essa capacidade ser nula, acontecem situações nas quais os recursos financeiros disponíveis são insuficientes até mesmo para o pagamento dos itens mencionados. Nesses casos, a unidade de governo vê-se obrigada a cortar despesas, refinanciar os encargos da dívida ou até mesmo atrasar os pagamentos obrigatórios.

Dessa forma, o somatório de tais indicadores torna-se o mais importante indicador da situação financeira da unidade de governo em determinado período.

a.3.16 Investimentos/ICMS
a.3.17 Investimentos/receita própria
a.3.18 Investimentos/receita disponível

Esses indicadores revelam o quanto da receita da unidade de governo foi destinado à realização de investimentos. É também evidente que, em tese, quanto maior é essa relação, melhor é a situação da unidade de governo, uma vez que ela estará realizando novas atividades de investimentos para a comunidade.

No entanto, em razão do que foi mencionado no item anterior, essa capacidade de investimento estará sujeita às restrições anteriores e à capacidade de obtenção de receitas via operações de crédito da unidade de governo.

Hoje, no Brasil, em função da Lei Complementar nº 101, de maio/2000, conhecida como Lei de Responsabilidade Fiscal, existe uma série de condicionantes para que as unidades de governo possam contrair novas operações de crédito.

a.4 Indicadores da dívida

Os indicadores da dívida refletem as relações de seu estoque total e de seu fluxo de pagamento com as variáveis de receitas da unidade de governo.

Eles também podem ser determinados de várias formas, mas os principais são os seguintes:

a.4.1 Estoque final/receita disponível

Esse indicador mostra a quantidade de anos ou de meses que seriam necessários para que os recursos disponíveis à unidade de governo quitassem o estoque da dívida. Quanto maior essa relação, menor a possibilidade de se efetuar o pagamento dessa forma, já que a unidade tem que utilizar os recursos para o andamento de suas atividades, não podendo direcioná-los apenas ao pagamento da dívida. Assim, um indicador elevado e de tendência crescente tende a tornar a possibilidade de pagamento mais difícil.

a.4.2 Estoque final/ICMS

Esse indicador, ao utilizar o ICMS, refere-se, especificamente, a estados ou municípios. Contudo, se imaginarmos a utilização de qualquer outro tributo, ele estará refletindo, em relação a esse tributo, as mesmas observações feitas no item anterior.

a.4.3 Fluxo anual de pagamentos/receita disponível

O estoque da dívida tem contratos que estabelecem um fluxo mensal e anual de pagamento para as dívidas.

Assim, esse indicador reflete o quanto da receita disponível teria que ser utilizado para o pagamento desse fluxo. De tal forma, quanto maior esse indicador, maior será a quantidade de recursos destinados ao pagamento de dívidas e menor a quantidade de recursos disponíveis para financiar as outras despesas da unidade de governo.

a.4.4 Fluxo anual de pagamentos/ICMS

Também absorve as mesmas observações anteriores, valendo para relações estabelecidas com quaisquer outros tipos de tributos.

5.3.4 Indicadores dinâmicos ou de *performance*

A maioria desses indicadores não difere dos anteriores no que diz respeito a suas fórmulas de cálculos. A diferença é que eles tratam de uma análise temporal, o que permite avaliar seus desempenhos ao longo do tempo e, inclusive, traçar perspectivas de suas *performances* futuras.

Além disso, ao trabalhar com uma série temporal, alguns novos indicadores podem ser agregados aos demais quando se apura a evolução real das diversas variáveis de receitas e de despesas.

Normalmente, para uma série longa, com valores monetários, há a necessidade de transformá-los em valores constantes para que sejam apuradas suas reais variações. Os valores são transformados para uma mesma base, de preferência tendo como referência a última informação, utilizando-se o IGP-DI da Fundação Getulio Vargas, que é o índice com composição mais estável no país e que possui uma série maior de informações.

Com os dados constantes, é possível avaliar o desempenho real das principais fontes de receitas, comparando-o com o das despesas e, se for o caso, apurar os índices de crescimento para todos os elementos da receita e da despesa, sempre tomando por base um período de referência.

A vantagem da análise temporal é que ela permite uma avaliação ao longo do tempo, possibilitando traçar projeções para comportamentos futuros.

Finalmente, devemos chamar a atenção para o fato de que a Lei de Responsabilidade Fiscal estabelece uma série de normas e de indicadores a serem seguidos pelos administradores públicos. Por essa razão, quanto aos índices aqui destacados, devemos também estar atentos às normas da Lei de Responsabilidade Fiscal, que estabelece, entre outras coisas, por exemplo, os índices máximos de gastos com pessoal.

BIBLIOGRAFIA BÁSICA

BRASIL. Lei Complementar nº 101, de 4 de maio de 2000. Lei de Responsabilidade Fiscal. Brasília, DF. Disponível em: <www.planalto.gov.br/leis/leiscomplementares>.

Política Fiscal – Análise dos Agregados

INTRODUÇÃO

Nos capítulos anteriores, procurou-se explicar as razões da intervenção do governo na economia e na sociedade, bem como os objetivos dessa intervenção. Foram analisados os instrumentos fiscais disponíveis ao governo para que ele alcance os objetivos da sua intervenção. Acontece, porém, que as análises desses instrumentos foram feitas de forma isolada, sem medir seus efeitos no nível macroeconômico. Assim, o que se pretende neste capítulo é analisar os impactos causados no nível macroeconômico, sobretudo a renda, quando o governo altera seus níveis de gastos e de receitas (tributação).

6.1 A INTRODUÇÃO DO SETOR GOVERNO

A economia clássica tradicional baseia-se no perfeito funcionamento do sistema de mercado. Com isso, haveria perfeito fluxo de bens e serviços e de moeda, que resultaria na formação do produto nacional e da renda nacional, como mostra a Figura 6.1.

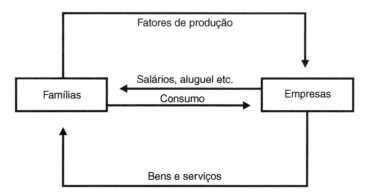

Figura 6.1 Sistema de mercado com dois setores.

Ainda dentro do arcabouço teórico da economia clássica, foi questionado o perfeito equilíbrio no mercado no que se referia aos fluxos de bens e serviços e de moeda. Argumentava-se que parte da renda gerada poderia não ser totalmente direcionada ao consumo nem à poupança. Entretanto, veio a contra-argumentação de que, mesmo assim, a economia se equilibraria, na medida em que os recursos financeiros poupados equivaleriam ao valor de investimentos realizados. Nesse caso, considerando apenas os dois setores, ter-se-ia que:

$$C + I = Y = C + S$$

em que Y representa a renda ou o produto nacional, I representa o investimento, e a poupança é dada por S. Assim, haveria novo fluxo de renda na economia, como mostra a Figura 6.2.

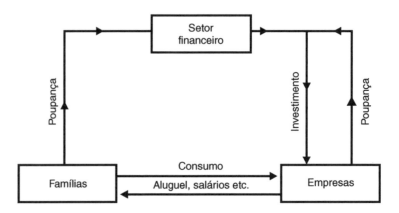

Figura 6.2 Introdução do setor financeiro.

Com essas variáveis, pressupunha-se que a taxa de juros seria o fator determinante do equilíbrio no mercado financeiro. Assim, a uma taxa de juros determinada, os investimentos igualar-se-iam à poupança e o equilíbrio seria determinado, como mostra a Figura 6.3.

Um dos principais argumentos de Keynes era que poderia não ser possível que somente as taxas de juros preenchessem todos os requisitos clássicos de equilíbrio. Segundo ele, alguns problemas de equilíbrio surgiriam se houvesse desigualdade entre a poupança e o investimento. Isso poderia ocorrer de duas formas:

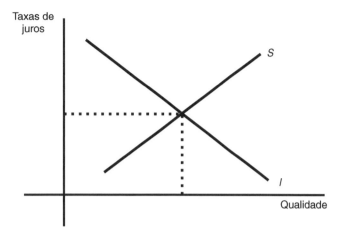

Figura 6.3 Equilíbrio no setor financeiro.

➥ Se $S > I$, haveria diminuição no fluxo apresentado na Figura 6.2. Como consequência, haveria declínio na produção de bens e serviços para um nível no qual alguns fatores de produção não seriam empregados. Se esses fatores desempregados fossem a mão de obra, a economia estaria gerando desemprego.
➥ Se $I > S$, haveria aumento no fluxo circular apresentado na Figura 6.2. Como consequência, haveria utilização dos recursos até então desempregados com aumentos reais em termos de produção. No entanto, quando a economia alcançasse o pleno emprego, não seriam possíveis aumentos reais na produção.

Keynes acreditava que essas duas situações poderiam, isoladamente, dificultar o pleno emprego na economia. Se houvesse um fluxo circular limitado, seu volume poderia ser alterado, injetando mais recursos na economia. Em outras palavras, era necessário estimular o investimento ou desencorajar a poupança. Algumas alternativas para se fazer isso seriam:

➥ os investimentos poderiam ser encorajados por meio de uma política apropriada de tributos, concedendo isenções e incentivando novos investimentos;
➥ a poupança poderia ser desestimulada em detrimento de incentivos ao consumo, via redução nos impostos sobre as vendas, por exemplo;
➥ em períodos recessivos, os empresários ficam mais relutantes em expandir suas atividades ou fazer novos investimentos. Assim, para que a economia sofra novo ritmo de crescimento terá de haver um elemento que interfira no processo.

Uma vez admitida a utilização de isenções, incentivos e tributos como forma de alterar o padrão de comportamento da economia, está-se, implicitamente, considerando a intervenção do governo nesse processo, como mostra a Figura 6.4.

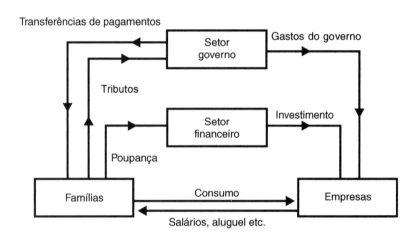

Figura 6.4 Introdução do setor governo.

Com a participação do governo, tem-se que a economia passa a ser formada por três setores a saber:

Famílias { consomem / poupam / pagam tributos

Empresas { pagam tributos / poupam / pagam os fatores de produção

Governo { arrecada tributos / faz pagamentos ao setor privado / transfere recursos

O governo tem o controle direto sobre o nível da tributação e dos gastos públicos. A manipulação dos tributos e dos gastos pelo governo para regular as atividades econômicas é conhecida como política fiscal.

6.2 POLÍTICA FISCAL

A princípio, o governo pode expandir sua demanda agregada em qualquer época, aumentando o montante de recursos que injeta o fluxo do setor privado por meio de suas compras de bens e serviços ou diminuindo o montante que retira desse fluxo via tributação. Da mesma forma, ele pode contrair a demanda agregada em qualquer época, diminuindo seus gastos com repercussões na demanda por bens e serviços no setor privado ou aumentando o nível da tributação, o que provocaria um efeito similar sobre o setor privado.

Os efeitos dos gastos públicos e da tributação dependem, em primeiro lugar, de quanto é injetado ou retirado da economia. Uma vez que o nível de renda da economia depende da demanda agregada, o governo pode, claramente, aumentar ou diminuir o nível de renda por meio de sua política fiscal. Assim, a política fiscal torna-se o mais importante instrumento de política do governo. Ela opera de forma a manter um tolerável nível de estabilização econômica e de emprego.

Política Fiscal – Análise dos Agregados

A política fiscal relaciona-se também com o ritmo do crescimento, com o padrão da distribuição da renda, com o emprego etc. Para simplificar a análise, o estudo que será desenvolvido sobre a política fiscal estará preocupado apenas em relacionar seus impactos sobre o produto e o nível de renda da economia no pleno emprego.

Em geral, a política fiscal atua como um movimento contracíclico para controlar o nível de renda. Assim, a política fiscal do governo atua na seguinte base:

a. se há necessidade de expandir a renda, existem três alternativas de uso da política fiscal para alcançar esse objetivo, que são:

- aumentar os gastos do governo;
- diminuir os tributos;
- usar as duas políticas ao mesmo tempo.

b. num período de pressão inflacionária há necessidade de contrair a renda. Nesse caso, as alternativas de uso da política fiscal são:

- diminuir os gastos do governo;
- aumentar os tributos;
- usar as duas políticas ao mesmo tempo.

A utilização de qualquer dessas alternativas provoca efeitos sobre o nível de renda da economia. Na parte seguinte, serão analisados os efeitos expansionista e/ou recessivo dos gastos governamentais e dos tributos. O objetivo será mostrar os relacionamentos existentes entre os gastos públicos, os tributos e o nível de renda da economia.

Antes de entrar nas análises dos modelos de política fiscal, deve-se assumir que existem apenas dois setores da economia aos quais serão acrescentadas as compras do governo (G) e as receitas tributárias (T).

6.2.1 Modelos de política fiscal

Neste subitem serão analisados três modelos básicos da política fiscal. O primeiro modelo considera apenas os tributos e os gastos do governo, o segundo inclui também as transferências, e o terceiro associa o nível da tributação com o nível da renda.

6.2.1.1 Modelo fiscal que inclui os tributos e as compras do governo

Nesta análise, são adicionados ao modelo dos dois setores os tributos (T) e as compras do governo (G). Assim, tem-se que:

$$C + S + T = Y = C + I + G$$

em que: Y – renda ou produto nacional
S – poupança
I – investimento
$S + (T - G)$ – total da poupança em que $T - G$ representa a poupança do governo.

Renda disponível:

$$Yd = Y - T$$

Função consumo:

$$C = C_o + c(Y - T) \text{ ou } C = C_o + c\,Yd$$

em que c é a propensão marginal a consumir.

Com essa função consumo, assumindo que o nível de investimento seja autônomo e que o montante dos gastos públicos e dos tributos sejam fixos, por determinado período de tempo, o equilíbrio da renda é dado por:

$$Y = C_o + c(Y - T) + I + G$$

Supondo que, em determinado momento, a propensão marginal a consumir (c) seja igual a 3/4, que $C_o = 200$, que o investimento seja 200 e que não haja gastos governamentais nem tributos, o nível de renda de equilíbrio seria:

$$Y = C_o + c(Y - T) + I + G$$
$$Y = 200 + \tfrac{3}{4}(Y - O) + 200 + O$$
$$Y = 200 + \tfrac{3}{4}Y + 200$$
$$Y - \tfrac{3}{4}Y = 400$$
$$Y(1 - \tfrac{3}{4}) = 400$$
$$Y = \frac{400}{\tfrac{1}{4}}$$
$$Y = 1.600$$

Gastos governamentais

Esta análise tentará mostrar como alterações nos níveis dos gastos públicos afetam o nível geral da renda. Para tanto, será assumido um acréscimo no nível dos gastos públicos correspondente a 250.

Considerando as variáveis e os valores da situação inicial de equilíbrio, pode-se, então, determinar a variação que ocorrerá na renda. Tomando-se por base a função da demanda agregada, tem-se então que:

$$Y = C_o + c(Y - T) + I + G$$
$$Y = 200 + (Y - O) + 200 + 250$$

Resolvendo a equação, tem-se que o valor da renda, após o acréscimo dos gastos do governo de 250, seria $Y = 2.600$, estabelecendo um novo equilíbrio da renda, como mostra o gráfico da Figura 6.5. Considerando a renda inicial de 1.600, observa-se que a variação ocorrida na renda foi de 1.000. Como pode ser explicado esse aumento na renda quatro vezes superior ao montante dos gastos governamentais? Isso pode ser explicado mediante a função da demanda agregada e da função consumo.

$$Y = C + I + G$$
$$C = C_o + c(Y - T)$$
$$Y = C_o + c(Y - T) + I + G$$
$$Y = C_o + cY - cT + I + G$$
$$Y - cY = C_o - cT + I + G$$
$$Y(1 - c) = C_o - cT + I + G$$
$$Y = \frac{C_o - cT + I + G}{1 - c}$$
$$Y = \frac{1}{1 - c}(C_o - cT + I + G)$$

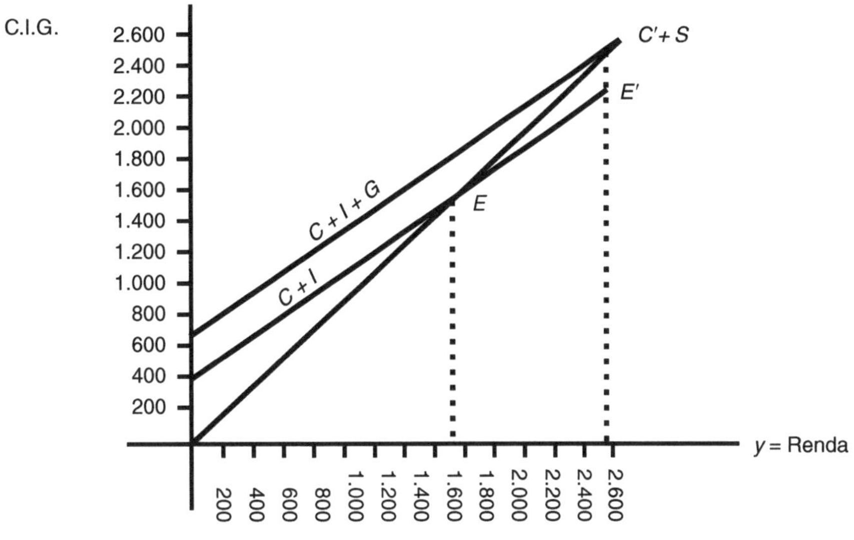

Figura 6.5 Nível de renda: consumo, investimentos e gastos do governo.

Havendo aumento nos gastos (ΔG), haverá também acréscimo na renda (ΔR). Assim, a renda total passará para:

$$Y + \Delta Y = \frac{1}{1-c}(C_o - cT + I + G) + \frac{\Delta G}{1-c}$$

$$Y + \Delta Y = \frac{1}{1-c}(C_o - cT + I + G + \Delta G)$$

Subtraindo dessa equação aquela que representa a situação inicial, ou seja $(Y + \Delta G) - Y$, tem-se que:

$$\Delta Y = \frac{\Delta G}{1-c} \quad \text{Assim:} \quad \Delta Y = \frac{250}{1-\tfrac{3}{4}} : \Delta Y = 250 \times 4 = 1.000$$

O acréscimo ocorrido na renda foi quatro vezes superior aos gastos governamentais devido ao efeito multiplicador que, no caso, é de:

$$\Delta Y = \frac{1}{1-c}$$
$$\Delta Y = \frac{1}{1-\tfrac{3}{4}}$$
$$\Delta Y = 4$$

Tributação

Na análise anterior, o nível de tributação não foi considerado. Suponha agora que o governo resolva cobrir seus gastos, estipulando um total de tributos que atinja 250. Nesse caso, qual seria o efeito da imposição desse tributo sobre o nível da renda? Tomando-se a função da demanda agregada e os valores considerados anteriormente, tem-se que:

$$Y = C_o + c(Y - T) + I + G$$
$$Y = 200 + \tfrac{3}{4}(Y - 250) + 250 + 250$$

Resolvendo a equação, obtém-se a renda de equilíbrio que é 1.850, como mostra o gráfico da Figura 6.6.

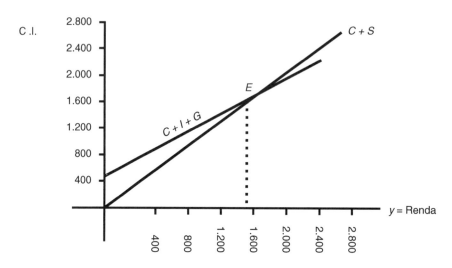

Figura 6.6 Nível de renda, consumo, investimento e gastos do governo e tributos.

Comparações entre os multiplicadores dos gastos governamentais e dos tributos

Na seção referente aos gastos governamentais, foi visto que o multiplicador desses gastos seria igual a $\frac{1}{1-c}$. Aplicando-se esse fator ao acréscimo nos gastos governamentais ($\frac{1}{1 \cdot C} \times \Delta G$), obtém-se, portanto, o efeito total desses gastos sobre o nível de renda da economia. Por outro lado, o multiplicador dos tributos difere de forma básica daquele dos gastos. Tomando-se por base a equação do equilíbrio geral, pode-se, então, determinar o multiplicador dos tributos.

$$(1)\ Y = (C_o - cT + I + G)\ \frac{1}{1-C}$$

$$Y + \Delta Y = \frac{1}{1-C}\ [C - c(T + \Delta T) + I + G]$$

$$Y + \Delta Y = \frac{1}{1-C}\ (C - cT - c\Delta T + I + G)$$

$$(2)\ Y + \Delta Y = \frac{C_o - cT + I + G}{1-c} - \frac{c\Delta T}{1-c}$$

Subtraindo a equação (1) da equação (2), tem-se que:

$$\Delta Y = \frac{c\Delta T}{1-c} : \frac{\Delta T}{\Delta T} = -\frac{c}{1-c}$$

Como pode ser observado, há uma diferença básica entre o multiplicador dos gastos governamentais e o multiplicador dos tributos, ou seja:

$$\frac{1}{1-c} \neq \frac{-c}{1-c}$$

Qual a implicação dessa diferença no nível de renda da economia? No exemplo dado anteriormente, foi visto que, sem os gastos governamentais e sem os tributos, o equilíbrio da renda e do produto era de 1.600. Com um acréscimo nos gastos governamentais equivalente a 250, observou-se que o equilíbrio da venda deu-se ao nível de 2.600. Ou seja, o acréscimo de 250 nos gastos governamentais provocou um acréscimo na renda quatro vezes superior.

$$\Delta y = \frac{250}{1 - \tfrac{3}{4}} = 1.000$$

Entretanto, pode-se verificar que os tributos têm um impacto diferente sobre o nível da renda. Supondo que o objetivo fosse aumentar o nível da renda e do produto através da tributação, a política adequada seria diminuir a arrecadação tributária, a fim de que houvesse mais renda disponível que gerasse uma demanda maior na economia. Se houvesse diminuição dos tributos no valor de 250, o resultado seria uma alteração no nível da renda de 1.600 para 2.350. Isto é, a diminuição de 250 no nível dos tributos provocou um acréscimo na renda três vezes superior.

$$\Delta Y = \frac{\tfrac{3}{4}}{1 - \tfrac{3}{4}} \, 250 = 750$$

Comparando-se os dois multiplicadores, percebe-se que o efeito causado pelo tributo é menor do que o efeito causado pelo aumento dos gastos em determinado montante.

6.2.1.2 Modelo fiscal que inclui as tributações brutas, os gastos do governo e as transferências de pagamentos

Basicamente, o que diferencia esse modelo do anterior é que agora será considerada, na análise, a tributação bruta, bem como as transferências feitas pelo governo.

A receita tributária líquida T será obtida subtraindo-se as transferências do total das receitas brutas, ou seja, $T = Tb - Tr$. Nesse caso, observa-se que, na realidade, Tr representa um tributo negativo, no sentido de que é uma parcela da tributação bruta que é devolvida à sociedade via transferências e pagamentos de juros. Assim, com essas novas variáveis, a identidade do produto e da renda nacional passa a ser:

$$C + S + Tb - Tr = Y = C + I + G$$

Com isso, a renda disponível é dada por:

$$Yd = Y - (Tb - Tr)$$

ou

$$Yd = Y - Tb + Tr$$

A função consumo passa para:

$$C = C_o + c\,(Y - Tb + Tr)$$

Finalmente, a equação do equilíbrio geral é dada por:

$$Y = C_o + c(Y - Tb + Tr) + I + G$$
$$Y = \frac{1}{1-c}(C_o - cTb + cTr + I + G)$$

Por essa equação, pode-se verificar que o multiplicador dos gastos se diferencia substancialmente do multiplicador das transferências.

Multiplicador dos gastos : $\frac{1}{1-c}\Delta G$

Multiplicador das transferências : $\frac{1}{1-c}c\Delta Tr$

Com esses multiplicadores, pode-se, então, medir quais seriam os impactos de aumentos nos gastos governamentais e nas transferências. Suponha-se que em determinado período o governo decida aumentar seus gastos em 500 e, ao mesmo tempo, aumente as transferências também num montante de 500. Qual seria o efeito de cada um desses aumentos sobre o nível da renda?

Tomando-se por base os gastos, tem-se que:

$$\Delta Y = \frac{1}{1-c}\Delta G$$
$$\Delta Y = \frac{1}{1-\sfrac{3}{4}}500$$
$$\Delta Y = 2.000$$

Considerando as transferências, tem-se que:

$$\Delta Y = \frac{c}{1-c}\Delta Tr$$
$$\Delta Y = \frac{\sfrac{3}{4}}{1-\sfrac{3}{4}}500$$
$$\Delta Y = 1.500$$

A diferença básica desses acréscimos permite verificar que o acréscimo na renda proveniente das alterações no nível dos gastos supera aquele oriundo dos aumentos nas transferências. Isso mostra que os efeitos dos acréscimos nos gastos são sempre superiores aos efeitos dos acréscimos nas transferências, ou seja:

$$\frac{1}{1-c}\Delta G > \frac{c}{1-c}\Delta Tr$$

A razão dessa diferença é que todo aumento nos gastos governamentais representa uma adição à demanda agregada, enquanto somente parte das transferências afeta indiretamente a demanda agregada via renda disponível.

Pelo que foi apresentado nas análises até aqui desenvolvidas, observa-se, por um lado, que os gastos governamentais têm um efeito expansionista superior àqueles dos tributos e das transferências. Por outro lado, nota-se que os tributos e as transferências têm efeitos expansionistas idênticos. As mesmas relações aqui apresentadas são válidas também para as políticas contracionistas. Em resumo, conclui-se que, se a política do governo é evitar variações do déficit ou do superávit, um aumento ou uma diminuição nos tributos e nas transferências em montantes iguais não afeta o nível da renda.

6.2.1.3 Modelo fiscal que inclui a tributação bruta como função da renda, os gastos do governo e as transferências

Nesse modelo, assume-se que o volume da tributação varia de acordo com o nível da renda. Assumindo que as receitas dos tributos são lineares em relação à renda, tem-se que:

$$T_b = T_a + ty$$

em que t representa a propensão marginal a tributar. Para tornar a análise mais simples, assume-se que Tr é independente da renda:

$$T_b = T_a + ty$$

ou

$$T = T_a + ty - Tr$$

Com isso, a equação de identidade do produto e da renda é dada por:

$$C + S + T_a + ty - Tr = Y = C + I + G$$

A renda disponível é dada por:

$$Y_d = Y - (T_a + ty) + Tr$$

ou

$$Y_d = Y - T_a - ty + Tr$$

A função consumo é dada por:

$$C = C_o + c(Y - T_a - ty + Tr)$$

Retomando à consideração básica de que os investimentos e os gastos básicos são autônomos, o nível da renda de equilíbrio é dado por:

$$Y = C_o + c(Y - T_a - t_y + T_r) + I + G$$
$$Y = C_o + cy - cT_a - ct_y + cT_r + I + G$$
$$Y - cY + cty = C_o - cT_a - ctr + I + G$$
$$Y(1 - c + ct) = C_o - cT_a + cT_r + I + G$$
$$Y = \frac{1}{1 - c(1 - t)}(C_o - cT_a + cT_r + I + G)$$

Nesse caso, observa-se que o multiplicador apresentado nesse modelo difere substancialmente daqueles apresentados nas análises anteriores. Isso significa dizer que os efeitos sobre a renda nesse modelo provocado por alterações nos gastos governamentais, nos tributos e nas transferências serão também substancialmente diferentes dos anteriores. Apenas como ilustração, suponha-se que haverá um aumento nos gastos governamentais de 250.

Suponha-se ainda que t (propensão marginal a tributar) seja igual a 1/5. Qual será o efeito sobre o nível da renda?

$$\Delta Y = \frac{1}{1 - c(1-t)} \Delta G$$

$$\Delta Y = \frac{1}{1 - \tfrac{3}{4}(1 - \tfrac{1}{5})} 250$$

$$\Delta Y = 625$$

Comparando-se esse acréscimo com aquele ocorrido na análise do modelo anterior, quando se pressupõe também um aumento de 250 nos gastos governamentais, observa-se que há uma diferença substancial entre os efeitos gerados por esses aumentos. Enquanto no modelo anterior o acréscimo na renda foi de 1.000, nesse caso o aumento é só de 625. A razão principal dessa diferença é que, no modelo que se está analisando, parte do acréscimo gerado pelos aumentos nos gastos destina-se ao pagamento de tributos. Com a suposição de que $t = 1/5$, a renda disponível não aumenta pela mesma quantia com que aumenta a renda, já que parte dela é desviada para o governo, via tributação, deixando apenas 1/4 como aumento na renda disponível.

Além do multiplicador dos gastos governamentais, pode-se extrair também da equação da renda de equilíbrio o multiplicador das transferências.

Para as transferências tem-se o seguinte multiplicador:

$$\Delta Y = \frac{1}{1 - c(1-t)} \Delta Tr$$

6.2.1.4 Modelo fiscal no pleno emprego

Nos modelos analisados anteriormente, foram feitas algumas avaliações individuais dos efeitos das variações ocorridas nos níveis dos gastos governamentais, dos tributos e das transferências no nível de renda da economia. Nesta seção, procurar-se-á detectar como as políticas fiscais podem ser usadas de forma diferenciada para se atingir determinado nível de pleno emprego da renda e do produto. Para tanto, tomar-se-á como base a equação de equilíbrio da renda dada pelo terceiro modelo desenvolvido, que foi dada por:

$$Y = C_o + c(Y - T_a - t_y + T_r) + I + G$$

de onde se retira que:

$$Y = \frac{1}{1 - c(1-t)} (C_o - cT_a + cT_r + I + G)$$

Com base nesse modelo, suponha-se uma situação inicial dada por:

$$C = 150 + \tfrac{3}{4} Y_d$$
$$T_b = 40 + \tfrac{1}{5} Y$$
$$I = 250$$
$$G = 350$$

Substituindo esses valores na equação de equilíbrio da renda, observa-se que a renda de equilíbrio é dada por:

$$Y = 150 + \tfrac{3}{4}\,(Y - 40 - \tfrac{1}{5}\,Y + 106{,}6) + 250 + 350$$
$$Y = 2.000$$

em que

$$C = 1.400.$$

Assim, o nível-base de equilíbrio da renda é dado por $Y = 2.000$. Supondo agora que o governo queira atingir um nível superior de pleno emprego, diga-se 2.250, ele poderá, por exemplo, fazer uso dos gastos governamentais. Supondo que este fosse o caminho utilizado, qual seria o montante dos gastos necessários para que a economia atinja o pleno emprego no nível de 2.250? Isso pode ser determinado por meio de dois caminhos alternativos. O primeiro seria utilizar a equação de equilíbrio geral:

$$Y = C_o + c\,(Y - T_a - t_y + T_1) + I + G$$
$$2.250 = 150 + \tfrac{3}{4}\,[225 - 40 - \tfrac{1}{5}\,(225) + 106{,}6] + 250 + G$$
$$G = 450$$

em que

$$G - \Delta G = 100$$

Outra alternativa seria a utilização direta do multiplicador:

$$Y = \frac{1}{1 - c(1 - t)}\,\Delta G$$
$$250 = \frac{1}{1 - \tfrac{3}{4}(1 - \tfrac{1}{5})}\,\Delta G$$
$$\Delta G = 100$$

Na renda inicial de equilíbrio, $Y = 2.000$, $Tb = 440$ e $G + Tr = 456{,}60$, propiciando um déficit de 16,60. Com o acréscimo de 100 no nível dos gastos governamentais necessários para se atingir o nível de renda de 2.250, observa-se que o déficit subiria em apenas 50, haja vista que haveria um acréscimo no montante dos tributos de 50, ou seja, $\tfrac{1}{5}$ do adicional na renda.

Outra alternativa para se atingir o nível de renda de pleno emprego de 2.250 seria através da redução no nível da tributação. O montante a ser reduzido na tributação pode ser, também, determinado de duas maneiras. Inicialmente, tomando-se a equação do equilíbrio geral, tem-se que:

$$2.250 = 150 + \tfrac{3}{4}\,(2.250 - 40 - 2.250 + 106{,}6) + 250 + 350$$
$$t = 0{,}14$$

Isso equivale a dizer que, para se alcançar o nível de renda de equilíbrio de 2.250, a propensão marginal a tributar t deveria ser reduzida de 20 % para 14 %.

Da mesma forma que no caso anterior, a redução necessária no nível do tributo para se obter a renda de 2.250 pode ser determinada via equação do multiplicador.

Quando $Y = 2.000$, o multiplicador era de 2.5, com o nível de tributo de 800. Assim, para se chegar ao multiplicador t que reflita o nível de renda de 2.250, tem-se que:

$$\frac{2.250}{800} = \frac{1}{1 - \frac{3}{4}(1-t)}$$

$$2,81 = \frac{1}{1 - \frac{3}{4} + \frac{3}{4}t}$$

$$t = 0,14$$

Chama a atenção o efeito causado pela diminuição dos impostos sobre o déficit, como consequência da redução nos tributos, maior do que aquele causado pelos aumentos nos gastos governamentais. Enquanto o adicional no déficit foi de 50 para se alcançar um acréscimo de 250 na renda de equilíbrio, ele precisaria ser de 85 para que se alcançasse o mesmo nível de renda via tributação.

Pelo que foi analisado até aqui, observa-se que o efeito expansionário dos gastos governamentais é maior do que o efeito de contração provocado pela tributação.

A terceira alternativa para se alcançar o nível de renda de equilíbrio de 2.250 seria através de um orçamento equilibrado, no qual $G = T$ (impostos líquidos). Para se determinar o orçamento equilibrado parte-se, então, da equação do equilíbrio geral, substituindo-se os valores de cada variável. Assim, tem-se que:

$$Y = C_o + c(Y - T_a - ty + T_r) + I + G$$
$$2.250 = 150 + \tfrac{3}{4}(2.250 - 40 - 2.250T + 106,60) + 25 + G$$

Pelos valores dados anteriormente, viu-se que o imposto líquido T quando $Y = 2.250$ é dado por $40 + 2.250t - 105,60$. Dado que G tem de se igualar a T para que o orçamento seja equilibrado, pode-se dizer que:

$$G = 40 + 2.250t - 106,60,$$

e substituir o valor dos tributos por G na equação geral. Então, tem-se que:

$$2.250 = 150 + \tfrac{3}{4}(2.250 - G) + 250 + G$$
$$2.250 = 150 + 1.687 - \tfrac{1}{4}G + 250 + G$$
$$2.250 = 2.087 + \tfrac{1}{4}G$$
$$G = 650$$

Portanto, para que o orçamento seja equilibrado, $G = T = 650$. Com isso, o nível da tributação bruta T_b é dado por:

$$T_b = T + T_r$$
$$T_b = 650 + 106,60$$
$$T_b = 756,60$$

Com esses valores, a propensão marginal a tributar é dada por:

$$756,60 = 40 + 2.250\,T$$
$$T = 0,318$$

As três alternativas apresentadas mostram diferentes políticas que o governo pode adotar para alterar o padrão de renda da economia. A escolha de uma delas, ou da combinação entre elas, dependerá basicamente dos fatores políticos do país e, principalmente, do conjunto dos efeitos causados por cada uma dessas políticas. Assim, o governo deverá fazer uma avaliação profunda sobre os efeitos e as consequências de se aumentar o nível dos gastos governamentais e o nível dos tributos ou da dívida pública via déficit.

6.3 COMENTÁRIOS FINAIS

Este capítulo teve como preocupação básica analisar os efeitos que as alterações no nível dos gastos governamentais, da carga tributária e das transferências governamentais provocam sobre o nível de renda da economia. De forma genérica, pode-se dizer que a elevação nos gastos governamentais provocaria uma elevação no nível da renda, mas nem sempre isso pode ser verdadeiro, pois tudo dependerá da natureza das despesas. Isso acontece, por exemplo, no caso de pagamento de juros da dívida externa. Apesar desse tipo de situação, sabe-se que os gastos e os tributos desempenham um papel importante na vida de um país. Por meio de uma combinação eficiente dessas variáveis, poderá haver uma elevação no nível da atividade econômica do país que se refletirá no nível de renda, de emprego, de consumo, de investimentos, e na apropriação da renda nacional etc. Uma vez mais, vale mencionar que os benefícios gerados pelo governo serão mais eficazes sempre que houver uma ação coordenada nas diversas atividades por ele desenvolvidas.

BIBLIOGRAFIA BÁSICA

BANCO CENTRAL DO BRASIL. *Brasil Programa Econômico*. v. 15/87 e v. 16/88.

COOK, S. T.; JACKSON, P. M. *Current issues in fiscal policy*. Oxford: Martins Robertson, 1979.

DORNBUSH, R.; FISCHER, A. *Macroeconomia*. São Paulo: McGraw-Hill, 1991.

FROYEN, R. F. *Macroeconomia*. São Paulo: Ed. Saraiva, 1999.

KRUGMAN, P. e WELLS, R. *Introdução à economia*. Rio de Janeiro: Elsevier, 2007.

MANKIW, N. G. *Macroeconomia*. Rio de Janeiro: LTC Editora, 1998.

MUSGRAVE, R. A. *The theory of public finance*. New York: McGraw-Hill, 1958.

PHILPOT, G. *The national economy*: an introduction to macroeconomics. New York: John Wiley, 1980.

RIANI, F. Minirreforma tributária e a perpetuação do problema. Fundação João Pinheiro. *Análise e Conjuntura*, 14 (3, 4, 5, 6), 1984.

SACHS, J. D.; LARRAIN, B. F. *Macroeconomia*. São Paulo: Makron-Books, 1998.

SHAPIRO, E. *Análise macroeconômica*. São Paulo: Atlas, 1976.

SHAW, G. K. *Fiscal policy*. Londres: Mcmillan, 1972.

____; MUSGRAVE, P. B. *The theory of public finance in theory and practice*. New York: McGraw-Hill, 1958.

Aspectos Fiscais da Participação do Governo na Economia Brasileira

INTRODUÇÃO

Este capítulo tem por objetivo fazer uma breve avaliação das estruturas fiscais implantadas no país em 1966 e em 1988, avaliar seus impactos sobre as receitas dos três níveis de governo, bem como fazer uma breve análise sobre a situação atual das finanças públicas no Brasil. Assim, a primeira parte preocupa-se em destacar os principais aspectos da reforma e da estrutura fiscal de 1966. Serão analisados sucintamente seus principais antecedentes, sua composição, bem como os principais estrangulamentos por ela apresentados. A parte seguinte aborda as principais mudanças ocorridas na estrutura tributária com a Constituição de 1988, as alterações e adaptações introduzidas nos períodos que a sucederam e seus reflexos sobre as receitas disponíveis às unidades de governo no Brasil. Por fim, é feita uma análise sobre os resultados fiscais do governo e a sua estrutura "intocável" de dívidas.

7.1 ANTECEDENTES DA REFORMA TRIBUTÁRIA DE 1966

Uma avaliação do sistema tributário requer que se considere o contexto social e político no qual ele está inserido. Somente dessa forma consegue-se delinear o papel desempenhado pelo setor público e a eficácia do sistema tributário como seu principal instrumento.

Levando em consideração esse aspecto, percebe-se que a estrutura política, social e econômica do país passou a exigir uma atuação mais decisiva do setor público após o processo de substituição de importação. Isso porque até esse período, início da década de 1950, o sistema tributário tinha um papel insignificante dentro do modelo primário-exportador, o que não exigia uma estruturação mais sólida em função da própria estrutura política e econômica do país. A falência desse modelo exportador, porém, fez com que o Estado passasse a ter um papel fundamental, cabendo a ele a provisão de infraestrutura básica necessária à industrialização. Dessa forma, o Estado assumiu a responsabilidade de realizar investimentos em indústria básica de pouco interesse econômico para o capital produtivo nacional e estrangeiro.

Os sistemas tributários vigentes no país anteriores ao de 1966 não tinham estruturação adequada para fornecer ao país instrumentos de política fiscal e de arrecadação tributária que possibilitasse ao Estado desenvolver e investir em atividades de infraestrutura na magnitude exigida. Com isso, os mecanismos de financiamentos das atividades do Estado permaneceram estagnados até o início da década de 1960. Por isso houve uma significativa defasagem entre a estrutura industrial que se desenvolvia no país e a capacidade do governo em desenvolver o capital social básico e os investimentos complementares exigidos por essa nova estrutura. Isso propiciou certa estagnação na economia brasileira, sobretudo até o meado da década de 1960 e ficou patente a necessidade de o país buscar instrumentos que possibilitassem maior dinamização da economia.

O prosseguimento do processo de industrialização iniciado após a Segunda Guerra Mundial exigia que a poupança interna fosse centralizada e direcionada de forma a permitir a expansão industrial, sobretudo os bens de consumo duráveis e os bens de capital. A falta de um mercado interno e de uma infraestrutura básica, porém, constituiu-se o principal obstáculo a esse processo de crescimento.

Dessa forma, a Reforma Tributária de 1965 implantada em 1967 surge como um dos principais instrumentos de política econômica a aparelhar o Estado nesse novo papel que ele passa a desempenhar.

7.1.1 Considerações sobre o sistema tributário de 1966

O sistema tributário de 1965/67 foi estruturado de forma a propiciar aos cofres públicos recursos suficientes para que o Estado direcionasse a promoção, a captação e a orientação do processo de acumulação. Dentro da nova filosofia imposta ao país, o objetivo estabelecido era o do crescimento econômico a qualquer custo. Com isso, o sistema de tributação foi arquitetado de tal forma que possibilitasse ao governo federal comandar todo o processo de crescimento, ficando ele, portanto, responsável por todo processo de dinamização do produto nacional. Para tanto, o sistema tributário teve como objetivos básicos aumentar e centralizar a arrecadação tributária do país e privilegiar o capital em detrimento do trabalho.

O aumento da carga tributária visava a elevação das receitas tributárias necessárias para cobrir o déficit do governo e acumular a disponibilidade de recursos para as novas programações de gastos públicos. De fato, uma análise da evolução da carga tributária permite concluir que ela foi substancialmente elevada até o ponto em que o processo de crescimento econômico, com a ativa participação dos investimentos públicos, apresentava taxas significativas de crescimento. Deve-se acrescentar também que o processo de modernização e ampliação do sistema tributário possibilitou que houvesse maior abrangência e que, aliado ao processo de crescimento, propiciava aos cofres públicos uma parcela cada vez maior do produto nacional. O imposto sobre a renda, por exemplo, não produzia um nível de arrecadação significativo. Com o objetivo de aumentar a produtividade e a equidade desse imposto, o governo estabeleceu uma nova legislação que minimizasse as distorções existentes e aumentasse sua arrecadação. Como resultado dessa nova legislação, entre 1965 e 1969, o número de contribuintes do imposto de renda aumentou de 400 mil para 1,5 milhão de pessoas. Embora a arrecadação desse imposto tenha-se mantido estável, durante 1965/68, nos três anos seguintes o produto desse imposto mostrou uma taxa de crescimento maior do que as outras fontes de tributação.

O imposto sobre Operações Relativas à Circulação de Mercadorias (ICM) foi outra fonte de taxação que sofreu significante transformação. Antes de 1967, esse imposto era cobrado sobre a circulação de mercadorias e era cumulativo, com taxas que variavam entre 6 e 7 % (média de 1966). Esse mecanismo resultou num incentivo à integração vertical das empresas com o objetivo de evitar o pagamento desse tributo.

Outra situação que mostra a ineficiência desse sistema naquele período relaciona-se com as distorções regionais. Isso porque, em 1966, os estados adotavam taxas que variavam de 1,25 % a 10 %. A Emenda nº 18 e a Lei nº 5.171 mudaram a sistemática de arrecadação, tendo como um dos objetivos minimizar tais desigualdades.

A nova legislação estabeleceu que o ICM seria imposto sobre o valor adicionado com a mesma taxa para todos os bens. Esse sistema era completamente distinto do anterior, cumulativo e com diferentes taxas para diferentes produtos. Ele removeu o incentivo à integração vertical e contribuiu para melhor alocação de recursos no setor privado. A partir de sua implantação houve aumento no nível de produtividade do ICM, que representava 61 % da receita total dos Estados e 96,4 % das tributações estaduais – conforme média das participações relativas do total dos estados previstas em 1983.

Em termos de receita total, as alterações no sistema fiscal trouxeram alguns bons resultados. A receita total, em termos de Produto Interno Bruto (PIB), aumentou de 19,5 %, em 1964, para 29,9 % em 1979, depois de ter chegado a 31,4 % em 1977.

Esse aumento foi, também, importante em termos de estabilização econômica, visto que o déficit do setor público diminuiu para menos de 2 % do PIB nos anos fiscais de 1960.

Outra importante mudança está relacionada com a distribuição das fontes de taxação entre os níveis de governo. A Emenda à Constituição de 1967 (nº 1, de 17-10-1969) seguiu o mesmo caminho centralizador da Constituição-base. Com esse novo arranjo, os casos de intervenção dos estados nos assuntos municipais aumentaram de três para seis. As maiores consequências dessa emenda foram a grande centralização de poder e recursos dentro do governo federal e uma grande dependência de recursos transferidos desse nível de governo para os estados e, principalmente, para os municípios.

A Constituição de 1967 e a Emenda nº 1 estabeleceram as seguintes fontes de impostos para os vários níveis de governo:

Ao governo federal caberiam impostos sobre:

a. importação de produtos estrangeiros;
b. exportação de produtos para o estrangeiro;
c. propriedade territorial rural;
d. renda e proventos de qualquer natureza;
e. produtos industrializados;
f. operações de crédito, câmbio, seguros, títulos e valores mobiliários;
g. serviços de transporte e comunicações;
h. combustíveis e lubrificantes;
i. energia elétrica;
j. minerais.

Aos estados caberiam impostos sobre:

a. transmissão, a qualquer título, de bens imóveis;
b. operações relativas à circulação de mercadorias.

Aos municípios caberiam impostos sobre:

a. a propriedade predial e territorial urbana;
b. serviços de qualquer natureza, exceto os compreendidos pela União e estado.

A maneira pela qual as fontes de tributação são distribuídas entre os níveis do governo mostra, claramente, a centralização dessas fontes no governo federal. Os governos estaduais têm suas arrecadações próprias restritas a duas fontes de impostos, sendo o ICM a mais importante. Nesse caso, a grande dependência de recursos transferidos da União para os Estados variará inversamente com o nível de arrecadação do ICM em cada um deles.

Para os municípios, foram estabelecidas também somente duas fontes de impostos – o Imposto sobre a Propriedade Predial e Territorial Urbana (IPTU) e o Imposto sobre Serviços de Qualquer Natureza (ISS) –, que são caracterizados por suas baixas elasticidades de renda.

A distribuição fiscal e a importância desses impostos em relação à estrutura de arrecadação de cada nível de governo já foram analisadas anteriormente no Apêndice do Capítulo 4.

7.1.2 Efeitos do sistema tributário de 1966 sobre as estruturas de receita dos vários níveis do governo

O Apêndice do Capítulo 4 mostrou a importância das várias fontes de taxação em cada nível de governo. Entretanto, embora as análises desenvolvidas tenham sido úteis para constatar a dependência das várias unidades de governo em específicas fontes de tributação, elas não revelam como esses níveis de governo participam no total da receita tributária e, também, não analisam os efeitos da estrutura fiscal sobre cada esfera de governo. Esses dois pontos serão analisados a seguir.

A distribuição dos tributos entre as unidades da federação é feita de tal forma que se torna inevitável a centralização da arrecadação junto pelo governo federal. Isso pode ser visto na Tabela 7.1, que mostra a crescente centralização de recursos ocorrida a partir de 1967.

Tabela 7.1 Repartição da receita tributária própria

	Participação %		
Ano	**União**	**Estados**	**Municípios**
1967	45,8	49,4	4,8
1968	51,5	44,7	3,8
1969	53,6	42,7	3,7
1970	54,4	41,9	3,7
1971	56,4	40,0	3,6
1972	58,4	37,8	3,8
1973	58,5	37,7	3,8
1974	59,3	36,9	3,8
1975	58,9	37,0	4,1
1976	62,3	33,0	4,7
1977	60,9	34,0	5,1
1978	58,1	36,1	5,8
1979	58,3	35,9	5,8
1980	58,7	36,2	5,1
1981	58,2	36,7	5,1
1982	57,2	37,6	5,2
1983	57,9	37,0	5,1
1984	56,9	38,6	4,5
1985	57,7	38,2	4,1
1986	53,4	42,2	4,4
1987	55,8	40,1	4,1

Fonte: Ministério da Fazenda, Secretaria de Economia e Finanças.

A maior característica da estrutura fiscal brasileira, tanto nesse período quanto nos dias atuais, é a grande concentração de recursos (brutos e disponíveis) no governo central (federal). Essa situação torna-se evidente quando se apura participação relativa do governo central no total da receita tributária. A Tabela 7.1 mostra que a participação aumentou de 45,8 % para 57,9 %, de 1967 a 1983, e, em 1976, ela chegou a 62,3 %. Na década de 1980, essa participação é mais ou menos estável até 1985, e chega a 55,8 % em 1983.[1]

A Tabela 7.1 revela, ainda, três características marcantes na distribuição dos recursos fiscais: primeiro, é evidente a grande tendência para a centralização de recursos junto ao governo federal; segundo, os números apresentados mostram que os governos estaduais foram os que tiveram a participação relativa diminuída, em termos da receita tributária total; terceiro, não ocorreram mudanças significativas em relação à posição dos governos locais, que continuou a apresentar porcentagem de participação relativa muito baixa.[2]

---

[1] Parte dessas alterações foi consequência da Emenda Passos Porto aprovada em 1983 que modificou algumas relações finais básicas. A esse respeito veja RIANI, F. Minirreforma tributária e a perpetuação do problema. *Análise e Conjuntura*. 14: (3, 4, 5, 6). Belo Horizonte: Fundação João Pinheiro, 1984.

[2] É importante chamar a atenção para o fato de que a participação relativa apresentada na Tabela 7.1 era redistribuída à época para mais de 4.200 municípios.

7.1.3 Consequências do sistema fiscal nas estruturas de receitas dos estados e dos municípios

Dentro do sistema brasileiro vigente à época existiam, basicamente, seis fontes de impostos: Imposto de Renda (IR), Imposto sobre Produtos Industrializados (IPI), Imposto Único (IU), Imposto sobre Operações relativas à Circulação de Mercadoria (ICM),[3] Imposto sobre a Propriedade Predial e Territorial Urbana (IPTU) e Imposto sobre Serviços de Qualquer Natureza (ISS), gerando níveis de arrecadação e de crescimento bastante diferenciados.[4]

A estrutura tributária da União tinha no Imposto sobre Produtos Industrializados (IPI) e no Imposto sobre a Renda (IR) suas principais bases de arrecadação. Em 1988, eles representavam 80 % da arrecadação tributária total.

Uma análise temporal, no entanto, mostra que houve inversão de valores em suas participações relativas. Enquanto, em 1970, o IPI representava 45,7 % da arrecadação tributária total da União, em 1988 essa participação diminuiu para 25,7 %. Caso inverso ocorreu com o IR, que teve sua participação relativa aumentada de 26,9 % para 54,3 % no mesmo período. Essa inversão de valores se deve a dois fatos simultâneos: primeiro, foi a própria ênfase dada ao aumento da carga tributária do IR (principalmente em relação aos assalariados) no período mais recente; segundo, o IPI vem sofrendo impactos negativos em sua arrecadação devido a dois outros fatores: primeiro, sua utilização, pelo Governo Federal, como Instrumento de política econômica por meio das isenções, e, segundo, é a própria recessão econômica do país, com efeitos negativos no nível de industrialização, atividade geradora desse imposto.

O Imposto sobre Operações Financeiras (IOF) aparecia como a terceira principal fonte de arrecadação tributária do governo federal. Em 1989, representou 5 % do total da arrecadação da União.

Os impostos únicos tinham participação relativa bem menos expressiva. Chama a atenção o caso do Imposto sobre Lubrificantes e Combustíveis Líquidos ou Gasosos (IULC), que teve sua participação relativa diminuída de 15,4 % para 12,1 % entre 1970 e 1988.

A receita tributária própria dos estados era composta basicamente do ICM. Ele tem a vantagem de ser um imposto *ad valorem*, o que, automaticamente, segue o nível de renda. Entretanto, também tem a característica de estar diretamente relacionado com o nível de produção e comercialização de cada estado. Como no Brasil o nível de desenvolvimento entre os estados é muito desigual, a consequência imediata é a desigualdade na arrecadação do ICM, com grande concentração em poucos Estados. Esse grau de arrecadação do ICM é também importante, porque a dependência de recursos transferidos do governo federal é inversamente relacionada com o montante de ICM arrecadado. A participação dos vários Estados da federação em seu total é mostrada na Tabela 7.2 e no Gráfico 7.1 que retrata a situação em 1988.

Os Estados mais desenvolvidos do país estão localizados na região Sudeste. Embora essa região tenha diminuído sua participação relativa na arrecadação do ICM, ela ainda foi responsável por 63,3 % do total do ICM coletado no país em 1988.

---

[3] A sigla atual é ICMS.
[4] Veja RIANI, 1984. v. 14.

Gráfico 7.1 Participação de cada região na arrecadação do Imposto sobre operações relativas à Circulação de Mercadorias (ICM) — 1988

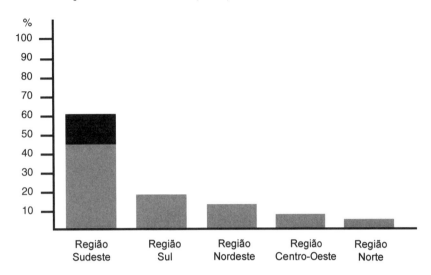

A participação do Sudeste e do Sul (que foram responsáveis por 17,1 % da arrecadação total) atingiu 80,4 % do ICM do país; ressalte-se que tais regiões são compostas por apenas sete estados.

Isso significa que apenas 20 % do ICM gerado foram distribuídos entre os outros estados. É importante observar o baixíssimo nível de ICM arrecadado no Nordeste, que teve participação no total de ICM coletado, em 1988, de 11,6 %, ou de 3,4 %, se excluirmos Bahia e Pernambuco. Além desses índices regionais, deve-se, também, observar que São Paulo foi o Estado que mais arrecadou ICM (43,3 %) e que o Acre foi o que teve a menor participação relativa no total. Esses índices mostram o efeito da dependência do ICM nos vários Estados da federação. O que se tem, na realidade, é uma grande concentração da arrecadação do ICM nas regiões mais desenvolvidas, isto é, nos estados e municípios mais desenvolvidos.[5]

O IPTU e o ISS são as principais fontes de arrecadação própria dos municípios e não produziram índices de crescimento capazes de acompanhar o índice de crescimento da renda nacional ou mesmo de seguir os índices inflacionários.

Na maioria dos casos isso ocorre devido a três fatores: primeiro, às ineficiências administrativas dos governos locais que não são capazes de se estruturarem adequadamente para o controle e a cobrança de seus tributos; segundo, por motivos políticos, os prefeitos, devido à sua proximidade com a população, preferem deixar de cobrar adequadamente seus tributos a ter grande desgaste político, explorando, mesmo que de forma justa, as bases tributárias locais eficientemente; e, por fim, em geral, na maioria dos municípios brasileiros as bases geradoras dos tributos de sua competência administrativa apresentam potencial de arrecadação relativamente baixo, quando comparado às de outros tributos.

---

[5] Veja RIANI, Op. cit.

Tabela 7.2 Imposto sobre Operações Relativas à Circulação de Mercadorias — Participação percentual dos Estados — Brasil — 1970/1983 — %

Estados	1970	1975	1981	1983	1988
NORTE	1,03	1,16	1,53	1,67	2,5
Acre	0,04	0,04	0,05	0,05	0,0
Amazonas	0,43	0,58	0,72	0,81	1,2
Pará	0,56	0,54	0,76	0,81	0,8
NORDESTE	8,59	9,22	12,26	13,28	11,6
Maranhão	0,49	0,54	0,48	0,49	0,5
Piauí	0,20	0,27	0,36	0,35	0,3
Ceará	1,02	1,00	1,34	1,44	1,5
R. G. do Norte	0,25	0,40	0,55	0,53	0,5
Paraíba	0,58	0,60	0,73	0,78	0,6
Pernambuco	2,58	2,45	2,99	3,00	2,7
Alagoas	0,58	0,62	1,03	1,08	0,6
Sergipe	0,20	0,27	0,43	0,43	0,4
Bahia	2,67	3,07	4,35	5,18	4,5
SUDESTE	70,37	67,82	61,98	59,89	63,3
Minas Gerais	7,39	7,96	9,2	8,49	9,1
Espírito Santo	0,67	0,98	1,58	1,62	1,4
Rio de Janeiro	14,66	12,53	10,7	10,21	9,5
São Paulo	47,65	46,35	40,5	30,57	43,3
SUL	16,44	18,33	18,9	18,7	17,1
Paraná	5,98	6,81	6,41	6,43	5,9
Santa Catarina	2,40	2,76	3,55	3,28	3,6
R. G. do Sul	8,06	8,76	8,94	8,99	7,6
CENTRO-OESTE	3,57	3,47	5,08	6,16	5,5
Mato Grosso (1)	0,81	1,00	1,89	2,27	2,5
Goiás	1,45	1,61	2,15	2,64	2,2
Distrito Federal	1,31	0,86	1,04	1,25	1,2
BRASIL (2)	100	100	100	100	100

Fontes: Anuário Econômico – Fiscal. Brasília, Secretaria da Receita Federal CIEF. v. 2, 1971; v. 7, 1976, v. 13, 1982; e Boletim do Banco Central, 1989. Boletim do ICM. Brasília Ministério da Fazenda, Coordenadoria de Assuntos Econômicos, jan. 1984.
Obs.: (1) Mato Grosso e Mato Grosso do Sul.
(2) A diferença para os 100 % refere-se à participação dos territórios (0,17 %).

Ineficiências administrativas e razões políticas ocorrem também nos municípios mais desenvolvidos. Na maioria não existe um cadastro técnico adequado que permita uma apuração mais eficiente da real base tributária e o acompanhamento nos níveis de arrecadação. Essa inadequação administrativa pode ser até mesmo o resultado de problemas políticos. Devido à perda política que resulta de qualquer alteração que traga aumento nos impostos locais, os prefeitos preferem manter os baixos níveis de arrecadação própria local. Com isso, há uma subutilização do verdadeiro potencial da receita municipal via IPTU e ISS. Mas não é neste processo de subutilização que o problema se torna mais grave. Há anos que não se corrigem adequadamente os valores dos imóveis urbanos. Com isso, o nível de arrecadação do IPTU torna-se cada vez mais deteriorado e qualquer mudança que se queira fazer atualmente, a fim de se corrigirem os valores dos imóveis registrados nas prefeituras, acarretará aumentos significativos na carga tributária local, gerando, como consequência, desgastes políticos para os prefeitos. Isso ocorre principalmente pelo fato de que a população não acredita nas administrações locais, não crê que o aumento nos impostos lhe trará qualquer benefício imediato no que se refere às prestações dos serviços públicos municipais. Assim, essa subutilização do verdadeiro potencial do IPTU e do ISS tem contribuído para que haja dependência cada vez maior das transferências federais e estaduais.

O potencial dos impostos locais apresenta os níveis mais variados. Se é verdade que é subutilizado nos municípios mais desenvolvidos, é verdade também que, na maioria dos municípios é extremamente baixo. Nos municípios menos desenvolvidos e mais pobres, o baixo potencial dos fatos geradores do IPTU e do ISS tem contribuído para que haja uma dependência cada vez maior das transferências federais e estaduais.

O fato é que, mesmo nos casos em que os potenciais de arrecadação própria são usados adequadamente, ainda existe desequilíbrio entre o nível de arrecadação e os gastos necessários para satisfazerem às demandas existentes. A Tabela 7.3 mostra a estrutura de arrecadação da totalidade dos municípios no Brasil. Por meio dos valores apresentados, percebe-se que a dependência de recursos transferidos era, e como será visto ainda neste capítulo, continua sendo extremamente alta, principalmente nos municípios do interior. Nesses, como mostram os dados da Tabela 7.3, o valor médio dos recursos transferidos em relação a receita líquida, atingiu 89 % em 1986. Percentual esse não muito diferente nos dias atuais.

Tabela 7.3 Estrutura de Receitas dos Municípios no Brasil — 1986

Receitas	Municípios capitais de estado		Municípios do interior	
	NCz$ Mil	%	NCz$ Mil	%
Receita Líquida (1)	36.438	100	89.598	100
Receita Tributária	13.467	37	10.083	11
IPTU	3.509		3.004	
ISS	7.928		4.275	
Taxas	2.030		2.804	
Outras	22.971	63	79.515	89

Fonte: Ministério da Fazenda, Secretaria de Economia e Finanças.
Obs.: (1) Receita Total menos Operações de Crédito.

7.1.4 Sistema de transferências intergovernamental no sistema tributário de 1966

A maneira pela qual as fontes de impostos são redistribuídas entre os níveis de governo, aliada a outras interferências legais,[6] só poderia resultar numa alta centralização da arrecadação tributária no governo federal. Como foi visto, a magnitude dessa centralização se deve a três fatores principais: primeiro, a distribuição dos impostos é extremamente visada em favor da União, que, além de arrecadar maior número de impostos, arrecada também aqueles de maior elasticidade-renda; segundo, a queda na participação relativa

---

[6]Entende-se por interferências legais fatores como a utilização da Isenção do Imposto sobre Operações Relativas à Circulação de Mercadorias (ICM) (principal fonte da receita estadual) como instrumento de incentivo à industrialização e à exportação, apropriação pela União de parte dos recursos de Impostos de competência de outras esferas, de governo etc.

dos estados no total da arrecadação tributária é consequência da recessão econômica que o país vem atravessando nos últimos anos, com reflexos diretos na arrecadação do ICM, além da utilização do ICM, pelo governo federal, como instrumento de incentivo a investimentos industriais e à exportação, por meio da isenção do referido tributo; terceiro, é a baixa arrecadação própria municipal que, como se viu, é consequência da baixa elasticidade-renda dos impostos locais, de ineficiências administrativas e razões políticas.

Dado o fato de que os estados e os municípios têm baixa participação relativa na arrecadação dos recursos tributários totais, o governo federal lança mão das transferências intergovernamentais numa tentativa de fornecer àqueles setores disponibilidade maior de recursos financeiros. Ressalte-se que as transferências intergovernamentais existentes não representam uma concessão do Governo Federal, mas um mecanismo legalmente estabelecido, que dá aos Estados e aos Municípios o direito de participarem no montante dos recursos originários de certas fontes de imposto.

No Brasil, o sistema de transferências de recursos entre os níveis de governo é detalhado pela Constituição e por outros decretos e emendas. As principais categorias (tipos) de transferências são vinculadas a receitas produzidas por um específico tipo de imposto. As principais espécies de impostos que geravam as transferências intergovernamentais de maior peso eram:

➥ IR/IPI – Imposto sobre a Renda e Imposto sobre Produto Industrializado;
➥ IUM – Imposto Único sobre Minerais;
➥ IUEE – Imposto Único sobre Energia Elétrica;
➥ IUCL – Imposto Único sobre Combustíveis Líquidos ou Gasosos;
➥ ICM – Imposto sobre a Circulação de Mercadorias.

Esses impostos são arrecadados pelo Governo Central (federal), exceto o ICM, que o é pelos governos estaduais. O percentual da receita de cada um desses impostos recebidos por cada nível de governo foi mostrado anteriormente.

Enquanto os valores referentes ao Imposto Único sobre Energia Elétrica e Imposto Único sobre Combustíveis e Lubrificantes sugerem considerável transferência de receitas, na realidade seus pesos nas receitas dos estados e dos municípios são relativamente baixos e na maioria dos casos insignificantes.

As participações relativas das unidades de governo no montante de recursos gerados por esses impostos são mostradas na Tabela 7.4 que reflete a situação existente em 1985.

Tabela 7.4 Impostos retidos e recebidos por cada nível de governo — Brasil — 1985 — %

Impostos	Central (Federal)	Estados	Municípios
IR/IPI	80	10	10
IUM	(1) 10	70	20
IUEE	(2) 40	50	10
IUCL	52	40	8
ICM	–	80	20

Fontes: Decreto-lei nº 1.881, 27 de agosto de 1981; Emenda Constitucional nº 1.805, 1º de outubro de 1980; Decreto-lei nº 1.699, de agosto de 1979; Decreto nº 66.694, 11 de junho de 1970.
(1) Alocado no Fundo Nacional de Mineração.
(2) Trinta e seis por cento destinados ao Fundo Federal de Eletrificação, 3 % ao Departamento de Água e Energia Elétrica e 1 % ao Ministério das Minas e Energia.

A maioria das transferências aqui mencionadas é redistribuída com base no produto fiscal gerado dentro de cada unidade de governo. O maior grau de redistribuição ocorre com as arrecadações do IR/IPI, por meio do Fundo de Participação.[7] Os 10,5 % do IR/IPI, destinados aos estados por meio do FPE, eram distribuídos obedecendo ao seguinte critério:[8]

a. 5 % do FPE, em proporção à área geográfica de cada estado;
b. 95 %, em proporção à população do estado e pelo inverso do coeficiente da renda *per capita* de cada estado em relação à renda *per capita* brasileira.[9]

Assim, pelo critério de distribuição, pode-se verificar que há uma tentativa de se transferirem recursos dos estados mais ricos para os mais pobres.

A parcela de IR/IPI (10,5 %, distribuída por meio do FPM aos municípios das capitais dos estados e aos demais municípios), baseia-se nos seguintes critérios:

a. 10 % do FPM é destinado às capitais dos estados, em proporção à população, ajustado, como no caso dos Estados, pela *renda per capita* relativa;
b. 90 % do FPM é destinado aos municípios, em proporção a suas populações.

No caso dos municípios que não são capitais dos estados, é claro que o grau de redistribuição de recursos é diminuído pela omissão de qualquer ajustamento pelas grandes diferenças existentes nos níveis de renda total e/ou *per capita* que marcam os municípios brasileiros.

O FPE e o FPM são caracterizados não somente por terem alguns resquícios de redistribuição, mas também por serem parcialmente condicionais. A partir de 1980, foi estabelecido que a única vinculação em relação às transferências aos estados e aos municípios deveria corresponder a 20 % do FPE e do FPM, respectivamente, destinados à educação do Ensino Fundamental.[10] Fora isso, não existe nenhum outro tipo de vinculação dentro do sistema de transferência em vigor.

As transferências do IUM são feitas com base na proporção do valor da produção mineral de cada estado e de cada município.[11]

As transferências do IUCL são feitas em proporção ao consumo, produção e distribuição dos combustíveis.[12]

As transferências do IUEE baseiam-se na população (60 %), área (20 %), consumo de energia (15 %), produção de energia (2 %) e outros (3 %).

---

[7] Fundo de Participação dos Estados (FPE) e Fundo de Participação dos Municípios (FPM).

[8] De acordo com a Emenda Constitucional nº 17, de 2-12-80, os percentuais que compõem esses fundos passariam a ser os seguintes: 10 % em 1981, 10,5 % em 1982 e 1983 e 11 % a partir de 1984. Com a aprovação da Emenda Constitucional nº 23, de 1-12-83, a partir de 1-1-84 o FPM de 1984 seria de 13,5 % e para 1985, 16 %; por outro lado, o FPE passaria para 12,5 % e 14 %, respectivamente, em 1984 e 1985.

[9] Esses fatores representativos foram estabelecidos pela Lei nº 5.172, de 25-10-66. Alterada pelo Decreto-lei nº 1.881, de 25-8-81. Veja: PEREIRA, O. C. Código tributário nacional. In: _____. *Vade-mécum forense*: breve enciclopédia da legislação brasileira. 9. ed. São Paulo: Revista dos Tribunais, 1983. p. 1.585-1.595.

[10] Decreto-lei nº 1.833, de 23-12-80.

[11] Do total arrecadado, 70 % destinam-se aos estados e 20 % destinam-se aos municípios. Decreto-lei nº 1.805, de 1-10-80 combinado com a Emenda Constitucional nº 17, de 2-12-80.

[12] Do total do IUCL arrecadado, apenas 32 % são destinados aos Estados e 8 % aos Municípios. Em relação à arrecadação e distribuição do IUCL ver: Lei Constitucional nº 4, de 20-9-40; Lei nº 302, de 13-7-48; Emenda Constitucional nº 1, de 17-10-69; Lei nº 6.261, de 14-11-75. BRASIL. Constituição dos Estados Unidos do Brasil de 1946. In: _____. *Constituições brasileiras*: império e república. São Paulo: Sugestões Literárias, 1978. p. 269-329. Com a aprovação da Emenda Constitucional nº 23, de 1-12-83, esses percentuais passaram para 60 %, sendo 40 % para os estados e 20 % para os municípios.

As transferências do ICM são feitas através do retorno aos municípios de 20 % do total de ICM arrecadado no Estado. O mecanismo de repasse é determinado por lei estadual.

Considerados todos os mecanismos de transferências, a redistribuição dos recursos tributários é mostrada pela Tabela 7.5. Chama a atenção, nessa tabela, a continuação da centralização dos recursos no governo federal e a substancial perda de recursos estaduais ocorrida no período considerado, principalmente entre 1976/83.

Tabela 7.5 Repartição dos recursos efetivamente disponíveis

	Participação %		
Ano	**União**	**Estados**	**Municípios**
1967	36,9	45,2	17,9
1968	40,6	42,5	16,9
1969	45,8	39,8	14,4
1970	43,7	39,6	14,7
1971	47,7	38,4	13,9
1972	49,7	36,3	13,8
1973	49,1	37,1	13,8
1974	50,2	36,2	13,6
1975	50,3	36,0	13,7
1976	51,4	34,3	14,3
1977	50,3	34,8	14,9
1978	47,3	36,7	16,0
1979	47,6	35,2	16,3
1980	49,3	35,5	15,2
1981	49,2	34,9	15,9
1982	48,0	35,7	16,3
1983	46,2	35,6	16,2
1984	48,7	38,2	13,1
1985	43,1	40,7	14,1
1986	53,7	33,8	12,3

Fonte: Ministério da Fazenda. Secretaria de Economia e Finanças.

7.1.5 Papel das transferências após a Reforma Tributária de 1966

As transferências intergovernamentais assumem o principal papel de complementação de arrecadação nos níveis de governo recebedores de recursos.

No Brasil, as transferências intergovernamentais podem ser divididas em duas subcategorias: as transferências constitucionais e as não constitucionais. Enquanto a primeira torna-se obrigatória em decorrência do respaldo constitucional, a segunda é feita sob a forma de auxílios e contribuições, sem nenhuma garantia de continuidade.

Ao analisar o comportamento dessas transferências, o que se conclui é que grande parte das dificuldades financeiras estaduais e municipais se deve à brusca queda nas transferências não constitucionais. Esses recursos assumiram importância relativa muito forte durante 1970/79. Enquanto prevaleceu uma disponibilidade maior de recursos junto ao governo federal, a possibilidade de negociação política em relação aos recursos não constitucionais era mais fácil. Entretanto, a recessão escasseou o montante de recursos disponíveis e os estados passaram a depender mais das transferências constitucionais. Como as fontes geradoras desses recursos estão sendo, também, afetadas pela recessão, a consequência tem sido o baixo nível das transferências legais. Assim, o que tem ocorrido é que as transferências governamentais deixaram de exercer o papel de complementação de receita e têm, paradoxalmente, diminuído num período em que os estados e também os municípios têm experimentado significativas quedas reais em suas arrecadações próprias.

A brusca diminuição das receitas efetivamente disponíveis aos estados e municípios tem feito com que recorram cada vez mais às "operações de crédito", que deixaram de representar uma antecipação de receitas, para se tornarem uma "fonte efetiva de arrecadação". Essas operações têm tido uma relação cada vez mais crescente, se comparadas à receita tributária. Em 1982, essa relação para os estados era de 19,1 %, cifra extremamente alta se se considerar que era de 1,53 % em 1967. O mesmo ocorreu com os municípios: essa relação, que era de aproximadamente 3 % em 1970, atinge hoje mais de 30 %.

Conclui-se, dessa análise, que os estados e os municípios conviveram sem maiores problemas com a estrutura fiscal existente, enquanto prevaleceu maior disponibilidade de recursos "transferíveis" via negociação política, sob a forma de auxílios e contribuições. Com isso, esquecia-se dos problemas estruturais no sistema fiscal brasileiro.

Com a escassez dos recursos disponíveis para negociação, os estados e os municípios perceberam que a fragilidade dos mecanismos e do próprio sistema tributário vigente era estrutural e não somente conjuntural.

Os mecanismos de transferências intergovernamentais têm-se tornado ineficazes em seu objetivo de complementação de receita, em razão das várias alterações que foram introduzidas nesses mecanismos, fortalecendo cada vez mais a centralização política e financeira da União. A recessão imposta ao País após 1980/81, porém, gerou consequências ainda maiores na já frágil estrutura de redistribuição dos recursos tributários.

Em primeiro lugar, as estatísticas mostram que o IPI e o IR, no conjunto, têm tido um crescimento real negativo. Isso se deve, principalmente, à queda brusca ocorrida com o IPI, devido à recessão e a sua utilização como instrumento de política econômica por meio das isenções. A queda real da arrecadação desses impostos básicos, além de abalar a estrutura da receita tributária da União, afeta também, indiretamente, os estados e municípios via FPEM. A queda real do produto desses impostos afeta significativamente as finanças dos estados e municípios, já que, em alguns casos, os fundos de participação representam mais de 90 % da arrecadação total.

A recessão teve, também, repercussão negativa sobre a arrecadação do imposto básico estadual. Durante 1982/83, houve queda real na arrecadação do ICM de 15 %. Os Estados mais desenvolvidos foram os mais afetados. Além de recessão, a utilização da imunidade do ICM na exportação de manufaturados como instrumento de política econômica do governo federal tem também contribuído para a diminuição real da receita proveniente do ICM. Como esse imposto tem significativo peso relativo à arrecadação tributária própria dos estados, a queda em seu produto fiscal abala sensivelmente as finanças estaduais e as transferências para os municípios.

Quanto aos municípios, o efeito da recessão vem, de forma indireta, via Fundo de Participação dos Municípios (FPM). O FPM constitui-se na principal fonte de arrecadação municipal na vasta maioria dos municípios.

7.1.6 Sistema tributário de 1966 – objetivos iniciais e entraves

As análises desenvolvidas até agora mostraram os principais efeitos causados nas estruturas fiscais das unidades da Federação com o Sistema Tributário de 1966.

Por ocasião da elaboração desse sistema, havia um pensamento muito claro de que além de financiar os gastos do governo, o sistema fiscal poderia e deveria ser usado como um dos instrumentos básicos de política econômica dentro das metas estabelecidas na época.

Com base nesse pensamento, o sistema tributário de 1966 visava ao seguinte:

a. aumentar o nível do esforço fiscal da sociedade brasileira de forma que houvesse uma elevação nas receitas tributárias necessárias para cobrir o déficit do governo. Além disso, esperava-se que tal medida pudesse, também, propiciar ao governo uma margem de poupança para a programação de novos investimentos;

b. como o objetivo era crescer a qualquer custo, o sistema tributário foi estruturado de forma flexível, para ser usado como instrumento de política do governo federal, que passaria a orientar todo o processo de crescimento econômico;

c. como havia uma clara opção pelo crescimento econômico, o sistema fiscal foi estruturado de forma a privilegiar o capital em detrimento do trabalho.

Tomando-se por base esses objetivos, pode-se concluir por meio de uma análise dos efeitos do sistema fiscal, que ele foi extremamente útil e eficiente, haja vista que, no final da década de 1960 e sobretudo na década de 1970, o país alcançou índices invejáveis de crescimento.

Se, por um lado, esses fatos são verdadeiros, o lado social mostra que os efeitos dessa política foram bastante perversos, já que ela aumentou o grau de concentração da renda no país e gerou um agravamento perverso nas condições de vida da maioria da sociedade brasileira.

Entre os pontos de estrangulamento apresentados pelo sistema de 1966, pode-se destacar os seguintes como os principais:

a. má distribuição dos recursos entre as unidades de governo, com uma grande concentração na esfera federal;

b. excessiva carga tributária indireta, contribuindo para que as classes de renda mais baixa e os assalariados em geral se tornassem os maiores financiadores dos gastos do governo;

c. perda de autonomia fiscal e financeira dos estados e dos municípios, tornando-os cada vez mais dependentes de recursos transferidos através de negociações com o governo federal.

No início de 1980, já havia várias análises apontando para a necessidade de se promover ajustes no sistema fiscal vigente na época. Em todas as discussões, os três pontos mencionados faziam parte das demandas por mudanças. No entanto, como se discutirá a seguir, muitas delas não foram contempladas na reformulação ocorrida por ocasião da Reforma Constitucional de 1988, contribuindo, portanto, para que continuassem as imperfeições e os problemas estruturais no sistema tributário.

7.2 SISTEMA TRIBUTÁRIO NA CONSTITUIÇÃO DE 1988

A reforma tributária embutida na Constituição de 1988 teve como característica principal a busca por uma maior descentralização de recursos entre as unidades de governo. Tal fato foi fruto das condições políticas da época, na qual o governo federal estava politicamente bastante enfraquecido. Aproveitando essa fragilidade, estados e municípios se organizaram e conseguiram aprovar mudanças que levaram apenas a uma participação maior dessas esferas de governo no montante dos recursos fiscais arrecadados no país. Esqueceram-se, pois, de que os problemas fiscais eram mais graves e não alteraram pontos importantes, que continuam até agora a causar grandes imperfeições no sistema, tornando-o cada vez mais ineficiente.

A Constituição Federal de 1988 alterou substancialmente a distribuição da competência tributária entre as esferas de governo. As mudanças tributárias reservaram para os estados e municípios um total de oito impostos, ficando a União com sete, portanto com quatro impostos a menos do que anteriormente.

De acordo com o estabelecido, são de competência da União os seguintes impostos:

- importação de produtos estrangeiros;
- exportação de produtos nacionais ou nacionalizados para o exterior;
- renda e proventos de qualquer natureza;
- produtos industrializados;
- operações de crédito, câmbio e seguro, ou relativas a títulos ou valores mobiliários;
- propriedade territorial rural;
- grandes fortunas.

Além disso, a União, no âmbito de sua competência exclusiva para instituir novas contribuições sociais em função de interesse de domínio público, administra, entre outras, as seguintes contribuições:

- contribuições para o financiamento da seguridade social;
- contribuição para o Programa de Integração Social e para o Programa de Formação do Patrimônio do Servidor Público;
- contribuição social sobre o lucro das pessoas jurídicas; e
- contribuição sobre a folha de pagamento (empregado e empregador).

Aos estados e ao Distrito Federal ficou a competência de gerenciar impostos sobre:

- transmissão *causa mortis* e doação, de quaisquer bens ou direitos;
- operações relativas à circulação de mercadorias e sobre prestações de serviços de transportes interestadual e intermunicipal e de comunicação;
- propriedade de veículos automotores; e
- adicional do que for pago à União por pessoas físicas ou jurídicas domiciliadas nos respectivos territórios, a título do imposto sobre a renda e proventos de qualquer

natureza, incidente sobre lucros, ganhos e rendimentos de capital. Por força da Emenda Constitucional nº 3, de 17-3-93, esse imposto poderia vigorar somente até 31-12-95.

Finalmente, competiria aos municípios estabelecer impostos sobre:

→ propriedade territorial e predial urbana;
→ transmissão *inter vivos*, a qualquer título, por ato oneroso, de bens imóveis, por natureza ou cessão física, e de direitos reais sobre imóveis, exceto os de garantia, bem como sobre a cessão de diretos a sua aquisição;
→ vendas a varejo de combustíveis líquidos e gasosos, exceto óleo diesel. Por força da Emenda Constitucional nº 3, de 17-3-93, esse imposto se extinguiria em 31-12-95;
→ serviços de qualquer natureza.

Com base nessas competências e de acordo com o estabelecido em cada unidade da federação, a Tabela 7.6 mostra como ficou instituída e distribuída a competência tributária no Brasil após a Reforma Tributária de 1988 em comparação com a de 1966.

7.2.1 Distribuição da carga tributária bruta entre os níveis do governo

Pela distribuição da competência tributária descrita na Tabela 7.6, percebe-se que a União teve diminuído o número de impostos sob sua competência. Ela perdeu os impostos únicos (lubrificantes e combustíveis, minerais e energia elétrica) e os impostos sobre transportes e comunicações, que passaram a integrar a base de incidência do Imposto sobre a Circulação de Mercadorias e Prestação de Serviços (ICMS) de competência tributária estadual. Ganhou a União o novo Imposto sobre Grandes Fortunas, que acabou não sendo regulamentado. Tal fato ocorreu por dificuldades técnicas e políticas.

Os estados, além de obterem a incorporação das ex-bases dos impostos únicos na base geradora do ICMS, ganharam também o Adicional do Imposto de Renda. Por outro lado, perderam para os municípios o Imposto sobre Transmissão *Inter Vivos*, que compunha a base do imposto estadual sobre transmissão de bens imóveis. Na realidade, do ponto de vista de montante de recursos, a mudança mais significativa foi a incorporação dos lubrificantes e combustíveis, dos minerais, da energia elétrica e dos serviços de transportes e comunicações na base de incidência do ICM, que passou a denominar-se ICMS.

Além dessa mudança na base da geração do ICMS houve, também, modificações no percentual das alíquotas interestaduais desse imposto que diminuiu de 9 % para 7 % quando os produtos fossem destinados aos Estados do Norte, Nordeste, Centro-Oeste e Espírito Santo.

Essas alterações provocaram importantes mudanças na distribuição regional desse imposto. A distribuição percentual do ICM e do ICMS por estados e regiões nos períodos de 1988, 1998 e 2007 aumentou a participação das regiões Norte e Nordeste na participação da receita desse imposto, enquanto a participação das regiões Sul e Sudeste, mais desenvolvidas do país, tiveram suas participações diminuídas, respectivamente de 17,1 % para 15,5 % e de 63,3 % para 55,5 %. No caso específico de São Paulo, o estado mais desenvolvido do país, a queda de participação foi também bastante significativa, diminuindo de 43,3 % para 33,7 %.

Tabela 7.6 Distribuição da competência tributária — Brasil — União, Estados, Distrito Federal e Municípios

Constituições	
1966	**1988**
União	**União**
1. Imposto sobre Importação	1. Imposto sobre Importação
2. Imposto sobre Exportação	2. Imposto sobre Exportação
3. Imposto Territorial Rural	3. Imposto Territorial Rural
4. Imposto de Renda	4. Imposto de Renda
5. Imposto sobre Produtos Industrializados	5. Imposto sobre Produtos Industrializados
6. Imposto sobre Crédito, Câmbio, Seguro etc.	6. Imposto sobre Crédito, Câmbio, Seguro etc.
7. Imposto sobre Serviços de Comunicação e Transportes	7. Imposto sobre Grandes Fortunas
8. Imposto sobre Transmissão de Bens *Inter Vivos*	
9. Imposto Único sobre Lubrificantes e Combustíveis	
10. Imposto Único sobre Energia Elétrica	
11. Imposto Único sobre Minerais	
Estados	**Estados**
1. Imposto sobre Circulação de Mercadorias	1. Imposto sobre Circulação de Mercadorias e Prestação de Serviços de Transportes e Comunicações
2. Imposto sobre Transmissão de Bens Imóveis	2. Imposto sobre Transmissão *Causa Mortis*
3. Imposto sobre Propriedade de Veículos Automotores	3. Imposto sobre Propriedade de Veículos Automotores
	4. Adicional do Imposto de Renda
Municípios	**Municípios**
1. Imposto Predial Urbano	1. Imposto Predial Urbano
2. Imposto sobre Serviços de Qualquer Natureza	2. Imposto sobre Serviço de Qualquer Natureza
	3. Imposto sobre Vendas de Combustíveis Líquidos ou Gasosos a Varejo
	4. Imposto sobre Transmissão *Inter Vivos*

Fonte: Constituições de 1966 e 1988.

Como o ICMS é o tributo que gera mais receita dentro da estrutura tributária, essas alterações acabam por representar uma significativa transferência de recursos entre as regiões. É importante ressaltar, também, que a criação de novos estados, principalmente na região Norte, contribuiu também para essa desconcentração.

As mudanças na estrutura tributária decorrentes da reforma constitucional de 1998, ao alterarem as bases tributárias dos níveis de governo, resultaram numa inicial modificação no perfil da participação relativa na arrecadação tributária do país.

Logo após a Reforma Tributária de 1988, houve uma alteração importante na participação do governo federal no total da arrecadação do país.

Essa nova estrutura tributária teve importante papel descentralizador. Com as mudanças, conforme mostra o Gráfico 7.2, a União teve diminuída a sua participação relativa na arrecadação total do país de 75 % em 1985 para um valor médio de 69 %.

Gráfico 7.2 Participação da União na Arrecadação Tributária — % — 1985/2012

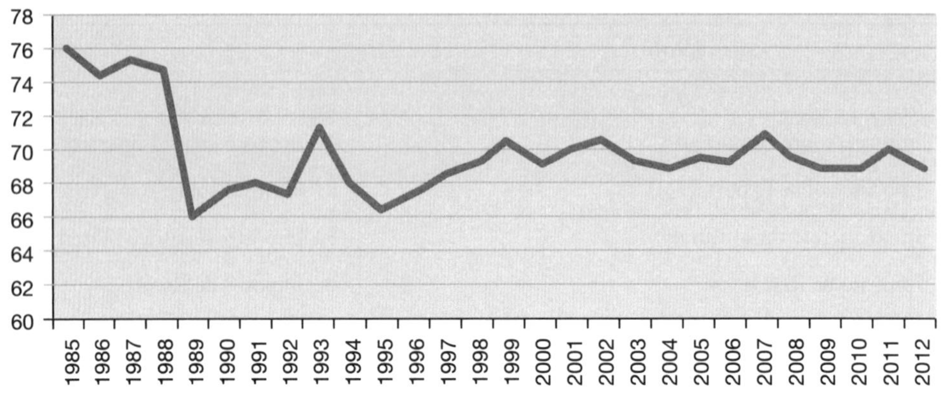

Fonte: SRF – Ministério da Fazenda.

Com o objetivo de mostrar como é a atual distribuição relativa da arrecadação tributária no país, a Tabela 7.7 destaca, percentualmente, a participação relativa dos tributos arrecadados em cada nível de governo, por seus principais componentes, no período de 2008 a 2012.

Os dados dessa tabela revelam que o governo federal continua arrecadando a maior parcela dos tributos no Brasil, num montante equivalente a 69 % do total arrecadado.

Em seguida os governos estaduais (26 estados mais o Distrito Federal) arrecadam 25 % do total do montante dos recursos tributários gerados, ficando os outros 6 % distribuídos entre os 5.565 municípios brasileiros, incluindo nesses as 26 capitais de estado.

Essa mesma estrutura de receita distribuída em valores monetários nominais, participação relativa e relações com o PIB está destacada na Tabela 7.8.

Como destacam a Tabela 7.8 e o Gráfico 7.2, logo após a alteração de 1988, a União teve sua participação relativa na arrecadação tributária diminuída de um patamar médio de 75 % para 67 %. Como consequência, estados e municípios tiveram inicialmente suas participações relativas elevadas.

Como os dados também mostram, porém, no período após 1996 começa a haver uma nova reversão no caminho da centralização da arrecadação tributária junto ao governo federal.

Entre os diversos fatores que contribuíram para essa mudança podem-se citar como os mais importantes as constantes alterações nas cargas tributárias das chamadas contribuições sociais, que têm elevado significativamente a arrecadação federal. Conforme destacado na Tabela 7.8, essas contribuições aumentaram sua participação relativa na arrecadação da União para aproximadamente 37 % em 2012. A diminuição da arrecadação do ICMS pelos estados, com a introdução da Lei Kandir, é também outro fator relevante para esse processo, à medida que isenta a exportação de produtos primários e semielaborados e a utilização de outros mecanismos tributários, a receita desse tributo caiu significativamente em alguns estados.[13]

Por fim, vale ressaltar que a distribuição até aqui considerada não reflete efetivamente a participação dos níveis de governo na arrecadação tributária do país. Ela mostra o volume de recursos arrecadado em cada um deles.

Os valores efetivos da participação na arrecadação tributária se apuram após um complexo processo de ajustes que envolvem as chamadas transferências intergovernamentais.

---

[13] Sobre o assunto veja: RIANI, F. Impactos da Lei Kandir sobre a arrecadação do ICMS no Estado de Minas Gerais. *Aspectos recentes da economia e política brasileira*, Itaúna, Face, Universidade de Itaúna, ano 8, nº 8, p. 68-73, set. 1999.

Aspectos Fiscais da Participação do Governo na Economia Brasileira

Tabela 7.7 Receita tributária e competência — 2008/2012 — em % da arrecadação

Tributo	2008	2009	2010	2011	2012
Total da Receita Tributária	100,00 %	100,00 %	100,00 %	100,00 %	100,00 %
Tributos do Governo Federal	69,51 %	68,93 %	69,04 %	70,05 %	69,05 %
Orçamento Fiscal	26,26 %	24,18 %	24,31 %	25,02 %	24,15 %
Imposto de Renda	18,40 %	17,65 %	16,83 %	17,45 %	16,83 %
Pessoas Físicas	1,32 %	1,25 %	1,28 %	1,40 %	1,41 %
Pessoas Jurídicas	7,50 %	7,14 %	6,52 %	6,48 %	5,86 %
Retido na Fonte	9,59 %	9,26 %	9,03 %	9,58 %	9,56 %
Imposto sobre Produtos Industrializados	3,50 %	2,56 %	2,95 %	2,82 %	2,70 %
Imposto sobre Operações Financeiras	1,93 %	1,78 %	2,10 %	2,19 %	1,97 %
Impostos sobre o Comércio Exterior	1,63 %	1,47 %	1,67 %	1,83 %	1,97 %
Taxas Federais	0,39 %	0,38 %	0,38 %	0,39 %	0,33 %
Cota-Parte Ad. Fr. Ren. Mar. Mercante	0,22 %	0,14 %	0,19 %	0,17 %	0,18 %
Contrib. Custeio Pensões Militares	0,14 %	0,16 %	0,15 %	0,14 %	0,13 %
Imposto Territorial Rural	0,04 %	0,04 %	0,04 %	0,04 %	0,04 %
Orçamento Seguridade Social	35,87 %	36,86 %	37,00 %	37,15 %	37,03 %
Contribuição para a Previdência Social (1)	15,60 %	16,88 %	16,77 %	16,82 %	17,40 %
Cofins (2)	11,31 %	10,78 %	11,14 %	11,27 %	11,09 %
Contribuição Social sobre o Lucro Líquido	3,98 %	4,00 %	3,62 %	4,01 %	3,53 %
Contribuição para o PIS/Pasep	2,90 %	2,86 %	3,21 %	2,93 %	2,94 %
Contrib. Seg. Soc. Sevidor Público – CPSS	1,53 %	1,72 %	1,65 %	1,55 %	1,46 %
Contrib. s/ Receita de Concursos e Progn.	0,20 %	0,23 %	0,25 %	0,23 %	0,24 %
Contrib. Particip. Seguro DPVAT	0,22 %	0,24 %	0,22 %	0,22 %	0,22 %
Contribuições Rurais	0,08 %	0,08 %	0,07 %	0,07 %	0,08 %
Fundo de Saúde Militar (Beneficiário)	0,06 %	0,08 %	0,07 %	0,06 %	0,06 %
Demais	7,38 %	7,89 %	7,74 %	7,78 %	7,87 %
Contribuição para o FGTS (5)	4,82 %	5,30 %	5,08 %	5,12 %	5,45 %
Salário Educação (3)	0,84 %	0,89 %	0,87 %	0,90 %	0,94 %
Contribuição para o Sistema $	0,75 %	0,79 %	0,78 %	0,80 %	0,86 %
Cide Combustíveis	0,57 %	0,46 %	0,61 %	0,61 %	0,18 %
Cide Remessas	0,09 %	0,11 %	0,10 %	0,10 %	0,12 %
Contr. s/ Rec. Empr. Telecom.	0,17 %	0,07 %	0,07 %	0,10 %	0,06 %
Outras Contribuições Federais (4)	0,10 %	0,10 %	0,09 %	0,10 %	0,10 %
Receita da Dívida ativa	-0,02 %	0,06 %	0,05 %	0,06 %	0,07 %
Contrib. s/ Rec. Concess. Permiss. Energ. Elet.	0,04 %	0,09 %	0,05 %	0,06 %	0,06 %
Cota-Parte Contrib. Sindical	0,03 %	0,03 %	0,03 %	0,03 %	0,03 %
Tributos do Governo Estadual	25,36 %	25,62 %	25,45 %	24,44 %	25,16 %
ICMS	21,12 %	21,10 %	21,20 %	20,32 %	20,80 %
IPVA	1,63 %	1,86 %	1,69 %	1,65 %	1,72 %
ITCD	0,14 %	0,16 %	0,20 %	0,19 %	0,22 %
Contrib. Regime Próprio Previd. Est.	1,21 %	1,11 %	1,05 %	0,98 %	1,02 %
Outros Tributos Estaduais	1,26 %	1,40 %	1,32 %	1,30 %	1,41 %
Tributos do Governo Municipal	5,13 %	5,45 %	5,51 %	5,52 %	5,79 %
ISS	2,39 %	2,54 %	2,60 %	2,63 %	2,82 %
IPTU	1,29 %	1,38 %	1,36 %	1,32 %	1,34 %
ITBI	0,41 %	0,42 %	0,47 %	0,50 %	0,53 %
Contrib. Regime Próprio Previd. Est.	0,37 %	0,40 %	0,40 %	0,41 %	0,43 %
Outros Tributos Municipais	0,66 %	0,70 %	0,68 %	0,65 %	0,66 %

(1) – Receitas Correntes INSS + Recuperação de Créditos INSS. Exclui Transferências a terceiros (Sistema "S" e Salário-Educação) e inclui a Contribuição do INSS sobre faturamento.
(2) – Inclui remanescente de FINSOCIAL.
(3) – Soma das parcelas do INSS e do FNDE.
(4) – Inclui: CPMF, FUNDAF, CONDECINE, Selo Esp. Controle, Contrib. Ensino Aerov., Contrib. Ensino Prof. Marit., Adic. Pass. Aéreas Domést., Contrib. s/ Lojas Francas, Dep. Aduan. e Rec. Alfand., Contrib. p/ o PIN, PROTERRA. Outras Contrib. Sociais e Econômicas e Contrib. s/ Faturam. Empresas Informática, Contrib. Monteplo Civil, Contrib. Fundo de Saúde PMDF-BMDF, Contrib. Fundo Invest. Reg., Reserva Global de Reversão.
(5) – Inclui as contribuições devidas ao trabalhador e por demissão sem justa causa.
Fonte: SRF – Ministério da Fazenda.

Tabela 7.8 Brasil — Arrecadação Tributária por nível de Governo

Tributo/Competência	2011 R$ Milhões	2011 % PIB	2011 %	2012 R$ Milhões	2012 % PIB	2012 %
Total da Receita Tributária	1.463.024,92	35,31 %	100,00 %	1.574.592,92	35,85 %	100,00 %
Tributos do Governo Federal	1.024.783,64	24,74 %	70,05 %	1.087.226,33	24,75 %	69,05 %
Orçamento Fiscal	366.013,93	8,83 %	25,02 %	380.273,56	8,66 %	24,15 %
Imposto de Renda	255.333,99	6,16 %	17,45 %	265.006,17	6,03 %	16,83 %
Pessoas Físicas	20.438,02	0,49 %	1,40 %	22.265,13	0,51 %	1,41 %
Pessoas Jurídicas	94.797,82	2,29 %	6,48 %	92.240,14	2,10 %	5,86 %
Retido na Fonte	140.098,15	3,38 %	9,58 %	150.500,90	3,43 %	9,56 %
Imposto sobre Produtos Industrializados	41.207,50	0,99 %	2,82 %	42.566,77	0,97 %	2,70 %
Imposto sobre Operações Financeiras	31.998,23	0,77 %	2,19 %	30.998,40	0,71 %	1,97 %
Impostos sobre o Comércio Exterior	26.758,80	0,65 %	1,83 %	31.085,49	0,71 %	1,97 %
Taxas Federais	5.666,85	0,14 %	0,39 %	5.128,10	0,12 %	0,33 %
Cota-Parte Ad. Fr. Ren. Mar. Mercante	2.455,11	0,06 %	0,17 %	2.877,97	0,07 %	0,18 %
Contrib. Custeio Pensões Militares	2.025,44	0,05 %	0,14 %	2.001,21	0,05 %	0,13 %
Imposto Territorial Rural	568,01	0,01 %	0,04 %	609,44	0,01 %	0,04 %
Orçamento Seguridade Social	543.551,07	13,12 %	37,15 %	583.043,16	13,27 %	37,03 %
Contribuição para a Previdência Social (1)	246.031,38	5,94 %	16,82 %	273.988,14	6,24 %	17,40 %
Cofins (2)	164.814,53	3,98 %	11,27 %	174.626,00	3,98 %	11,09 %
Contribuição Social sobre o Lucro Líquido	58.594,31	1,41 %	4,01 %	55.608,09	1,27 %	3,53 %
Contribuição para o PIS/Pasep	42.839,88	1,03 %	2,93 %	46.352,26	1,06 %	2,94 %
Contrib. Seg. Soc. Sevidor Público – CPSS	22.609,92	0,55 %	1,55 %	22.978,03	0,52 %	1,46 %
Contrib. s/ Receita de Concursos e Progn.	3.413,74	0,08 %	0,23 %	3.763,16	0,09 %	0,24 %
Contrib. Particip. Seguro DPVAT	3.268,86	0,08 %	0,22 %	3.518,18	0,08 %	0,22 %
Contribuições Rurais	1.066,77	0,03 %	0,07 %	1.202,57	0,03 %	0,08 %
Fundo de Saúde Militar (Beneficiário)	911,69	0,02 %	0,06 %	1.006,73	0,02 %	0,06 %
Demais	115.218,64	2,78 %	7,88 %	123.909,61	2,82 %	7,87 %
Contribuição para o FGTS (5)	74.798,80	1,81 %	5,12 %	85.812,65	1,95 %	5,45 %
Salário Educação (3)	13.115,38	0,32 %	0,90 %	14.774,51	0,34 %	0,94 %
Contribuição para o Sistema $	11.662,70	0,28 %	0,80 %	13.518,92	0,31 %	0,86 %
Cide Combustíveis	8.950,28	0,22 %	0,61 %	2.878,77	0,07 %	0,18 %
Cide Remessas	1.507,12	0,04 %	0,10 %	1.962,44	0,04 %	0,12 %
Outras Contribuições Federais (4)	1.410,33	0,03 %	0,10 %	1.021,51	0,02 %	0,06 %
Contr. s/ Rec. Empr. Telecomun.	1.394,69	0,03 %	0,10 %	1.520,18	0,03 %	0,10 %
Receita da Dívida Ativa	931,78	0,02 %	0,06 %	1.051,36	0,02 %	0,07 %
Contrib. s/ Rec. Concess. Permiss. Energ. Elet.	825,57	0,02	0,06 %	893,32	0,02 %	0,06 %
Cota-Parte Contrib. Sindical	441,99	0,01 %	0,03 %	475,95	0,01 %	0,03 %
Tributos do Governo Estadual	357.506,71	8,63 %	24,44 %	396.236,29	9,02 %	25,16 %
ICMS	297.298,70	7,18 %	20,32 %	327.534,08	7,46 %	20,80 %
IPVA	24.107,02	0,58 %	1,65 %	27.030,53	0,62 %	1,72 %
ITCD	2.765,75	0,07 %	0,19 %	3.407,14	0,08 %	0,22 %
Contrib. Regime Próprio Previd. Est.	14.325,33	0,35 %	0,98 %	16.081,19	0,37 %	1,02 %
Outros Tributos Estaduais	19.009,90	0,46 %	1,30 %	22.183,34	0,51 %	1,41 %
Tributos do Governo Municipal	80.734,57	1,95 %	5,52 %	91.130,30	2,07 %	5,79 %
ISS	38.515,82	0,93 %	2,63 %	44.354,09	1,01 %	2,82 %
IPTU	19.334,03	0,47 %	1,32 %	21.174,47	0,48 %	1,34 %
ITBI	7.369,04	0,18 %	0,50 %	4.406,48	0,19 %	0,53 %
Contrib. Regime Próprio Previd. Mun.	6.023,22	0,15 %	0,41 %	6.798,81	0,15 %	0,43 %
Outros Tributos Municipais	9.492,46	0,23 %	0,65 %	10.396,45	0,24 %	0,66 %

(1) – Receitas Correntes INSS + Recuperação de Créditos INSS. Exclui Transferências a terceiros (Sistema "S" e Salário-Educação) e inclui a Contribuição do INSS sobre faturamento.
(2) – Inclui remanescente de FINSOCIAL.
(3) – Soma das parcelas do INSS e do FNDE.
(4) – Inclui: CPMF, FUNDAF, CONDECINE, Selo Esp. Controle, Contrib. Ensino Aerov., Contrib. Ensino Prof. Marit., Adic. Pass. Aéreas Domést., Contrib. s/ Lojas Francas, Dep. Aduan. e Rec. Alfand., Contrib. p/ o PIN, PROTERRA. Outras Contrib. Sociais e Econômicas e Contrib. s/ Faturam. Empresas Informática, Contrib. Monteplo Civil, Contrib. Fundo de Saúde PMDF-BMDF, Contrib. Fundo Invest. Reg., Reserva Global de Reversão.
(5) – Inclui as contribuições devidas ao trabalhador e por demissão sem justa causa.
Fonte: SRF – Ministério da Fazenda.

7.2.2 Mecanismos de transferências e recursos efetivamente disponíveis em cada nível

A análise anterior descreve como ficou a distribuição da competência tributária entre os níveis de governo no Brasil após a reforma tributária de 1988. Os valores apresentados referem-se, portanto, aos montantes de recursos tributários arrecadados em cada um deles em função das competências estabelecidas pela Constituição. Isso não significa, porém, que eles têm a totalidade da competência financeira sobre esses recursos. Em geral, a competência tributária é definida em função da natureza do tributo que, por suas características, às vezes, poderá gerar melhor arrecadação ou tornar sua administração e controle mais eficiente em determinado nível de governo. Por exemplo, o IPTU (Imposto Predial e Territorial Urbano) poderá ser mais bem administrado pelo município, o IR (Imposto de Renda) pela União etc. Isso não significa, porém, que a totalidade de recursos arrecadados deva permanecer nessa esfera de governo.

No Brasil, existe uma forma compartilhada da apropriação financeira dos tributos, de modo que uma melhor avaliação da disponibilidade de recursos em cada nível de governo requer que se leve em consideração os mecanismos de transferências tributárias constitucionais.

De acordo com os mecanismos de repartição das receitas tributárias, ficam assim distribuídos os recursos envolvidos por esses instrumentos:

a. A União deverá repassar:

- 47 % da arrecadação dos impostos sobre a renda e proventos de qualquer natureza e sobre os produtos industrializados, da seguinte forma (para a distribuição desses fundos, existem fórmulas específicas que têm a característica de redistribuir recursos para as esferas de governo mais pobres):
    - 22,5 % serão destinados ao Fundo de Participação dos municípios;
    - 21,5 % serão destinados ao Fundo de Participação dos estados; e
    - 3 % serão aplicados em programas de financiamento no produtivo das regiões Norte, Nordeste e Centro-Oeste.
- repasse de 10 % da arrecadação do imposto sobre produtos industrializados aos estados e ao Distrito Federal, proporcionalmente ao valor de suas exportações de produtos industrializados.

b. Em função desses mecanismos de repartição, pertencem ainda aos estados e ao Distrito Federal:
- 100 % do imposto sobre a renda e proventos de qualquer natureza, incidente na fonte, sobre rendimentos pagos por eles, suas autarquias e fundações;
- 20 % dos impostos criados na competência residual da União.

c. Os municípios recebem ainda os seguintes recursos transferidos:
- 100 % do imposto sobre a renda e proventos de qualquer natureza, incidente na fonte, sobre rendimentos pagos por eles, suas autarquias e fundações;
- 50 % do imposto sobre a propriedade territorial rural, relativamente aos imóveis neles situados;
- 50 % do imposto sobre a propriedade de veículos automotores licenciados em seu território;

- 25 % do imposto sobre a circulação de mercadorias e prestação de serviços de transporte interestadual e intermunicipal e de comunicação; e
- 25 % do repasse feito aos estados sobre o IPI das exportações de produtos industrializados.

Em geral, esses são os critérios básicos, constitucionais, utilizados no Brasil para a redistribuição dos recursos tributários entre as esferas de governo. Além desses, os níveis de governo negociam entre si recursos em função de programas e investimentos específicos. Esses recursos, porém, não são constitucionais e, portanto, não há nenhuma obrigatoriedade de repasse. Eles existirão em função do poder de negociação em cada nível de governo.

A Tabela 7.9 permite uma melhor visualização dos mecanismos constitucionais de repartição e uma análise comparativa entre os mecanismos utilizados com a reforma de 1966 e a de 1988.

Tabela 7.9   Repartição Constitucional das Receitas Tributárias — %

Impostos	Constituição de 1966			Constituição de 1988		
	União	Estados	Municípios	União	Estados	Municípios
1. Imposto de Renda	67	16(*1)	17	53	24,5(*2)	22,5
2. Imposto sobre Produtos Industrializados	67	16(*1)	17	43	32,0(*3)	25(*4)
3. Imposto de Importação	100	–	–	100	–	–
4. Imposto de Exportação	100	–	–	100	–	–
5. Imposto Territorial Rural	–	–	100	50	–	50
6. Imposto sobre Operações de Crédito, de Câmbio, Seguros etc.	100	–	0	100	–	–
7. Imposto sobre Transportes	40	40	20	–	–	–
8. Imposto Único sobre Lubrificantes e Combustíveis	10	70	20	–	–	–
9. Imposto Único sobre Minerais	40	50	10	–	–	–
10. Imposto Único sobre Energia Elétrica	100	–	–	–	–	–
11. Imposto sobre Comunicações	–	50	50	–	100	–
12. Imposto sobre Circulação de Mercadorias e Serviços	–	80	20	–	75	100
13. Imposto sobre Transmissão de Bens Imóveis	–	50	50	–	50	50
14. Imposto sobre Propriedade de Veículos Automotores	–	–	–	–	50	50
15. Adicional de Imposto de Renda	–	–	100	–	–	100
16. Imposto sobre Serviços	–	–	100	–	–	100
17. Imposto sobre Propriedade Territorial Urbana	–	–	–	–	–	100
18. Imposto sobre Venda a Varejo (Combustíveis)	–	–	–	–	100	–
19. Imposto sobre Transmissão *Causa Mortis* e Doações	–	–	–	100	–	–
20. Imposto sobre Grandes Fortunas	–	–	–	–	–	–

Fonte: Constituição de 1966, Emendas nºs 1, 23 e 27, e Constituição de 1988.
(*1) Inclui o Fundo Especial de 2 %.
(*2) Inclui 3 % para aplicação nos Estados do Norte, Nordeste e Centro-Oeste.
(*3) Inclui 3 % para aplicação nos Estados do Norte, Nordeste e Centro-Oeste e 7,5 % da parcela do Fundo de Exportação.
(*4) Inclui 2,5 % a título de participação no Fundo de Exportação.

7.2.2.1 *Principais instrumentos de repartição dos recursos tributários*

A forma pela qual os tributos são distribuídos no Brasil gera uma inevitável desigualdade entre os volumes de arrecadação entre esferas de governo semelhantes. Isso porque a base tributária é muito desigual entre os estados e entre os municípios brasileiros. Do ponto de vista de arrecadação, a estrutura tributária é a mesma ao considerar o Estado de São Paulo e o Estado do Acre. O mesmo ocorre na estrutura tributária do município de São Paulo e do município de Berilo no Vale do Jequitinhonha mineiro.

O resultado disso é uma estrutura muito desigual de bases geradoras de tributos que requer do sistema algum mecanismo que minimize as diferenças nas arrecadações estaduais e municipais.

Nesse sentido, surgem as transferências intergovernamentais com o objetivo de exercer esse papel equalizador. Essas transferências são, por sua vez, de duas naturezas. Uma delas se constitui nas chamadas Transferências Voluntárias que são recursos negociados entre os governos, para os quais não existe nenhuma obrigatoriedade legal. A outra se refere às Transferências Constitucionais, definidas por lei, cujos valores e critérios de repartição são por ela definidos. Essas são, portanto, obrigatórias e ocorrem entre os níveis de governo.

Dentre as principais formas de Transferências Constitucionais pode-se destacar:

7.2.2.1.1 Fundo de Participação dos Municípios

Os recursos que compõem o Fundo de Participação dos Municípios (FPM) são oriundos de um percentual da arrecadação do Governo Federal oriunda do Imposto de Renda (IR) e do Imposto sobre Produtos Industrializados (IPI).

Desde a criação do FPM ocorreram várias mudanças na legislação tanto no que se refere à sua composição quanto aos critérios de repartição dos recursos entre os municípios.

A Tabela 7.10 destaca as alterações ocorridas na formação do FPM desde o ano de sua criação até o critério atual determinado pela Constituição de 1988, que estabelece 23,5 % da arrecadação do Imposto de Renda e do Imposto sobre Produtos Industrializados para a formação do referido fundo.

Inicialmente, a repartição do FPM constava do Código Tributário Nacional, em 1966, e considerava apenas a população como critério de rateio. Atualmente, o cálculo é feito com base na população dos municípios e na renda *per capita* de cada estado.

Ressalte-se que do total do FPM a ser distribuído, 10 % destinam-se aos municípios capitais de estado, 3,6 % para aqueles com população superior a 156.216 habitantes e o restante, 86,4 %, aos demais municípios.

Tabela 7.10 Percentuais de formação do FPM e período de vigência

Dispositivo Legal	FPM (%)	Vigência
Código Tributário Nacional (1966)	10,0	1967/68
Ato Complementar 40/1968	5,0	1969/75
Emenda Constitucional 5/1975	6,0	1976
Emenda Constitucional 5/1975	7,0	1977
Emenda Constitucional 5/1975	8,0	1978
Emenda Constitucional 5/1975	9,0	1979/80
Emenda Constitucional 17/1980	10,0	1981
Emenda Constitucional 17/1980	10,5	1982/83
Emenda Constitucional 23/1983	13,5	1984
Emenda Constitucional 23/1983	16,0	1985
Emenda Constitucional 27/1985	17,0	1985/88
Constituição Federal de 1988	20,0	1988[a]
Constituição Federal de 1988	20,5	1989
Constituição Federal de 1988	21,0	1990
Constituição Federal de 1988	21,5	1991
Constituição Federal de 1988	22,0	1992
Constituição Federal de 1988	22,5	A partir de 1993
Emenda Constitucional 55/2007	+1,0	A partir de 2007[b]

(a) A partir da promulgação da Constituição.
(b) Em 2007, a partir da arrecadação do mês de setembro.
Fonte: Tesouro Nacional – FPM – Ministério da Fazenda.

Para o cálculo de apuração das parcelas do FPM para os municípios capitais, determina-se o fator população através da relação entre a população da capital específica e a soma das populações de todas as capitais. Por outro lado, o fator renda é calculado pela relação percentual da renda *per capita* nacional em relação à renda *per capita* da capital. Os resultados encontrados são classificados de acordo com os percentuais descritos nas Tabelas 7.11 e 7.12.

A Tabela 7.11 apresenta os fatores baseados na população.

Tabela 7.11 Fator população — Municípios, Capitais e Reservas

Pop. do Município/Pop. de Referência	Fator
Até 2%	2,0
Acima de 2% até 2,5%	2,5
Acima de 2,5% até 3,0%	3,0
Acima de 3,0% até 3,5%	3,5
Acima de 3,5% até 4,0%	4,0
Acima de 4,0% até 4,5%	4,5
Acima de 4,5%	5,0

Fonte: Lei 5.172/1966, art. 89.

Aspectos Fiscais da Participação do Governo na Economia Brasileira

Os fatores relacionados com as rendas *per capita* dos Estados estão destacados na Tabela 7.12.

Tabela 7.12 Fator de Renda *per capita* — Municípios, Capitais e Reserva

Inverso do Índice de Renda *per capita* do Estado (%)	Fator
Até 0,0045	0,4
Acima de 0,0045 até 0,0055	0,5
Acima de 0,0055 até 0,0065	0,6
Acima de 0,0065 até 0,0075	0,7
Acima de 0,0075 até 0,0085	0,8
Acima de 0,0085 até 0,0095	0,9
Acima de 0,0095 até 0,0110	1,0
Acima de 0,0110 até 0,0130	1,2
Acima de 0,0130 até 0,0150	1,4
Acima de 0,0150 até 0,0170	1,6
Acima de 0,0170 até 0,0190	1,8
Acima de 0,0190 até 0,0220	2,0
Acima de 0,0220	2,5

Fonte: Lei 5.172/1966, art. 90.

O índice final de participação de cada capital é resultante da multiplicação do seu fator população vezes o fator renda *per capita*. Com o índice obtido calcula-se a sua participação relativa no total desses índices de todas as capitais, obtendo-se o índice final de participação do município capital.

Os municípios do interior, com participação acumulativa dos municípios considerados reservas, têm mecanismos de repartição também ponderados entre fator população e fator estadual. Esses fatores foram determinados pelo Decreto-Lei 1881, de 27 de agosto de 1966, ratificado pela Lei Complementar 62, de 28 de dezembro de 1989 que geram as seguintes tabelas para ponderações.

Tabela 7.13 Municípios do Interior e Reservas — Fator Estadual

Estado	Participação %	Estado	Participação %
Acre	0,2630	Paraíba	3,1942
Alagoas	2,0883	Paraná	7,2857
Amapá	0,1392	Pernambuco	4,7952
Amazonas	1,2452	Piauí	2,4015
Bahia	9,2695	Rio de Janeiro	2,7379
Distrito Federal	0,0000	Rio Grande do Norte	2,4324
Ceará	4,5864	Rio Grande do Sul	7,3011
Espírito Santo	1,7595	Rondônia	0,7464
Goiás	3,7318	Roraima	0,0851
Maranhão	3,9715	Santa Catarina	4,1997
Mato Grosso	1,8949	São Paulo	14,2620
Mato Grosso do Sul	1,5004	Sergipe	1,3342
Minas Gerais	14,1846	Tocantins	1,2955
Pará	3,2948	TOTAL	100,0000

Fonte: Resolução TCU nº 242/90, de 2 de janeiro de 1990.

Por outro lado, a Tabela 7.14 apresenta os índices dos municípios do interior e reserva levando-se em consideração o fator populacional.

Tabela 7.14 Municípios do Interior e Reservas — Fator população

Faixa de Habitantes	Coeficiente	Faixa de Habitantes	Coeficiente
Até 10.188	0,6	De 61.129 a 71.316	2,4
De 10.189 a 13.584	0,8	De 71.317 a 81.504	2,6
De 13.585 a 16.980	1,0	De 81.505 a 91.692	2,8
De 16.981 a 23.772	1,2	De 91.693 a 101.880	3,0
De 23.773 a 30.564	1,4	De 101.881 a 115.464	3,2
De 30.565 a 37.356	1,6	De 115.465 a 129.048	3,4
De 37.357 a 44.148	1,8	De 129.049 a 142.632	3,6
De 44.149 a 50.940	2,0	De 142.633 a 156.216	3,8
De 50.941 a 61.128	2,2	Acima de 156.216	4,0

Fonte: Decreto Lei nº 1.881/1981.

A título de ilustração, os dois gráficos seguintes destacam a evolução dos valores financeiros nominais e reais transferidos aos municípios e a participação relativa das regiões brasileira no total dos recursos distribuídos.

O Gráfico 7.3 destaca a evolução dos recursos financeiros transferidos entre 2003 e 2012.

Gráfico 7.3 Evolução dos recursos transferidos do FPM

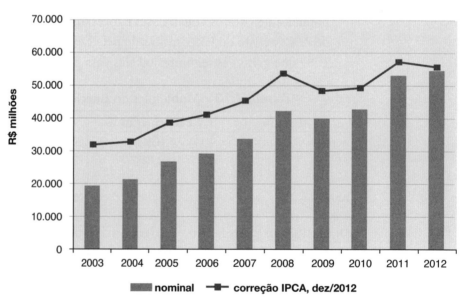

Fonte: Tesouro Nacional – Ministério da Fazenda.

Em termos regionais, o Gráfico 7.4 apresenta a distribuição média do FPM também relativa à média de 2003 a 2012.

Gráfico 7.4 Distribuição Regional do FPM — Acumulado — 2003/2012

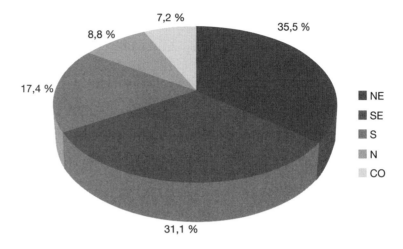

Total de repasses no período: R$ 455.369,9 milhões
Correção IPCA, valores dez/2012

Fonte: Tesouro Nacional – Ministério da Fazenda.

Do total desse fundo, 35,3 % são destinados aos municípios da região Nordeste, 31,1 % aos da região Sudeste e o restante, 33,5 %, destina-se aos municípios das demais regiões. Além disso, existe uma distribuição percentual entre municípios do interior de estados e das capitais de estados, ficando os primeiros com 90 % e os demais com 10 %.

7.2.2.1.2 Fundo de Participação dos Estados

O Fundo de Participação dos Estados (FPE) tem sua formação com recursos oriundos da arrecadação federal do imposto de renda e do imposto sobre produtos industrializados. Do total da arrecadação desses impostos, 21,5 % destinam-se a esse fundo que é redistribuído entre os estados brasileiros, sendo 85 % para os estados do Norte, Nordeste e Centro-Oeste e 15 % para os estados das regiões Sul e Sudeste.

As alterações na constituição desse fundo de participação estão descritas na Tabela 7.15.

Tabela 7.15 Dispositivo legal da formação do FPE

Dispositivo legal	FPE (%)	Vigência
Código Tributário Nacional (1966)	10,0	1967/68
Ato Complementar 40/1968	5,0	1969/75
Emenda Constitucional 5/1975	6,0	1976
	7,0	1977
	8,0	1978
	9,0	1979/80
Emenda Constitucional 17/180	10,0	1981
	10,5	1982/83
Emenda Constitucional 23/1983	12,5	1984
	14,0	1985
Emenda Constitucional 27/1985	14,0	1985/88
Constituição Federal de 1988	18,0	1988*
	19,0	1989
	19,5	1990
	20,0	1991
	20,5	1992
	21,5	A partir de 1993

*A partir da promulgação da Constituição.
Fonte: Tesouro Nacional – Ministério da Fazenda.

Os índices de cada estado constam do anexo da Lei Complementar nº 62/89 e estão listados na Tabela 7.16. Por meio deles pode-se notar que o estado com maior índice de participação é a Bahia e o menor, o estado de São Paulo, o que mostra certo caráter de redistribuição desse fundo, já que o maior volume financeiro que o forma, oriundo do imposto de renda e do IPI, é gerado justamente nos estados mais desenvolvidos do país.

A distribuição percentual da participação das regiões brasileiras na repartição do FPE está destacada no Gráfico 7.5.

O FPE e o FPM são importantes fontes de receitas para os estados e os municípios menos desenvolvidos. Essas unidades de governo normalmente têm uma base econômica local economicamente fraca, que não é capaz de gerar tributos locais. Por essa razão, esses instrumentos passam a ter importante papel de financiadores de despesas públicas nesses locais. Além disso, eles acabam exercendo um importante papel descentralizador à medida que a base geradora desses fundos tem uma parcela maior captada nas regiões mais desenvolvidas do país.

Os valores apresentados no Capítulo 4 mostraram a diferenciação do peso do FPM para os municípios nas regiões brasileiras e nos municípios por faixa de população, onde é visível o peso relativo diferenciado desse fundo na arrecadação municipal.

Tabela 7.16 FPE — Coeficiente de participação dos Estados e do Distrito Federal

Estados	Coeficientes (%)
Acre	3,4210
Alagoas	4,1601
Amapá	3,4120
Amazonas	2,7904
Bahia	9,3962
Ceará	7,3369
Distrito Federal	0,6902
Espírito Santo	1,5000
Goiás	2,8431
Maranhão	7,2182
Mato Grosso	2,3079
Mato Grosso do Sul	1,3320
Minas Gerais	4,4545
Pará	6,1120
Paraíba	4,7889
Paraná	2,8832
Pernambuco	6,9002
Piauí	4,3214
Rio de Janeiro	1,5277
Rio Grande do Norte	4,1779
Rio Grande do Sul	2,3548
Rondônia	2,8156
Roraima	2,4807
Santa Catarina	1,2798
São Paulo	1,0000
Sergipe	4,1553
Tocantins	4,3400
Total	**100**

Fonte: Lei Complementar nº 62/89, alterada pela Lei Complementar 143, de 17-7-2013.

Gráfico 7.5 Distribuição regional do FPE — %

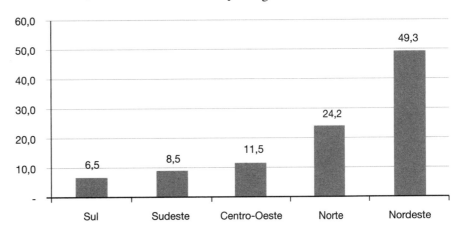

7.2.2.1.3 Cota municipal do ICMS

Em relação à cota municipal do ICMS, o Gráfico 7.6 mostra que, de acordo com o que determina a Constituição, da arrecadação total do ICMS do Estado, 25 % deverão ser destinados aos municípios, ficando 75 % com os governos estaduais.

Gráfico 7.6 Distribuição do ICMS total arrecadado no Estado

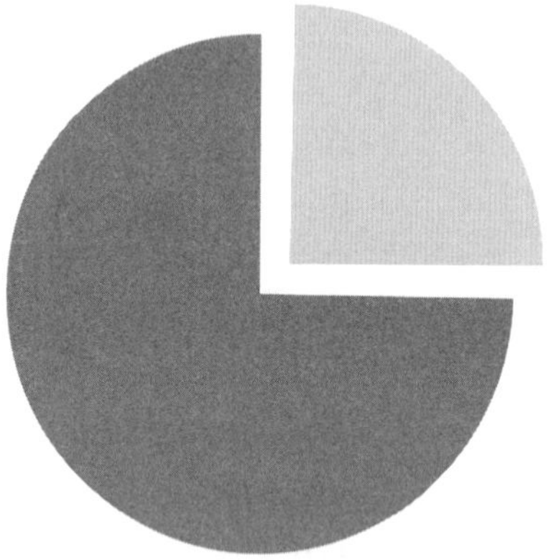

Município 25 %   Estado 75 %

Ela determina também que, conforme destaca o Gráfico 7.7, no critério de rateio desses 25 %, no mínimo 75 % terão que ser distribuídos com base no valor adicionado fiscal (VAF) gerado em cada município. Os outros 25 % serão distribuídos conforme determinar a lei estadual, que deverá ser aprovada pela assembleia legislativa. Por essa razão, o rateio dessa cota-parte é feito de forma diferenciada em cada estado.

Gráfico 7.7 Distribuição da cota — Parte municipal

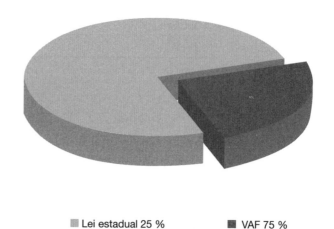

Lei estadual 25 %   VAF 75 %

O fato é que nos estados onde prevalece o VAF como mecanismo de rateio global, a tendência é a de ocorrer concentrações das cotas-parte nos municípios mais desenvolvidos, onde o VAF é mais significativo. Em relação a esses critérios de rateio, Minas Gerais tem um mecanismo de repartição interessante. Inicialmente, a lei mineira foi criada para, através desse mecanismo, incentivar os municípios a aumentarem seus

Aspectos Fiscais da Participação do Governo na Economia Brasileira **255**

gastos em áreas sociais básicas e elevarem suas receitas próprias. Além disso, ela ainda tem um forte caráter distributivo.[14]

7.2.2.1.4 Outros mecanismos de transferências legais

Além desses fundos, existe também o Fundo de Exportação (IPI Exp.) que destina 10 % da arrecadação do IPI aos estados e municípios na proporção de suas participações na exportação de produtos industrializados. O recurso é inicialmente transferido aos estados que são obrigados, por lei, a destinarem 25 % dos recursos que eles recebem aos municípios. O critério para rateio desses recursos entre os municípios é o mesmo utilizado para a repartição da cota municipal do ICMS.

De acordo com DN TCU nº 122, os índices para a repartição do IPI Exportação são os destacados na Tabela 7.17.

Tabela 7.17 IPI Exportação — Índices para repartição

Estado	Participação %	Estado	Participação %
Acre	0,004642	Paraíba	0,116849
Alagoas	0,156857	Paraná	7,616241
Amapá	0,211368	Pernambuco	0,740882
Amazonas	0,631654	Piauí	0,019225
Bahia	5,189294	Rio de Janeiro	18,978515
Distrito Federal	0,660519	Rio Grande do Norte	0,091347
Ceará	0,126715	Rio Grande do Sul	7,909421
Espírito Santo	5,641522	Rondônia	0,178347
Goiás	1,828866	Roraima	0,005295
Maranhão	0,996581	Santa Catarina	5,180505
Mato Grosso	1,238545	São Paulo	20,000000
Mato Grosso do Sul	1,458973	Sergipe	0,047344
Minas Gerais	14,687278	Tocantins	0,067568
Pará	6,215647	TOTAL	100,000000

Fonte: DN TCU nº 122, de 25 de julho de 2012.

Através desse critério de repartição, como é objetivo do mecanismo de transferência compensar os exportadores, o Gráfico 7.8 mostra grande participação de três estados da região sudeste que absorvem quase 53 % do total repartido.

O Fundo de Compensação da Lei Complementar nº 87/96, alterada pela Lei Complementar nº 102/00, refere-se à chamada Lei Kandir. Esse fundo de compensação tinha prazo para extinção para alguns estados já a partir de 2003, e até 2005 para todos os estados da federação. Porém, ele tem sido ainda objeto de discussão e as transferências têm sido estipuladas através de negociações entre os estados e o governo federal por intermédio de auxílio e contribuições.

Esse fundo foi criado como forma de compensação pelas perdas de ICMS que os estados e os municípios teriam com várias medidas que foram tomadas em relação a esse tributo, visando aumentar as exportações e incentivar os investimentos industriais

---

[14] Veja RIANI, F. *O novo critério de repartição*.... Op. cit. E "Impactos Regionais Distributivos da Lei Robin Hood", Anais do XVI Seminário de Economia Mineira, Diamantina, 2014.

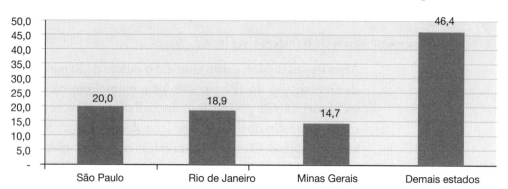

Gráfico 7.8 IPI Exportação — Participação Relativa dos Principais Estados

no país. Na época da aprovação desta lei complementar, a política econômica adotada no país tinha na paridade entre o dólar e o real seu alicerce. Para não alterá-la, o governo federal adotou o artifício de isentar o ICMS para incentivar as exportações e com isso minimizar os problemas com o balanço de pagamentos. Como a maioria dos governadores tinha afinidades políticas com o governo federal, a referida lei acabou sendo aprovada pelo Congresso Nacional.

Como forma de minimizar as perdas desse imposto, foi constituído um fundo de compensação, com prazo limitado, que repunha apenas parte das perdas obtidas. Como esse fundo se esgotará, o fato é que essa perda se tornará permanente e sem nenhuma compensação para os estados e municípios que perderão suas receitas oriundas desse imposto.[15]

O Imposto Territorial Rural (ITR) é de competência tributária da União, que repassa aos municípios 50 % do total arrecadado em cada um deles.

O montante desse imposto é transferido aos municípios com grande concentração na distribuição nos estados de São Paulo, Rio Grande do Sul, Minas Gerais, Mato Grosso e Mato Grosso do Sul que, no total, absorvem mais de 60 % do total repartido.

O IOF-Ouro tem sua receita repartida entre a União, os estados e os municípios. Esses recursos, porém, são distribuídos apenas entre os estados e municípios que geram sua arrecadação. Com isso, apenas nove estados e seus respectivos municípios recebem recursos transferidos dessa fonte. Mesmo assim, esses valores têm um peso relativo muito pequeno na maioria das unidades que os recebem.

O Fundo de Manutenção e Desenvolvimento do Ensino Fundamental e de Valorização do Magistério (Fundef) é formado de 15 % dos recursos oriundos do FPM, FPE, ICMS, IPIexp. e das transferências dos recursos do fundo da Lei Kandir.

A Lei que criou o Fundef (hoje Fundeb) prevê um repasse de recursos suplementar por parte da União todas as vezes que o estado ou município tiver um gasto mínimo, por aluno, superior à média nacional.

O cálculo dessa média e a interpretação da lei têm gerado situações nas quais o governo federal não tem repassado esse fundo a alguns estados que, de acordo com o que estabelece a Lei, deveriam estar recebendo recursos adicionais.

Do ponto de vista dos estados, as transferências federais constitucionais passaram a ter pesos cada vez maiores nos períodos mais recentes para a maioria deles. Além

---

[15] Veja RIANI, F. *Impactos da Lei Kandir*.... Op. cit.

dos aspectos conjunturais que afetam suas arrecadações, muitos deles, como o caso de Minas Gerais, Pará e outros, tiveram suas receitas fortemente diminuídas em função dos efeitos da Lei Kandir. Em Minas Gerais, as perdas médias de receita do ICMS têm sido da ordem de 10 %.[16]

Por fim, foram criadas também as cotas de repasses da CIDE (Contribuição de Intervenção no Domínio Econômico)[17] incidentes sobre os combustíveis, que é arrecadada pelo governo federal. Do total arrecadado, retira-se 20 % para a DRU (Desvinculação da Receita da União), e do restante, ou seja, 80 %, redistribui-se 25 % entre os estados e municípios.

7.2.2.2 Composição quantitativa das transferências constitucionais e voluntárias

A composição e os valores das transferências constitucionais aos estados e aos municípios, por estados, no ano de 2013 estão destacados nas tabelas em anexo neste capítulo.

A partir deles foram extraídos as tabelas e gráficos a seguir que apresentam de forma agregada a composição dessas transferências no nível estadual e municipal.

Inicialmente a Tabela 7.18 destaca a composição percentual das transferências constitucionais aos estados, por item de transferências e por regiões.

Tabela 7.18   Brasil — Transferências Constitucionais para os Estados — 2013 — %

Regiões	FPE	IPI-Exportações	IOF Ouro	Lei Kandir	Trans. Prognósticos	CIDE	Total
Região Norte	25,37	7,31	49,13	6,22	5,36	10,39	23,83
Região Nordeste	52,46	8,02	0,11	10,52	14,37	25,55	48,79
Região Sudeste	8,48	59,31	3,43	54,03	53,73	36,07	12,62
Região Sul	6,52	20,71	1,12	23,65	15,60	15,56	7,76
Região Centro-Oeste	7,17	4,65	46,20	5,57	10,94	12,43	7,00
Total	100	100	100	100	100	100	100

Fonte: Dados básicos - STN - Ministério da Fazenda.

Pelo exposto na Tabela 7.18 percebe-se grandes variações na participação relativa de cada região entre as diversas fontes de transferência constitucionais.

O Gráfico 7.9 apresenta, de forma agregada, a participação relativa das regiões no total das transferências. Ele destaca a importância delas nas disponibilidades de recursos aos governos de norte e nordeste que, no conjunto, absorvem 72,6 % dos valores distribuídos.

Por outro lado, a Tabela 7.19 destaca o peso relativo das diversas fontes de transferências no total de recursos distribuídos em 2013.

---
[16] Ibidem.
[17] Criada pela Lei nº 10.336 de 19/12/2001.

Gráfico 7.9 Transferências constitucionais estaduais — Participação relativa das regiões — 2013

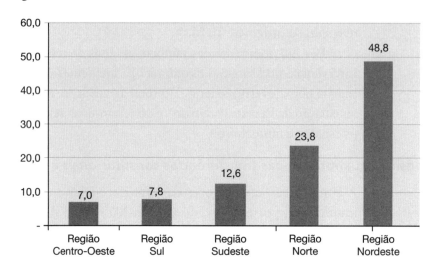

Tabela 7.19 Brasil — Transferências Constitucionais para os Estados — 2013 — %

Regiões	FPE	IPI-Exportações	IOF Ouro	Lei Kandir	Trans. Prognósticos	CIDE	Total
Região Norte	97,51	1,88	0,01	0,53	0,04	0,03	100,00
Região Nordeste	98,47	1,01	0,00	0,43	0,05	0,04	100,00
Região Sudeste	61,58	28,87	0,00	8,63	0,70	0,21	100,00
Região Sul	76,97	16,40	0,00	6,15	0,33	0,15	100,00
Região Centro-Oeste	93,88	4,08	0,04	1,61	0,26	0,13	100,00

Fonte: Dados básicos - STN - Ministério da Fazenda.

Os valores da Tabela 7.19 novamente destacam a importância dos mecanismos de transferência para as regiões menos desenvolvidas, onde nelas a quase totalidade dos recursos recebidos via transferência são do FPE, enquanto nas regiões Sul e Sudeste, as transferências do IPI exportação passam a ter um peso relativo significativo. Mas de qualquer forma, observa-se a importância relativa das transferências do FPE que representaram 93,88 % do total transferido em 2013.

No que se refere às transferências legais aos municípios, a Tabela 7.20 também apresenta os valores repassados, por fontes de transferências, relativos ao ano de 2013.

Tabela 7.20 Brasil — Transferências Constitucionais para os Municípios — 2013 — %

Regiões	FPM	FPM – Capitais	IOF Ouro	ITR	Lei Kandir	CIDE	Aux. Financeiro	Total
Região Norte	8,87	24,89	49,13	3,49	6,29	10,58	8,90	10,22
Região Nordeste	35,43	47,41	0,11	7,52	10,64	26,04	35,41	36,11
Região Sudeste	31,17	12,64	3,43	33,03	54,62	36,75	31,17	29,70
Região Sul	17,35	6,70	1,12	20,99	23,91	15,86	17,35	16,48
Região Centro-Oeste	7,18	8,37	46,20	34,96	4,55	10,77	7,18	7,49
Total	100,00	100,00	100,00	100,00	100,00	100,00	100,00	100,00

Fonte: Dados básicos - STN - Ministério da Fazenda.

A participação relativa das regiões no total repassado aos municípios apresenta padrões diferenciados para cada uma das fontes de repasses.

Em termos agregados, consegue-se visualizar melhor, por meio do Gráfico 7.10, que não há a mesma concentração que as transferências estaduais. Isso se deve ao fato de que há também um grande número de municípios nas regiões Sul e Sudeste, principalmente a Sudeste, o que diminui um pouco a concentração da distribuição regional.

Gráfico 7.10 Transferências Constitucionais Municipais — Participação relativa das regiões — 2013 — %

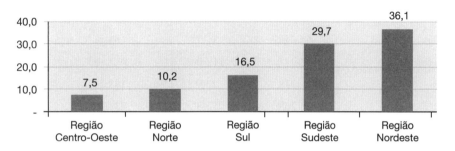

No que se refere ao peso relativo das diversas fontes no total das transferências municipais legais, observa-se na Tabela 7.21 total predominância do FPM (interior e capitais), que na média correspondeu a 96,4 % do total transferido em 2013.

Tabela 7.21 Brasil — Transferências Constitucionais para os Municípios — 2013 — %

Regiões	FPM	FPM – Capitais	IOF Ouro	ITR	Lei Kandir	CIDE	Aux. Financeiro	Total
Região Norte	76,02	21,33	0,06	0,27	0,35	0,02	1,94	100,00
Região Nordeste	85,96	11,50	0,00	0,17	0,17	0,02	2,19	100,00
Região Sudeste	91,96	3,73	0,00	0,88	1,06	0,03	2,34	100,00
Região Sul	92,23	3,56	0,00	1,01	0,84	0,02	2,35	100,00
Região Centro-Oeste	83,93	9,78	0,07	3,70	0,35	0,03	2,14	100,00
Total	87,61	8,76	0,01	0,79	0,58	0,02	2,23	100,00

Fonte: Dados básicos - STN - Ministério da Fazenda.

Existem outras formas de transferências realizadas entre os níveis de governo sem a obrigatoriedade legal/constitucional. Elas são chamadas de voluntárias. São realizadas através de negociações entre governos e se materializam por intermédio de convênios, auxílios etc.

Os valores referentes às transferências voluntárias realizadas para estados e municípios e suas respectivas regiões, no ano de 2013, estão destacados na Tabela 7.22.

As participações relativas dos estados e seus respectivos municípios são muito próximas. No geral, observa-se com mais clareza no Gráfico 7.11 que há também, nessa modalidade de transferências, a predominância dos estados menos desenvolvidos no total repassado. As regiões Norte e Nordeste absorveram quase 50 % do total dos repasses voluntários no período.

A Tabela 7.23 consolida as transferências constitucionais e legais com as voluntárias relativas a 2013.

Os dados revelam uma total predominância das transferências constitucionais e legais, que correspondem a 99,9 % do total dos recursos transferidos.

Tabela 7.22 Total das Transferências Voluntárias a Estados e Municípios — 2013 — Valores correntes

Estados e Regiões	Transferências a Estados (A) R$ mil	%	Transferências a Municípios (B) R$ mil	%	Total (A + B) R$ mil	%
Acre	67.251	1,90	39.737	0,49	106.988	0,92
Amazonas	68.601	1,94	150.108	1,85	218.709	1,88
Amapá	40.746	1,15	27.293	0,34	68.039	0,58
Pará	95.954	2,71	469.954	5,80	565.908	4,86
Rondônia	48.634	1,37	55.372	0,68	104.006	0,89
Roraima	22.671	0,64	15.590	0,19	38.261	0,33
Tocantins	63.234	1,79	84.511	1,04	147.745	1,27
Região Norte	*407.091*	**11,50**	*842.565*	**10,40**	**1.249.656**	**10,73**
Alagoas	105.738	2,99	183.215	2,26	288.953	2,48
Bahia	193.768	5,48	831.037	10,26	1.024.805	8,80
Ceará	127.096	3,59	591.054	7,30	718.150	6,17
Maranhão	84.727	2,39	511.255	6,31	595.982	5,12
Paraíba	178.640	5,05	246.207	3,04	424.847	3,65
Pernambuco	222.531	6,29	472.400	5,83	694.931	5,97
Piauí	105.884	2,99	224.386	2,77	330.270	2,84
Rio Grande do Norte	98.050	2,77	194.352	2,40	292.402	2,51
Sergipe	78.358	2,21	111.327	1,37	189.685	1,63
Região Nordeste	*1.194.792*	**33,76**	*3.365.233*	**41,54**	**4.560.025**	**39,17**
Espírito Santo	56.024	1,58	141.139	1,74	197.163	1,69
São Paulo	313.918	8,87	661.711	8,17	975.629	8,38
Minas Gerais	132.267	3,74	473.551	5,84	605.818	5,20
Rio de Janeiro	482.021	13,62	1.133.317	13,99	1.615.338	13,88
Região Sudeste	*984.230*	**27,81**	*2.409.718*	**29,74**	**3.393.948**	**29,15**
Paraná	214.486	6,06	389.734	4,81	604.220	5,19
Rio Grande do Sul	186.910	5,28	376.749	4,65	563.659	4,84
Santa Catarina	101.184	2,86	222.395	2,74	323.579	2,78
Região Sul	*502.580*	**14,20**	*988.878*	**12,21**	**1.491.458**	**12,81**
Goiás	79.423	2,24	-	-	79.423	0,68
Distrito Federal	161.990	4,58	231.611	2,86	393.601	3,38
Mato Grosso do Sul	79.135	2,24	116.188	1,43	195.323	1,68
Mato Grosso	129.795	3,67	147.842	1,82	277.637	2,38
Região Centro-Oeste	*450.343*	**12,73**	*495.641*	**6,12**	**945.984**	**8,13**
	-		-		-	-
Total	**3.539.036**	**100,00**	**8.102.035**	**100,00**	**11.641.071**	**100,00**

Fonte: STN – Ministério da Fazenda.
Os valores do FPM, FPE, IPI-Exportação e ICMS LC 87/96 já estão descontados da parcela de 20 % destinada ao FUNDEB.
Dados extraídos do SIAFI.

Aspectos Fiscais da Participação do Governo na Economia Brasileira

Tabela 7.23 Brasil – Transferências para Estados e Municípios — 2013 — Valores correntes (R$ mil)

Estados	Transferências Constitucionais	Transferências Voluntárias	Transferências Total	% Total	% no Estado Constitucionais	% no Estado Voluntárias
Acre	2.322.647.903,57	106.988	2.322.754.891,57	1,85	100,00	0,00
Amazonas	2.717.205.897,75	218.709	2.717.424.606,75	2,17	99,99	0,01
Amapá	2.225.964.302,34	68.039	2.226.032.341,34	1,77	100,00	0,00
Pará	6.127.994.092,55	565.908	6.128.560.000,55	4,89	99,99	0,01
Rondônia	2.184.517.685,36	104.006	2.184.621.691,36	1,74	100,00	0,00
Roraima	1.821.600.275,74	38.261	1.821.638.536,74	1,45	100,00	0,00
Tocantins	3.339.500.532,08	147.745	3.339.648.277,08	2,66	100,00	0,00
Região Norte	**20.739.430.689,39**	**1.249.656**	**20.740.680.345,39**	**16,54**	**99,99**	**0,01**
Alagoas	3.982.407.807,89	288.953	3.982.696.760,89	3,18	99,99	0,01
Bahia	11.235.487.087,73	1.024.805	11.236.511.892,73	8,96	99,99	0,01
Ceará	7.453.448.039,32	718.150	7.454.166.189,32	5,94	99,99	0,01
Maranhão	6.732.079.790,25	595.982	6.732.675.772,25	5,37	99,99	0,01
Paraíba	4.759.967.512,19	424.847	4.760.392.359,19	3,80	99,99	0,01
Pernambuco	7.017.975.421,62	694.931	7.018.670.352,62	5,60	99,99	0,01
Piauí	4.224.447.763,17	330.270	4.224.778.033,17	3,37	99,99	0,01
Rio Grande do Norte	3.955.790.710,66	292.402	3.956.083.112,66	3,15	99,99	0,01
Sergipe	3.300.155.910,12	189.685	3.300.345.595,12	2,63	99,99	0,01
Região Nordeste	**52.661.760.042,95**	**4.560.025**	**52.666.320.067,95**	**41,99**	**99,99**	**0,01**
Espírito Santo	2.199.713.077,57	197.163	2.199.910.240,57	1,75	99,99	0,01
São Paulo	9.971.399.425,74	975.629	9.972.375.054,74	7,95	99,99	0,01
Minas Gerais	5.110.122.518,56	605.818	5.110.728.336,56	4,08	99,99	0,01
Rio de Janeiro	10.018.270.755,24	1.615.338	10.019.886.093,24	7,99	99,98	0,02
Região Sudeste	**27.299.505.777,11**	**3.393.948**	**27.302.899.725,11**	**21,77**	**99,99**	**0,01**
Paraná	6.274.903.982,04	604.220	6.275.508.202,04	5,00	99,99	0,01
Rio Grande do Sul	5.949.378.265,53	563.659	5.949.941.924,53	4,74	99,99	0,01
Santa Catarina	3.366.905.496,60	323.579	3.367.229.075,60	2,68	99,99	0,01
Região Sul	**15.591.187.744,17**	**1.491.458**	**15.592.679.202,17**	**12,43**	**99,99**	**0,01**
Goiás	1.802.870.073,07	79.423	1.802.949.496,07	1,44	100,00	0,00
Distrito Federal	2.821.101.438,21	393.601	2.821.495.039,21	2,25	99,99	0,01
Mato Grosso do Sul	1.903.814.062,85	195.323	1.904.009.385,85	1,52	99,99	0,01
Mato Grosso	2.581.871.469,16	277.637	2.582.149.106,16	2,06	99,99	0,01
Região Centro-Oeste	**9.109.657.043,29**	**945.984**	**9.110.603.027,29**	**7,26**	**99,99**	**0,01**
	-	-	-	-		
Total	**125.401.541.296,91**	**11.641.071**	**125.413.182.367,91**	**100,00**	**99,99**	**0,01**

Fonte: STN – Ministério da Fazenda.
Os valores do FPM, FPE, IPI-Exportação e ICMS LC 87/96 já estão descontados da parcela de 20 % destinada ao FUNDEB.
Dados extraídos do SIAFI.

Gráfico 7.11 Brasil – Participação nas Transferências Voluntárias — Regiões — 2013 —%

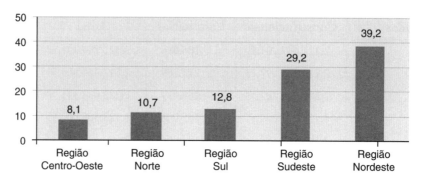

Como uma forma de relativizar a importância das transferências (constitucionais e voluntárias) para os diversos estados e regiões brasileiras, a Tabela 7.24 compara seus valores totais com a arrecadação do ICMS alcançados em 2013.

Na realidade, as relações tiradas servem de parâmetros para se apurar o grau de dependência ou de importância que as transferências têm para os diversos estados brasileiros e as cinco regiões geográficas do país.

De início, percebe-se que, como não se esperaria que fosse diferente, o grau de dependência é maior nos estados menos desenvolvidos, nos quais as transferências se consubstanciam como as principais fontes de obtenção de receitas. Chama a atenção as relações nos estados que foram territórios, cujos percentuais ultrapassam 300 %.

As relações entre as transferências (constitucionais e voluntárias) e a arrecadação do ICMS nas regiões brasileiras estão destacadas no Gráfico 7.12, cujos valores revelam que os recursos transferidos para as regiões norte e nordeste equivaleram a quase totalidade do ICMS arrecadado nessas regiões.

Os dados do Gráfico 7.12 demonstram as grandes diferenças entre as dependências das transferências nas diversas regiões brasileiras. Eles mostram dois pontos que merecem destaque: primeiro, são as maiores dependências das regiões mais pobres e menos desenvolvidas. Isto é, enquanto no Norte e Nordeste a dependência foi de mais de 100 %, no Sul e Centro-Oeste ela beira 45 % e no Sudeste, 25,6 %. Segundo, refere-se ao grau de heterogeneidade das dependências entre os estados. Enquanto em Roraima a relação supera 523 % no Distrito Federal ela foi de 12,5 %.

Gráfico 7.12 Relação entre as Transferências/ICMS — Regiões — 2013 — %

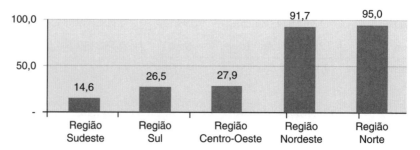

Aspectos Fiscais da Participação do Governo na Economia Brasileira **263**

Tabela 7.24 Importância das Transferências nas Arrecadações Fiscais nos Estados — 2013 — Valores correntes (R$)

Estados e Regiões	Transferências Constitucionais (A)	Transferências Voluntárias (B)	Total C = A+B	ICMS* (D)	E = % C/D
Acre	2.322.647.903,57	106.988,00	2.322.754.891,57	653.623.000	355,37
Amazonas	2.717.205.897,75	218.709,00	2.717.424.606,75	7.485.739.000	36,30
Amapá	2.225.964.302,34	68.039,00	2.226.032.341,34	703.660.000	316,35
Pará	6.127.994.092,55	565.908,00	6.128.560.000,55	8.025.258.000	76,37
Rondônia	2.184.517.685,36	104.006,00	2.184.621.691,36	2.754.585.000	79,31
Roraima	1.821.600.275,74	38.261,00	1.821.638.536,74	522.973.000	348,32
Tocantins	3.339.500.532,08	147.745,00	3.339.648.277,08	1.679.017.000	198,90
Região Norte	**20.739.430.689,39**	**1.249.656,00**	**20.740.680.345,39**	**21.824.855.000**	**95,03**
Alagoas	3.982.407.807,89	288.953,00	3.982.696.760,89	2.731.181.000	145,82
Bahia	11.235.487.087,73	1.024.805,00	11.236.511.892,73	16.831.542.000	66,76
Ceará	7.453.448.039,32	718.150,00	7.454.166.189,32	8.705.389.000	85,63
Maranhão	6.732.079.790,25	595.982,00	6.732.675.772,25	4.390.311.000	153,35
Paraíba	4.759.967.512,19	424.847,00	4.760.392.359,19	3.787.496.000	125,69
Pernambuco	7.017.975.421,62	694.931,00	7.018.670.352,62	11.711.614.000	59,93
Piauí	4.224.447.763,17	330.270,00	4.224.778.033,17	2.676.757.000	157,83
Rio Grande do Norte	3.955.790.710,66	292.402,00	3.956.083.112,66	4.033.478.000	98,08
Sergipe	3.300.155.910,12	189.685,00	3.300.345.595,12	2.551.093.000	129,37
Região Nordeste	**52.661.760.042,95**	**4.560.025,00**	**52.666.320.067,95**	**57.418.861.000**	**91,72**
Espírito Santo	2.199.713.077,57	197.163,00	2.199.910.240,57	8.787.045.000	25,04
São Paulo	9.971.399.425,74	975.629,00	9.972.375.054,74	110.924.692.000	8,99
Minas Gerais	5.110.122.518,56	605.818,00	5.110.728.336,56	35.952.963.000	14,22
Rio de Janeiro	10.018.270.755,24	1.615.338,00	10.019.886.093,24	31.645.900.000	31,66
Região Sudeste	**27.299.505.777,11**	**3.393.948,00**	**27.302.899.725,11**	**187.310.600.000**	**14,58**
Paraná	6.274.903.982,04	604.220,00	6.275.508.202,04	20.758.239.000	30,23
Rio Grande do Sul	5.949.378.265,53	563.659,00	5.949.941.924,53	24.060.566.000	24,73
Santa Catarina	3.366.905.496,60	323.579,00	3.367.229.075,60	14.010.837.000	24,03
Região Sul	**15.591.187.744,17**	**1.491.458,00**	**15.592.679.202,17**	**58.829.642.000**	**26,50**
Goiás	1.802.870.073,07	79.423,00	1.802.949.496,07	12.137.751.000	14,85
Distrito Federal	2.821.101.438,21	393.601,00	2.821.495.039,21	6.269.000.000	45,01
Mato Grosso do Sul	1.903.814.062,85	195.323,00	1.904.009.385,85	6.793.785.000	28,03
Mato Grosso	2.581.871.469,16	277.637,00	2.582.149.106,16	7.464.696.000	34,59
Região Centro-Oeste	**9.109.657.043,29**	**945.984,00**	**9.110.603.027,29**	**32.665.232.000**	**27,89**
	-	-	-		
Total	**125.401.541.296,91**	**11.641.071,00**	**125.413.182.367,91**	**299.219.548.000**	**41,91**

Fonte: STN - Ministério da Fazenda.
Os valores do FPM, FPE, IPI-Exportação e ICMS LC 87/96 já estão descontados da parcela de 20 % destinada ao FUNDEB.
Dados extraídos do SIAFI.
* Fonte: CONAZ - M. da Fazenda. Dados preliminares.

7.3 SITUAÇÃO FISCAL DO GOVERNO: DÍVIDA PÚBLICA E A SANGRIA DE RECURSOS

O governo brasileiro teve suas receitas aumentadas significativamente a partir do período 1992/93, quando a carga tributária saiu de um patamar médio de 24,5 % e alcançou já em 1994/95 o percentual médio de 28 %. Desde então, ela vem tendo aumentos chegando a atingir a média de 35 % após 2010.

Tal elevação gerou adicional de recursos financeiros ao governo, não revertendo na sua integralidade em melhorias nos programas assistenciais e na infraestrutura do país.

Tal situação foi decorrente do fato de que ao longo dos últimos vinte e cinco anos o governo brasileiro gerenciou suas finanças visando a geração de recursos para pagamento dos serviços da dívida pública. Para tanto, paralelamente ao aumento de receita, o governo contingenciou seus gastos nas áreas sociais e assistenciais, cujos índices de aumentos no período foram inferiores aos da carga tributária.

De modo geral, a apuração da situação fiscal do governo é feita através do comparativo entre suas receitas e suas despesas, gerando superávit quando a receita é maior do que os gastos e déficit quando ocorre o contrário.

Porém, em função do elevado estoque da dívida pública brasileira, com grande participação da dívida externa, foram introduzidos, pelo FMI, outros conceitos de resultados.

O mais importante, mais significativo e menos considerado nas análises das contas governamentais no Brasil é o conceito do Resultado Nominal. Esse resultado é obtido simplesmente através do somatório de todas as receitas do governo, comparando-o com o dos gastos.

As diferenças entre eles refletem efetivamente se o governo arrecada mais ou menos do que ele gasta, gerando os resultados de Déficit Nominal ou Superávit Nominal.

O conceito mais usado no Brasil é o do Resultado Primário. É ele que mostra o quanto da arrecadação tributária do país foi "poupada" para o pagamento dos serviços da dívida. No seu cálculo, considera-se apenas as receitas e as despesas não financeiras do governo. Quando há superávit primário os recursos são canalizados para os pagamentos da dívida pública. Caso contrário, o déficit primário é agregado, através de refinanciamento, ao estoque da dívida pública.

Conforme se verá ainda neste capítulo, tal procedimento tem sido extremamente danoso para a sociedade brasileira em função da sangria de recursos para o setor financeiro do país, sem nenhuma mudança estrutural na dívida pública brasileira.

Outro conceito de resultado que se apura é o denominado Resultado Operacional que considera o resultado primário adicionado dos recursos destinados ao pagamento dos juros.

A Necessidade de Financiamento do Setor Público – NFSP – refere-se à parcela de receitas para a qual o governo terá que buscar recursos adicionais para seu financiamento, uma vez que suas receitas não foram suficientes para cobri-las. Ela ocorre quando a soma de todas as receitas governamentais, tributárias e outras, exceto as de Operações de Crédito (empréstimos), for menor do que o somatório dos gastos operacionais (primários) acrescido dos encargos da dívida (serviços e amortizações). A diferença é a parte para a qual terá que se buscar financiamento via empréstimos.

Aspectos Fiscais da Participação do Governo na Economia Brasileira

Por sua vez, esses financiamentos poderão ser óbitos através de empréstimos bancários ou lançamento de títulos públicos, ambos no país ou no exterior, por emissão de moeda (que aumenta a disponibilidade de recursos financeiros ao governo) ou ainda através de vendas de ativos (patrimônio ou bens de propriedade do governo).

A geração de recursos via privatização é extremamente limitada em termos de capacidade de geração recursos e os outros mecanismos têm que ser bem avaliados pelo governo por causarem impactos significativos sobre a economia como inflação, elevação das taxas de juros, produção, emprego etc.

Tomando-se por referência esse conceito, a Tabela 7.25 apresenta os resultados primário do governo, levando-se em consideração o período de 2002 a 2013.

Tabela 7.25 Brasil — Necessidade de financiamento do Setor Público (R$ milhões correntes)

Discri-minação	\multicolumn{12}{c}{Resultado em 31 de Dezembro}
	2002	2003	2004	2005	2006	2007	2008	2009	2010	2011	2012	2013
Nominal	**65.745**	**89.004**	**56.306**	**76.808**	**86.010**	**74.460**	**61.927**	**106.242**	**93.673**	**107.963**	**108.912**	**157.550**
Nível federal	10.137	64.291	21.550	72.203	72.649	59.896	25.419	109.378	46.171	87.172.	62.385	110.753
Nível regional	55.608	24.713	34.756	4.605	13.361	14.565	36.508	-3.136	47.502	20.790.	46.526	46.797
Juros nominais	**113.270**	**144.595**	**128.524**	**158.094**	**161.925**	**162.538**	**165.511**	**171.011**	**195.369**	**236.673**	**213.863**	**248.856**
Nível federal	43.510	102.050	73.979	128.904	123.315	117.715	96.309	150.212	124.271	180.787	147.415	185.499
Nível regional	69.760	42.545	54.545	29.190	38.610	44.824	69.202	20.799	71.098	55.886	66.447	63.356
Primário	**-47.524**	**-55.591**	**-72.218**	**-81.286**	**-75.915**	**-88.078**	**-103.584**	**-64.769**	**-101.696**	**-128.710**	**-104.951**	**-91.306**
Nível federal	-33.373	-37.759	-52.429	-56.701	-50.667	-57.819	-70.890	-40.834	-78.100	-93.615	-85.030	-74.747
Nível regional	-14.152	-17.832	-19.789	-24.585	-25.249	-30.259	-32.694	-23.935	-23.596	-35.096	-19.921	-16.559

Fonte: Bacen – Brasil.

Os dados da Tabela 7.25 estão apresentados em R$ milhões correntes e destacam alguns dados relevantes para a análise das necessidades de financiamento do setor público brasileiro.

Inicialmente, deve-se mencionar que a referida tabela destaca valores correspondentes à totalidade do setor público brasileiro, considerando os três níveis de governo: federal, estadual e municipal.

Além disso, são apresentadas três informações globais relativas ao resultado nominal, aos juros nominais e ao resultado primário.

Para facilitar o entendimento, o resultado primário representa a "poupança" feita pelo governo, cujo valor será destinado ao pagamento dos juros da dívida. Esses, por sua vez, são apurados através dos juros constantes dos contratos de empréstimos da dívida pública e representam o valor total de juros que deveriam ser pagos ao longo do ano.

Pelos valores apresentados percebe-se com facilidade o fato de que o resultado primário alcançado pelo governo ao longo dos anos não tem sido suficiente para pagar sequer os juros nominais devidos. Assim, a diferença entre os juros devidos menos o que foi pago gera a necessidade de financiamento do setor público.

Deve-se ainda chamar a atenção para o fato de que a situação é ainda mais complicada quando se constata o fato de que além dos juros que o governo não paga na sua totalidade, ele ainda precisaria gerar recursos para o pagamento das amortizações do estoque da dívida. Nesse processo, o governo gasta um quantia fabulosa de recursos para pagar parte dos juros, incorporando a diferença ao estoque da dívida. Dessa forma, o resultado é o permanente crescimento do estoque da dívida pública.

Apenas a título de referência, o valor de R$ 91,3 bilhões de juros pagos em 2013 equivale a três orçamentos do Estado de Minas Gerais, que só na área de educação tem mais de 200 mil professores.

Finalmente através do Gráfico 7.13 percebe-se também um distanciamento entre os valores requeridos para pagamentos dos juros comparados aos efetivamente pagos pelo resultado primário.

Gráfico 7.13 NFSP — Juros devidos e resultado primário (R$ milhões)

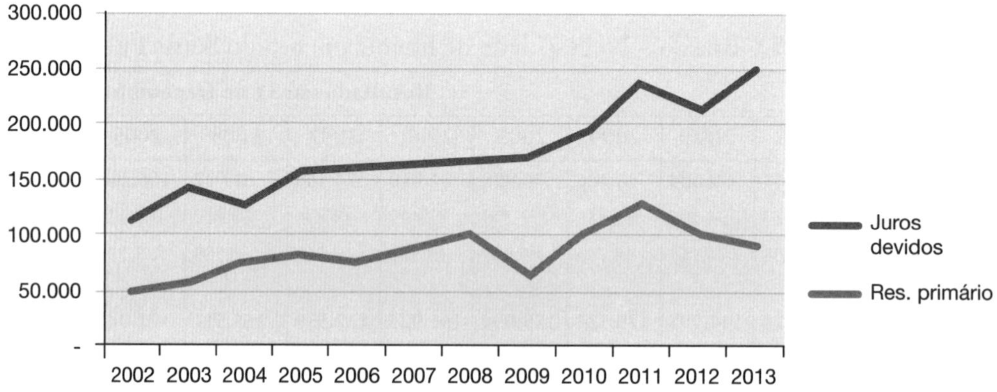

Fonte: Dados básicos Bacen – Brasil.

A Tabela 7.26 resume os dados da Tabela 7.25, relacionando os dados com o PIB. Tomando-se o ano de 2013 como referência, percebe-se que a necessidade de financiamento do setor público brasileiro nesse ano equivaleu a 3,25 % do PIB do país.

Tabela 7.26 Brasil — Necessidade de Financiamento do Setor Público — % do PIB

Discriminação	Resultado em 31 de dezembro											
	2002	2003	2004	2005	2006	2007	2008	2009	2010	2011	2012	2013
Nominal	4,45	5,24	2,90	3,58	3,63	2,80	2,04	3,28	2,48	2,61	2,48	3,25
Juros nominais	7,66	8,51	6,62	7,36	6,83	6,11	5,46	5,28	5,18	5,71	4,87	5,14
Primário	−3,22	−3,27	−3,72	−3,79	−3,20	−3,31	−3,42	−2,00	−2,70	−3,11	−2,39	−1,88

Fonte: Bacen – Brasil.

Em relação a essas informações, deve-se mencionar ainda o fato de que o governo brasileiro vem, ao longo dos anos, depois da interferência do FMI que traçava metas para pagamento da dívida externa, estabelecendo também metas para seus resultados primários.

Essas metas, em geral, apresentam relações com o PIB em percentuais inferiores ao exigido para o pagamento da totalidade dos juros, revelando uma clara demonstração de sua incapacidade de pagamento sequer dos juros da dívida.

Através do Gráfico 7.14 percebe-se diminuições relativas nos níveis de necessidades de financiamento comparados ao PIB.

Em relação a esse comportamento, dois pontos merecem ser destacados: o primeiro refere-se à mudança na trajetória observada em 2013; e o segundo deve-se considerar o crescimento ocorrido no PIB que, no período que altera positivamente a base para cálculo, interfere diretamente no resultado da relação.

Gráfico 7.14 Resultado nominal das contas do governo — % do PIB

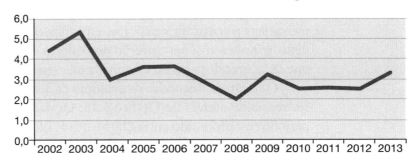

7.3.1 A questão da dívida pública

A dívida pública refere-se basicamente a financiamentos de déficits do governo alcançado ao longo do tempo.

Além disso, a evolução do estoque da dívida é fruto de déficits mas também de outros fatores, como juros elevados, rolagem da parte de juros não paga etc. Portanto, o seu estoque eleva-se não apenas como consequência de déficits governamentais.

Para entender melhor o mal que esse processo tem causado à sociedade brasileira, essa parte destaca algumas informações gerais sobre a questão da dívida, principalmente em relação aos pagamentos efetuados.

A Tabela 7.27 destaca os valores referentes aos pagamentos dos juros da dívida, oriundos dos superávits primários entre 2002 e 2013, atualizados a preços de 2013.

Tabela 7.27 Brasil — Evolução do pagamento dos juros da dívida pública

Anos	R$ milhões constantes*
2002	185.032
2003	175.581
2004	196.348
2005	185.637
2006	150.654
2007	156.342
2008	163.552
2009	93.062
2010	133.163
2011	151.019
2012	113.536
2013	91.306
Total	**1.795.233**

Fonte: Dados básicos Bacen. Elaboração do autor.
* Corrigidos pela Selic.

O mix de financiamento da dívida incorpora diferentes critérios de pagamentos, também com taxas de juros diferenciadas. Tal mix gera um valor médio de pagamento superior à própria Selic (Sistema Especial de Liquidação e de Custódia). Apesar disso, considerou-se na correção dos valores de juros pagos apenas a Selic, ciente de que os valores dos estoques da dívida elevaram-se em taxas superiores.

O resultado financeiro da evolução da dívida com seus respectivos encargos pode ser resumido através do Gráfico 7.15. Os dados desse gráfico incorporam apenas o período compreendido entre 2002 e 2013. Eles revelam a grande sangria de recursos financeiros públicos decorrentes desse processo.

No período mencionado, o governo brasileiro pagou R$ 1.795 bilhões de juros da dívida. Nesse mesmo período, o estoque da dívida que era de R$ 885 milhões em 31 de dezembro de 2001, elevou-se para R$ 3.177 bilhões.

Ressalte-se que o valor de juros que foram pagos beneficia única e exclusivamente o sistema financeiro não alterando em nada a questão da dívida pública, e o pior, não gerando nenhum benefício para a grande massa da população brasileira. Com esses recursos o governo poderia ter provocado mudanças significativas nas áreas da educação, saúde, segurança e infraestrutura etc.

Finalmente, a questão da dívida tem se mostrado como o principal complicador das finanças públicas na medida em que as propostas de ajustes fiscais apresentadas pelo governo priorizam a geração de resultados primários para o pagamento dos seus encargos, em detrimento de outras funções governamentais.

Com isso, o quadro das finanças públicas no Brasil permanece como sempre esteve nesses últimos vinte anos, onde o governo sempre se preocupou numa escala maior em gerar recursos para pagamento ao sistema financeiro.

A prova de que tal processo deve continuar pode ser verificada através do Gráfico 7.16, que apresenta o Orçamento Fiscal para 2015.

Nele, a exemplo do que vem ocorrendo há tempos, verifica-se que a maior parte dos recursos orçados para 2015 destinam-se a pagamentos de encargos e amortizações das dívidas.

Conforme resume o Gráfico 7.17, o somatório dos encargos das dívidas ultrapassam a metade dos recursos orçados.

Por fim, além dos problemas oriundos da dívida pública, o Gráfico 7.18 sintetiza os valores orçados para 2015 com o objetivo de destacar a pequena margem de manobra do governo, uma vez que 89,7 % dos recursos orçamentários para 2015 já estão comprometidos com as despesas governamentais, ficando, portanto, 10,3 % dos recursos disponíveis para que o governo estabeleça algum tipo de prioridades sobre eles.

Gráfico 7.15 Histórico financeiro da dívida pública brasileira (R$ bilhões)

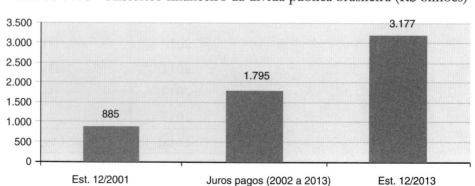

Aspectos Fiscais da Participação do Governo na Economia Brasileira **269**

Gráfico 7.16 Orçamento Federal — 2015 — % do total de gasto

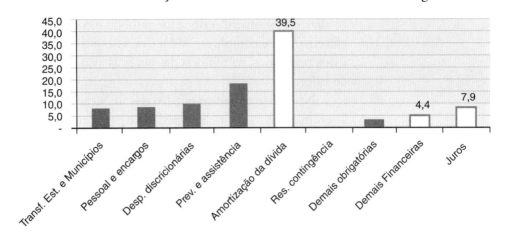

Gráfico 7.17 Despesas orçamentárias da União — 2014 — % do total

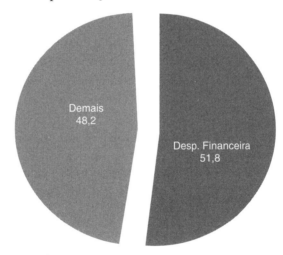

Gráfico 7.18 Orçamento Federal — 2015

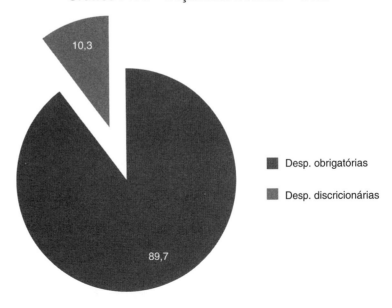

7.4 COMENTÁRIOS FINAIS

Avaliar o desempenho do setor público e o envolvimento do governo é uma tarefa extremamente complexa e subjetiva. Isso porque, além da interpretação dos números e dos resultados, na maioria das vezes as avaliações envolvem grande parcela de juízo de valor.

No que se refere ao quadro das finanças públicas, existe uma série de problemas a serem enfrentados pela sociedade e pelos administradores públicos, de forma a tornar o setor público mais eficiente e viável financeiramente.

O quadro de dificuldades financeiras associa-se a três fatores fundamentais: o primeiro refere-se à necessidade da busca de uma forma mais eficiente de aplicação dos gastos do governo. Essa busca implica não somente uma aplicação mais adequada dos recursos em face das reais necessidades da sociedade, mas também em função de uma escala de prioridades de tarefas a serem executadas pelo governo. O segundo ponto relaciona-se com o sistema de financiamento do setor público e, mais precisamente, com a arrecadação tributária. As estatísticas mostram uma elevada carga de tributos indiretos no total de tributos cobrados no país. Isso é fruto da própria estrutura e complexidade do sistema tributário brasileiro e do aparato jurídico-legal que permite ao grande capital e às camadas mais ricas da sociedade uma evasão significativa de tributos. Terceiro, a forma pela qual a dívida pública vem sendo tratada no país tem sido inócua e perversa para a sociedade brasileira. Os dados apresentados mostraram o elevadíssimo fluxo de receitas tributárias destinado aos pagamentos de encargos das dívidas, aumentados de forma fictícia por meio de políticas de altas de taxas de juros ou de variação cambial, deslocando recursos a serem aplicados nas áreas básicas de governo relacionadas com educação, segurança, saúde, saneamento, habitação etc.

É verdade que o Estado mal administrado e sem vinculação com as reais demandas dos setores mais carentes da sociedade tende a tornar o sistema mais ineficiente e desigual. Isso não invalida, portanto, a necessidade de um Estado mais eficiente, cuja participação e intervenção na economia e na sociedade são indispensáveis.

A realidade brasileira mostra a necessidade de aprimoramentos na forma da administração pública, sobretudo na questão moral e ética.

Porém, um fator se destaca como principal no rol das mudanças prioritárias: a questão da dívida pública. É inadmissível um país, com as carências apresentadas pelo Brasil, destinar mais da metade da arrecadação federal ao pagamento de parte dos serviços da dívida. Hoje, o tratamento à dívida tornou-se um problema interno, à medida que a parcela externa é, do ponto de vista relativo, extremamente irrelevante.

BIBLIOGRAFIA BÁSICA

ALVES, S. R. Setor público: tesouro nacional. *Conjuntura econômica*: a análise da atualidade econômica. Rio de Janeiro, 38(2), fev. 1994.

ANUÁRIOS ECONÔMICO-FISCAIS. Brasília: Secretaria da Receita Federal, CIEF, vários anos.

ANUÁRIOS ESTATÍSTICOS DO BRASIL. Rio de Janeiro: IBGE, vários anos.

BANCO CENTRAL DO BRASIL (BACEN). *Relatório do Banco Central do Brasil*, vários anos.

BANCO CENTRAL DO BRASIL. Brasília. Resolução nº 891 de 28-12-1983. Lex: Coletânea de Legislação e Jurisprudência: legislação federal e marginália. São Paulo, 47(36), dez. 1983. Imposto sobre Operações de Crédito, Câmbio e Seguro, e sobre Operações relativas a títulos e valores mobiliários – IOF.

BOLETIM DO ICM. Brasília, Ministério da Fazenda, Coordenadoria de Assuntos Econômicos, jan. 1984.

BRASIL. Leis, decretos etc. Decreto nº 66.694, de 11-6-1970. Lex: Coletânea de Legislação: legislação e marginália, 34, abr./jun. 1970.

BRASIL. Leis, decretos etc. Decreto nº 68.419, de 25-3-1971. Lex: Coletânea de Legislação: legislação federal e marginália, 35, 1971.

BRASIL. Leis, decretos etc. Decreto-lei nº 1.691, de 2-8-1979. Lex: Coletânea de Legislação e Jurisprudência: legislação federal e marginália, São Paulo, 43, 3º trim. 1979.

BRASIL. Leis, decretos etc. Lei nº 6.261, de 14-11-1975. Lex: Coletânea de Legislação: legislação federal e marginália, São Paulo, 39, 4º trim. 1975.

BRASIL. Leis, decretos etc. Lei Constitucional nº 4, de 20-9-1940. Lex: Coletânea de Legislação: legislação federal e marginália, São Paulo, 4:500, 1940.

BRASIL. Leis, decretos etc. Lei nº 302, de 13-7-1984. Lex: Coletânea de Legislação: legislação federal e marginália, 12, 1984.

BRASIL. Leis, decretos etc. Decreto-lei nº 2.065, de 26-10-1983. Lex: Coletânea de Legislação e Jurisprudência: legislação federal e marginália, São Paulo, 47(30), out. 1983.

BRASIL. Leis, decretos etc. Decreto-lei nº 1.833, de 23-12-1980. Lex: Coletânea de Legislação e Jurisprudência: legislação federal e marginália, São Paulo, 44, 4º trim. 1980.

BRASIL. Constituição, 1967. Constituição do Brasil de 1967. In: BRASIL. *Constituição*. Constituições brasileiras; império e república. São Paulo, Sugestões Literárias, 1978.

BRASIL. Constituição, 1969. Emenda nº 1. Constituição da República Federativa do Brasil: Emenda Constitucional nº 1, de 17-10-1969. Lex: Coletânea de Legislação: legislação federal e marginália, São Paulo, 33, jul./out. 1969.

BRASIL. Constituição, 1969. Emenda nº 17. Emenda Constitucional nº 17, de 2-12-1980. Lex: Coletânea de Legislação e Jurisprudência: legislação federal e marginália, São Paulo, 44, 4º trim. 1980.

BRASIL. Constituição, 1946. Emenda nº 18. Emenda Constitucional nº 18, de 1º-12-1965. Lex: Coletânea de Legislação: legislação federal e marginália, 29, 4º trim. 1965.

BRASIL. Leis, decretos etc. Decreto-lei nº 19.805, de 1º-10-1980. Lex: Coletânea de Legislação e Jurisprudência: legislação federal e marginália, São Paulo, 44, 4º trim. 1980.

BRASIL. Leis, decretos etc. Decreto-lei nº 1.881, de 27-8-1981. Lex: Coletânea Legislação e Jurisprudência: legislação federal e marginália, São Paulo, 45, 3º trim. 1981.

BRASIL. Leis, decretos etc. Lei nº 5.172, de 25-10-1966. Lex: Coletânea de Legislação e Jurisprudência: legislação federal e marginália, São Paulo, 30, 4º trim. 1976.

CARVALHO, E. P. Ligeira análise da problemática das receitas públicas a nível nacional. *Revista de Finanças Públicas*. Rio de Janeiro, 41(347), jul./set. 1981.

DAIN, S. Impasses de uma reforma tributária em tempos de crise. *Forum Nacional*. Rio de Janeiro: José Olympio, 1991.

EXECUÇÃO orçamentária estadual – indicadores de comportamento; período 1975/1979. *Revista de Finanças Públicas*. Rio de Janeiro, 41(346), abr./jun. 1981.

FUNDAÇÃO JOÃO PINHEIRO. Finanças Municipais – análise da arrecadação tributária própria, CEA, documento preliminar, nov. 1985.

GOVERNMENT FINANCE STATISTICS YEARBOOK. Washington, International Monetary Fund, v. 5, 1981.

MINISTÉRIO DA FAZENDA, Secretaria de Economia e Finanças, Finanças no Brasil. Receita e Despesa da União. Estados e Municípios, v. 27, 1982.

PASTORE, A. C. O sistema tributário brasileiro. *Digesto Econômico*. São Paulo, ano 39, nº 296, set./82.

RECEITA FEDERAL. Análise da arrecadação das receitas federais, Ministério da Fazenda, dez/2006.

_____. Carga Tributária no Brasil – 2006, Estatística Tributárias 19, Ministério da Fazenda, julho/07.

RIANI, F. Bases de um novo modelo fiscal e avaliações da proposta do governo. *Aspectos recentes da economia e da política brasileira*. Face, Universidade de Itaúna, p. 13-21, out. 1992.

_____. *Finanças municipais*: situação dos municípios brasileiros. Belo Horizonte, s. ed. 1978. 82 p. Tese (mestrado) – UFMG, Face, Cadeplar.

_____. *Impactos da reforma tributária de 1988 sobre as receitas dos municípios*: o caso de Belo Horizonte. Projeto FIP/94-034, PUC-MG, jun. 1995.

_____. Impactos da Lei Kandir sobre a arrecadação do ICMS no Estado de Minas Gerais. *Aspectos recentes da economia e política brasileira*. Itaúna, Face, Universidade de Itaúna, ano 8, p. 68-73, set. 1999.

_____. *Performance and problems of fiscal federalism in Brazil*. (Tese M. Phil), Leicester: University of Leicester, 1983.

_____; GIBSON, Michael. *Fiscal aspects and intergovernment grants system in Brazil*. Leicester: Leicester University, 1983 (PSERC Occasional Paper, 83/01).

_____. *Crescimento, estrutura e repartição das receitas fiscais no Brasil*. s.n.t. Trabalho apresentado no Congresso de Economistas de Minas Gerais, 1., 1983. (mimeo.)

_____. Efeitos do sistema de tributação sobre as unidades de governo. Fundação João Pinheiro. *Análise e Conjuntura*. Belo Horizonte, 1984. v. 14.

_____. A estrutura tributária, reflexões e alternativas. ABBD. *Rumos do Desenvolvimento*. Rio de Janeiro, nº 48, jul./ago. 1984.

_____. A hora de dividir o bolo. ABBD. *Rumos do Desenvolvimento*. Rio de Janeiro, nº 52, mar./abr. 1985.

_____. Gasto público: onde está o real problema, *Jornal Valor Econômico*, 14/11/2007.

SERRA, J. O sistema tributário: diagnóstico e reforma. *Revista de Economia Política*, v. 3, nº 1, jan./mar. 1983.

_____; AFONSO, J. R. R. Finanças públicas municipais, trajetória e mitos. *Conjuntura Econômica*, FGV, out./nov. 1991.

TESOURO NACIONAL. Estatísticas Governamentais, Ministério da Fazenda.

UNAFISCO/SINDICAL. *Disjunções do sistema tributário*, jul. 1995.

VARSANO, R. O sistema tributário de 1967: adequado ao Brasil de 80? *Pesquisa e Planejamento Econômico*. Rio de Janeiro, 11(1), abr. 1981.

VILLELLA, R. Crise e ajuste fiscal nos anos 80: um problema de política econômica ou de economia política? *Perspectivas da economia brasileira para 1991*. IPEA, cap. 2.

BIBLIOGRAFIA COMPLEMENTAR

ARAÚJO, A. B. et al. *Transferências de impostos aos estados e municípios*. Rio de Janeiro: Ipea/Inês, 1973.

BAER, W. et al. *Dimensões do desenvolvimento brasileiro*. Rio de Janeiro: Campus, 1978.

_____; KERSTENETZKY, I.; VILLELA, A. As modificações no papel do estado na economia brasileira. *Pesquisa e Planejamento Econômico*, 3 (4), 1973.

BIRD, R.; OLDMAN, O. *Readings on taxation in developing countries*. Baltimore: The Johns Hopkins Press, 1964.

BUCHANAN, J. M. *The demand and supply of public goods*. Chicago: Rand McNally, 1968.

DUE, J. F. Taxation on wealth. In: HOUGHTON, R. W. *Public finance*. Penguin Books, Selected Readings, 1970.

FUNDAÇÃO JOÃO PINHEIRO. *Análise e Conjuntura*, v. 15, n°s 3 e 4, mar./abr. 1985. Painel.

HEAD, J. G. Public goods and public policy. In: BALBIE, S. S. *Public expenditure analysis*. Selected Readings, Rotterdan University Press, 1972.

KAY, J. A.; KING, M. A. *The British tax system*. Oxford: Oxford University Press, 1978.

LIPSEY, R. G. *Positive economics*. 5. ed. London: Butler e Tanner, 1978.

MAHAR, D. J. Federalismo fiscal no Brasil: a experiência histórica. In: REZENDE, F. et al. *Política fiscal e programação dos gastos do governo*. Ipea, 1976.

MARGOLIS, J.; GUITTON, H. *Public economics*. New York: St. Martins, 1969.

MUSGRAVE, R. A. Principles of budget determination. In: CAMERON, H. A.; HENDERSON, W. *Public finance*. New York: Selected Readings, 1966.

OATES, W. El. The theory of public finance in a federal system. *The Canadian Journal of Economics*. v. 1, 1968.

OLIVEIRA, F. A. *A reforma tributária de 1966 e a acumulação de capital no Brasil*. São Paulo, Estudos nº 3, 1981.

PASTORE, A. C. O sistema tributário brasileiro. *Digesto econômico*. São Paulo, ano 39, nº 296, set./82.

PREST, A. R.; BARR, N. A. *Public finance*: in theory and practice. Londres: Weidenfield e Nicolson, 1972.

PRESTON, M. *Public goods and the public sector*. Londres: MacMillan, 1972.

REZENDE, F. A. *A produção pública na economia brasileira*. Rio de Janeiro: Dados, 1978.

_____. *Finanças públicas*. São Paulo: Atlas, 1978.

_____. *Avaliação do setor público na economia brasileira*: estrutura funcional das despesas. Rio de Janeiro: Ipea/Inpes, 1972.

SCOTT, A. Federal grants and resource allocation. *Journal of Political Economy*. v. 60, 1952.

SERRA, J. O sistema tributário: diagnóstico e reforma. *Revista de Economia Política*. v. 3, nº 1, jan./mar. 1983.

VARSANO, R. O sistema tributário de 1967: adequado ao Brasil de 80? *Pesquisa e Planejamento Econômico*. Rio de Janeiro, 11(1), abr. 1981.

WICKSELL, K. A new principle of just taxation. In: MUSGRAVE, R. A.; PEACOCK, A. T. *Classics in the theory of public finance*. Londres: MacMillan, 1958.

Apêndice ao Capítulo 7
Dados sobre Transferências Constitucionais e Voluntárias

Tabela A.1 Brasil — Transferências Constitucionais para os Estados — 2013 — valores correntes — R$ mil

Estados	FPE	IPI-Exportações	IOF Ouro	Lei Kandir	Trans. Prognósticos	CIDE	Total
Acre	1.823.535.599,19	165.897,94	674,98	1.065.168,00	298.068,60	339.936,92	1.825.405.345,63
Amazonas	1.487.399.513,66	22.574.304,04	58.267,95	11.792.196,00	995.405,00	710.771,29	1.523.530.457,94
Amapá	1.818.738.224,08	7.553.954,51	85.722,74	4.755.816,00	258.680,11	288.971,45	1.831.681.368,89
Pará	3.257.950.769,30	222.137.282,55	1.366.323,69	51.055.407,00	1.873.843,32	1.374.639,56	3.535.758.265,42
Rondônia	1.500.832.164,11	6.373.836,77	173.288,37	2.917.863,00	802.319,08	600.048,92	1.511.699.520,25
Roraima	1.322.316.504,30	189.235,17	-	447.408,00	257.727,91	315.818,17	1.323.526.693,55
Tocantins	2.313.400.906,30	2.414.772,51	4.488,02	921.141,08	680.760,61	855.710,81	2.318.277.779,33
Região Norte	**13.524.173.680,94**	**261.409.283,49**	**1.688.765,75**	**72.954.999,08**	**5.166.804,63**	**4.485.897,12**	**13.869.879.431,01**
Alagoas	2.217.506.707,47	5.605.818,54	39,00	9.830.574,08	719.803,52	601.861,74	2.234.264.804,35
Bahia	5.008.566.265,96	185.457.067,90	154,67	43.484.922,08	4.803.759,00	2.811.065,78	5.245.123.235,39
Ceará	3.910.873.527,28	23.605.892,93	1.172,41	19.057.077,08	1.735.511,68	1.564.203,77	3.956.837.385,15
Maranhão	3.847.601.479,48	35.616.211,28	-	19.641.960,00	1.378.269,11	1.317.636,73	3.905.555.556,60
Paraíba	2.552.683.317,99	4.175.996,65	991,38	3.363.750,08	830.368,52	830.881,47	2.561.885.306,09
Pernambuco	3.678.094.224,15	26.477.937,99	19,14	17.382.105,08	1.821.309,86	1.554.489,68	3.725.330.085,90
Piauí	2.303.486.331,05	687.071,08	1.380,64	3.529.305,08	872.492,92	1.014.283,13	2.309.590.863,90
Rio Grande do Norte	2.226.994.849,42	3.264.595,99	69,63	4.237.038,08	788.160,18	820.365,23	2.236.105.078,53
Sergipe	2.214.948.107,40	1.691.999,06	-	2.930.733,08	896.440,93	520.811,66	2.220.988.092,13
Região Nordeste	**27.960.754.810,20**	**286.582.591,42**	**3.826,87**	**123.457.464,64**	**13.846.115,72**	**11.035.599,19**	**28.395.680.408,04**
Espírito Santo	799.562.525,46	201.618.973,31	-	49.880.844,00	2.110.383,29	907.394,53	1.054.080.120,59
São Paulo	533.041.683,68	714.768.011,63	57.577,36	364.359.060,00	29.953.587,39	7.685.249,15	1.649.865.169,21
Minas Gerais	2.374.434.179,09	524.899.824,71	13.779,34	150.978.438,08	10.411.381,05	4.791.099,36	3.065.528.701,63
Rio de Janeiro	814.327.780,07	678.261.771,57	46.485,47	68.620.851,00	9.285.481,98	2.193.847,29	1.572.736.217,38
Região Sudeste	**4.521.366.168,30**	**2.119.548.581,22**	**117.842,17**	**633.839.193,08**	**51.760.833,71**	**15.577.590,33**	**7.342.210.208,81**
Paraná	1.536.865.781,92	272.192.271,99	-	117.965.952,00	6.196.433,79	2.768.540,84	1.935.988.980,54
Rio Grande do Sul	1.255.206.556,36	282.670.056,25	850,42	117.520.182,08	5.050.292,05	2.388.928,82	1.662.836.865,98
Santa Catarina	682.186.746,72	185.142.963,13	37.799,21	42.018.327,00	3.779.514,58	1.564.032,04	914.729.382,68
Região Sul	**3.474.259.085,00**	**740.005.291,37**	**38.649,63**	**277.504.461,08**	**15.026.240,42**	**6.721.501,70**	**4.513.555.229,20**
Goiás	1.515.490.810,39	65.360.746,02	764,91	15.616.224,00	3.828.974,51	2.127.814,93	1.602.425.334,76
Distrito Federal	367.905.370,21	4.528.591,69	-	12.632.100,00	3.532.107,24	803.833,29	389.402.002,43
Mato Grosso do Sul	710.011.522,52	52.141.361,85	341,58	14.445.405,08	1.488.620,59	1.079.504,90	779.166.756,52
Mato Grosso	1.230.206.901,41	44.263.617,59	1.586.879,07	22.708.179,00	1.690.261,68	1.358.593,71	1.301.814.432,46
Região Centro-Oeste	**3.823.614.604,53**	**166.294.317,15**	**1.587.985,56**	**65.401.908,08**	**10.539.964,02**	**5.369.746,83**	**4.072.808.526,17**
Total	**53.304.168.348,97**	**3.573.840.064,65**	**3.437.069,98**	**1.173.158.025,96**	**96.339.958,50**	**43.190.335,17**	**58.194.133.803,23**

Fonte: STN – Ministério da Fazenda.
Os valores do FPM, FPE, IPI-Exportação e ICMS LC 87/96 já estão descontados da parcela de 20 % destinada ao FUNDEB.

Tabela A.2 Brasil — Transferências para Estados e Municípios — 2013 — valores correntes — R$ mil

Estados	Transferências Estaduais Constitucional (A)	Voluntárias (B)	Total C = A + B R$	% Total	Transferências Municipais Constitucional (D)	Voluntárias (E)	Total F = D + E R$	% Total
Acre	1.825.405.345,63	67.251	1.825.472.596,63	3,14	497.242.557,94	39.737	497.282.294,94	0,74
Amazonas	1.523.530.457,94	68.601	1.523.599.058,94	2,62	1.193.675.439,81	150.108	1.193.825.547,81	1,78
Amapá	1.831.681.368,89	40.746	1.831.722.114,89	3,15	394.282.933,45	27.293	394.310.226,45	0,59
Pará	3.535.758.265,42	95.954	3.535.854.219,42	6,08	2.592.235.827,13	469.954	2.592.705.781,13	3,86
Rondônia	1.511.699.520,25	48.634	1.511.748.154,25	2,60	672.818.165,11	55.372	672.873.537,11	1,00
Roraima	1.323.526.693,55	22.671	1.323.549.364,55	2,27	498.073.582,19	15.590	498.089.172,19	0,74
Tocantins	2.318.277.779,33	63.234	2.318.341.013,33	3,98	1.021.222.752,75	84.511	1.021.307.263,75	1,52
Região Norte	**13.869.879.431,01**	**407.091**	**13.870.286.522,01**	**23,83**	**6.869.551.258,38**	**842.565**	**6.870.393.823,38**	**10,22**
Alagoas	2.234.264.804,35	105.738	2.234.370.542,35	3,84	1.748.143.003,54	183.215	1.748.326.218,54	2,60
Bahia	5.245.123.235,39	193.768	5.245.317.003,39	9,01	5.990.363.852,34	831.037	5.991.194.889,34	8,91
Ceará	3.956.837.385,15	127.096	3.956.964.481,15	6,80	3.496.610.654,17	591.054	3.497.201.708,17	5,20
Maranhão	3.905.555.556,60	84.727	3.905.640.283,60	6,71	2.826.524.233,65	511.255	2.827.035.488,65	4,21
Paraíba	2.561.885.306,09	178.640	2.562.063.946,09	4,40	2.198.082.206,10	246.207	2.198.328.413,10	3,27
Pernambuco	3.725.330.085,90	222.531	3.725.552.616,90	6,40	3.292.645.335,72	472.400	3.293.117.735,72	4,90
Piauí	2.309.590.863,90	105.884	2.309.696.747,90	3,97	1.914.856.899,27	224.386	1.915.081.285,27	2,85
Rio Grande do Norte	2.236.105.078,53	98.050	2.236.203.128,53	3,84	1.719.685.632,13	194.352	1.719.879.984,13	2,56
Sergipe	2.220.988.092,13	78.358	2.221.066.450,13	3,82	1.079.167.817,99	111.327	1.079.279.144,99	1,61
Região Nordeste	**28.395.680.408,04**	**1.194.792**	**28.396.875.200,04**	**48,79**	**24.266.079.634,91**	**3.365.233**	**24.269.444.867,91**	**36,11**
Espírito Santo	1.054.080.120,59	56.024	1.054.136.144,59	1,81	1.145.632.956,98	141.139	1.145.774.095,98	1,70
São Paulo	1.649.865.169,21	313.918	1.650.179.087,21	2,84	8.321.534.256,53	661.711	8.322.195.967,53	12,38
Minas Gerais	3.065.528.701,63	132.267	3.065.660.968,63	5,27	2.044.593.816,93	473.551	2.045.067.367,93	3,04
Rio de Janeiro	1.572.736.217,38	482.021	1.573.218.238,38	2,70	8.445.534.537,86	1.133.317	8.446.667.854,86	12,57
Região Sudeste	**7.342.210.208,81**	**984.230**	**7.343.194.438,81**	**12,62**	**19.957.295.568,30**	**2.409.718**	**19.959.705.286,30**	**29,70**
Paraná	1.935.988.980,54	214.486	1.936.203.466,54	3,33	4.338.915.001,50	389.734	4.339.304.735,50	6,46
Rio Grande do Sul	1.662.836.865,98	186.910	1.663.023.775,98	2,86	4.286.541.399,55	376.749	4.286.918.148,55	6,38
Santa Catarina	914.729.382,68	101.184	914.830.566,68	1,57	2.452.176.113,92	222.395	2.452.398.508,92	3,65
Região Sul	**4.513.555.229,20**	**502.580**	**4.514.057.809,20**	**7,76**	**11.077.632.514,97**	**988.878**	**11.078.621.392,97**	**16,48**
Goiás	1.602.425.334,76	79.423	1.602.504.757,76	2,75	200.444.738,31		200.444.738,31	0,30
Distrito Federal	389.402.002,43	161.990	389.563.992,43	0,67	2.431.699.435,78	231.611	2.431.931.046,78	3,62
Mato Grosso do Sul	779.166.756,52	79.135	779.245.891,52	1,34	1.124.647.306,33	116.188	1.124.763.494,33	1,67
Mato Grosso	1.301.814.432,46	129.795	1.301.944.227,46	2,24	1.280.057.036,70	147.842	1.280.204.878,70	1,90
Região Centro-Oeste	**4.072.808.526,17**	**450.343**	**4.073.258.869,17**	**7,00**	**5.036.848.517,12**	**495.641**	**5.037.344.158,12**	**7,49**
	-	-	-	-			-	-
Total	**58.194.133.803**	**3.539.036**	**58.197.672.839**	**100**	**67.207.407.494**	**8.102.035**	**67.215.509.529**	**100**

Fonte: STN - Ministério da Fazenda.
Os valores do FPM, FPE, IPI-Exportação e ICMS LC 87/96 já estão descontados da parcela de 20 % destinada ao FUNDEB.
Dados extraídos do SIAFI.

Tabela A.3 Brasil — Transferências para Estados e Municípios — 2013 — valores correntes — R$ mil

Estados	Transferências Constitucionais	Transferências Voluntárias	Total	% Total	% no Estado Constitucionais	% no Estado Voluntárias
Acre	2.322.647.903,57	106.988	2.322.754.891,57	1,85	100,00	0,00
Amazonas	2.717.205.897,75	218.709	2.717.424.606,75	2,17	99,99	0,01
Amapá	2.225.964.302,34	68.039	2.226.032.341,34	1,77	100,00	0,00
Pará	6.127.994.092,55	565.908	6.128.560.000,55	4,89	99,99	0,01
Rondônia	2.184.517.685,36	104.006	2.184.621.691,36	1,74	100,00	0,00
Roraima	1.821.600.275,74	38.261	1.821.638.536,74	1,45	100,00	0,00
Tocantins	3.339.500.532,08	147.745	3.339.648.277,08	2,66	100,00	0,00
Região Norte	**20.739.430.689,39**	**1.249.656**	**20.740.680.345,39**	**16,54**	**99,99**	**0,01**
Alagoas	3.982.407.807,89	288.953	3.982.696.760,89	3,18	99,99	0,01
Bahia	11.235.487.087,73	1.024.805	11.236.511.892,73	8,96	99,99	0,01
Ceará	7.453.448.039,32	718.150	7.454.166.189,32	5,94	99,99	0,01
Maranhão	6.732.079.790,25	595.982	6.732.675.772,25	5,37	99,99	0,01
Paraíba	4.759.967.512,19	424.847	4.760.392.359,19	3,80	99,99	0,01
Pernambuco	7.017.975.421,62	694.931	7.018.670.352,62	5,60	99,99	0,01
Piauí	4.224.447.763,17	330.270	4.224.778.033,17	3,37	99,99	0,01
Rio Grande do Norte	3.955.790.710,66	292.402	3.956.083.112,66	3,15	99,99	0,01
Sergipe	3.300.155.910,12	189.685	3.300.345.595,12	2,63	99,99	0,01
Região Nordeste	**52.661.760.042,95**	**4.560.025**	**52.666.320.067,95**	**41,99**	**99,99**	**0,01**
Espírito Santo	2.199.713.077,57	197.163	2.199.910.240,57	1,75	99,99	0,01
São Paulo	9.971.399.425,74	975.629	9.972.375.054,74	7,95	99,99	0,01
Minas Gerais	5.110.122.518,56	605.818	5.110.728.336,56	4,08	99,99	0,01
Rio de Janeiro	10.018.270.755,24	1.615.338	10.019.886.093,24	7,99	99,98	0,02
Região Sudeste	**27.299.505.777,11**	**3.393.948**	**27.302.899.725,11**	**21,77**	**99,99**	**0,01**
Paraná	6.274.903.982,04	604.220	6.275.508.202,04	5,00	99,99	0,01
Rio Grande do Sul	5.949.378.265,53	563.659	5.949.941.924,53	4,74	99,99	0,01
Santa Catarina	3.366.905.496,60	323.579	3.367.229.075,60	2,68	99,99	0,01
Região Sul	**15.591.187.744,17**	**1.491.458**	**15.592.679.202,17**	**12,43**	**99,99**	**0,01**
Goiás	1.802.870.073,07	79.423	1.802.949.496,07	1,44	100,00	0,00
Distrito Federal	2.821.101.438,21	393.601	2.821.495.039,21	2,25	99,99	0,01
Mato Grosso do Sul	1.903.814.062,85	195.323	1.904.009.385,85	1,52	99,99	0,01
Mato Grosso	2.581.871.469,16	277.637	2.582.149.106,16	2,06	99,99	0,01
Região Centro-Oeste	**9.109.657.043,29**	**945.984**	**9.110.603.027,29**	**7,26**	**99,99**	**0,01**
	–	–	–	–		
Total	**125.401.541.296,91**	**11.641.071**	**125.413.182.367,91**	**100,00**	**99,99**	**0,01**

Fonte: STN – Ministério da Fazenda.
Os valores do FPM, FPE, IPI-Exportação e ICMS LC 87/96 já estão descontados da parcela de 20 % destinada ao FUNDEB.
Dados extraídos do SIAFI.

Tabela A.4 Importância das Transferências nas Arrecadações Fiscais nos Estados — 2013 — valores correntes — R$

Estados e Regiões	Transferências Constitucionais (A)	Voluntárias (B)	Total C = A + B	ICMS* (D)	E = % C/D
Acre	2.322.647.903,57	106.988,00	2.322.754.891,57	653.623.000	355,37
Amazonas	2.717.205.897,75	218.709,00	2.717.424.606,75	7.485.739.000	36,30
Amapá	2.225.964.302,34	68.039,00	2.226.032.341,34	703.660.000	316,35
Pará	6.127.994.092,55	565.908,00	6.128.560.000,55	8.025.258.000	76,37
Rondônia	2.184.517.685,36	104.006,00	2.184.621.691,36	2.754.585.000	79,31
Roraima	1.821.600.275,74	38.261,00	1.821.638.536,74	522.973.000	348,32
Tocantins	3.339.500.532,08	147.745,00	3.339.648.277,08	1.679.017.000	198,90
Região Norte	**20.739.430.689,39**	**1.249.656,00**	**20.740.680.345,39**	**21.824.855.000**	**95,03**
Alagoas	3.982.407.807,89	288.953,00	3.982.696.760,89	2.731.181.000	145,82
Bahia	11.235.487.087,73	1.024.805,00	11.236.511.892,73	16.831.542.000	66,76
Ceará	7.453.448.039,32	718.150,00	7.454.166.189,32	8.705.389.000	85,63
Maranhão	6.732.079.790,25	595.982,00	6.732.675.772,25	4.390.311.000	153,35
Paraíba	4.759.967.512,19	424.847,00	4.760.392.359,19	3.787.496.000	125,69
Pernambuco	7.017.975.421,62	694.931,00	7.018.670.352,62	11.711.614.000	59,93
Piauí	4.224.447.763,17	330.270,00	4.224.778.033,17	2.676.757.000	157,83
Rio Grande do Norte	3.955.790.710,66	292.402,00	3.956.083.112,66	4.033.478.000	98,08
Sergipe	3.300.155.910,12	189.685,00	3.300.345.595,12	2.551.093.000	129,37
Região Nordeste	**52.661.760.042,95**	**4.560.025,00**	**52.666.320.067,95**	**57.418.861.000**	**91,72**
Espírito Santo	2.199.713.077,57	197.163,00	2.199.910.240,57	8.787.045.000	25,04
São Paulo	9.971.399.425,74	975.629,00	9.972.375.054,74	110.924.692.000	8,99
Minas Gerais	5.110.122.518,56	605.818,00	5.110.728.336,56	35.952.963.000	14,22
Rio de Janeiro	10.018.270.755,24	1.615.338,00	10.019.886.093,24	31.645.900.000	31,66
Região Sudeste	**27.299.505.777,11**	**3.393.948,00**	**27.302.899.725,11**	**187.310.600.000**	**14,58**
Paraná	6.274.903.982,04	604.220,00	6.275.508.202,04	20.758.239.000	30,23
Rio Grande do Sul	5.949.378.265,53	563.659,00	5.949.941.924,53	24.060.566.000	24,73
Santa Catarina	3.366.905.496,60	323.579,00	3.367.229.075,60	14.010.837.000	24,03
Região Sul	**15.591.187.744,17**	**1.491.458,00**	**15.592.679.202,17**	**58.829.642.000**	**26,50**
Goiás	1.802.870.073,07	79.423,00	1.802.949.496,07	12.137.751.000	14,85
Distrito Federal	2.821.101.438,21	393.601,00	2.821.495.039,21	6.269.000.000	45,01
Mato Grosso do Sul	1.903.814.062,85	195.323,00	1.904.009.385,85	6.793.785.000	28,03
Mato Grosso	2.581.871.469,16	277.637,00	2.582.149.106,16	7.464.696.000	34,59
Região Centro-Oeste	**9.109.657.043,29**	**945.984,00**	**9.110.603.027,29**	**32.665.232.000**	**27,89**
	-	-	-	-	
Total	**125.401.541.296,91**	**11.641.071,00**	**125.413.182.367,91**	**299.219.548.000**	**41,91**

Fonte: STN - Ministério da Fazenda.
Os valores do FPM, FPE, IPI-Exportação e ICMS LC 87/96 já estão descontados da parcela de 20 % destinada ao FUNDEB.
Dados extraídos do SIAFI.
* Fonte: CONAZ-Ministério da Fazenda. Dados preliminares.

Tabela A.5 Total das Transferências Voluntárias a Estados e Municípios — 2013 — valores correntes

Estados e Regiões	Transferências a Estados (A) R$ mil	%	Transferências a Municípios (B) R$ mil	%	Total (A + B) R$ mil	%
Acre	67.251	1,90	39.737	0,49	106.988	0,92
Amazonas	68.601	1,94	150.108	1,85	218.709	1,88
Amapá	40.746	1,15	27.293	0,34	68.039	0,58
Pará	95.954	2,71	469.954	5,80	565.908	4,86
Rondônia	48.634	1,37	55.372	0,68	104.006	0,89
Roraima	22.671	0,64	15.590	0,19	38.261	0,33
Tocantins	63.234	1,79	84.511	1,04	147.745	1,27
Região Norte	*407.091*	**11,50**	*842.565*	**10,40**	**1.249.656**	**10,73**
Alagoas	105.738	2,99	183.215	2,26	288.953	2,48
Bahia	193.768	5,48	831.037	10,26	1.024.805	8,80
Ceará	127.096	3,59	591.054	7,30	718.150	6,17
Maranhão	84.727	2,39	511.255	6,31	595.982	5,12
Paraíba	178.640	5,05	246.207	3,04	424.847	3,65
Pernambuco	222.531	6,29	472.400	5,83	694.931	5,97
Piauí	105.884	2,99	224.386	2,77	330.270	2,84
Rio Grande do Norte	98.050	2,77	194.352	2,40	292.402	2,51
Sergipe	78.358	2,21	111.327	1,37	189.685	1,63
Região Nordeste	*1.194.792*	**33,76**	*3.365.233*	**41,54**	**4.560.025**	**39,17**
Espírito Santo	56.024	1,58	141.139	1,74	197.163	1,69
São Paulo	313.918	8,87	661.711	8,17	975.629	8,38
Minas Gerais	132.267	3,74	473.551	5,84	605.818	5,20
Rio de Janeiro	482.021	13,62	1.133.317	13,99	1.615.338	13,88
Região Sudeste	*984.230*	**27,81**	*2.409.718*	**29,74**	**3.393.948**	**29,15**
Paraná	214.486	6,06	389.734	4,81	604.220	5,19
Rio Grande do Sul	186.910	5,28	376.749	4,65	563.659	4,84
Santa Catarina	101.184	2,86	222.395	2,74	323.579	2,78
Região Sul	*502.580*	**14,20**	*988.878*	**12,21**	**1.491.458**	**12,81**
Goiás	79.423	2,24	-	-	79.423	0,68
Distrito Federal	161.990	4,58	231.611	2,86	393.601	3,38
Mato Grosso do Sul	79.135	2,24	116.188	1,43	195.323	1,68
Mato Grosso	129.795	3,67	147.842	1,82	277.637	2,38
Região Centro-Oeste	*450.343*	**12,73**	*495.641*	**6,12**	**945.984**	**8,13**
			-		-	-
Total	3.539.036	100,00	8.102.035	100,00	11.641.071	100,00

Fonte: STN - Ministério da Fazenda.
Os valores do FPM, FPE, IPI-Exportação e ICMS LC 87/96 já estão descontados da parcela de 20 % destinada ao FUNDEB.
Dados extraídos do SIAFI.

Tabela A.6 Brasil — Transferências Constitucionais para os Estados 2013 — valores correntes — R$ mil

Estados	FPE	IPI-Exportações	IOF Ouro	Lei Kandir	Trans. Prognósticos	CIDE	Total
Acre	3,42	0,00	0,02	0,09	0,31	0,79	3,14
Amazonas	2,79	0,63	1,70	1,01	1,03	1,65	2,62
Amapá	3,41	0,21	2,49	0,41	0,27	0,67	3,15
Pará	6,11	6,22	39,75	4,35	1,95	3,18	6,08
Rondônia	2,82	0,18	5,04	0,25	0,83	1,39	2,60
Roraima	2,48	0,01	-	0,04	0,27	0,73	2,27
Tocantins	4,34	0,07	0,13	0,08	0,71	1,98	3,98
Região Norte	**25,37**	**7,31**	**49,13**	**6,22**	**5,36**	**10,39**	**23,83**
Alagoas	4,16	0,16	0,00	0,84	0,75	1,39	3,84
Bahia	9,40	5,19	0,00	3,71	4,99	6,51	9,01
Ceará	7,34	0,66	0,03	1,62	1,80	3,62	6,80
Maranhão	7,22	1,00	-	1,67	1,43	3,05	6,71
Paraíba	4,79	0,12	0,03	0,29	0,86	1,92	4,40
Pernambuco	6,90	0,74	0,00	1,48	1,89	3,60	6,40
Piauí	4,32	0,02	0,04	0,30	0,91	2,35	3,97
Rio Grande do Norte	4,18	0,09	0,00	0,36	0,82	1,90	3,84
Sergipe	4,16	0,05	-	0,25	0,93	1,21	3,82
Região Nordeste	**52,46**	**8,02**	**0,11**	**10,52**	**14,37**	**25,55**	**48,79**
Espírito Santo	1,50	5,64	-	4,25	2,19	2,10	1,81
São Paulo	1,00	20,00	1,68	31,06	31,09	17,79	2,84
Minas Gerais	4,45	14,69	0,40	12,87	10,81	11,09	5,27
Rio de Janeiro	1,53	18,98	1,35	5,85	9,64	5,08	2,70
Região Sudeste	**8,48**	**59,31**	**3,43**	**54,03**	**53,73**	**36,07**	**12,62**
Paraná	2,88	7,62	-	10,06	6,43	6,41	3,33
Rio Grande do Sul	2,35	7,91	0,02	10,02	5,24	5,53	2,86
Santa Catarina	1,28	5,18	1,10	3,58	3,92	3,62	1,57
Região Sul	**6,52**	**20,71**	**1,12**	**23,65**	**15,60**	**15,56**	**7,76**
Goiás	2,84	1,83	0,02	1,33	3,97	4,93	2,75
Distrito Federal	0,69	0,13	-	1,08	3,67	1,86	0,67
Mato Grosso do Sul	1,33	1,46	0,01	1,23	1,55	2,50	1,34
Mato Grosso	2,31	1,24	46,17	1,94	1,75	3,15	2,24
Região Centro-Oeste	**7,17**	**4,65**	**46,20**	**5,57**	**10,94**	**12,43**	**7,00**
Total	100,00	100,00	100,00	100,00	100,00	100,00	100,00

Fonte: STN – Ministério da Fazenda.
Os valores do FPM, FPE, IPI-Exportação e ICMS LC 87/96 já estão descontados da parcela de 20 % destinada ao FUNDEB.

Tabela A.7 Brasil — Transferências Constitucionais para os Estados — 2013 — %

Regiões	FPE	IPI-Exportações	IOF Ouro	Lei Kandir	Trans. Prognósticos	CIDE	Total
Região Norte	25,37	7,31	49,13	6,22	5,36	10,39	23,83
Região Nordeste	52,46	8,02	0,11	10,52	14,37	25,55	48,79
Região Sudeste	8,48	59,31	3,43	54,03	53,73	36,07	12,62
Região Sul	6,52	20,71	1,12	23,65	15,60	15,56	7,76
Região Centro-Oeste	7,17	4,65	46,20	5,57	10,94	12,43	7,00
Total	100	100	100	100	100	100	100

Fonte: Dados básicos – STN – Ministério da Fazenda.

Tabela A.8 Brasil — Transferências Constitucionais para os Estados — 2013 — valores correntes — R$ mil

Estados	FPE	IPI-Exportações	IOF Ouro	Lei Kandir	Trans. Prognósticos	CIDE	Total
Acre	99,90	0,01	0,00	0,06	0,02	0,02	100,00
Amazonas	97,63	1,48	0,00	0,77	0,07	0,05	100,00
Amapá	99,29	0,41	0,00	0,26	0,01	0,02	100,00
Pará	92,14	6,28	0,04	1,44	0,05	0,04	100,00
Rondônia	99,28	0,42	0,01	0,19	0,05	0,04	100,00
Roraima	99,91	0,01	-	0,03	0,02	0,02	100,00
Tocantins	99,79	0,10	0,00	0,04	0,03	0,04	100,00
Região Norte	**97,51**	**1,88**	**0,01**	**0,53**	**0,04**	**0,03**	**100,00**
Alagoas	99,25	0,25	0,00	0,44	0,03	0,03	100,00
Bahia	95,49	3,54	0,00	0,83	0,09	0,05	100,00
Ceará	98,84	0,60	0,00	0,48	0,04	0,04	100,00
Maranhão	98,52	0,91	-	0,50	0,04	0,03	100,00
Paraíba	99,64	0,16	0,00	0,13	0,03	0,03	100,00
Pernambuco	98,73	0,71	0,00	0,47	0,05	0,04	100,00
Piauí	99,74	0,03	0,00	0,15	0,04	0,04	100,00
Rio Grande do Norte	99,59	0,15	0,00	0,19	0,04	0,04	100,00
Sergipe	99,73	0,08	-	0,13	0,04	0,02	100,00
Região Nordeste	**98,47**	**1,01**	**0,00**	**0,43**	**0,05**	**0,04**	**100,00**
Espírito Santo	75,85	19,13	-	4,73	0,20	0,09	100,00
São Paulo	32,31	43,32	0,00	22,08	1,82	0,47	100,00
Minas Gerais	77,46	17,12	0,00	4,93	0,34	0,16	100,00
Rio de Janeiro	51,78	43,13	0,00	4,36	0,59	0,14	100,00
Região Sudeste	**61,58**	**28,87**	**0,00**	**8,63**	**0,70**	**0,21**	**100,00**
Paraná	79,38	14,06	-	6,09	0,32	0,14	100,00
Rio Grande do Sul	75,49	17,00	0,00	7,07	0,30	0,14	100,00
Santa Catarina	74,58	20,24	0,00	4,59	0,41	0,17	100,00
Região Sul	**76,97**	**16,40**	**0,00**	**6,15**	**0,33**	**0,15**	**100,00**
Goiás	94,57	4,08	0,00	0,97	0,24	0,13	100,00
Distrito Federal	94,48	1,16	-	3,24	0,91	0,21	100,00
Mato Grosso do Sul	91,12	6,69	0,00	1,85	0,19	0,14	100,00
Mato Grosso	94,50	3,40	0,12	1,74	0,13	0,10	100,00
Região Centro-Oeste	**93,88**	**4,08**	**0,04**	**1,61**	**0,26**	**0,13**	**100,00**
Total	91,60	6,14	0,01	2,02	0,17	0,07	100,00

Fonte: STN – Ministério da Fazenda.
Os valores do FPM, FPE, IPI-Exportação e ICMS LC 87/96 já estão descontados da parcela de 20 % destinada ao FUNDEB.
Dados extraídos do SIAFI.

Aspectos Fiscais da Participação do Governo na Economia Brasileira

Tabela A.9 Brasil — Transferências Constitucionais para os Estados — 2013 — %

Regiões	FPE	IPI-Exportações	IOF Ouro	Lei Kandir	Trans. Prognósticos	CIDE	Total
Região Norte	97,51	1,88	0,01	0,53	0,04	0,03	100,00
Região Nordeste	98,47	1,01	0,00	0,43	0,05	0,04	100,00
Região Sudeste	61,58	28,87	0,00	8,63	0,70	0,21	100,00
Região Sul	76,97	16,40	0,00	6,15	0,33	0,15	100,00
Região Centro-Oeste	93,88	4,08	0,04	1,61	0,26	0,13	100,00

Fonte: Dados básicos – STN – Ministério da Fazenda.

Tabela A.10 Brasil — Transferências Constitucionais para os Municípios — 2013 — valores correntes — R$ mil

Estados	FPM	FPM - Capitais	IOF Ouro	ITR	Lei Kandir	CIDE	Aux. Financeiro	Total
Acre	311.187.332,22	177.397.593,19	1.575,00	277.332,58	355.056,87	113.312,30	7.910.355,78	497.242.557,94
Amazonas	899.537.379,75	266.096.389,66	135.958,63	847.448,21	3.930.734,13	236.923,76	22.890.605,67	1.193.675.439,81
Amapá	228.498.658,11	157.686.749,54	200.019,90	410.210,03	1.585.272,69	96.323,82	5.805.699,36	394.282.933,45
Pará	2.163.260.792,85	344.939.764,23	3.188.088,33	8.292.584,40	17.018.474,38	458.213,19	55.077.909,75	2.592.235.827,13
Rondônia	517.674.236,03	137.975.905,80	404.339,64	2.416.241,57	972.622,83	200.016,30	13.174.802,94	672.818.165,11
Roraima	266.690.564,59	223.399.661,99	-	373.445,17	149.136,47	105.272,72	7.355.501,25	498.073.582,19
Tocantins	835.680.451,42	157.686.749,35	10.472,10	5.978.289,95	307.051,69	285.236,94	21.274.501,30	1.021.222.752,75
Região Norte	**5.222.529.414,97**	**1.465.182.813,76**	**3.940.453,60**	**18.595.551,91**	**24.318.349,06**	**1.495.299,03**	**133.489.376,05**	**6.869.551.258,38**
Alagoas	1.399.945.590,49	307.981.932,44	91,00	1.102.854,65	3.276.861,81	200.620,58	35.635.052,57	1.748.143.003,54
Bahia	5.372.299.966,37	443.493.982,49	360,93	22.314.640,41	14.494.989,16	937.021,93	136.822.891,05	5.990.363.852,34
Ceará	2.920.725.151,71	492.771.091,64	2.735,65	1.877.184,02	6.352.365,79	521.401,26	74.360.724,10	3.496.610.654,17
Maranhão	2.446.838.511,51	307.981.932,44	-	2.411.140,93	6.547.327,96	439.212,24	62.306.108,57	2.826.524.233,65
Paraíba	1.900.927.435,39	246.385.545,94	2.313,19	964.327,78	1.121.258,06	276.960,49	48.404.365,25	2.198.082.206,10
Pernambuco	2.899.141.414,15	310.445.787,82	44,66	2.916.972,03	5.794.042,09	518.163,23	73.828.911,74	3.292.645.335,72
Piauí	1.559.272.413,03	307.981.932,44	3.221,53	6.390.670,62	1.176.442,70	338.094,38	39.694.124,57	1.914.856.899,27
Rio Grande do Norte	1.481.897.395,82	197.108.436,88	162,47	1.259.956,90	1.412.351,98	273.455,08	37.733.873,00	1.719.685.632,13
Sergipe	877.448.803,00	177.397.593,19	-	834.248,37	976.913,60	173.603,89	22.336.655,94	1.079.167.817,99
Região Nordeste	**20.858.496.681,47**	**2.791.548.235,28**	**8.929,43**	**40.071.995,71**	**41.152.553,15**	**3.678.533,08**	**531.122.706,79**	**24.266.079.634,91**
Espírito Santo	1.021.323.894,95	78.843.374,92	-	2.524.432,76	16.626.951,03	302.464,84	26.011.838,48	1.145.632.956,98
Minas Gerais	7.710.587.080,00	295.662.655,12	32.151,80	66.920.502,89	50.326.175,14	1.597.033,12	196.408.658,46	8.321.534.256,53
Rio de Janeiro	1.772.431.095,65	197.108.436,88	108.466,24	6.205.290,94	22.873.619,95	731.282,43	45.135.624,84	2.044.593.816,93
São Paulo	7.848.715.187,09	172.469.882,28	134.347,29	100.260.457,37	121.453.043,55	2.561.749,72	199.939.870,56	8.445.534.537,86
Região Sudeste	**18.353.057.257,69**	**744.084.349,20**	**274.965,33**	**175.910.683,96**	**211.279.789,67**	**5.192.530,11**	**467.495.992,34**	**19.957.295.568,30**
Paraná	3.969.020.010,63	177.397.593,19	-	51.153.812,32	39.321.997,99	922.846,95	101.098.740,42	4.338.915.001,50
Rio Grande do Sul	3.956.397.171,69	137.975.905,80	1.984,35	51.415.555,07	39.173.411,53	796.309,61	100.781.061,50	4.286.541.399,55
Santa Catarina	2.291.116.014,65	78.843.374,92	88.198,30	9.239.501,37	14.006.119,31	521.344,01	58.361.561,36	2.452.176.113,92
Região Sul	**10.216.533.196,97**	**394.216.873,91**	**90.182,65**	**111.808.868,76**	**92.501.528,83**	**2.240.500,57**	**260.241.363,28**	**11.077.632.514,97**
Distrito Federal	98.554.218,62	98.554.218,62	-	835.258,97	-	-	2.501.042,10	200.444.738,31
Goiás	2.146.905.382,18	177.397.593,19	1.784,80	46.802.156,14	5.205.416,85	709.271,64	54.677.830,98	2.431.699.435,78
Mato Grosso do Sul	895.751.458,80	118.265.062,19	797,02	82.646.215,47	4.815.137,91	359.834,98	22.808.799,96	1.124.647.306,33
Mato Grosso	1.086.207.618,37	98.554.218,62	3.702.716,33	55.907.331,74	7.569.398,57	452.864,57	27.662.888,50	1.280.057.036,70
Região Centro-Oeste	**4.227.418.677,97**	**492.771.092,62**	**3.705.298,15**	**186.190.962,32**	**17.589.953,33**	**1.521.971,19**	**107.650.561,54**	**5.036.848.517,12**
Total	**58.878.035.229,07**	**5.887.803.364,77**	**8.019.829,16**	**532.578.062,66**	**386.842.174,04**	**14.128.833,98**	**1.500.000.000,00**	**67.207.407.493,68**

Fonte: STN - Ministério da Fazenda.
Os valores do FPM, FPE, IPI-Exportação e ICMS LC 87/96 já estão descontados da parcela de 20 % destinada ao FUNDEB.
Dados extraídos do SIAFI.
Inclui os valores referentes às capitais.

Tabela A.11 Brasil — Transferências Constitucionais para os Municípios — 2013 — valores correntes — R$ mil

Estados	FPM	FPM - Capitais	IOF Ouro	ITR	Lei Kandir	CIDE	Aux. Financeiro	Total
Acre	0,53	3,01	0,02	0,05	0,09	0,80	0,53	0,74
Amazonas	1,53	4,52	1,70	0,16	1,02	1,68	1,53	1,78
Amapá	0,39	2,68	2,49	0,08	0,41	0,68	0,39	0,59
Pará	3,67	5,86	39,75	1,56	4,40	3,24	3,67	3,86
Rondônia	0,88	2,34	5,04	0,45	0,25	1,42	0,88	1,00
Roraima	0,45	3,79	-	0,07	0,04	0,75	0,49	0,74
Tocantins	1,42	2,68	0,13	1,12	0,08	2,02	1,42	1,52
Região Norte	**8,87**	**24,89**	**49,13**	**3,49**	**6,29**	**10,58**	**8,90**	**10,22**
Alagoas	2,38	5,23	0,00	0,21	0,85	1,42	2,38	2,60
Bahia	9,12	7,53	0,00	4,19	3,75	6,63	9,12	8,91
Ceará	4,96	8,37	0,03	0,35	1,64	3,69	4,96	5,20
Maranhão	4,16	5,23	-	0,45	1,69	3,11	4,15	4,21
Paraíba	3,23	4,18	0,03	0,18	0,29	1,96	3,23	3,27
Pernambuco	4,92	5,27	0,00	0,55	1,50	3,67	4,92	4,90
Piauí	2,65	5,23	0,04	1,20	0,30	2,39	2,65	2,85
Rio Grande do Norte	2,52	3,35	0,00	0,24	0,37	1,94	2,52	2,56
Sergipe	1,49	3,01	-	0,16	0,25	1,23	1,49	1,61
Região Nordeste	**35,43**	**47,41**	**0,11**	**7,52**	**10,64**	**26,04**	**35,41**	**36,11**
Espírito Santo	1,73	1,34	-	0,47	4,30	2,14	1,73	1,70
Minas Gerais	13,10	5,02	0,40	12,57	13,01	11,30	13,09	12,38
Rio de Janeiro	3,01	3,35	1,35	1,17	5,91	5,18	3,01	3,04
São Paulo	13,33	2,93	1,68	18,83	31,40	18,13	13,33	12,57
Região Sudeste	**31,17**	**12,64**	**3,43**	**33,03**	**54,62**	**36,75**	**31,17**	**29,70**
Paraná	6,74	3,01	-	9,60	10,16	6,53	6,74	6,46
Rio Grande do Sul	6,72	2,34	0,02	9,65	10,13	5,64	6,72	6,38
Santa Catarina	3,89	1,34	1,10	1,73	3,62	3,69	3,89	3,65
Região Sul	**17,35**	**6,70**	**1,12**	**20,99**	**23,91**	**15,86**	**17,35**	**16,48**
Distrito Federal	0,17	1,67	-	0,16	-	-	0,17	0,30
Goiás	3,65	3,01	0,02	8,79	1,35	5,02	3,65	3,62
Mato Grosso do Sul	1,52	2,01	0,01	15,52	1,24	2,55	1,52	1,67
Mato Grosso	1,84	1,67	46,17	10,50	1,96	3,21	1,84	1,90
Região Centro-Oeste	**7,18**	**8,37**	**46,20**	**34,96**	**4,55**	**10,77**	**7,18**	**7,49**
Total	100,00	100,00	100,00	100,00	100,00	100,00	100,00	100,00

Fonte: STN – Ministério da Fazenda.
Os valores do FPM, FPE, IPI-Exportação e ICMS LC 87/96 já estão descontados da parcela de 20 % destinada ao FUNDEB.
Dados extraídos do SIAFI.
Inclui os valores referentes às capitais.

Tabela A.12 Brasil — Transferências Constitucionais para os Municípios — 2013 — %

Regiões	FPM	FPM - Capitais	IOF Ouro	ITR	Lei Kandir	CIDE	Aux. Financeiro	Total
Região Norte	8,87	24,89	49,13	3,49	6,29	10,58	8,90	10,22
Região Nordeste	35,43	47,41	0,11	7,52	10,64	26,04	35,41	36,11
Região Sudeste	31,17	12,64	3,43	33,03	54,62	36,75	31,17	29,70
Região Sul	17,35	6,70	1,12	20,99	23,91	15,86	17,35	16,48
Região Centro-Oeste	7,18	8,37	46,20	34,96	4,55	10,77	7,18	7,49
Total	100,00	100,00	100,00	100,00	100,00	100,00	100,00	100,00

Fonte: Dados básicos – STN – Ministério da Fazenda.

Índice

A

A. C. Pigou, 4
Adam Smith, 2
Ajustamento
　na alocação de recursos, 20-22
　na distribuição, da renda e riqueza, 22
　visando à estabilização econômica, 22, 23
Alfred Marshall, 3
Alienação de bens, 195
Alocação dos recursos, 21
Amortização da dívida, 198, 204
Análise
　da determinação do nível de produção, 73
　de Peacock e Wiseman, 68
　do equilíbrio parcial da tributação, 132
　temporal, vantagem da, 207
Antecedentes da reforma tributária de 1966, 226-239
Arrecadação
　estadual, 166-174
　municipal, 174-180
　por tributos e competência tributária, 160
　tributária
　　do governo federal, 161-163
　　por nível de governo, 244
Aumento dos gastos em razão de deterioração dos serviços, 73

B

Balanço orçamentário de despesas por função, 113-116
Banco Nacional de Desenvolvimento Econômico (BNDES), 30
Bem(ns)
　coletivos, 56
　indivisíveis, 13
　privados, 53, 56
　públicos puros, 13
　sociais, 50, 51, 53
　　teorias dos, 51

C

Carga(s) tributária bruta
　por base de incidência, 152-154
　por nível de governo, 158
Certeza, 123
Classes fundamentais, 3

Comparação(ões)
　entre o tributo unitário
　　e o tributo *ad valorem*, 135, 136
　　sobre o mercado monopolista, 137, 138
　entre os multiplicadores dos gastos governamentais e dos tributos, 216, 217
　internacionais, 80-82
Competência
　financeira, 191
　tributária, 158, 191
Composição
　da despesa orçamentária de capital, 84
　da execução, da receita orçamentária da União, 182-184
　das despesas da União, 85
　e competência, da arrecadação tributária, 157-180
　quantitativa, das transferências constitucionais e voluntárias, 257-263
Conselho Interministerial de Preços (CIP), 31
Considerações sobre externalidade, 16, 17
Constituição Federal de 1988, 157
Construção de indicadores, 198-207
Contribuição(ões)
　de intervenção no domínio econômico, 257
　de melhorias, 157
Controle
　por intermédio da tributação, 141-143
　por meio do preço, 140, 141
Cota municipal do ICMS, 254, 255

Crescimento dos gastos governamentais no Brasil, 77-80
Crise do setor cafeeiro, 29
Curva
    de contrato, 10
    de demanda do mercado, para o bem social, 52
    de Lorenz, 128
    de possibilidade de produção, 10
Custo(s)
    de produção decrescentes, 17-19
    dos fatores do setor público, 74, 75

D

David Ricardo, 2
Déficit Nominal, 264
Demanda da economia, 129-131
Depressão mundial, 29
Despesa(s)
    agregadas, 62, 63
    com pessoal, 198
    continuada, 200
    correntes, 63, 196
    da União por função, 90
    de capital, 63, 196, 197
        da União, 89
    de custeio, 196
    de investimentos, 199
    de municípios *per capita*, 97
    do governo, 196
    dos estados por categorias econômicas, 91, 92
    municipais
        por categorias econômicas, 100-108
        por funções, 100-108
    obrigatórias, 201
    orçamentárias, por categorias econômicas, 109-112
    por categorias, 63, 64
    por funções, 64
    vinculadas, 201
Determinação do nível da produção, 73
Diagrama de Edgeworth, 7, 11
Disponibilidade de caixa, 143, 144
Dispositivo legal, da formação do FPE, 252
Distribuição
    da carga tributária, 154-156
        bruta, entre os níveis de governo, 240-244
        no Brasil, 159
        por nível de governo, 158-160
    dos gastos governamentais no Brasil, 83-98
    regional, do FPE, 253

Dívida
    financeira, 198
    providência, 2
    pública, 267
        brasileira, histórico financeiro da, 268
        evolução dos juros da, 267

E

Economia clássica tradicional, 210
Efeito(s)
    da produção
        sobre a produção, 15, 16
        sobre o consumo, 14, 15
    de um imposto sobre renda, 129-131
    deslocamento, 68, 79
    externos do consumo, 16
    translação, 79
Eficiência
    na produção, 8-10
    e no consumo, 10-12
    no consumo, 7, 8
Empresas estatais no Brasil, maiores, 39
Encargos da dívida, 197
Equidade horizontal, 122
Equilíbrio no setor financeiro, 211
Escola da escolha pública, 5
Estrutura(s)
    básica
        de despesas, 196-198
        de receitas, 192-196
        dos gastos governamentais, por níveis de governo, 85
    contábil, 143
    de arrecadação tributária
        da União, 160
        por nível de governo, 160-180
    de receitas, dos municípios no Brasil, 233
    dos gastos
        da União, 85
        dos estados, 91
        dos municípios, 94-98
        governamentais no Brasil, 83-98
    tributária brasileira, 146
Estudo clássico de Peacock e Wiseman sobre o crescimento dos gastos públicos, 68-70
Evolução
    da carga tributária no Brasil, 146-148
    dos gastos governamentais no Brasil, 78, 79
    dos recursos transferidos do FPM, 250
Execução orçamentária da União, 87
Externalidade(s), 14
    no consumo, 16

F

Fábrica Nacional de Motores (FNM), 30
Falhas do sistema de mercado, 13
Falta de conhecimento perfeito, 19
Fluxo de privatizações no Brasil, 32
Free riders, 121
Fronteira de possibilidade de produção, 11
Função(ões)
    de defesa nacional e soberania, 2
    de estabilização do governo, 22
    de justiça, 2
Fundo
    de Exportação (IPI Exp.), 255
    de Manutenção e Desenvolvimento do Ensino Fundamental e de Valorização do Magistério (Fundef), 256
    de Participação
        dos Estados (FPE), 86, 251-253
        dos Municípios (FPM), 86, 235, 247

G

Gasto(s)
    governamentais, 62, 214, 215
        em relação ao PIB, 81
        no Brasil, 77-98
    públicos, 61, 62
        classificação dos, 62
        conceito dos, 62
        crescimento dos, 65, 66
        em relação ao PIB, 82
        medidas dos, 65, 66
        modelos de, 66
Governo
    e controle sobre o monopólio, 140
    na economia, participação, 1

I

ICMS, 202
Imposto(s), 3, 193
    de competência da União, 239
    espécies de, 234
    específico, 141, 142
    fixo, 141, 142
    global
        aplicação do, 142
    para cada nível do governo, 157
    Predial e Territorial Urbano (IPTU), 245
    sobre Operações Financeiras (IOF), 230
    Territorial Rural (ITR), 256
Indicador(es)
    básicos, 201-206
    da dívida, 206
    da lei de responsabilidade fiscal, 199-201

das relações despesas e receitas, 204
de despesas, 203
de performance, 206, 207
de receitas, 202
dinâmicos, 206, 207
do ajuste fiscal, 198, 199
estáticos, 201
Índices para repartição, 255
Instrumento(s)
de política(s)
de rendas, 24
disponíveis ao governo, 23-25
externa, 24
fiscal, 24
monetária, 24
setoriais, 25
de repartição, dos recursos tributários, 247-257
Intervenção
do Estado na economia, 2
do governo, etapas de, 28-31
Introdução do setor
financeiro, 210
governo, 210-212
Inversões financeiras, 197
Investimentos, 197
Invisibilidade do produto, 13

J

John Maynard Keynes, 4
John Stuart Mill, 4
Juros devidos e resultado primário, 266

L

Lei(s)
de responsabilidade fiscal, 200
de Wagner, 71
sobre a expansão das atividades do Estado, 66-68
Kandir, 255
Leon Walras, 3, 6
Limites de endividamento, 200

M

Mão invisível, 2
Máximo *welfare*, 12
Mecanismo(s) de transferências, 245-263
legais, 255-257
Mercados imperfeitos, 17-19
Modelo(s)
de desenvolvimento e crescimento dos gastos públicos, 70-72
de ótimo de Pareto, 12
de Samuelson, 56
de Tiebout, 58, 59

do equilíbrio geral, 6, 12
fiscal
no pleno emprego, 220-223
que inclui as tributações brutas, 217, 218
como função da renda, 219, 220
e compras do governo, 213-217
macroeconômicos
de crescimento dos gastos públicos, 66
dos gastos públicos, 72
Movimento pró-privatização, 45

N

Não
exclusividade, 13
rivalidade, 13
Necessidade
da intervenção do governo, 13
de financiamento do setor público, 264-266
Neutralidade, 123

O

Objetivos da política orçamentária, 20
Oferta dos bens
públicos puros, 21
quase públicos, 21
sociais, 21
Operações de crédito, 195
Ótimo de Pareto, 7, 8

P

Participação
da união na arrecadação tributária, 242
do governo na economia, 46
Patrimônio líquido, maiores empresas em, 43
Perfil da arrecadação municipal, 185-189
Período de industrialização, 71
Política fiscal, 212-223
do governo, base de atuação da, 213
Prestação de serviços públicos, 2
Princípio(s)
da habilidade, 122
de pagamento, 121-124
da teoria marginalista, 4
do benefício, 120, 121
Privatização(ões)
evolução anual das receitas das, 37
por governo, 36
resultado das vendas das, 37
Processo(s)
das privatizações, 32-38

de intervenção do governo na economia brasileira, 28
Programa(s)
de refinanciamento das dívidas, 84
estaduais de desestatização de empresas privatizadas, 33
nacional de desestatização, 32

R

Receita(s)
administradas pela Superintendência da Receita Federal, 164
correntes, 166, 168, 192, 193
estaduais, *per capita*, 170
de arrecadação própria, 199
de capital, 168, 192, 195
de contribuições, 194
de serviços, 194
disponível, 201
diversas, 195
do governo, demonstrativo das, 143, 144
industrial, 194
patrimonial, 194
própria, 201
tipos de, 192
totais de governo, 192
tributária(s), 193
de países
da América Latina, 151
da OECD, 150
estaduais *per capita*, 170
líquida, 217
Regime de *laissez-faire*, 4
Relação custo e benefício perfeita, 123
Relatório
de gestão fiscal, 199
resumido da execução orçamentária, 199
Repartição
constitucional das receitas tributárias, 246
da receita tributária própria, 229
dos recursos disponíveis, 236
Resultado
nominal, 264
das contas do governo, 267
operacional, 264
primário, 198, 264
Riscos e incertezas na oferta dos bens, 19, 20

S

Série
longa, 206
temporal, 206

Setor não progressivo, 75
Sistema(s)
    de imposto
        progressivo, 129
        proporcional, aplicação do, 129
        regressivo, 129
    de mercado com dois setores, 210
    de transferência intergovernamental no sistema tributário de 1966, 233-236
    de tributação, 119
        efeitos da aplicação dos, 128, 129
        progressivo, aplicação do, 127
        proporcional, aplicação do, 126
        regressivo, aplicação do, 127
    especial de liquidação e de custódia (Selic), 268
    fiscal nas estruturas de receitas, consequências do, 230-233
    progressivo, 126-128
    proporcional, 126, 128
    regressivo, 127, 128
    tradicional, de economia de mercado, 50
    tributário
        de 1966, 226-228, 238
            sobre as estruturas de receita, efeitos do, 228, 229
        na constituição de 1988, 239-263
Situação
    de equilíbrio do bem social, 52
    fiscal do governo, 264-269
Superávit nominal, 264

T

Taxa(s), 194
    marginais de substituição (TMS), 11
Teoria
    de Lindahl, 54-56
    de Musgrave, 51-54
    do equilíbrio geral, 6
    dos bens coletivos de Samuelson, 56-58
    marxista, 5
Transferência(s)
    a pessoas, 197
    após a reforma tributária de 1966, 236, 237
    constitucionais, 247, 274-282
        formas de, 247
    correntes, 168, 197
    de capital, 196, 198
    intergovernamentais, 195, 197
    nas arrecadações fiscais nos estados, importância das, 263
    per capita, da União para os estados, 171
    por correntes, 194
    voluntárias, 247, 274-282
        a estados e municípios, 260, 261
Tributação, 119, 215, 216
    categorias de, 124-126
    conceitos de, 119, 120
    da riqueza, 124
    de bens e serviços, de países da américa latina, 152
    imposta aos bens e serviços, 124
    nos mercados competitivos, 132-136
    por base de incidência
        de países da América Latina, 153
        no Brasil, 153
    princípios da, 120
    sistema de, 119, 126-129
    sobre o produto, 132
    sobre os bens e serviços, 124
Tributo(s)
    ad valorem, 135, 137
    diretos, 125
    específico, 140
    geral, 138, 139
    indiretos, 125
    seletivo, 139
    sobre o monopólio, 136-138
    unitários, 132-137

U

Uso eficiente dos recursos, 50

V

Variações demográficas e gastos públicos, 74
Venda(s)
    das maiores empresas do Brasil, 40
    das privatizações
        por investidor, 34, 36
        por setor, 34, 35
Vilfredo, Pareto, 6

W

Welfare state, 5

Impressão e Acabamento: